朝鮮時代의 韓國과 日本
-같은 점과 다른 점, 교류와 갈등의 역사-

朝鮮時代의 韓國과 日本

-같은 점과 다른 점, 교류와 갈등의 역사-

한일관계사학회
한일문화교류기금 편

景仁文化社

발간사

이 책은 <한일관계사학회> 창립 20주년을 기념하기 위하여, 일본 <조선왕조실록윤독회>, <세종실록연구회>와 공동으로 2012년 5월 20일에 한국의 강원대학교에서 개최한 한일국제학술회의에서 발표한 글들을 토론문과 함께 엮어서 발간한 것이다.

1992년 7월, 단 17명의 인원으로 '한국과 일본에 대한 역사연구를 통하여 두 나라 사이의 올바른 관계사 정립'을 목표로 창립한 <한일관계사학회>는 이제 240명의 회원이 참여하는 한국 굴지의 학회로 자리 매김을 했다. 그동안 144회의 월례발표회와 국내·국제학술대회를 23회에 걸쳐 개최하였으며, 학회 논문집 ≪한일관계사연구≫를 43집까지 발간하였다. 그리고 학회이름의 단행본을 16권 출간하였고, 경인문화사와 공동으로 '경인한일관계총서' 50권을 발간하였다. 특히 학회논문집 ≪한일관계사연구≫는 2007년 한국연구재단의 등재학술지로 선정되어 학술단체로서의 지위와 자격을 자타가 공인할 만큼 성장하였다.

뿐만 아니라 2002년부터는 5년 간격으로 일본의 <조선왕조실록윤독회>, <세종실록연구회>와 함께 공동학술대회를 개최하여 이번에 그 세 번째 모임을 개최하였다. 첫 번째는 한국 춘천 한림대학교에서 <한일도자문화의 교류양상>을 개최했고, 두 번째는 일본 후쿠오카 국립박물관에서 <한일 교류와 상극의 역사>를 개최했다. 이번이 세 번째 행사로 <조선시대의 한국과 일본>을 주제로 한국 춘천 강원대학교에서 개최하였다.

이번 대회개최는 5년 전 후쿠오카 대회에서 개최하기로 합의했지만,

주제는 지난 2011년 여름 본인이 구주대학에 연구교수로 가있을 때, 佐伯弘次교수와 선정한 것이다. 처음에는 전시대를 다루어 보고자 했었지만, 시간과 예산상의 문제로 조선시대를 집중적으로 조명하기로 했다. 그리고 키워드로 '같은 점과 다른 점', '교류와 갈등'을 정하고, 전체를 두 세션으로 나누었다. 제1세션, '같은 점과 다른 점'에서는 국가사의 비교를 통치이념과 구조면에서, 지배층의 비교를 양반과 무사로, 민중 생활상의 비교, 종교관과 상호인식의 비교로 나누어 다루었다. 제2세션 '교류와 갈등'에서는 양국의 외교정책과 사절, 무역관계, 문화교류, 지역 간의 교류로 나누었다. 그리고 약정으로 종합토론을 하였다. 한일양국에서 발표자 20명, 토론자 20명이 참가하는 대규모의 학술대회였다.

처음에는 심포지엄의 수준을 어느 정도로 할 것인가를 고민했다. 새로운 주제나 문제의식을 제기하는 것도 중요하지만, 학회 창립 20년을 결산한다는 의미에서 이제까지 연구해 온 것을 정리하면서, 어떠한 것이 문제이고, 부족했는지, 그리고 앞으로 어떠한 연구가 필요한지를 제시하는 것, 연구사차원에서의 내용이 의미가 있겠다는 결론을 보았고, 또한 연구자들 만의 잔치가 아니라 그동안의 연구 성과를 일반 대중에게 알리는 개설과 교양 차원의 발표를 염두에 둘 것을 제안했다.

양국의 한일관계사 전문가들이 한자리에 모여, 같은 주제를 가지고 발표하고 상호 교차 토론을 했다는 점에서, 양국 학자간에 역사대화의 모델을 삼아도 좋을 만큼 성공적인 학술대회였다. 무엇보다도 한일 양국 역사학자들의 역사대화가 필요한 이 시점에서 내실있고, 유익했던 학술대회였다고 생각한다. 이러한 학술대회를 계기로 하여, 두 나라 사이의 올바른 관계사 정립의 초석이 다져지기를 빈다. 그런 의미에서 5년 후에 이 대회가 다시 일본에서 열리기를 기대한다.

이번 학술대회의 규모나 참석인원이 다양했던 만큼 기획부터 행사준비기간 동안 여러분이 수고를 아끼지 않았다. 우선 구주대학의 佐伯弘

次교수, 동경대학의 村井章介교수, 조선왕조실록윤독회의 北島万次교수, 학회의 한문종교수, 장순순박사 등이 노고를 아끼지 않았고, 일본어 번역과 통역에 수고해준 김강일선생, 정지연·황은영선생, 김수정·이정욱·이승호님 등에게 이 자리를 빌어 감사를 전한다.

이제 학회 창립 20주년을 정리하고, 새로운 20주년을 기획해야 한다. 당장 해야 할 일도 한 두 가지가 아니다. 우선 고대부터 근현대에 이르기까지 만들어 체계적인 '연구사' 정리를 해야 하고, 동시에 한일관계사의 용어나 개념조차 정리되지 않은 상태에서 '한일관계사 사전'도 만들어야 한다. 개인의 연구를 바탕으로 학회가 구심점이 되어 이러한 사업을 지속해 나가야 할 것이다. 또한 학문분야가 관계사이니 만큼, 한쪽의 일방적인 연구가 아니라 양쪽이 더불어 역사적 경험을 공유하고, 공존하고 공생하는 한일관계사가 되어야 할 것이다.

이 책의 발간은 물론이고, 그동안 학회지 ≪한일관계사연구≫를 비롯하여, 학술대회 단행본, ≪경인한일관계총서≫ 등 여러 출판물 지원을 아끼지 않는 경인문화사 한정희 사장님과 신학태 팀장을 비롯한 직원 여러분과 한일문화교류기금의 이상우 이사장님, 김수웅 사무국장님께 감사한 마음을 전한다.

2013년 3월 일
한일관계사학회 창립20주년기념위원회
손 승 철

개회사

안녕하십니까, 신록의 계절 5월입니다.

올해는 한일관계사학회가 창립된 지 20주년을 맞이하는 해입니다. 그동안 우리 학회는 월례발표회 139회, 국내·국제학술대회 23회를 개최하였으며, 단행본 15권과 학술지 『한일관계사연구』 41집까지 발간하는 등 매우 활발하게 학술 연구활동을 해왔습니다. 특히 학술지인 『한일관계사연구』는 한국연구재단의 등재학술지로 선정되었습니다. 이러한 성과는 모두 우리 학회 회원 여러분의 적극적인 참여 덕분입니다. 이 자리를 빌어서 감사의 말씀을 드립니다. 이 국제학술대회를 계기로 이제부터는 우리 한일관계사학회가 한 단계 더 도약해서 한국사학계에서 중추적인 역할을 담당할 수 있도록 힘을 모아야 할 때라고 생각합니다. 학회 회원 여러분의 많은 관심과 협조를 부탁드립니다.

이번에 한일관계사학회 20주년을 맞이하여 2012년 한일국제학술대회를 <조선시대의 한국과 일본 -같은 점과 다른 점, 교류와 갈등의 역사->라는 주제로 한일문화교류기금과 공동으로 개최하게 되었습니다. 특히 이 학술대회는 일본의 '근대한일관계사연구회'(조선왕조실록 윤독회 30주년)와 '세종실록연구회(창립 15주년)가 함께하는 역대 최대 규모의 한일국제학술대회입니다. 이 국제학술대회를 통해서 한일 간의 역사적 갈등을 해소하고, 나아가 학자들간의 긴밀한 교류와 소통의 장이 되었으면 하는 바램을 가져봅니다.

끝으로 오늘 국제학술대회가 열릴 수 있도록 지원해주신 한일문화교류기금 이상우 이사장님과 동북아역사재단 정재정 이사장님, 한국연구

재단 관계자 여러분에게 감사의 뜻을 전합니다. 또한 학술대회를 준비하
느라 고생하신 손승철 교수님을 비롯하여 강원대 대학원생들에게도 감
사의 뜻을 전합니다. 그리고 바쁘신 중에도 불구하시고 흔쾌히 발표, 토
론, 사회를 맡아주신 여러 선생님, 이 자리에 참석해주신 한일관계사학
회 회원들, 멀리 일본에서 오신 '근대한일관계사연구회'와 '세종실록연
구회' 회원들에게도 감사의 말씀을 드립니다.

2012년 5월 18일
한일관계사학회 회장   한 문 종

x

祝　辭

　　韓日關係史學會 創立20周年을 記念하여 韓日關係史學會와 함께 저희 韓日文化交流基金은 <朝鮮時代의 韓國과 日本: 交流와 葛藤의 歷史>라는 主題의 韓日合同學術會議를 開催합니다. 이 뜻깊은 행사에서 祝辭를 할 수 있게 되어 榮光으로 생각합니다.

　　韓日文化交流基金은 한일 國民간의 相互理解를 깊게 하는 일을 체계적으로 支援하는 것을 目的으로 韓日 兩國 頂上간의 合意로 出帆한 財團法人입니다. 이 기금은 1984년부터 韓日 兩國 國民들이 바른 歷史 認識을 가질 수 있도록 兩國間의 交流와 葛藤의 歷史를 정리하는 學術 모임을 해마다 가져왔습니다. 그 동안 先史시대부터 最近世까지의 韓日間의 接觸과 交流, 葛藤과 紛爭 등을 스무 번이 넘는 學術會議를 열어 정리하여 다섯 권의 책자로 발간하여 양국 국민들이 모두 참고할 수 있도록 해왔습니다.

　　韓日關係史學會는 孫承喆 교수 등 뜻있는 兩國의 歷史學者들이 양국의 關係學者들간의 學問的 疏通을 活性化하기 위하여 만든 의미 있는 學術團體입니다. 이 學會는 지난 20년 동안 活潑한 學術활동을 통하여 韓日間에 잘못된 歷史 認識을 바로 잡는데 큰 寄與를 해왔습니다. 뿐만 아니라 거의 不毛地에 가깝던 두 나라간의 關係史 分野를 심도 있게 다룰 수 있는 수많은 專門學者를 培養하여 이제 '韓日關係史'라는 하나의 學文 領域이 자리 잡도록 만들었습니다. 이 학회 발전을 위해 獻身해오신 兩國 學者들의 勞苦를 치하드립니다.

이번 회의는 그 동안 쌓아온 이 分野의 研究를 集大成하는 大規模 會議로 준비되었습니다. 政治, 經濟, 社會, 文化 全 領域에 걸쳐 두 나라의 歷史를 비교하는 比較史의 관점을 정리하고 나아가 두 나라간의 接觸과 交流, 葛藤을 時代別로 再整理해 놓은 회의로 꾸몄습니다. 韓日關係史가 뚜렷하게 자리 잡을 수 있는 계기가 되리라 확신합니다. 이 회의를 준비해오신 韓文鍾 韓日關係史學會 會長님, 그리고 초기에 會長을 역임하신 鄭在貞 東北亞歷史財團 理事長님께 감사의 뜻을 표합니다.

이 회의에는 韓日 兩國 學界를 代表하시는 學者들이 대거 參席하고 계십니다. 바쁜 일을 제쳐두고 이 귀한 모임에 參與해주신 兩國 學者분들께 主催者의 한사람으로 감사의 뜻을 전합니다.

이 곳 江原道는 우리나라에서 가장 風光이 秀麗한 곳입니다. 비록 짧은 일정이나마 春川의 그림 같은 湖水들과 東海의 아름다운 바다를 記憶에 담아가시기를 빕니다.

고맙습니다.

2012년 5월 18일

(財)韓日文化交流基金 理事長　李　相　禹

祝　辭

　「朝鮮王朝実録講読会」を代表して、一言、御挨拶を申し上げます。私たちの「朝鮮王朝実録講読会」は1978年に発足しました。その出発点は日本と朝鮮半島との交流の歴史を追究するものとして、その歴史認識をより豊かなものにするため、両国の史料をあわせて読むことの必要性にありました。講読会は東京大学史料編纂所において、1ヶ月に2回のペースで行われました。史料を読む過程で、人物が出てくれば、その人物をとりまく諸関係を確認し、地名が出てくれば、「大東輿地図」「東国輿地勝覧」などを広げて、その地名を特定し、その地域のもつ意味などを確認するなどの作業を進めました。

　その後、この講読会には、東京へ留学していた韓国人歴史研究者も参加し、一緒に「朝鮮王朝実録」を読むようになりました。そして韓国の研究者は帰国後、「韓日関係史学会」を創設し、「朝鮮王朝実録講読会」と同じような視点で、日本・韓国の交流史を追究することとなりました。また、九州大学から東京大学史料編纂所へ留学した研究者もこの講読会に参加し、九州大学へ戻ってから「世宗実録研究会」を創設し、世宗実録の講読をはじめました。

　このように朝鮮王朝実録を読み、そこから知られる史実をベースとして、両国の関係史を研究する仲間の輪が広まったのです。ここで重要なことは、両国の関係史における歴史のひとつひとつの史実を確定して行くことだと思います。歴史認識はそれを基礎として成り立つものと考えます。

　この2012年、「朝鮮王朝実録講読会」は創設35周年、「韓日関係史学会」は創設20年、「世宗実録研究会」は創設15年を迎えることとなりますが、これらの研究会の活動をつうじて、両国の歴史認識をより豊かなものとなるよう努力いたします。

　最後に、今回のシンポジウムに多大な援助を賜りました韓日文化交流基金・東北亜歴史財団・韓国研究財団・韓日関係史学会・江原大学校関係の方々に厚く御礼を申し上げる次第であります。

2012年　5月　18日

朝鮮王朝實錄講讀會　代表　北島万次

祝　辭

　　「朝鮮王朝實錄講讀會」를 대표하여 인사 한 말씀 올립니다. 저희 「朝鮮王朝實錄講讀會」는 1978년에 발족했습니다. 그 출발점은 일본과 조선반도와의 교류의 역사를 추구하는 것으로서, 그 역사인식을 보다 풍부하게 하기 위해 양국의 사료를 합하여 읽는 것의 필요성에 있었습니다. 강연회는 東京大學 史料編纂所에서, 1개월에 2회의 페이스로 이루어졌습니다. 사료를 읽는 과정에서 인물이 나온다면, 그 인물을 둘러싼 여러 관계를 확인하고, 지명이 나온다면 「大東輿地圖」「東國輿地勝覽」 등을 펼쳐서 그 지명을 特定하고, 그 지역이 가진 의미 등을 확인하는 등의 작업을 진행했습니다.

　　그 후, 이 강독회에는 도쿄에서 유학하고 있었던 한국인 역사 연구자도 참가했고, 함께 「朝鮮王朝實錄」을 읽게 되었습니다. 그리고 한국의 연구자는 귀국 후, 「韓日關係史學會」를 창설하고 「朝鮮王朝實錄講讀會」와 같은 시점에서 일본·한국의 교류사를 추구하는 것이 되었습니다. 또한, 九州大學에서 東京大學 史料編纂所에 유학했던 연구자도 이 강독회에 참가하여 九州大學에 돌아가서 「世宗實錄研究會」를 창설하고, 世宗實錄의 강독을 시작하였습니다.

　　이와 같이 조선왕조실록을 읽고, 거기에서 알 수 있는 사실을 베이스로 하여, 양국의 관계사를 연구하는 동료의 원이 넓어졌던 것입니다. 여기서 중요한 것은 양국의 관계사에서 역사 하나하나의 사실을 확정해 가는 것이라고 생각합니다. 역사인식은 그것을 기초로서 성립하는 것이라고 생각합니다.

　2012년, 「朝鮮王朝實錄講讀會」는 창설 35주년, 「韓日關係史學會」는 창설 20주년, 「世宗實錄硏究會」는 창설 15년을 맞이하게 되었습니다만, 이들 硏究會의 활동을 통하여, 양국의 역사인식이 보다 풍부한 것이 될 수 있도록 노력하겠습니다.

　마지막으로, 이번 심포지움에 많은 원조를 해주신 한일문화교류기금·동북아역사재단·한국연구재단·한일관계사학회·강원대학교 관계자 여러분들께 깊은 감사를 올립니다.

2012년 5월 18일
朝鮮王朝實錄講讀會 대표 北島万次

목 차

■ 발간사

■ 개회사

■ 祝 辭

■ 기조강연

역사 속의 한일관계와 문명교류 | 정재정 ································· 3

■ 주제발표

○ 國家史의 비교 : 권력·통치이념과 구조
  朝鮮, 王朝國家의 체제와 특징 | 孫承喆 ···················· 33
  막부제 국가의 구조와 특징 | 北島万次 ···················· 48

○ 支配屬의 비교 : 兩班과 武士
  三學士傳과 忠臣藏에 表象된 양반과 무사의 忠義 비교 | 신명호 ··· 67
  일본중세 武家의 혼인·상속과 "家"
    -한국중세 '士'와의 비교를 통하여 - | 豊島悠果 ···················· 83

○ 民衆·生活相의 비교
  조선시대 민중의 생활상 | 이상배 ···················· 97
  中世 對馬·松浦지역의 海民 비교 | 荒木和憲 ···················· 110

○ 宗敎觀의 比較

韓國儒敎의 宗敎性 認識 論議 | 俞成善 ······························ 129

조선에서 바라보는 근세일본의 종교문화 | 허남린 ····················· 144

○ 相互 認識의 비교

근세 한일 양국의 상호인식 | 하우봉 ·································· 161

상호인식의 비교 | 關周一 ··· 176

○ 양국의 外交政策과 使節

조선전기 대일 외교정책과 사절 파견 | 한문종 ························ 193

무로마치 막부의 대조선외교 | 橋本 雄 ······························ 209

조선후기 대일 외교정책과 외교사절 | 홍성덕 ························· 223

에도 막부의 외교정책과 외교사절 | 鶴田啓 ·························· 240

○ 貿易關係

조선시대 한·일 경제교류 -米綿과 蔘銀의 교환을 중심으로-

　　| 鄭成一 ··· 257

중세 일조관계에서의 대장경 | 須田牧子 ····························· 293

○ 文化交流

조선후기 한일 간 문화교류 - 1763년 계미통신사행의 긍정적 일본

　　관찰을 중심으로 - | 민덕기 ···································· 313

선종에서 본 일본과 고려·조선의 교류 | 伊藤幸司 ···················· 325

○ 地域間의 교류

　조선인 표류민의 나가사키(長崎) 체류와 교류ㅣ이훈 ················ 341

　지역간 교류-중세 일조관계에서의 지역의 시점ㅣ佐伯弘次 ········ 355

■ **종합토론**

　1세션ㅣ손승철(사회) ··· 373

　2세션ㅣ佐伯弘次(사회) ··· 406

기조강연

역사 속의 한일관계와 문명교류

정 재 정

(동북아역사재단 이사장)

1. 머리말

　문명론의 시각에서 봤을 때 한일관계는 양국의 역사에서 어떤 의미를 지니고 있을까? 한국사연구의 대가(大家) 김용섭은 한국사의 발전과정에는 두 차례의 문명전환과 세계화 과정이 있었다고 論證이다. 제1차는 韓民族의 태반문명에서 중국문명을 중심으로 하는 동아시아 문명으로의 전환이다. 제2차는 거기에서 다시 서구문명을 중심으로 하는 凡世界文明으로 탈바꿈이다. 문명전환은 결국 新舊文明의 교체과정인데, 제1차는 중국문명, 제2차는 서구문명이 주요 팩터였다. 따라서 한국사의 전개를 巨視的 안목에서 鳥瞰한다면 일본은 결정적으로 중요한 인자(因子)는 아니었다. 그렇다면 일본의 문명전환에서 한국은 어떤 위치를 차지할 것인가? 아마도 한국사에서 일본이 차지하는 비중보다도 더 가벼운 존재일 것이다. 일본의 역사교과서 등은 고대 일본의 국가와 문명의 형성에서 도래인(渡來人)이 기여한 점을 높게 평가하지만, 근대 이후의 역사 전개에서 한국을 결정적 인자로 보지는 않는다. 그러므로 한국이나 일본 모두 문명전환이나 세계화 과정에서 상대방보다는 중국문명과 서구문명을 주요 팩터로 인식하고 있다고 볼 수 있다.

그렇지만 한일관계의 역사를 좀 더 미세하게 들여다보면, 한국과 일본의 문명전환에서 상대방이 중요한 매개자 역할을 했음을 부인할 수 없다. 일본의 고대문명 형성에 한국이 중국문명의 전수자(傳授者)로서, 한국의 근대문명 형성에 일본이 서구문명의 媒介者로서 기능했기 때문이다. 한 나라가 선진문명을 직접 받아들일 만한 지리적 위치에 있지 못하거나 그것을 직접 소화해낼 능력이 모자랄 때, 인접국가에서 일단 걸러지고 새김질한 문명을 수용하는 것은 역사전개에서 자주 볼 수 있는 일이다. 이런 사실을 감안한다면 한국과 일본은 문명전환에서 서로에게 아주 중요한 인자임에 틀림없다. 여기에 양국이 서로에게 미치는 전략적인 가치를 덧붙이면 그 비중은 더욱 커진다고 말할 수 있다. 10여 년 전에 시게무라 도시미츠(重村智計)라는 한 언론인이 일본의 역사와 현실을 분석하여 『한국만큼 중요한 나라는 없다』라는 책을 쓴 이유가 바로 그것일 것이다. 그런 점에서는 한국에게도 일본만큼 중요한 나라는 없다고 할 수 있다.

나는 위와 같은 문명전환의 시각에서 한국과 일본의 역사전개에서 중요한 인자로서 작동한 몇 가지 事案에 대해 개관해보고자 한다. 다만 지면의 제한도 있기 때문에 논의의 초점을 '인간의 이동과 문화접변(文化接變)', '전쟁의 충격과 사회변동(社會變動)', '물자의 교역과 생활변화' 등에 한정하겠다. 이 세 가지 사안들은 원래 서로 인과관계 또는 연쇄작용 등으로 얽혀 있기 때문에 자의적(恣意的)으로 분리하여 논의하기는 어렵다. 그렇지만 迂餘曲折로 점철되어 있는 오랜 한일관계의 역사를 입체적 또는 다각적으로 파악하는 데는 상당히 유용하다고 생각한다. 나의 전공 영역을 감안하면 근대 이후의 한일관계에 대해 좀 더 자세히 다루어야 하지만, 시간의 제약 등이 따르기 때문에 이번에는 전근대의 문명전환을 위주로 하여 그 논점만을 간략하게 제시하도록 하겠다.[1]

2. 인간의 이동과 문화접변

아시아대륙과 일본열도는 한반도를 매개로 하여 좁은 해협으로 분리되어 있기 때문에 예로부터 왕래하는 사람들의 물결이 끊이지 않았다. 한마디로 말하면 근대 이전에는 한반도에서 일본열도로 건너간 사람이 압도적으로 많았고, 근대 이후에는 쌍방으로 이동한 사람 수가 호각(互角)을 이루었다. 그로 인해 문화접변이 광범하게 일어났고, 이것은 두 나라의 역사전개에 큰 영향을 미쳤다.

인간은 본능적으로 더 살기 좋은 곳을 찾아 이동한다. 고대의 대륙과 한반도 사람들에게는 기후가 따뜻하고 토지가 비옥한 일본열도가 새로운 삶을 개척할 수 있는 신천지였다. 전쟁이나 정권교체 등으로 많은 난민이 발생하면 일본열도로 도항하는 사람 수는 더 늘어났다. 대륙이나 한반도의 선진문명을 몸에 지닌 사람들이 일본열도에서 자리 잡고 살아가는 것은 그다지 어려운 일이 아니었다.

일본의 유명한 역사유적지 혹은 유서 깊은 사원이나 신사를 가보면 도래인의 흔적을 쉽게 발견할 수 있다. 이것들의 연원을 캐다보면 반드시 한반도와 관련된 사연을 확인할 수 있다. 일본 고대문명의 형성과 도래인의 역할에 대해서는 다음과 같이 5시기로 나누어 살펴볼 수 있다.

제1기는 기원 전 3세기에서 기원 후 3세기까지이다. 이때 한반도에서 일본열도로 건너간 사람들이 벼농사, 청동기, 철기, 관개기술 등을 전했다. 여기에는 고도의 노하우가 배어 있기 때문에 사람의 이동이 없으면 전수가 불가능했다. 이를 통해 일본은 수렵과 어로에서 농경생활로의 문명전환을 이룩했다. 이른바 야요이문화(彌生文化)가 그것이다.

제2기의 피크는 4세기 말에서 5세기 전반까지이다. 이때 중국에서는

---

1) 이 글은 필자가 쓴 「역사 속에서 본 한일의 문명교류」 『지식의 지평 知平』 11호, 한국학술협의회 편, 2011.10을 약간 수정 보완한 것이다.

오호십육국(五胡十六國, 304~439)의 전란이 계속되고 한반도 일대에서는 고구려·백제·신라·가야 등이 세력을 다투면서 왜(倭)와 복잡한 관계를 맺고 있었다. 광개토대왕(재위 391~412)의 비문이나 칠지도(七枝刀, 369)의 명문 등은 당시 숨 막히게 돌아가던 동아시아의 국제정세를 잘 보여주고 있다. 그 와중에 가야제국(加耶諸國) 남부의 사람들이 일본열도로 많이 건너갔다. 그들은 오카야마(岡山) 지역 등의 수장(首長) 밑에서 공인 등으로 활약했다. 거대한 고분을 축조한 기술자들이 바로 이 사람들이었다.

제3기의 피크는 5세기 후반이다. 중국에서는 남북조(386~589)의 분립이 착종(錯綜)하고, 한반도에서는 고구려가 남진전쟁을 벌여 백제의 수도 한성을 함락했다(475). 고구려군에 사로잡힌 백제의 개로왕(蓋鹵王)은 아차산성에서 처형당하고, 백제왕족은 웅진으로 도망하여 나라를 재건했다. 이 전란 통에 북부 가야와 백제 사람들이 일본열도로 많이 이주했다. 그들은 오름가마에서 고온으로 구운 스에키(須惠器, 경질토기)를 생산함으로써 부서지기 쉽던 조몬토기(繩文土器)나 야요이토기를 구축했다. 도래인은 수공업 기술을 살려 야마토 정권(大和王權)을 보좌하는 역할을 했다. 도래인이 일본의 고대국가 형성에 참입(參入)했다.

제4기의 피크는 6세기 후반이다. 한반도에서는 신라의 공격으로 가야가 멸망하고(562), 중국에서 수(隋)가 통일왕조를 세웠다(581). 고구려와 수의 쟁패는 살벌했고, 고구려·백제·신라의 다툼도 치열했다. 그 격변 중에 가야 계통의 사람들이 다수 일본열도로 건너갔다. 그들은 선진기술을 발휘하여 생산부문을 선도하고, 문서작성 등의 실무를 담당하여 일본의 고대국가 확립에 절대적으로 기여했다.

제5기의 피크는 7세기 후반이다. 중국에서는 당(唐)이 제국을 건설하고(618) 고구려와 패권을 다퉜다. 신라는 국제정세의 흐름을 간파하고 당을 이용하여 백제를 멸망시키고(660), 이를 부흥하기 위해 몰려온 왜군을 백촌강(白村江) 전투에서 무찔렀다(663). 그리고 고구려를 멸망시키고(668), 내친김에 당의 세력을 몰아내 삼국을 통일했다(676). 그 여파로 고구려의 고토(故土)에서 발해가 건국되었다(698). 그 과정에서 백제와 고구려의 유민이 일본열도로 대거 이주했다. 그들은 사찰 건축, 불상 조각 등에서 탁월한 능력을 발휘하여 일본의 불교예술을 꽃피웠다. 도래인들은 일본의 행정 관료로서 활동하거나 왕권과 결합하여 세력을 떨쳤다.

도래인이 일본에서 동류집단으로 거주하면서 문명국가 건설에 기여한 사례는 헤아릴 수 없이 많다. 고구려, 백제, 신라 등의 이름이 들어가거나 그들로부터 유래한 지명은 현재에도 일본 각지에 남아 있다. 도쿄 근교의 고려신사(高麗神社), 오사카(大阪) 근처의 백제사(百濟寺)와 백제왕신사(百濟王神社), 백제역(百濟驛), 백제천(百濟川), 백제교(百濟橋), 고려정(高麗町), 고려교(高麗橋), 나라(奈良) 지역의 백제촌(百濟村) 등이 그것이다.

유럽에서도 4~6세기는 민족이동의 시대로 불린다. 게르만인 계통의 여러 부족이 로마제국의 국경을 넘어 대규모로 서유럽에 이주했기 때문이다. 이를 계기로 유럽에서 중세의 막이 열렸던 것이다.

고대에 한일 사이의 인간이동이 자발적이었다면 중세와 근세의 그것은 강제적이었다. 특히 임진왜란(1592~97) 때 일본군에 붙잡혀 간 조선인 부로인(俘虜人, 포로)의 경우가 그러했다. 임진왜란은 현대의 6·25전쟁이나 베트남전쟁과 비견할 만한 국제전쟁이었기 때문에 여러 각도에서 조망할 수 있다. 그렇지만 한 가지 분명한 사실은 대규모의 노예사냥 전쟁이자 문화약탈전쟁이었다는 점이다.

일본군은 임진왜란 중에 9~14만 명(일본 측 연구에서는 2~3만 명, 한국 측 연구에서는 20만 명을 주장하는 경우도 있으나, 10만 명 전후로 보는 견해가 다수이다)에 달하는 조선인 남녀노소를 잡아다 국내는 물론이고 중국, 포르투갈 등의 상인에게 팔아먹었다. 일본군이 어린이와 여자까지 조선인을 대거 납치한 목적은 농업·가사·공장 노동력의 보충, 국제 노예상인에의 매매, 군사력의 충원 등이었다. 100여 년 동안 내전에 휘말려온 일본에서는 젊은 남자들이 대부분 전쟁에 동원되어 노동력이 턱없이 부족했다. 조선인은 이를 보충할 수 있는 인적 자원이었다. 마침 중국-동남아시아-유럽을 연결하는 항로에서 포르투갈 상인이 중계무역을 벌이고 있었다. 일본군이 조선에서 자행한 노예사냥은 세계 규모의 거래 네트워크 속에서 저지른 만행이었다.

일본에 끌려온 부로인 중에는 의사, 유자(儒者), 승려와 같은 지식인이 있는가 하면, 도공, 장인, 무사와 같은 기술자도 있었다. 유학자 강항(姜沆)은 승려 후지와라 세이카(藤原惺窩, 1561~1619)에게 주자학을 전수하여 그가 유학자로 개종하는 데 결정적인 영향을 미쳤다. 후지와라는 『사서오경왜훈(四書五經倭訓)』을 저술하고 하야시 라잔(林羅山, 1583~1657) 등 많은 제자를 길러서 근세 일본의 유학사와 정치사를 논할 때 빼놓을 수 없는 존재가 되었다. 강항이 그 시조이었음은 말할 필요도 없다. 강항은 교토에서 성리학 서적 등을 필사하여 주자학을 보급하고, 귀국한 후에는 『간양록(看羊錄)』을 간행하여 일본의 실상을 조선에 알리는 데 기여했다. 그가 붙잡혀 가서 상륙한 오즈시(大洲市)에는 홍유강항현창비(鴻儒姜沆顯彰碑)가 서 있다.

기이번(紀伊藩)으로 붙잡혀 간 이진영(李眞榮)과 이전직(李全直) 부자는 번주(藩主)의 시강(侍講)이 되어 성리학과 제왕학을 가르쳤다. 그들은 조선의 성리학을 기이번에 정착시켜 정치와 문화를 한 단계 더 발전시키는 데 공헌했다. 명치유신이 무혈혁명의 성격을 띠게 된 배경에는 이들의 가르침이 작용한지도 모르겠다. 사가번(佐賀藩)의 홍호연(洪浩然, 1581~1657)도 초대 번주 카츠시게(勝茂)의 시강이 되어 번학(藩學)의 기초를 세웠다. 그는 서예가로서도 많은 작품을 남겼고, 번주가 죽자 순사(殉死)하여 조선 유학자로서 절의(節義)를 지켰다. 조선 유학자가 일본에 끌려가 세운 공로는 침략전쟁이 가져온 不意의 결과였지만, 한일 문화교류에서 특필(特筆)할 만한 사례라고 할 수 있다.

일본에 연행된 이삼평(李參平) 등의 도공들은 서일본(西日本) 각지에서 차별과 박해를 받으면서 생활자기를 구웠다. 이들은 아리타야키(有田燒), 사츠마야키(薩隆燒) 등의 원조가 되어 일본을 세계 유수의 도자기 생산국으로 끌어올렸다. 목수, 석공, 직물공, 한지제작공 등의 사례도 주목할 필요가 있다. 큐슈(九州) 서북지역에는 연행된 조선인들이 집단으로 거주하는 '도진마치(唐人町)'가 여기저기 존재했다. 다이묘(大名)들은 이들을 통해 조선의 문화와 기술을 받아들여 영지 개발을 꾀했다. 그렇지만 일본에 끌려온 대다수의 조선인은 주인에게 예속된 노비·하인·하녀로서 비참한 생활을 했다. 그들은 시간이 지남에 따라 일본사회에 적응하며 동화되었으나, 오랫동안 노예 신분에서 벗어나지 못한 채 학대받으며 비참한 인생을 보내지 않으면 안 되었다.

도요토미 히데요시(豊臣秀吉)는 또 분야별로 특수부대를 편성하여 조선의 문물을 조직적으로 약탈하도록 했다. 일본군에는 교토고잔(京都五山)의 학승(學僧)들이 자문역으로 종군하면서 이이(李珥)의 『격몽요결(擊蒙要訣)』, 서경덕(徐敬德)의 『화담문집(花潭文集)』, 김시습(金時習)의 『금오신화(金鰲新話)』 등 귀중본을 다수 반출했다. 경복궁 교서관(校書館) 주자소(鑄字所)의 금속활자와 인쇄기구, 조선본과 중국본의 서적 등도 빼앗아 갔다. 심지어는 불상, 불화, 범종, 석등 등과 같은 문화제와 매화, 동백 등과 같은 식물까지도 약탈했다.

일본에 끌려 간 조선인은 주자학·도예·인쇄술·목면(木棉) 등의 신문명을 일본에 전수하여 도쿠가와문화(德川文化)를 꽃피게 한 은인이었다. 그리고 일본이 약탈해 간 조선의 문화재는 그 자체가 당대를 대표하는 보물이 되었다. 그렇지만 이들의 공적과 가치를 고대 한일관계에서 도래인이 차지하는 위상과 같은 차원에서 평가할 수는 없다. 이것은 노예사냥과 문화약탈의 잔혹함과 무도(無道)함을 호도(糊塗)하는 궤변(詭辯)이 될 것이기 때문이다.

　그런데, 소수이기는 하지만 임진왜란을 통해 조선에 거주하게 된 일본인도 나타났다. 조선에 투항하여 관직을 받고 충성을 바친 김충선(金忠善) 등이 그들이다. 사료상에 항왜(降倭) 등으로 기재된 이들은 3천여 명에 이르렀는데, 조총과 화약 제조기술, 사격기술 등을 조선에 전수했다. 일본에서 개량된 유럽의 무기와 전술이 전쟁을 계기로 조선에도 유입된 것이다.

　임진왜란 이후 재개된 통신사의 왕래과정에서도 문화교류가 이루어졌다. 통신사는 '신의(信義)를 주고받기 위한 사절'이라는 뜻으로, 통신사의 교류는 양국의 관계가 대등함을 나타내는 외교 형태다. 사대부와 연예인 등으로 구성된 조선의 통신사 일행은 일본 국내를 여행하는 도중에 일본의 학자, 문인, 승려, 의사, 화가 등과 시문과 필담을 주고받으며 활발히 교유했다. 그들은 일본사회에 다양한 영향을 미쳤다. 통신사 일행을 수행하던 아이들의 춤에서 유래한 '가라코오도리[唐子(韓子)踊り/唐人踊(韓子踊)]'가 오늘날도 전해지고, 비와호(琵琶湖) 남쪽 연안에는 조선인가도(朝鮮人街道)라는 길이 남아 있다.

　근대에 들어 한일 사이의 인간 이동은 복잡한 양상을 띠었다. 먼저, 무력으로 주권을 짓밟고 영토를 빼앗으며 시장을 확장하는 제국주의 시대에 조응하여 다양한 유형의 일본인이 조선에 건너와 일본인 사회를 형성했다. 19세기 말에 벌써 조선의 개항장(開港場)을 중심으로 형성된 거류지에는 3만여 명의 일본인이 관리, 무역상, 일용품·식료품 상인, 목수 등 다양한 직업에 종사하고 있었다. 그들은 주거지역에 혼쵸(本町), 고가네쵸(黃金町), 아사히마치(旭町), 메이지쵸(明治町), 벤텐쵸(弁天町) 등의 일본식 지명을 붙이고 고토히라대신사(金刀比羅大神社), 스미요시

대신사(住吉大神社) 등의 신사와 신마치(新町) 등의 유곽을 새로 지었다. 일본식 식민도시의 典型이 모습을 드러낸 것이다.

재조(在朝) 일본인은 러일전쟁(1904~05)과 한국병합(1910)을 계기로 급속히 증가하여 1936년에 60만 명, 1942년에 75만 명을 기록했다. 그 밖에 2개 사단의 군대가 주둔했는데, 군인 수는 패전 당시 수십만 명으로 불어났다. 대체로 조선 인구의 3%에 불과한 일본인이 2천 5백만 명의 조선인을 지배한 셈이었다. 재조 일본인의 핵심은 조선총독부 등의 각종 행정기관에 종사하는 공무자(公務者)이었고, 농·수산업에 종사한 자는 소수인 반면, 상공업·교통업 종사자가 이상할 정도로 많았다. 그들은 투철한 지배자 의식을 가지고 조선인을 멸시하고 차별하며 통제했다. 그리고 1930년대 이후 전시체제 아래서는 조선인을 일본인으로 개조하는 황국신민화정책을 추진하고 군인과 노무원 등으로 동원했다. 그 과정에서 일본식의 근대문명이 조선에 강제로 이입되었다. 그리하여 상당 부분에서 조선사회는 일본사회의 복제판이 되고 조선인은 일본인의 아류가 되었다. 오늘날 우리가 식민지 잔재라고 부르는 대부분의 일본식 문화는 이 시기에 일본이 강제로 조선에 각인했거나 조선인이 어쩔 수 없이 체득한 것들이다.

한편, 한국병합 때까지 조선인의 일본 이주는 극소수에 불과했다. 그들은 대부분 유학생이거나 단기노동자였다. 이후 일본의 식민지 지배가 가혹해지고 교통수단이 발달함에 따라 도일(渡日) 조선인 수는 해마다 늘어나서 1930년대 중엽에는 재조 일본인 수를 넘어섰다. 그리고 중일전쟁 발발(1937) 이후 국가총동원법이 제정되어 조선인도 전시동원의 대상이 되자 도일자(渡日者)는 격증하여 1945년에 在日 조선인은 200만 명을 넘어섰다.

재일 조선인이 낯설고 물설은 일본사회에 적응하는 일은 쉽지 않았다. 취업과 거주의 차별이 심해 조선인은 공사현장의 육체노동자, 방적

공장의 직공, 넝마주이 등으로 간신히 생계를 꾸려갔다. 오사카 등의 대도시에는 조선인의 집거지(集居地)가 형성되었는데, 일본인이 거의 살지 않는 하천부(河川敷)・임해부(臨海部)인 경우가 많았다. 집거지에는 조선 요리점이나 식재점(食材店) 등이 들어서고, 가내 공업적인 제조업이 생겨났다. 강제 연행된 조선인들은 탄광・광산이나 토목공사 현장, 또는 군수공장 등에 집단으로 수용되어 중노동에 종사했다. 그들 중에서 목숨을 잃거나 부상당하는 자가 속출했다. 소수이기는 하지만 조선인 유학생도 무시할 수 없는 존재였다. 1910년대에 5백여 명이었던 유학생은 1940년대 초에는 5천여 명으로 증가했다. 이들은 일본의 근대문명을 조선에 도입하고 활용하는 데 중요한 역할을 했다.

재일 조선인은 열악한 환경 속에서도 민족운동과 노동운동을 전개했다. 일본정부는 이들을 엄격히 탄압했다. 조선인을 멸시와 공포의 대상으로 여긴 일본인들은 관동대진재(1923)를 빌미로 삼아 6천 7백여 명의 조선인을 학살했다. 일본정부는 내선협회(内鮮協会)・협화회(協和会) 등을 조직하여 조선인을 敎化하고 통제했다. 중일전쟁 발발 이후에는 황국신민화와 전시동원을 추진했다. 일본의 패전을 앞두고 많은 조선인이 공습과 원폭으로 희생되었다.

일본이 전쟁에서 패배하고 한국이 식민지에서 해방되자 한일 사이의 인간 이동은 또 한 차례 격랑에 휩싸였다. 한반도에 거주한 일본인은 불과 1-2년 사이에 거의 대부분 돌아갔다. 식민자의 업보로 인해 더 이상 눌러 살 수 없었기 때문이다. 반면에 일본열도에 거주한 한국인은 반 정도가 귀국하고 나머지는 생계를 위해 일본에 남았다. 그 결과로 오늘날까지도 오사카 등지에는 코리아타운이 건재하다. 재일동포 중 10만여 명은 북한으로 송출되었다. 그밖에 사할린 등지로 연행된 4만여 한국인은 패전 후에 일본이 그대로 팽개쳐두었기 때문에 오늘날까지도 디아스포라의 비극을 재생산하고 있다.

한일국교정상화(1965) 이후 한일 사이의 인간 이동은 새로운 단계를 맞았다. 두 나라 사이에 외교, 교역, 사업, 유학, 스포츠, 교류, 여행 등이 활성화됨에 따라 왕래자와 거주자 수는 날로 증가했다. 1965년 당시 연간 왕래자 수는 1만여 명에 불과했는데, 2010년에는 그 수가 546만 명으로 늘어났다. 기하급수적이라고밖에 할 말이 없다. 이들을 실어 나르는 항공노선이 40여 개, 주간 항공편이 450개나 된다. 서울의 이촌동에는 일본인 집단거주지가 생겨났고, 도쿄의 신오쿠보(新大久保)에는 새로운 코리아타운이 형성되었다. 그리하여 한국문화와 일본문화가 일상에서 실시간으로 교류하는 현상이 일어났다. 1980년대까지만 하더라도 일본문화가 한국의 방어장벽을 뚫고 일방적으로 흘러들었는데, 그 이후 한국문화의 일본진출이 활발해져 지금은 거의 互角을 이루고 있다. 이른바 한류와 일류(日流)라는 현상이 그것이다. 서울올림픽(1988)과 한일월드컵(2002) 대회가 신경향을 추동한 주요 전기였다.

3. 전쟁의 충격과 정치변동

일의대수(一衣帶水)와 같은 바다로 국경을 접한 한국과 일본 사이에는 잦은 갈등과 충돌이 있을 수밖에 없었다. 그 중에서 두 나라의 역사에 아주 큰 영향을 미친 전쟁도 대여섯 차례나 일어났는데, 모두 일본 쪽에서 발동한 점에 그 특색이 있었다.

고대에 왜가 신라 등의 해안을 습격한 사건은 부지기수였다. 그렇지만 7세기 후반 왜가 백제·고구려·신라의 통일전쟁에 끼어든 이른바 백촌강전투(663)는 동아시아를 뒤흔든 국제전쟁이었다. 당시 당(唐)은 고구려·돌궐과 패권을 겨루고, 백제·신라도 영토 다툼을 벌이고 있었다. 당은 여러 차례 고구려를 침공했으나 실패하고, 신라는 백제의 공략으로 궁지에 몰렸다. 여기에 각국 사이에 치열한 외교전이 벌어져, 돌궐·고구려·백제·왜와 당·신라의 대결 구도가 형성되었다. 삼국통일전쟁은 후자가 전자를 공략하는 형태로 진행되었다.

먼저 신라군은 바다를 건너 온 당군(唐軍)과 합세하여 사비성(부여)을 함락시킴으로써 백제를 무너뜨렸다(660). 그때까지 백제를 통해 선진 문물과 기술을 수용해온 왜는 큰 충격에 빠졌다. 백제의 잔존세력은 부흥군(復興軍)을 결성하여 당과 신라의 지배에 대항하였다. 백제의 지원요청을 받은 왜는 궁궐을 九州 북부로 옮기고 임전 태세에 들어갔다. 일본에 체재하고 있던 왕자 부여풍[夫餘豊(풍장)]은 왜군의 호위를 받으며 백제로 돌아와 즉위하고, 왜는 전국에서 동원된 호족과 농민으로 편성된 2만 5천여 명의 대규모 군대를 백제에 파견했다(663). 신라·당의 연합군은 금강 하구의 백촌강에서 백제·왜의 연합군을 격파했다. 왜군은 퇴각하고 백제 부흥군은 거점인 주류성을 잃었다. 부여풍은 고구려로 피신하고, 백제의 왕족·귀족은 대거 왜로 망명했다. 이로써 백제의 부흥운동은 막을 내렸다.

왜는 백촌강전투에서의 패배를 국가존망의 위기로 인식하고 국가방위를 위해 전대미문의 조치를 취했다. 왜는 당과 신라가 침공해올 것에 대비하여 왕궁을 近江로 옮겼다. 그리고 쓰시마(對馬)·이키(壹岐)·츠쿠시(筑紫)에 방인(防人)를 두고, 망명한 백제인의 기술을 빌려 쿠슈 북부에서 세토나이카이(瀨戶內海)에까지 산성을 축조했다. 또 쿠슈에 설치한 군사·외교 기관인 다자이후(大宰府) 전면에 수성(水城)을 쌓는 등 방어체제를 정비했다. 그리고 징병을 위해 호적을 작성하고 성문법전을 제정하는 등 제도개혁을 서둘렀다. 그 후 신라·왜·당은 국익을 지키기 위해 치열한 외교전을 전개했다. 그 과정에서 왜는 당보다는 신라를 중시하는 외교노선을 선택했다. 그리고 백제와 고구려의 유민을 받아들여 율령국가의 기틀을 마련함으로써 중앙집권적인 고대국가를 확립했다. 이처럼 백촌강전투는 신라의 삼국통일은 말할 것도 없고, 일본의 역사에도 한 획을 그은 일대 사건이었다. '왜국'을 넘어 더 큰 통일국가로서의 '일본'이라는 국가가 실체로서 등장한 것이다.

중세에는 몽골제국의 성립이라는 세계사의 전환과 연동하여 고려와 원(元)의 연합군이 일본을 공격하는 사건이 일어났다. 몽골은 서하(西夏), 티베트, 금(金)을 아우르고, 중앙아시아와 중동, 러시아까지 복속했다. 그리고 남송(南宋)마저 멸망시키고 중국 전체를 차지했다. 몽골이 아시아와 유럽을 하나로 통합하는 거센 풍랑 속에서도 고려는 30여 년 동안 몽골의 침략에 대항하며 나라를 지켜냈다. 그 덕택으로 고려는 몽골과 강화한 이후에도 영토와 사직을 보전할 수 있었다.

몽골은 고려를 압박하여 3만여 명의 연합군으로 사대관계를 거부하는 일본을 공격했다(1274). 여몽연합군은 쓰시마와 이키를 점령한 뒤 하카타만(博多灣)으로 진격했다. 그러나 폭풍우를 만나 큰 피해를 입고 철수했다. 여몽연합군은 남송군(南宋軍)을 포함하여 14만 명의 군세(軍勢)로써 다시 일본을 침공했다. 그러나 이때도 태풍이 불어 일본점령은 실패로 끝났다(1281). 일본이 몽골의 침공에서 입은 피해는 고려에 비하면 조족지혈(鳥足之血)이었다. 고려가 완충역할을 한 셈이었다. 그런데도 일본은 고려를 몽골과 같은 침략자로 여겼다. 일본인들은 몽골을 '무쿠리', 고려를 '고쿠리'라고 부르며 공포심에 떠는 한편으로 적개심에 불탔다. 그리고 가미카제(神風)가 나라를 구해줬다는 신국사상(神國思想)을 만들어 선민의식(選民意識)을 고취하고 배외주의(排外主義)를 강화했다. 아시아·태평양전쟁 말기에 일본의 청년들이 비행기에 몸을 싣고 미국의 군함으로 돌진한 가미카제특공대(神風特攻隊)는 이렇게 만들어진 신화에서 유래한 것이었다. 역사의 오용(誤用)이 얼마나 무서운 결과를 가져오는가를 웅변하는 사례라고 할 수 있다.

14세기 후반 한반도 주변의 국제정세에 커다란 변화가 일어났다. 대류에서는 몽골이 쇠퇴하고 明이 들어섰다. 조선에서는 역성혁명(易姓革命)으로 고려가 무너지고 조선이 건국됐다. 일본에서는 가마쿠라막부(鎌倉幕府)가 무너지고 무로마치막부(室町幕府)가 들어섰다. 이와 같이 동아시아 각국이 요동치는 가운데 왜구(倭寇)가 창궐(猖獗)하여 한반도와 중국 해안을 약탈했다. 왜구는 서쪽 일본 해안 일대에서 생활 기반을 상실한 중소 무사와 농어민이 해적으로 변한 집단이었다. 기타큐슈 해안지역, 특히 쓰시마·이키·마쓰우라(松浦) 지방이 주된 거점이었다.

왜구는 14~15세기의 전기왜구와 16세기의 후기왜구로 나누어 볼 수 있는데, 한반도에 큰 피해를 입힌 것은 주로 전기왜구였다. 왜구는 처음에 주로 경상도·전라도·충청도 해안지방을 습격하여 조창(漕倉)과 조운선(漕運船)을 약탈했다. 또한 사람들을 잡아다가 노예로 팔았다. 몽골의 오랜 간섭으로 군사력이 약화되어 해안 방어가 어려운 고려가 조창을 내륙으로 옮기고 육로를 이용하여 조세를 운반하자 왜구는 내륙 깊은 곳까지 침입했다. 왜구의 약탈로 고통을 겪은 고려의 민중은 고향을 버리고 다른 지역으로 이주하는 경우가 많았다.

고려는 무로마치막부 등에 왜구의 금압을 요구하고, 화약무기를 활용하여 왜구를 토벌했다. 그 과정에서 큰 공을 세운 이성계가 조선을 건국한 것은 우연한 일이 아니었다. 명과 조선이 건국되고 무로마치막부가 안정되자 왜구의 세력은 약화되고 동아시아에는 새로운 국제질서가 형성되었다. 그것은 명을 중심으로 한 조공책봉체제의 성립이었다. 조선과 무로마치막부는 국교를 맺고 대등한 처지에서 교류했다(1404).

16세기에 들어서서 명의 세력이 약화되자 동중국해 연안에서 다시 왜구의 약탈과 밀무역이 성행했다. 그 틈을 타서 북방에서는 여진족(나중의 만주족)이 강성해졌다. 반면에 오랜 평화에 젖은 조선에서는 국방태세가 약화되었다. 마침 일본에서는 도요토미 히데요시(豊臣秀吉)가 전국을 통일하고 동아시아 정복을 꿈꾸고 있었다. 이런 와중에서 일어난 임진왜란은 동아시아의 국제질서, 특히 한일관계를 다시 한 번 뒤집어 놓았다.

100여 년의 전란에서 단련된 15만여 명의 일본군은 조선을 침략하여 불과 20여 일 만에 서울을 함락했다(1592). 조선의 국왕 선조(宣祖)는 중국과 국경지대인 의주(義州)로 피신했다. 조선의 각지에서는 무력한 조정과 관군을 대신하여 의병이 봉기했다. 의병은 충의에 불타는 유생, 관료, 농민, 승려들로 구성되었다. 바다에서는 이순신이 이끄는 수군이 한산도(閑山島) 등지에서 일본군을 쳐부수고 제해권을 장악했다. 명은 조선의 지원 요청을 받고 대규모 군대를 파견했다. 처음 3천여 명이었던 명군은 전쟁이 끝날 무렵에 10만 명 정도로 불어났다. 일본은 전황이 불리해지자 화의를 제안했다. 명과 일본의 화의교섭에서, 일본은 한반도의 남부지방 할양과 감합무역(勘合貿易)의 부활 등을 요구했다. 명이 이를 거절하자 일본은 대군을 증파하여 다시 조선침략을 개시했다(1597).

이번에 일본군은 곡창지대를 차지하기 위해 전라도 지역을 공략했다. 일본군은 각 지역에서 닥치는 대로 방화, 약탈, 학살을 자행하였다. 심지어는 전공(戰功)을 증명하기 위하여 조선인의 귀와 코를 베어 일본으로 보냈다. 일본군은 또 남녀노소를 불문하고 조선인을 마구 잡아다가 노예로 팔아넘겼다. 조선과 명의 군대가 바다와 육지에서 승리하는 가운데 도요토미가 죽자 일본군은 철수했다. 7년 동안의 임진왜란에서 사망한 일본군은 5만 명이 넘었고, 무고하게 희생된 조선인은 100만 명을 헤아렸다.

조선은 전국을 휩쓴 장기 전쟁으로 인구가 감소하고 농지가 황폐한 것은 물론, 제도가 문란하고 기강이 무너져서 위기에 처했다. 당연하지만 조선에서는 일본을 불구대천의 원수로 여기는 풍조가 만연했다. 일본에서는 대량의 병사 징발, 군량 조달, 무기 구입, 세금 부과 등으로 국력이 황폐해져 도요토미 정권이 무너지고 도쿠가와(德川) 정권이 탄생했

다. 명은 조선을 원호한다는 명목으로 수십만 명을 동원하고 막대한 군
비를 소진함으로써 국력이 쇠퇴하여 만주족(後金, 淸)에게 먹히는 신세
가 되었다. 이처럼 임진왜란은 조선을 빈사상태로 몰아넣고 중국과 일본
의 정권을 교체하게 만든 대규모 국제전쟁이었다. 사족이지만, 임진왜란
을 통해 삼국은 각국에서 개량된 무기의 위력을 실감하고 이것들을 적
극적으로 도입함으로써 국방체제에 변화를 가져왔다. 조선의 판옥선(板
屋船), 명의 홍이포(紅夷砲), 일본의 조총(鳥銃) 등이 그것들이다.

임진왜란 이후 조선과 일본은 수년 동안 국교를 단절했다. 그렇지만
대외관계의 안정을 꾀하려는 조선과 일본의 계략이 맞아떨어져서 두 나
라는 곧 국교를 재개했다(1607). 조선과 쓰시마도 통교무역을 규정한 개
유조약(己酉約條)을 맺었다. 이에 조선 국왕은 도쿠가와 장군(德川 將軍)
과 대등한 지위에 있으면서, 쓰시마 종씨(對馬 宗氏)를 하위에 두는 2
중의 외교관계가 부활했다. 이후 조선은 일본에 통신사를, 일본은 조선
에 국왕사(國王使)를 파견함으로써 조일관계는 1811년까지 안정을 유
지했다.

19세기 중엽 동아시아 특히 한일관계는 새로운 차원의 격변에 휘말렸
다. 도쿠가와막부는 미국, 네덜란드, 러시아, 영국, 프랑스 등과 불평등
조약을 맺었다. 조선도 미국, 프랑스, 러시아 등으로부터 통상의 압박을
받았다. 그리하여 17세기 이래 유지되어온 對馬를 매개로 한 전통적 조
일외교는 설 땅을 잃고, 중앙정부가 일원적으로 관장하는 근대외교체제
로 전환되었다. 이것은 조선과 일본이 전혀 다른 국제질서, 곧 제국주의
세계체제 속에 편입되기 시작했다는 것을 의미했다.

제국주의 시대 초기에 일본의 선제공격으로 발발한 청일전쟁과 러일
전쟁은 한국과 일본이 맞붙은 전쟁은 아니지만 한국이 이권의 대상이자
전장이었다는 점에서 각별한 의미가 있다. 일본은 청일전쟁에서 승리함
으로써 동아시아의 패자로 부상하고 한국은 중화질서의 굴레에서 벗어

나는 계기를 맞았다. 그 뒤 일본은 러일전쟁에서 승리하여 한국을 배타적으로 지배할 수 있게 된 반면 한국은 일본의 보호국으로 전락했다. 한국은 의병전쟁 등을 통해 국권을 보위하려고 애썼지만 1만 7천여 명을 희생한 채 일본의 식민지통치를 받게 되었다.

일본의 한국지배는 서양 열강의 다른 식민지 지배와 달랐다. 한국은 동문동종(同文同種)의 인접 국가인데다가 오랜 역사와 문명을 가진 잘 정비된 국가였다. 근대 이전만 하더라도 한국은 오히려 일본보다도 문화 선진국이라는 자부심이 강했다. 근대에 들어서서 이런 나라를 식민지로 만든 예가 없었다. 일본은 한국의 제도와 생활을 일본식으로 뜯어고치려고 애썼다. 이른바 동화정책을 추진한 것이다. 한국인은 이에 대해 실력양성이나 무력항쟁 등을 통해 저항했다. 그리하여 식민통치 기간 내내 한국인이 거주하는 세계 모든 곳에서는 독립운동의 횃불이 꺼지지 않았다.

일본이 아시아·태평양전쟁(1937~45)을 수행하는 동안 한국인은 군인과 노무자로 강제 동원되어 다대한 희생을 치렀다. 군인 24만여 명, 국외 노무동원 80만여 명, 국내 노무동원 7백만여 명 등이었다. 국내에서는 한국인을 일본인으로 개조하는 황국신민화정책이 폭압적으로 실시되었다. 그리하여 정신과 물질을 막론하고 한국인의 생활과 문화에는 일본색이 짙게 물들었다. 전쟁을 통한 문명전환이 폭력적으로 이루어진 셈이다.

한국과 일본이 직접 싸운 전쟁은 아니지만 6·25동란도 한일의 역사에서는 무시할 수 없는 사건이다. 6·25전쟁을 통해 한국은 수백만 명이 희생하고 전국이 초토가 되는 피해를 입었다. 그렇지만 일본은 미국의 지원 아래 이 전쟁에 물자를 공급하여 미증유의 호황을 구가했다. 그리하여 일본은 미국의 품안에서 패전의 피해를 단기간에 극복하고 1950년대 후반부터 고도성장의 고속도로를 질주하게 되었다. 한반도의 전쟁이 현대에서도 다시 일본의 문명전환에 디딤돌이 된 셈이다.

4. 물자의 교역과 생활변화

한국과 일본은 대체로 비슷한 자연 생태계에 속한다고 볼 수 있다. 바다로 둘러싸인 좁은 육지, 많은 산과 적은 평지, 뚜렷한 사계절과 여름 강수, 우거진 숲과 완만한 하천, 쌀을 주식으로 하는 높은 인구밀도 등. 그렇기 때문에 한국과 일본의 물산에도 유사한 것이 많아서 유무상통(有無相通)이라는 점에서는 취약하다. 심지어 오늘날은 산업구조조차 비슷하여 수출품에서도 겹치는 품목이 많다. 그럼에도 불구하고 한국과 일본은 오랜 역사 속에서 깊은 교역관계를 맺어왔다. 지리적 근접성과 문화적 친근성이 있는데다가 수직적 분업으로 얽힌 부문이 많기 때문이다.

인간의 이동이나 전쟁의 수행은 자연히 물자의 교역을 수반한다. 일본에서 쌀농사를 짓고 도기를 생산하기 시작했을 때도 한반도에서 기술을 가진 사람과 더불어 생산재도 건너갔을 것이다. 전근대 시대에는 외교사절의 왕래와 교역활동이 중복되는 경우도 많았다. 사절단에 상인이 동행하여 틈틈이 물품을 사고팔았던 것이다. 오늘날에도 정상회담이 열릴 때 경제인들이 대거 수행하여 상담을 벌이는 것을 보면 외교와 교역은 원래부터 표리를 이루었다고 볼 수 있다.

통일 신라와 일본의 교역은 김태렴(金泰廉) 일행의 방일(725)을 통해 일단(一端)을 엿볼 수 있다. 토다이지(東大寺) 대불(大佛)의 개안 공양(開眼 供養) 직후 일본에 도착한 김태렴 일행은 헤이조쿄(平城京)에서 대불을 참배한 뒤 대규모 교역활동을 전개했다. 이때 거래한 물품은 토다이지 정창원(正倉院)에 남아 있는 '매신라물해(買新羅物解)'라는 목록을 통해 알 수 있다. 신라산(新羅産) 방석과 먹, 구리와 주석의 합금으로 만든 좌파리(左波理, 놋쇠)라 불리는 찬합식 그릇과 숟가락 등의 수공 금속제품, 동남아시아에서 가져온 향료나 약물·안료·염료, 당과 서역에서 들여온 진귀한 물품들을 일본에 건넸다. 『화엄경론』과 같은 불교경전도 들어 있었다.

신라상인들은 9세기 전반에 중국 연안과 한반도에 광범한 교역 네트워크를 형성하고 활발하게 무역활동을 전개했다. 그들은 중국 월주산(越州産) 도자기 등을 신라와 일본에 판매했다. 장보고는 한반도 남서부 도서(島嶼)에 청해진을 설치하고 신라와 일본을 오가며 적극적으로 무역을 했다. 일본도 이에 호응하여 다자이후(大宰府)에서 신라와 공무역(公貿易)을 전개했다. 장보고가 정쟁에 휘말려 살해되자 이 공무역은 일단 정지되었다(846). 장보고 선단은 문화교류에서도 한몫을 했다. 신라와 일본의 승려나 지식인 서로 왕래하거나 당에 유학할 때 교통과 숙식의 편의를 제공했기 때문이다. 일본의 엔닌(圓仁, 794~864)은 장보고를 흠모하고 은혜에 감사하는 절절한 편지를 남김으로써 일본의 신문명 도입에 신라상인이 얼마나 기여했는가를 생생하게 보여주었다.

발해는 모두 33차례 일본에 사신을 파견하고, 일본은 13차례 발해에 사신을 파견했다. 9세기에 들어서 발해사신의 교역활동이 더욱 활발해지자, 일본에서는 "발해사는 실로 상인과 다름없다. 상인을 빈객으로 맞는 것은 국가의 손실이다."라는 비판조차 제기되었다. 발해는 당과 일본의 중계무역으로 이득을 얻었다. 발해는 담비·바다표범·호랑이·곰 등의 모피, 사향, 인삼, 꿀 등이 주요 수출품이었고, 견직물, 조정의식제품(朝廷儀式祭品) 등이 수입품이었다. 교역에서는 한시(漢詩)와 같은 문화상품도 주고받았다. 헤이안시대(平安時代)에 편찬된 한시문집에는 발해인의 시문이 다수 실려 있다.

유라시아대륙에 걸친 몽골제국은 중국의 인쇄술과 화약·나침반 등을 유럽에, 로마의 의약과 이슬람의 수학·천문학·역법 등을 중국에 전했다.

몽골을 통해 세계와 연결된 고려는 성리학과 수시력을 수용했다. 원의 농업서적인 『農桑輯要』를 받아들여 농업기술을 개선하고, 목화를 들여와 의생활(衣生活)에 혁신을 이루었다. 원-고려-일본 사이의 무역도 활발했다. 조선은 인삼, 포목, 쌀 등을 일본에 수출하고, 동, 은, 황 등을 수입했다. 일본은 금, 동, 유황, 칼, 부채 등의 광물자원이나 공예품을 원에 수출하고, 동전, 도자기, 차, 서적, 회화 등을 수입했다. 선종 불교와 성리학에 기반을 둔 학문과 문화가 원, 고려, 일본에 퍼진 것도 이런 교역의 덕분이었다.

명은 해금정책을 썼기 때문에 교역은 조공무역 형태로 이루어졌다. 조공무역은 사절단의 체재비와 물품운반비를 명이 부담하게 되어서, 조공하는 측이 더 유리했다. 조선은 견직물, 화문석, 고려인삼 등을 보내고, 고급 견직물, 자기, 서적, 약재 등을 들여왔다. 무로마치막부는 사절증명(使節證明)의 일종인 감합을 소지한 선박을 명에 파견하여 도검, 창, 부채, 병풍, 구리 유황 등을 보내고, 동전, 생사, 고급직물, 서적, 그림 등을 들여왔다. 중국 동전은 일본의 화폐경제 발달에 큰 영향을 미쳤다.

조선과 무로마치막부는 한때 사무역도 허용했으나, 사절단에 의한 공무역이 주류를 이루었다. 이를 통해 일본산인 금·은·구리·유황 등의 광산물, 칼·부채 등의 공예품, 동남아시아산인 소목·후추·침향·백단·물소뿔·상아 등이 조선으로 들어왔다. 구리는 놋그릇, 무기, 화폐, 활자 등에 없어서는 안 될 필수품이었고, 유황은 약재와 화약재로서 중용되었다. 소목은 고급염료로서, 후추는 약재·조미료로서 수요가 많았다. 일본으로 건너간 물품은 조선산인 마포·저포·면포 등의 섬유제품과 쌀·콩의 등 곡물, 화문석·호랑이가죽 등 장식품, 인삼 등의 약재였다. 그러나 공무역은 무역량이 제한되어 있어서 밀무역이 끊이지 않았다. 밀무역에서는 금, 은 같은 이윤이 많은 물품이 거래되어 중앙의 관리나 역관을 끼고 행해지는 경우도 있었다.

16세기 전반에 조선의 銀精練技術인 회취법(灰吹法)이 일본에 전해진 후 일본의 은 생산량은 비약적으로 증가하였다. 이후 일본 사절은 대량의 은을 조선에 가져왔고, 대신 대량의 면포를 조선에서 가져갔다. 면포는 보온성이 뛰어난 옷감으로 군사와 민간 모두에서 수요가 많았다. 조선에서는 은 가격이 떨어지고 면포가 부족해지는 사태가 벌어져 일본 은의 유입과 밀무역을 억제했다. 그러나 명이 은을 빨아들이는 구조이어서 조선의 상인이나 역관들은 일본의 상인이나 유력자와 결탁하여 명으로 은을 반출하는 사례가 급증했다.

일본의 막부와 호족들은 문화상품을 구입하기 위해 조선에 사절을 보낸 경우도 있었다. 조선은 숭유억불 정책으로 유학이 번성한 반면 불교는 위축되고 있었지만, 일본에서는 불교가 치성(熾盛)하여 많은 사찰에서 대장경을 갈망했다. 일본은 14세기 말에서 16세기 중엽까지 80여 회에 걸쳐 승려를 대표로 하는 사절단을 조선에 파견하여 대장경을 요청했다. 그리하여 50부 이상의 대장경이 조선에서 일본으로 건너갔다. 그밖에도 조선의 불상, 불화, 범종 등 불교 관계 물품이 다수 일본으로 들어갔다. 조선 사절들은 일본에서 본 수차(水車)의 이용, 시장의 번화함, 화폐의 활발한 사용 등을 조선에 소개했다.

조선과 일본의 교역은 다원적이었다. 무로마치막부 이외에 서부 일본의 다이묘와 상인이 조선에 조공하는 형식을 빌려 통상을 했다. 조선은 왜구를 방지하는 수단으로써 일본인의 교역과 어로 및 귀화를 허용했다. 공을 세웠거나 뛰어난 기능을 가진 사람에게는 관직도 주었다. 그리고 부산포(부산), 제포[薺浦(웅천)], 염포(울산)를 무역항으로 개방하고, 이곳에 접대와 통상을 위한 왜관을 설치했다(1426). 쓰시마 등은 조선과의 교역에서 큰 이익을 얻었는데, 조선이 특권을 제한하면 집단으로 반기를 들었다(삼포왜란, 1510).

임진왜란 이후 일시 쇠퇴했던 교역은 조일국교가 회복되자 다시 활기를 띠었다. 조선은 국산의 인삼과 중국산의 생사·견직물 등을 수출하고, 일본산의 은과 동(銅)을 수입했다. 조일무역은 대단히 활발하여 17세기 후반에는 일본이 쓰시마를 경유하여 조선에 지불한 은의 양이 나가사키(長崎)를 경유하여 중국과 네덜란드에 지불한 액수를 넘었다. 조선에 유입된 은은 다시 중국산 생사와 견직물과 교환되어 중국으로 들어갔다. 중계무역을 통해 조선 상인은 막대한 이익을 얻었다. 그러나 1720년대를 지나면서 조일무역은 감소했다. 일본의 은 산출량이 감소한데다가 막부의 수출통제가 심해지고, 조선에서 수입하던 인삼과 생사·견직물이 일본 국내에서 생산되었기 때문이다. 수입대체상품이 개발된 것이다. 조일무역의 쇠퇴는 조선의 운명에도 큰 영향을 미쳤다. 일본이 중국이나 네덜란드 등과 나가사키를 통한 직접 거래를 강화함으로써 조선은 문명교류의 고속도로에서 벗어나 변방으로 밀리게 되었다. 이것은 조선이 서양 문물을 수용하고 근대화 물결에 올라타는 데 뒤처지는 결과를 초래했다.

근대의 한일교역에서는 일본제 공산품이 한국시장에 유입되고 한국산 쌀·콩과 광물 등이 일본에 들어갔다. 한국은 일본의 상품시장이자 원료 공급지로 재편된 셈이다. 거기에 일본의 자본과 기술이 부가되었다. 교역의 주도권은 완전히 일본상인과 자본가가 장악했다. 한국병합 이후 한국은 일본 자본주의 경제의 일환으로 편입되었기 때문에 한일 간의 교역은 일본 일변도로 정착되었다. 한국의 이출(移出)과 이입(移入)에서 일본이 차지하는 비중은 90%가 넘었다. 그리고 한국과 일본의 산업 격차는 더욱 벌어져서 한국내의 회사자본에서 일본인이 차지하는 비중도 90% 이상이었다. 아시아·태평양전쟁 시기에 일본이 병참기지화정책을 추진하여 북한 지역에서는 중화학공업도 발흥했지만 대자본은 거의 다 일본인의 수중에 있었다. 한국내의 산업은 일본내의 산업과 수직적 분업 구조를 이루어 업종간 불균형과 지역간 편재성이 강화되었다. 해방 이후 한국이 일본에서 분리되고 남북이 분단되자 한국의 경제가 급격하게 반신불수의 곤경에 빠진 것은 이 때문이었다.

한일국교정상화 이후 한국과 일본의 교역은 큰 전기를 맞았다. 한국은 청구권자금 또는 경제협력자금이라는 명목으로 일본에서 무상 3억 달러, 유상 2억 달러를 받아 경제개발에 의미 있게 사용했다. 나아가서 한국은 일본의 자본과 기술을 적극적으로 도입하여 수출주도형의 경제발전을 추구했다. 그리하여 1965년에 2억 달러였던 한일 양국의 무역은 2010년에는 925억 달러로 폭증했다. 그 결과 한국은 일본의 세 번째 교역국이고 일본은 한국의 두 번째 교역국일 정도로 두 나라 경제는 상호의존관계가 밀접하게 되었다.

그렇지만 2010년 한국의 대 일본 무역적자가 361억 달러인데 알 수 있듯이 한국 경제는 아직도 일본 경제에 대항할만한 능력을 갖추지 못하고 있다. 한국이 중국과 유럽에서 본 흑자를 고스란히 일본에서 본 적자를 메우는 데 쓰는 구조가 정착된 것은 한국의 수출산업이 일본의 중간재에 의존하기 때문에 일어나는 불가피한 현상이라고 볼 수도 있다. 다만 최근에는 일본 기업이 일방적으로 한국에 투자하는 경향에서 벗어나서 일본 기업의 자금력·기술력과 한국 기업의 시공력·추진력과 결합하여 제3국에 진출하는 사례도 나타나고 있다. 전자산업이나 조선산업 등에서는 한국 기업이 매출액과 시장점유에서 일본 기업을 능가하는 현상도 일부 나타나고 있다. 현재 한일 양국의 경제관계는 수직관계에서 수평관계로 바뀌는 과정이다. 그리고 두 나라 국민의 사회의식이나 생활방식이 비슷해지면서 생활 속에서 상호수용과 일체화가 진행되고 있다고 볼 수 있다.

5. 맺음말

大韓海峽과 같은 좁은 바다로 국경을 접하고 있는 한국과 일본은 2천여 년의 역사 속에서 서로 영향을 주고받았다. 두 나라 모두 자신의 태반문명(胎盤文明) 위에서 시대와 세계의 변화에 적응하며 외래문명을 수용하여 개성 있는 전통문명을 창조해왔다. 이때 두 나라의 문명전환에 큰 영향을 준 것은 중국문명과 서양문명이었다. 따라서 한국과 일본은 자신의 새로운 문명을 창출하고 영위하는 데 있어서 상대방이 결정적 因子로서 작용한 것은 아니었다. 그렇지만 한국과 일본은 중국문명과 서양문명을 소화하여 상대방에게 전수하는 역할은 충실히 수행했다고 볼 수 있다. 물론 경우에 따라서는 두 나라가 상대방에게 메신저 이상의 중요한 역할을 한 적도 있었다. 문명의 수용이나 전수 과정은 순탄한 것만은 아니었다. 전쟁과 동원, 침략과 지배와 같은 폭력과 강제가 수반한 경우도 많았다.

한국과 일본이 문명을 전환하는데 있어서 인간의 이동은 중요한 역할을 했다. 사람이 서로 왕래함고 이주함으로써 문화의 수용과 접변이 광범하게 일어났다. 시대의 부침에 따라 등장한 도래인, 부로인, 통신사, 재조 일본인, 재일 한국인, 유학생, 사업가 등은 자발적이건 강제적이건 간에 문화의 수용과 전파에서 중요한 역할을 했다. 두 나라 사이의 전쟁은 양쪽 모두에게 막대한 희생과 피해를 입혔지만 이것 역시 문명을 전환하는 데 큰 계기로 작동했다. 백촌강전투, 왜구, 임진왜란, 청일전쟁, 러일전쟁, 의병전쟁, 항일독립투쟁, 아시아·태평양전쟁, 6·25전쟁 등은 한일관계의 역사에 큰 마디가 되는 충격적인 사안이었다. 한국과 일본의 물자교역도 장기간에 걸쳐 두 나라 문명의 발전과 전환에 큰 영향을 주었다. 두 나라를 오간 쌀, 도자기, 철, 은, 동, 인삼, 면포, 비단, 견사, 불경, 서적, 반도체 등은 구성원의 생활과 문화를 營爲하는 재료가 되었다.

한국인은 역사 속에서 일본을 볼 때 흔히 '은혜를 원수로 갚았다.'고 말한다. 근대 이전에 선진문명을 전해줬는데, 근대 이후 되돌아온 것은 침략과 지배였다는 怨望이다. 물론 일본인은 이 말에 동의하지 않는다. 오히려 한국에 근대문명을 베풀어주었다고 주장하는 사람도 적지 않다. 그 어느 쪽도 문명전환의 일면만을 지나치게 강조한 言說이라고 할 수 있다. 오랜 역사 속에서 한국과 일본은 서로 갈등하면서 영향을 주고받았다는 게 진실일 것이다.

오늘날 한국과 일본 사이에서는 일상생활의 하이브리드(異種混淆) 현상이 광범하게 일어나고 있다. 한국과 일본이라는 좁은 틀 속에서 보면 두 나라 사람들은 서로 다른 나라와 다른 문화 속에 살고 있는 게 사실이다. 그렇지만 세계 문명의 차원에서 서양이나 아프리카의 제삼자가 봤을 때 한국인과 일본인은 쌍둥이 국가 속에서 서로 비슷한 문명생활을 영위하고 있다고 인식할지도 모른다. 그러므로 현대의 한국과 일본은 바야흐로 제3차의 문명전환을 함께 겪고 있다고 볼 수 있지 않을까? 이런 현실을 감안하면 역사 속에서 한국과 일본의 상호관계와 문명교류를 되돌아보는 것은 대단히 時宜適切하고 效用價値가 높은 작업이라고 할 수 있다.

〈참고문헌〉

이진희, 강재언, 『한일교류사』, 김익한, 김동명 옮김, 학고재, 1998.
정재정, 『전환기의 역사교육과 일본인식』, 현음사, 1998.
시게무라 도시미치, 『한국만큼 중요한 나라는 없다』, 서해문집, 1999.
김정동, 『일본 속의 한국 근대사 현장 1·2』, 하늘재, 2003.
강봉룡, 『장보고』, 한얼미디어, 2004.
강재언, 『조선통신사의 일본견문록』, 이규수 옮김, 한길사, 2005.

주제발표

國家史의 비교 : 권력·통치이념과 구조

朝鮮, 王朝國家의 체제와 특징

孫承喆 / 小宮木代良

막부제 국가의 구조와 특징

北島万次 / 延敏洙

朝鮮, 王朝國家의 체제와 특징

孫 承 喆

(江原大學校)

들어가는 말

조선은 고려의 뒤를 이어 1392년에 건국하여 1910년까지 존속했던 王朝國家이다. 이 글에서는 조선왕조의 國家體制, 즉 국가의 價値, 規範, 制度의 특징을 정리하고, 그것이 역사적으로 어떻게 변화되어가는가를 通時的으로 고찰해 보는데 의미가 있다.

1. 朝鮮時代의 개관

조선왕조는 國王과 兩班官僚에 의해 통치되었다. 국왕은 최고 명령권자로서 통치체제의 중심이었다. 태조 이성계에 의해 건국이 이루어지고, 태종에 의해 국왕중심의 통치체제가 정비되었고, 세종에 의해 모범적인 유교정치의 실천이 이루어졌으며, 세조에 의해 왕권이 재확립되고, 성종에 이르러 양반 중심의 中央集權體制가 완성되었다. 그러나 15세기 말부터 새롭게 성장한 사림이 16세기 이후 정국을 주도하면서 학파를 중심으로 붕당을 이루어갔다. 이후 여러 붕당 사이에 서로 비판하며 견제하는 朋黨政治를 전개하였다. 이 과정에서 일본과 중국의 침략에 의해 壬辰倭亂과 丙子胡亂의 대 전란을 겪게 되었지만, 조선왕조는 이를 극복하고 통치이념과 체제를 그대로 지속하였다.

양란이후 붕당정치가 변질되고 그 폐단이 심화되면서 일당 전제화의 경향이 나타났다. 영조와 정조는 특정 붕당의 권력 장악을 견제하기 위해 蕩平政治를 추진하였다. 탕평정치는 특정권력 집단을 억제하고 왕권을 강화하려는 방향으로 진행되어 어느정도 성과를 거두었지만, 붕당정치의 폐단을 없애지 못하였다. 그러나 순조이후 왕권이 제대로 행사되지 못하면서 외척을 중심으로 한 소수가문에 권력이 집중되고, 정치기강이 문란해지는 勢道政治가 나타났다. 이로써 부정부패가 널리 퍼지고 백성들에 대한 수탈이 심해졌으며, 이에 농민의 광범위한 저항운동이 전개되었다.

조선후기 사회에서는 내부적으로 자본주의적 경제요소가 싹트고, 西學 등의 유입으로 평등사회를 지향하는 움직임이 여러 면에서 나타나고 있었다. 이러한 시대상황을 토대로 조선사회는 안으로 자주적 근대화를 이루고, 밖으로는 제국주의 열강의 침입으로부터 국권을 수호해야 하는 이중의 과제를 안고 있었다. 開港以後 경제면에서는 민족자본을 육성하려는 노력이 있었고, 사회면에서는 양반중심의 신분제도가 폐지되어 近代的 平等社會의 기반이 마련되었다. 문화면에서도 서양의 근대사상과 과학기술이 수용되었고, 근대적 교육운동과 국학운동이 활발하게 일어났다. 그러나 근대사회로의 발전이 守舊와 開化政策의 혼란과 제국주의 열강의 침략으로 좌절되고, 근대 국민 국가의 수립에 실패하면서 조선은 일본에 의해 亡國의 길을 걷게 되었다.

2. 統治理念과 體制

1) 國家統治理念의 확립

건국초기 통치제도를 갖추는데 크게 공헌한 사람은 정도전이다. 그는 『朝鮮經國典』을 통해, 민본적 통치규범을 마련하고, 재상중심의 정치를 주장하였다. 또 '佛氏雜辯'을 통하여 불교를 비판하였으며, 성리학을 통치이념으로 삼았다. 조선왕조에 대한 그의 구상은 성종대에 『경국대전』으로 완성되어 조선왕조 통치이념과 규범으로 제도화되었다.

정치에 있어서는 왕도정치와 덕치주의, 민본주의를 강조하는 유교정치를 표방하였으며, 경연과 서연을 실시하고, 집현전과 홍문관을 설치하였고, 실록을 편찬하는 등 학술을 장려하였다. 또한 상소·구언·신문고 제도를 운영하는 등 언론을 중시하였다. 또한 외교적으로는 성리학의 명분론을 중시하며 사대교린과 친명배금 정책으로 일관하였다. 경제적으로는 농본주의의 중농억상정책으로 지주전호제를 실시하여 민생을 안정한다는 명분으로 양반지배층의 농민지배를 인정하였다. 사회적으로는 양천과 반상의 구분을 엄격히 했으며 신분에 따른 직역을 법제화하였고, 종교적으로는 불교와 도교를 이단으로 배척하고 성리학을 정학 정통으로 신봉하였다. 성리학은 士林에 의해 국가이념으로 정착하였으며, 국가 차원에서 성리학을 옹호하였고, 통치체제, 신분질서, 윤리덕목에 이르기까지 모든 사회계층의 일상생활까지도 규제하게 되었다.

2) 統治體制의 정비

조선왕조의 중앙정치제도는 경국대전으로 법제화되었다. 관리는 문반과 무반의 양반으로 구성되었고, 18등급으로 나뉘었다. 관직은 京官職

과 外官職으로 이루어졌는데, 경관직은 국정을 총괄하는 議政府와 六曹
(吏·戶·禮·兵·刑·工)로 편성되었고, 承政院·義禁府·司憲府·司諫院·弘
文館의 三司와 漢城府·春秋館·成均館이 있었다. 외관직으로는 전국을
팔도로 나누어 府·牧·郡·縣을 두었고, 전국의 주민을 국가가 직접 통치
하기 위해 경관직과 외관직은 물론 전국의 330여 개의 郡縣에 이르기까
지 중앙에서 직접 관리를 파견했다. 郡縣에 파견되는 守領은 왕의 대리
인으로 행정·사법·군사권을 가지고 있었고, 수령의 권한을 강화하는 한
편 향리는 수령의 행정 실무를 보좌하는 한편 세습적인 아전으로 격하
시켰다.

향촌사회에서는 군·현 아래에 면·리·통을 두고, 오가작통제와 호패
제도를 실시했다. 3년에 한번 호구조사와 20년에 한번 양전사업을 시행
하여 지방관의 지방민에 대한 인신지배력을 강화했다. 또한 지방에는 유
향소를 두어 양반 중심의 향촌질서를 확립하여 농민지배력을 강화하였
고, 중앙에는 경재소를 두어 향촌사회에 대한 중앙정부의 통제력 강화에
기여했다.

군역은 양인개병제로 농병일치제로서 농민은 양인신분으로 16세에
서 60세의 정남들에게 군역의 의무를 부과했다. 군사제도는 중앙의 五
衛와 지방의 營鎭軍체제로 중앙군은 궁궐과 수도방어를 담당하고, 지방
군은 국경수비와 향토방위를 담당하는 병영과 수군으로 구성했다.

조선시대 관리는 과거와 취재·음서·천거를 통하여 선발하였다. 과거
에는 문과·무과·잡과가 있었다. 문과는 3년마다 실시하는 式年試는 초
시에서 각도의 인구비례로 뽑고, 복시에서 33명을 선발한 다음, 왕앞에
서 실시하는 殿試에서 순위를 결정하였다. 무과도 문과와 같은 절차를
거쳐 치러지는데, 최종 선발인원은 28명이었다. 잡과도 3년마다 치러지
는데, 譯科 律科 醫科 陰陽科 등 분야별로 정원이 있었다.

3) 士林의 대두와 朋黨

15세기 중반이후, 중소 지주적인 배경을 가지고 성리학에 투철한 지방사족이 영남과 기호지방을 중심으로 성장하였다. 이들을 士林이라 부른다. 이들은 훈구세력이 中央集權體制를 강조한데 비해, 鄕村自治를 내세우며 도덕과 의리를 바탕으로 하는 王道政治를 강조하였다.

연산군 때의 戊午士禍와 甲子士禍를 계기로 정치가 피폐되자, 중종은 사림파를 등용하여 정국변화를 도모하였으나 趙光祖의 급진적인 개혁은 국왕과 훈구파의 반발을 초래하여 사림세력의 몰락을 가져왔다. 그러나 선조가 즉위하면서 다시 사림세력이 중앙정계로 진출하게 되고, 두 세력의 갈등이 심해져 東人과 西人이 형성되면서 붕당의 모습을 갖추게 되었다. 이후 붕당은 정치적 이념과 학문적 경향에 따라 결집되어 政派的 性格과 學派的 性格을 동시에 가지게 되었다.

4) 事大交隣의 外交

1392년 조선왕조가 건국될 즈음, 반세기 이상 복잡다단했던 동아시아 삼국도 점차 안정되어갔다. 중국대륙은 신흥제국 명에 의해 중원지역이 통일되었고, 조선과 일본에서도 새로운 국가권력이 탄생했다. 국제정세가 이렇게 변동되어 감에 따라, 삼국 모두 새로운 국제질서를 모색했고, 그 방향은 함께 살아가는 공존의 방법을 찾는 것이었다. 공존의 방법은 상고시대부터 국제관계에 독특한 외교규범으로 통용된 '事大字小'의 유교적인 덕목을 적용하는 것이었고, 그것은 현실적으로 '朝貢과 冊封'이라는 외교행위로 나타났다. 즉 사대의 행위로 조공을 하고, 자소의 행위로 책봉을 받는 것이다. 이러한 외교규범을 적용하여, 조선전기에는 明에 대해 사대관계, 女眞과 日本(室町幕府), 琉球에 대해서는 교린관계를 맺었다. 그리고 일시적이지만 爪蛙國, 暹羅國 등과도 교류를 했다. 조선후기에는 淸에 대해 事大關係, 日本(江戶幕府)와는 교린관계를 지속했다.

3. 農本主義의 經濟

1) 兩班中心의 신분사회

조선은 법률적인 신분을 양인과 천민으로 구분하는 양천제도를 법제화 했다. 그러나 실제로는 관직을 가진 사람을 의미하던 양반은 세월이 갈수록 하나의 신분으로 굳어져갔고, 양반관료를 보좌하던 중인도 신분층으로 정착해 갔다. 그리하여 지배층인 양반과 피지배층인 상민간의 차별을 두는 반상제도가 일반화되고, 양반·중인·상민·천민의 신분제도가 점차 정착되었다.

조선시대는 엄격한 신분제 사회였으나, 신분이동이 가능했다. 법적으로 양인이면 누구나 과거에 응시하여 관직에 진출할 수 있었고, 양반도 죄를 지으면 노비가 되거나 경제적으로 몰락하여 중인이나 상민이 되기도 했다.

양반은 본래 문반과 무반을 함께 부르는 명칭이었다. 그러나 양반관료체제가 점차 정비되면서 문·무 반직을 가진 사람 뿐만아니라, 그 가족이나 가문까지도 양반으로 부르게 되었다. 지위에 있어서는 과거·문음·천거등을 통해 관직을 획득하여 관료층이 되었고, 토지와 노비를 소유한 지주층이었으며, 법률과 제도로 신분적 특권을 보장 받았다. 문화적으로는 수신과 교양을 쌓고, 성리학을 공부하는 지식층이었다.

중인은 서리·향리·기술관·역관·군교·서얼 등으로 구성되며, 전문기

술이나 행정실무, 직역을 세습하였고, 무과나 잡과에 응시했으며, 아전
들이 이에 해당했다.

상민은 일반백성으로 농민, 장인, 상인 등으로 구성되었고, 조세·공
물·군역과 요역을 부담했다. 법적으로 과거 응시자격은 있었으나 현실
적으로는 응시하기가 어려웠다.

천민 중에서 대부분을 차지하는 것은 노비였다. 노비는 재산으로 취
급되었으므로 매매, 상속, 증여의 대상이었다. 부모중에 한쪽이 노비일
때, 그 소생 자녀도 자연히 노비가 되는 제도가 일반적으로 시행되었다.
노비는 국가에 속한 공노비와 개인에 속한 사노비가 있었다. 사노비는
주인집에서 함께 사는 솔거노비와 주인과 떨어져 독립된 가옥에서 사는
외거노비가 있었다. 그 외에 백정, 무당, 창기, 광대, 사당, 악공 등도 천
민층에 속하였다.

2) 農業政策과 收取制度

조선은 재정확충과 민생안정을 위하여 農本主義 經濟政策을 세웠다.
農耕地를 확대하고 農業生産力을 증가시키며, 농민의 조세부담을 줄여
농민생활을 안정시키려 했다. 그리하여 건국초부터 土地開墾을 장려하
고 量田事業을 실시한 결과, 조선초 50여 만결이었던 경지면적이 160여
만결로 증가했다. 또 농업생산력을 향상시키기 위하여 새로운 農業技術
과 농기구를 개발하여 민간에 보급하였다. 그러나 검약한 생활을 강조하
는 儒敎的인 經濟觀으로 소비는 억제되었고, 도로와 교통수단도 미비하
였다. 자급자족적인 농업중심의 경제로 인하여 화폐유통, 상공업활동, 무
역 등이 부진하였다.

토지제도로는 京畿地域의 토지를 전·현직 관리에게 직역의 대가로
지급하고 수확량의 1/10을 수취하는 科田法을 시행했다. 그러나 과전법

의 시행 이후에 신진관료에게 지급할 토지가 부족해지자, 세조때에 현직
관리에게만 수조권을 지급하는 職田法을 시행했다. 그러나 관리들이 수
조권을 과다하게 행사하자, 성종대에는 국가가 조세를 거두어 관리에게
지급하는 官收官給制를 시행했다. 그 후 관리들의 토지소유욕에 의해
농장이 발달하고 地主田戶制가 발달하자, 농민들은 소작농으로 전락하
고 並作半收制가 확산되어 소작농은 1/2의 지대를 내기에 이르렀다.

　수취제도를 보면, 과전법의 경우 수확량의 1/10인데, 1결당 30두를
부과했다. 세종 때에는 토지의 비옥도와 풍흉의 정도에 따라 田分六等
法과 年分九等法으로 바꾸고, 조세액수는 1결당 최고 20두에서 최하 4
두를 내도록 했다. 1결은 미곡 300두를 수확할 수 있는 면적으로 1등전
이 대략 3~4000평, 6등전은 13,000평 정도이고, 1두는 현재의 1말(18리
터)의 1/3이다. 공납은 각 지역의 토산물을 조사하여 중앙관청에서 군현
에 물품과 액수를 할당하면, 각 군현은 각 가호에 다시 할당하여 거두었
다. 貢物에는 지방특산물을 포함한 수공업 제품과 광물, 수산물, 모피,
과실, 약재 등이 있었다.

　국가 재정은 조세, 공물, 역 이외의 염전, 광산, 산림, 어장, 상인, 수
공업자의 세금으로 마련했다. 국가는 이러한 재정을 왕실과 관청의 경
비, 녹봉, 군량미, 공공행사비, 빈민구제비, 의료비, 사신접대비 등으로
지출하였다. 그러나 지주전호제의 강화, 병작반수제가 일반화하는 등 조
세부담이 가중되고, 貢納의 弊端 및 軍役과 還穀制度가 문란해지자 농
민이 몰락하면서 각 지역에서 농민의 반란이 일어나기도 했다.

3) 경제구조변동과 상품경제

　壬辰倭亂과 丙子胡亂을 거치면서 농촌사회는 심각하게 파괴되었다.
양난이후 가장 큰 어려움은 농지의 황폐화와 전세·공납·군역제도의 문

란이었다. 따라서 전세를 정액화하고, 지주와 자작농의 부담을 감소하기 위해 전세를 1결당 미곡 4두로 고정시키는 永定法을 실시하였다. 또 공납의 폐단을 개선하기 위해 지방토산물 대신에 쌀이나 삼베 등을 납부하는 大同法이 실시되었다. 대동법의 시행에 의해 수공업이 발달하고, 租稅의 金納化에 의해 화폐경제가 발달하게 된다.

　이러한 제도 개선에 따라 토지경영 방식의 변화가 이루어지자, 양반지주는 소작료 징수, 미곡판매, 토지매입 등으로 대지주가 출현하고, 자금대여나 고리대 운영으로 자본가로 성장하여 소위 천석꾼, 만석꾼으로 불리는 지주도 나타났다. 반면 경제변동에 제대로 대응하지 못하여 殘班으로 몰락하는 양반도 생겨났다. 한편 농촌에는 移秧法과 畎種法이 보급되고, 廣作農業으로 농가소득이 증대했고, 장시의 증가로 쌀·목화·채소·담배·약초 등 상품작물이 재배되고 수확량의 일정비율을 납부하는 打租法 외에 일정액수를 납부하는 賭租法이 시행되면서 농민이 소수의 부농과 다수의 몰락농민의 계층분화가 이루어졌다.

　또한 군역의 부담이 과중해지자, 농민은 도망하거나 노비나 양반으로 신분을 바꾸어 군역을 피하는 경향이 심해졌다. 이에 농민은 1년에 軍布 1필만 부담하는 均役法이 시행되었다. 그러나 재정 감소의 보완책으로 결작부담이 소작농민에게 전가되고, 군정문란이 초래하자 19세기 초에 전국적인 민란의 원인이 되었다.

　한편 농업생산력이 발달하고, 수공업생산이 활발해지고, 租稅와 地代의 금납화로 상품경제가 발달하면서, 인구가 증가하고 농촌인구가 도시로 유입되면서 상품수요가 증가했다. 17세기 후반 漢陽의 인구는 20만 명을 넘어섰고, 18세기에는 30만 명 이상의 대도시로 성장했다. 이에 따라 場市가 발달하고 私商의 활동이 늘어났다. 보통 5일마다 열리는 장시는 18세기 중엽 전국에 1,000여개나 되었고, 사상의 활동은 주로 七牌, 松波 등 도성주변에서 이루어졌지만, 개성, 평양, 의주, 동래 등 지방도시에서도 활발했다. 또 褓商(봇짐장수)과 負商(등짐장수)이 생산자와 소비자, 농촌의 장시를 하나의 유통망으로 연결했다.

4. 民族文化와 性理學

1) 한글창제와 역사·지리서 편찬

조선초기에는 민족적이며 실용적인 학문이 발달하여 다른 시기보다 민족문화가 크게 발달하였다. 우리 문자인 한글을 창제하여 민족문화의 기반을 넓히고 더욱 발전할 수 있는 터전을 닦았다. 한글창제의 배경에는 우리글의 필요성, 한자음과의 혼란방지, 피지배층의 유교적인 교화가 있다. 조선정부는 한글을 보급시키기 위하여 龍飛御天歌, 月印千江之曲 등을 한글로 간행하였다. 또 불경, 농서, 윤리서, 병서 등을 한글로 번역하거나 편찬하였다.

한편 조선은 건국초기부터 왕조의 정통성을 밝히고, 성리학적 통치 규범을 정착시키기 위해 국가적 차원에서 역사서 편찬에 힘썼다. 조선왕조의 역사를 후대에 남기기 위한 실록의 편찬은 태조부터 철종까지 계속되었고, 현재 『朝鮮王朝實錄』은 세계문화 기록유산으로 등록이 되어 있다. 그 외에도 15세기 중엽에 『高麗史』와 『高麗史節要』, 『東國通鑑』, 16세기에는 『東國史略』 등을 편찬했다.

또한 국가의식과 국방강화를 위하여 지도와 지리지를 편찬했다. 태종 때에 세계지도인 「混一疆理歷代國都地圖」를 제작했고, 세종 때에는 전국지도로 「八道圖」, 세조 때에는 「東國地圖」, 「朝鮮邦域地圖」가 제작되었다. 이와 동시에 지리지 편찬도 추진되어 세종 때에 『新撰八道地理志』, 성종 때에 『東國輿地勝覽』이 편찬되었다. 이 책에는 각 군현의 연혁, 지세, 인물, 풍속, 산물, 교통 등이 자세히 수록되어 있다. 이를 증보한 『新增東國輿地勝覽』은 중종 때에 편찬되어 오늘날까지 전하고 있다.

2) 性理學의 발달

조선건국과정에서 통치이념으로 정착한 성리학은 勳舊派들에 의해 官學으로서 조선 초기 문물제도의 정비에 크게 이바지했고, 士林派에 의해 私學으로서 성리학 발달에 크게 공헌했다. 조선성리학은 특히 인간 내면의 도덕성에 대한 이론을 깊이 발전시켰다. 여기에 크게 기여한 인물이 李滉과 李珥다. 이들은 성리학을 통해 16세기에 드러나기 시작한 조선사회의 모순을 극복하고자 하였다. 主理派로 대표되는 李滉은 도덕과 수신을 강조하였고, 主氣派로 대표되는 李珥는 통치체제의 정비와 수취제도의 개혁 등을 제시하였다.

16세기 중반이후 서울을 중심으로 학파가 형성되기 시작했고, 17세기에 들어와 禮學이 강조되면서, 각학파의 예학에 대한 차이는 禮訟論爭을 일으켰다. 그 후 宋時烈과 그를 따르는 학자들이 정국을 주도하면서, 조선의 성리학은 斥和論과 義理名分論을 강조하게 되었다. 19세기 후반에 衛正斥邪思想으로 이어졌다. 한편 李滉의 사상은 임진왜란 이후 日本에 전해져 日本 性理學의 발전에도 영향을 끼쳤다.

18세기 전반, 전통적인 유학의 논리인 經世致用, 實事求是를 앞세워 현실 문제의 해결에 관심을 가지는 사상적 경향이 나타났는데, 이를 實學이라고 한다. 실학자들은 경전을 재해석하여 朱子를 비판하고, 國學研究로 학문의 영역을 넓혀갔다. 또 農・工・商 등의 産業과 自然科學에 크게 관심을 기울였다. 西學도 이들에게 영향을 주었다. 실학자들은 농촌사회의 안정을 위해 토지제도를 비롯한 각종제도의 개혁을 추구하였는데, 柳馨遠・李瀷・丁若鏞 등이 대표적이며, 특히 丁若鏞은 『牧民心書』

『經世遺表』등을 비롯한 많은 저술을 남겼다.

또 18세기 후반에는 상공업진흥과 기술혁신을 주장하면서, 청의 문물을 적극적으로 수용하여 利用厚生에 힘쓸 것을 강조한 北學派가 나타났다. 柳壽垣으로부터 이어진 북학파의 실학사상은 洪大容·朴趾源·朴齊家 등에 의하여 크게 발전하였다. 이러한 북학파 실학사상은 19세기 후반 開化思想으로 이어졌다.

3) 國學研究의 확대

실학의 발달과 함께 민족과 현실에 대한 관심이 깊어지면서 朝鮮의 歷史·地理·國語 등을 연구하는 國學이 발달하였다. 李瀷은 실증적이며 비판적인 역사서술을 제시하고, 中國中心의 歷史觀을 벗어나 朝鮮歷史를 체계화할 것을 주장했다. 李瀷의 역사의식을 계승한 安鼎福은 『東史綱目』을 저술했다. 李肯翊은 조선시대 정치와 문화를 정리하여『練藜室記述』을 저술했고, 韓致奫은 『海東歷史』를 편찬하여 민족사인식의 폭을 넓히는데 이바지하였다. 李種徽는『東史』에서 고구려역사를, 柳得恭은『渤海考』에서 발해사 연구를 심화하였다. 이들은 고대사 연구를 만주지방까지 확대시킴으로써 한반도 중심의 협소한 사관을 극복하는데 노력하였다.

국토에 대한 연구도 활발하여 우수한 地理書와 地圖가 제작되었다. 역사지리서로는 韓百謙의 『東國地理志』, 丁若鏞의 『我邦疆域考』 등이 나왔고, 인문지리서로는 李重煥의 『擇里志』가 편찬되었다. 한글에 대한 연구도 진전되어 申景濬의 『訓民正音韻解』와 柳僖의 『諺文志』 등이 나왔고, 우리의 방언과 해외 언어를 정리한 李義鳳의 『古今釋林』도 편찬되었다. 특히 조선후기에는 백과사전류의 저서가 많이 편찬되었는데, 『芝峯類說』, 『星湖僿說』『靑莊館全書』『林苑經濟志』『五洲衍文長箋散

稿』등이 나왔다. 영·정조때에는 국가적 사업으로 『東國文獻備考』가 편찬되었는데, 이 책은 우리나라의 역대문물을 정리한 '한국학 백과사전'이라고 할 만하다.

나오는 말

위에서 살펴 본 바와 같이, 조선왕조는 신진사대부들의 性理學적 價值觀에 의해 건국된 왕조이다. 政治에 있어서는 民本爲民의 王道政治를 실현하고, 經濟的으로는 民生安定과 富國强兵을 주창했으며, 社會的으로는 士農工商의 身分秩序를 확립하고, 文化的으로는 民族文化와 性理學을 暢達하는 것을 가치와 목표로 삼았으며, 그것을 규범화하고 제도화 했다.

그러나 현실세계에서 왕도정치와 덕치주의·민본주의의 실현은 많은 시련과 어려움이 있었다. 더구나 19세기에 들어와 동아시아 국제질서의 변동과 근대국가로의 변신은 대내외적인 요인들에 의해 부정적인 결과를 가져왔다. 그럼에도 불구하고 조선왕조는 왕도정치를 실현하기 위해 끊임없는 변화를 추구해 왔고, 도전했다. 誇功을 논하기에 앞서 '조선은 性理學의 나라'라고 일컬을 만큼 愚直했다. 이점에서 일본의 室町幕府나 江戶幕府體制와는 여러 면에서 同異点을 찾지 않으면 안된다.

〈토론문〉

「조선, 왕조 국가의 체제와 특징」을 받고

小宮木代良

(東京大學史料編纂所)

　　조선왕조 국가의 체제와 특징에 대한 광범위한 내용에 대해서 정확하게 정리해주신 손선생님께 감사의 말씀을 올립니다. 공부 부족인 저에게는 감사한 보고가 되었습니다. 저는 일본의 에도시대 초기의 정치사 관계 사료를 주로 다루고 있으며, 그것과의 관련에서 조선왕조실록의 일본 관계 부분을 보고 있지만, 조선왕조사 전체를 제대로 공부했던 적이 없습니다. 이번에 이러한 기회를 주신 것에 감사의 말씀을 올립니다.

　　먼저, 저에게는 충분히 이해하기 힘들었던 부분에 대해서 질문하겠습니다. 그 질문은 한국사 연구자에게는 아주 기본적인 것들뿐일지도 모르지만, 넓은 마음으로 이해해주시어, 가르쳐주신다면 감사하겠습니다.

　　이하의 2가지 점입니다.

　　1. 국가 통치 이념의 설명에서 사용되고 있는 「民本的」「民本主義」, 또는 결론에서 「政治에서는 民本爲民의 왕도 정치를 실현」이라고 표현될 때의 「民本」이라는 것은 어떤 구체적인 내용을 가진 역사용어로서 존재하는 것입니까. 또한 그것은 어떠한 의미로 사용되고 있었던 것입니까.

2. 결론 부분에서 「조선은 성리학의 나라라고 말할 수 있을 정도로 愚直했다라고 말할 수 밖에 없다」 라고 말했는데, 그 부분에서 일본의 무로마치 막부나 에도 막부 체제와의 비교의 필요성을 나타내고 있습니다. 이 경우의 「愚直」이라는 것은 어느 것에 대한 「愚直」입니까.(또한, 「誇功」을 논하다」라는 표현에 대해서도 가르쳐주십시오.)

以上의 질문과도 관련하여 제 자신이 동시대의 일본, 특히 에도시기와의 비교에서 주의하고 싶다고 생각하고 있는 논점은 이하와 같습니다.

○『조선왕조실록』의 기록에서 「議事錄」적인 것의 존재에 보이는 것과 같은 세부적인 기술은 『德川實紀』의례・人事記事 중심의 정식적인 기술의 인상과는 대조적이다. 이것은 각각 작성의 기본사료가 된 사초 등과 右筆所日記와의 사이에 작성의 형태나 체제의 차이이기도 하고, 더욱이 기록 작성 행위 자체에의 양자 인식의 차이에 이르는 문제라고 생각하고 있다. 史官에 대한 중국의 국가 체제에서 전통적 당위로서 「不虛美, 不隱惡, 直書其事」가 수용된 방법이 한국과 일본에서 어느 정도까지 달랐는가를 생각하는 실마리가 될 것이라고 생각한다.

막부제 국가의 구조와 특징

北島万次

(前 共立女子大學)

서론

일본의 에도시대(1603~1867)의 국가 기구는 막번제 국가이다. 이 경우 「幕」은 막부를 말한다. 막부라는 것은 원래 출정 중의 將軍의 진영을 말하는 단어였지만, 머지않아 무가 정권의 수장 및 그 居官을 칭하게 되었고, 무가 정권 그 자체를 가리키게 되었다. 또한 「藩」은 將軍이 신하인 여러 다이묘에게 맡겨둔 지배 영역(=小國家)이며, 막부의 藩屛·藩鎭이다. 조선왕조 시대, 명이 조선을 명의 藩屛이라고 하는 것을 想定했으면 한다. 이 막번제 국가라는 것은 어떤 구조와 특징을 가진 국가일까. 그것에 대해 서술해 간다.

I. 무사 계급의 편성과 토지소유

1. 將軍과 다이묘

막번 체제의 기반에서는 무사 계급은 將軍을 정점으로 편성된다. 將軍의 곁에는 旗本·御家人 등의 직속 가신이 있다.(旗本 8萬騎).

여러 다이묘들은 將軍의 신하이며, 그 다이묘들의 곁에도 각자의 가신이 있다. 將軍 및 여러 다이묘의 가신에는 家柄가 있으며, 그것에 의해 자신의 上下와 役職이 결정된다.

2. 강화된 將軍 권력

다음으로 지적해두고 싶은 것은 일본 전국의 토지는 전부 將軍의 것으로 되어있다는 것이다(집권적인 측면). 이것을 전제로하여, 여러 다이묘는 將軍에게 領地(정식으로는 領知)를 받아 그것을 지배하고, 다이묘 자신도 그 가신단을 키우고, 將軍에게 軍役(軍事·參勤交替·築城 등의 大名普請) 봉사한다(분권적인 측면).

이와 같이 편성된 무사 계급은 그 영지에서 연공·제세를 취하는 권리를 가진다 (영주적 토지 소유). 그리고 將軍은 자신의 권한으로 여러 다이묘의 '배치 교체(轉封)'나 다이묘 영지를 수몰하는 것이 가능하다 (改易).

이와 같이 將軍의 슬하에 권력이 집중되었던 막번제 국가는 어떻게 성립했는가, 그 전제에 병농분리가 있다.

Ⅱ. 병농분리

1. 병농분리는 무엇인가, 그 정의

병농분리는 兵(武士)과 農民과의 신분적, 계급적 차별을 명확히 하여, 무사에 의한 농민 지배를 사회제도의 토대로서 결정된 것이다. 이것에 의해 무사 계급은 원칙적으로 城下町에 集住하고, 농업 생산에 직접 상관하지 않고 무사의 직무에 전념한다. 한편 농민은 촌락 공동체 자체로 정리되어, 다른 직업으로 전환하는 것이나 주거를 달리 옮기는 것이 금지되었다. 그리고 촌락 공동체의 연대책임제를 기반으로 무사 계급에게 연공납입을 부담하게 되었다.

2. 병농분리의 시작

병농분리는 織田信長의 城下町 건설이 그 시초가 되었다. 信長은 城下町에 가신단을 모았으며, 그곳에 상공업자들도 모아서 무사가 필요로 하는 무기에서 생활 필수품까지 조달시키려고 했던 것이다. 이것은 언제라도 싸울 수 있는 전투 태세를 유지하기 위한 것이었다.

豊臣秀吉은 일본 전국의 통일을 진행시키는 과정에서 토지를 측정하는 檢地(太閤檢地)를 실시하고, 耕作者農民을 확정하여 연공납입의 책임을 지게 했다. 그것과 함께 1588년(天正 16) 刀狩令을 내고, 농민이 무기를 소지하는 것을 금지하고 농경에 전념할 것을 명했다.

무사의 城下町 集住, 농민의 무장금지·농경전념에 의해 병농분리의 체제가 굳어지고 그것이 막번체제에 이어졌던 것이다. 이 체제를 가마쿠라·무로마치 시대의 중세와 비교한다면 중세의 무사(小領主)는 각자 자신의 영지·자신에게 종속되는 농민을 가지고 영주 자신도 농경에 관여하고 있었던 것이다. 그리고 전투라고 할 경우, 配下의 농민도 전투나 전장의 잡역에 동원되고 있다. 이와 같은 병농미분리의 구조에 의해, 중세의 무사는 농번기에는 전투가 불가능했다.

3. 병농분리체제의 군사력

이것에 대해 일례를 들자면 일본의 전국시대 말기 1561(永祿4)년, 小田原(神奈川縣)의 北條氏의 성을 越後(新潟縣)의 上杉謙信이 공격한 적이 있었다. 北條勢는 장기에 걸쳐서 농성했는데 上杉勢는 농번기가 다가왔기 때문에, 越後에 철수하게 되었다. 여기에 농경미분리에 의한 군사력의 한계를 볼 수 있는 것이다.

그런데 1590(天正18)년 秀吉이 北條氏를 공격했을 때, 北條氏는 上杉謙信이 공격했던 때의 경험에 의해 농성 작전을 취했지만, 秀吉勢는 병농분리했던 군사력이었다. 兵糧을 시작으로하는 군수물자는 秀吉의 봉행 長束正家의 지시에 의해 商人船이 옮겼다. 이 때문에 장기에 걸친 포위작전이 공을 세우고, 北條氏는 항복했다. 또한 이보다 먼저 1587(天正15)년 秀吉이 九州의 島津氏를 공격했을 때, 물론 島津勢는 병농미분리였다. 이 때, 堺商人 小西隆佐(行長의 아버지)는 바다의 사령장관으로서 군수물자의 운송을 담당하고 있다.

병농분리했던 군사력은 도시·城下町 商人들도 동원하는 체제였으며, 길고 긴 전투를 가능하게 했던 것이다. 임진왜란 때 조선에 침략했던 왜군은 이 병농분리했던 군사력이었다. 이 체제의 기초가 石高制이다.

Ⅲ. 石高制

1, 石高는 무엇인가

원래 石高라는 것은 耕地의 표시법의 하나인데, 그것을 면적에 의해 표시하는 것과 같이 수량(얼마나 쌀을 걷을 수 있는가)도 표시하고, 그 수량을 石高로 표시했던 것이었다.

이 경우의 도량형은 1石 = 약 180 l 이며,

1石 = 10斗, 1斗 = 10升, 1升 = 10合이다.

덧붙여서 말하면, 조선왕조 시대의 도량형은,

「ㅇ量之制, 十勺爲合, 十合爲升, 十升爲斗, 十五斗爲小斛䄷, 二十斗爲大斛䂡」(「經國大典」卷6 工典 度量衡)이며,

1石 = 15斗, 1斗 = 10升, 1升 = 10合이지만, 일본의 1石은 朝鮮桝 4石5斗 정도이다.(天正 20年 9月 7日 九鬼四郎兵衛宛 加藤淸正書狀「九鬼文書」).

2. 자산표시로서의 石高制

이 石高는 役人이 耕地를 檢地하는 것에 의해 확정된다. 그 檢地는 檢地竿이라고 하는 자로 면적을 측량하고, 耕地의 등급(水田의 경우, 上田·中田·下田·下々田. 畠의 경우, 上畠·中畠·下畠·下々畠)을 결정한다. 그 등급을 정하는 기준은 水田의 경우, 1坪 = 1步 (약 3.3㎡)로 5合의 현미가 걷힌 것을 上田으로 하고, 1反 = 300步의 수확고는 5合×300 = 1500合 = 1石5斗가 된다. 이것이 石高다. 이하, 中田은 1石3斗, 下田은 1石1斗, 下々田은 9斗가 된다.

이 石高는 水田을 기준으로 한 것이지만, 그것이 밭에도, 山野에도

쌀을 생산하는 것으로 적용되었으며 추상적인 수치가 되어, 사회적 富의 총체=자산이 된다. 이리하여 마을들의 檢地에 의해 村高가 정해지고, 이 石高에 기초하여 농민이 부담하는 年貢高가 정해진다. 연공의 납입 방법은 村請制=連帶責任制 이다.

영주 계급은 이 연공을 재정 수입의 기본으로 하고 있으며, 이들 영역의 石高의 집계가 막부 영지·다이묘 영지의 石高=資産이 된다. 이것에 기초하여 영주 계급의 領地高(옳게는 領知高)가 정해지고, 이것에 의해 將軍에 대한 군역(軍事·參勤交替·築城 등의 大名普請)의 기준이 결정된다.

Ⅳ. 付論 年貢의 領主財政

이것은 현대의 경우에서 말하면, 세금은 어떻게 사용되는가 하는 문제이다..

領內의 마을들에서 부담했던 年貢은 幕府 및 藩의 재정 수입을 담당하는 勘定奉行에게 모여진다. 그 年貢의 일부는 자기의 領內에서 매각하고 그 대부분은 大坂市場에서 換金 되어 領主財政이 된다. 그렇다면, 이 재정자금은 어떻게 지출되는 것인가. 그것을 들자면,

① 將軍 또는 다이묘의 家計費.
② 家臣에 대한 봉급. 家臣은 家格에 의해, 100石, 20石, 7石 등의 祿高에 격차가 있지만, 그것을 쌀로 지급하지 않고, 봉급의 祿高를 기준으로 화폐로 지급되었다. 이것이 중세의 무사와 크게 다른 점이다.
③ 領內의 행정비. 新田 개발, 그것과 함께 河川의 개발·수리, 도로 정비를 시작으로 하는 領內의 정비·운영·유지를 위한 여러 가지

행정 사업에 해당하는 공공 지출이다.

④ 여러 다이묘의 경우, 參勤交替를 시작으로 하는 將軍에게 봉사하기 위한 비용.

이상이다. 이 중에서 여러 다이묘에게 의무적인 參勤交替는 다이묘 領內와 에도의 이중생활을 강요하는 것으로, 이 때문의 지출은 다이묘 재정의 상당한 부분을 차지하는 것으로서, 다이묘 재정의 궁핍을 가져오는 것이었다. 한 예를 들자면, 土佐藩의 경우 參勤交替에 드는 총 비용은 번의 재정 지출 예산의 39%에 달한다. 이 參勤交替는 여러 다이묘가 領內에 징수했던 年貢을 大坂市場에서 換金하고, 그것을 에도에서 소비해버리고 마는 구조인 것이다.

V. 三都와 城下町

1. 城下町의 기능과 그 의미

城下町 거주자에게는, 다음의 三者를 들 수 있다.

① 무사. 그들은 武家町에 集住하는 소비자이다.

② 상공업자. 그들은 鐵炮町·吳服町·鍛冶町·大工町 등 직종별로 구획되어, 무사의 수요를 채우는 자인 것이다.

③ 穢多·非人. 그들은 피차별민이며, 皮革業·行刑·死牛馬의 처리를 업무로 한다.

이와 같은 거주자에 의해 구성되는 城下町은 어떠한 기능을 가지고 있는 것일까.

첫 번째로 들 수 있는 것은 다이묘의 領內 정치·군사의 중심이라고 하는 것이다. 두 번째로 들 수 있는 것은 상공업자가 兵糧·武器의 조달, 수송 수단의 확보, 축성·用水 공사 등 토목 건축기술을 쥐고 있던 것이다. 특히 상공업자 가운데서 주목하는 것으로, 御用商人의 존재가 있다. 御用商人은 年貢米나 領內의 특산물을 大坂市場에 수송하고, 그 매각·換金을 담당하는 것뿐만 아니라, 다이묘 領內에서 非自給物資(예를 들면 철재)를 大坂市場에서 구입하고, 城下町에도 가져오는 업무도 했다. 또한 鍛冶屋에 관해 말하자면 鍛冶屋은 무기·농기구의 생산뿐만 아니라, 농업 생산의 전제가 되는 川除用水 공사 때에 鍛冶製品을 영주에게 납입하고, 領內의 행정이나 농업 생산의 환경 정비 등의 일부분을 담당했던 것이다.

2. 三都 각각의 기능

① 江戶: 將軍居城의 땅인 江戶는 전국 정치의 중심지이며, 參勤交替에 의해 일본 최대의 소비지이다.

② 京都: 平安 천도 이래의 都이다. 京都는 經濟·技術·工藝 등의 면에서 높은 수준을 유지하고 있는 도시였다. 大坂市場가 확립하기 전(쇄국보다 전), 京都는 前代에 이어 전국 경제에 중요했다. 裏日本→敦賀·小浜→琵琶湖→大津→京都, 瀬戶內→堺→京都의 루트가 물자 수송의 대동맥이었던 것이다. 수입 生糸나 제국의 특산물이 원료 또는 半製品으로서 京都에 전달되었다. 西陣의 고급 견직물이나 木下筑紫 등의 고급 염색품, 거기다가 미술 공예품·금은 세공품·의약품 등이 전국의 수요를 충족시키고 있었다. 京都의 유명한 상공업자로서는 금은세공의 後藤光次, 水運의 便을 쟀던 角倉了以, 將軍家 吳服 御用達을 맡은 茶屋四郎次郎, 吳服師

龜屋榮任, 大工頭 中井大和守正淸 등이 있었다.

③ 大坂: 1619(元和 5)년, 막부는 大坂를 직할도시로 하여, 大坂城代를 두었다. 이것을 계기로 大坂는 大坂三郷(北組・南組・天滿組)을 중심으로 번영하여, 淀川水系를 이용했던 大坂에게의 물자 반입편을 꾀하게 되었다. 또한 동북 일본 해안에서 津輕海峽 經由로 江戶에 이르는 동쪽으로 도는 항로, 일본해 연안에서 下關 경유로 大坂에 이르는 서쪽으로 도는 항로, 大坂・江戶 간을 직행하는 남해항로, 이들 航路의 개발에 의해 大坂는 일본의 수상운수의 중심이 되어, 전국의 연공・특산물을 집하하는「천하의 台所」가 되었다.

이 전국적 시장관계의 가운데서 여러 다이묘는 領內의 年貢・特産物을 城下町에 모아, 그것을 大坂市場에서 매각・換金하여 京都에서 고급 수공업품 등 구입하는 것과 같이, 年貢에서 모습을 바꾼 貨幣를 参勤交替에 의해 江戶에서 소비하는 구조 가운데에 놓여있던 것이다.

VI. 쇄국

1. 「쇄국」이라는 말에 대해서

이른바, 寬永 鎖國의 시기에 「鎖國」이라는 말은 없었다. 「鎖國」이라는 말의 첫 발견은 1801(享和 元)年, 네덜란드 통사 志築忠雄이 독일인 의사 켄페루가 쓴「日本誌」의 「현재와 같이 일본 제국을 닫고, 국민에게 일절 외국 무역에 관계하지 못하게 하는 것의 可否에 대해서의 탐구」라고 하는 一章을 전부 번역하여, 「鎖國論」이라고 제시했던 것에서 시작된다.

2. 그렇다면 鎖國은 어떠한 내용의 것부터 일까. 그것은,

① 크리스트교의 금지,
② 일본인의 해외 왕래 금지
③ 막부에 의한 무역의 독점·통제

이 3점을 내용으로 하는 것이다.

3. 크리스트교의 금지와 그 경위

1) 秀吉의 禁令과 그 한계

크리스트교의 금압은 1587(天正 15)년 6월 시작된다. 이 때 九州를 정복했던 秀吉은 선교사 추방령을 명했다. 그 내용은 ① 일본은 신국이며 ② 선교사가 가져온 크리스트교는 邪法이며, 신사 불각을 파괴하고 일본의 기초를 흔들지도 모른다고 보고, 20일 이내에 일본에서 나가라고 말했던 것이다.

이 때, 수길의 눈에 비쳤던 것은 키리시탄 다이묘 大村純忠이 長崎를 교회령에 寄進했던 것이었다. 그 경위에 대해서 논한다면, 龍造寺氏의 전투에 의한 군용금이 부족했던 大村純忠은 철포·탄약의 준비나 성벽 경영을 위한 군자금을 선교사에게 차용했다. 그 담보로서, 大村氏는 長崎村·山里村·浦上村·淵村의 연공을 제공하는 것으로 했지만, 선교사는 長崎를 교회령으로 寄進 했던 것을 요구했던 것이다.

그러나, 秀吉의 선교사 추방령은 그 최후의 부분으로, 포르투갈 무역은 商賣의 일이기 때문에, 이것은 허락하고 있다. 이것은 포르투갈 상인의 무역과 선교사의 포교는 일체가 되어있는 것을 간파하지 못하고, 무역은 포교와는 다른 것이라고 여겼기 때문에, 禁教領은 不徹底하게 끝났던 것이다.

2) 岡本大八事件과 家康의 禁教令

江戶幕府를 열었던 家康은, 당초 朱印船貿易을 장려하고, 동남아시아 지역과 무역하고 있었다. 그런데 1609(慶長 14)년 12월 포르투갈선 노사(ノッサ)·세뇨라(セニョーラ)·더 그라사호=마델 더 데우스호(マ·ドレ=デ=デウス号) 격침사건이 일어났다. 이것에 의한 경위는 다음과 같았다. 이 전년, 有馬晴信의 朱印船의 乘組員이 마카오에서 포르투갈인과 喧嘩刃傷沙汰에 이르렀던 일이 있었다(마카오 사건). 이 有馬船은 家康의 의뢰에 의해, 伽羅(香木) 등을 구입하고, 占城(チャンパ)에서 귀국의 도중이었다. 1609(慶長14)년 5월, 마카오에서의 포르투갈 定期船 ノッサ=セニョーラ=ダ=グラッサ号가 長崎에 내항하여 家康에게 ① 일본인이 마카오에게 寄港하여 직접 중국인에게 生糸를 구입한다면 포르투갈측의 商賣의 방해가 된다는 것 ② 마카오에서 일본인이 법률을 지키지 않으므로, 朱印船의 도항 금지해줬으면 좋겠다고 원했다.

이것에 대해 有馬晴信은 마카오 사건의 전말을 家康에게 報告하고 있다. 같은 해 12월, 家康은 長崎奉行 長谷川藤廣에게, ノッサ=セニョーラ=ダ=グラッサ号의 선장 앙드레(アンドレ)=펫소아(ペッソア) (마카오 사건 때, 마카오 총독)을 소환하여 사정을 들을 것을 명했다. 그런데, ノッサ=セニョーラ=ダ=グラッサ号는 도주를 계획했기 때문에, 有馬晴信과 長谷川藤廣는 ノッサ=セニョーラ=ダ=グラッサ号를 격침시켰던 것이다.

이후, 岡本大八事件이 일어났다. 岡本大八는 家康의 측근 本多正純의 家來이며, 크리스트교도였다. ノッサ=セニョーラ=ダ=グラッサ号 격침에 대해 岡本大八은 有馬晴信에게 恩賞幹旋을 약속하고 뇌물을 받았다. 1612(慶長 12)년 3월, 有馬晴信이 本多正純에게 恩賞을 독촉했던 것

에 의해, 岡本大八의 수뢰가 발각되었다. 이것에 의해 駿府에서 岡本大八 조사 때, 有馬晴信과 長谷川藤廣의 사이에 대립이 있었고, 有馬晴信 측에 長谷川藤廣 암살 계획이 있다는 것이 발각되었다. 이들의 결과, 岡本大八은 화형에 처해지고 有馬晴信은 할복했다.

이 사건의 배후에는 무역분쟁과 그것을 둘러싼 선교사의 개입이 있었다. 그리고 岡本大八과 有馬晴信은 함께 크리스트 교도였던 것, 게다가 家康의 슬하인 駿府의 旗本에게도 크리스트교도가 있는 것이 발각되어 이 3월, 駿府·江戸·京都·長崎, 九州의 지역에 제1회 금교령이 발포되었다. 이어 다음 1613(慶長 18)년 12월, 金地院崇伝이

① 일본은 神國이라는 것, ② 크리스트 교도는 商賣 뿐만 아니라, 邪法을 넓히고, 政治의 질서를 어지럽히고 일본의 침략을 꾀하는 자로 하는 것으로 제2회 금교령을 기초했다. 막부는 이 금교령을 전국에 넓히고, 선교사나 개종하지 않는 크리스트 교도를 외국에 추방했다.

그 후, 막부는 1616(元和 2)년, 中國船 이외의 외국선의 기항지를 平戸와 長崎에 한정하여, 1624(寬永 元)년에는 스페인선의 내항을, 1633(寬永 10)년에는, 奉書船(朱印船을 내보낸 것이 다시금 도항하는 경우, 그 때마다 막부 노중이 長崎奉行에 냈던 奉書에 의해 도항 허가를 얻었던 배. 이것에 의해, 해외무역은 노중의 통제하에 있었다) 이외의 일본선의 도항을 1635(寬永 12)년에는, 일본인의 해외 도항과 재외일본인의 귀국을 금지하고, 중국선의 기항지도 長崎에 한정했다. 이 長崎 이외에 조선과의 통교는 對馬, 琉球 통교는 薩摩, 아이누와의 통교는 松前를 통해서 이루어졌다.

3) 島原·天草의 난과 宗門改 制度

1637(寬永 14)년 10월부터 다음해 2월에 걸쳐서, 九州의 島原과 天草에서 대규모의 百姓一揆이 일어났다. 원인은 島原領主 松倉氏와 天草

領主 寺澤氏의 가혹한 정치이다. 그런데 이 一揆의 지도자에게 天草四郎를 시작으로 하는 다수의 크리스트 교도가 있었다. 이것에 의해 一揆 진압 후, 막부는 금교령을 더욱 철저하게 했으며, 일본인은 모두 누구든지 불교 사원의 門徒로 하는 宗門改 制度를 설치하여 사상통제를 꾀했던 것이다. 그것과 함께 포르투갈선의 내항도 금지했다.

4. 막부에 의한 무역의 독점·통제

1) 秀吉의 무역 이익 독점 -生糸 선매권의 행사-

막부에 의해 무역의 독점·통제라고 하는 것은, 최고 권력에 의한 무역의 독점·통제이며, 이것은 秀吉政權에도 보여진다.

1588(天正 16)년 4월, 秀吉은 長崎를 직할지로 하여 鍋島直茂를 長崎代官으로 하여, 長崎貿易의 이익독점을 꾀했다. 이 때 12월, 秀吉은 小西隆佐 (小西行長의 아버지, 堺의 藥種商人)을 長崎에 파견하고, 生糸 9만근을 매점하고 있다. 또한 1589(天正 17)년 8월, 薩摩國(鹿兒島縣)片浦에 生糸를 쌓아둔 포르투갈선이 해안에 도착했을 때, 秀吉은 奉行에 銀 2만매를 가지고 와서 薩摩에 파견하여, 奉行이 도착할 때 까지 生糸의 매매를 금지했다. 이것에 의해, 秀吉측이 우선적으로 生糸를 購入하고, 여분이 있다면 다른 상인에게 사게 했다. 이것은 선매권의 행사이다. 이것은 家康이 결정한 糸割符 制度에도 통하는 것이 된다.

2) 家康의 무역 이익 독점 -糸割符 制度-

당시의 무역에서 가장 이익이 큰 것은 生糸였다. 그런데 生糸 무역은 대형범선에서 내항하는 포르투갈 상인이 독점하는 것이 되어, 일본의 朱印船은 이것에 대항하지 못했다. 그 포르투갈 상인의 생사무역 독점을 배제하기 위해 취했던 방책이 1604(慶長 9)년에 정해진 糸割符 制度였다. 이 「割符」라는 것은 「配分」이라는 의미이다.

포르투갈 상인이 가져온 生糸가 고가이기 때문에, 이 시기의 2~3년 전보다 일본에서 生糸의 구매는 저하되고 있었다. 1603(慶長 8)년, 포르투갈 상인이 長崎에 生糸를 가져왔지만, 生糸의 가격은 정해지지 않고, 積荷는 팔다 남게 되었다. 家康은 팔다 남게 되면 포르투갈 상인이 가져오는 生糸가 감소한다고 생각하여 京都·堺·長崎의 3개소의 특정상인(糸割符 동료가 된다)에게 그 生糸를 일괄 구입시켰던 것이다.

1604(慶長 9)년 포르투갈 상인이 다시 내항해서 이제까지보다 대량의 生糸를 長崎에 가지고 들어와, 그 生糸 가격은 전년보다 특히 쌌다. 이 때문에 전년, 家康의 명령으로 生糸를 일괄 구입했던 특정 상인은 손실을 얻게 되었다. 거기서 家康은 糸割符 制度를 정했다. 그 糸割符 制度의 내용은, 糸割符仲間가 포르투갈 상인에게 生糸를 일괄 구입하기 전에 家康이

長崎奉行을 통하여 자신이 필요로 하는 生糸를 (公儀入用糸)를 먼저 손에 넣고(선매권의 행사), 남은 生糸를 糸割符 仲間에 배분시키는 것이었다. 그 배분율은 京都商人이 100, 堺商人이 120, 長崎商人이 100이라는 비율이었다.

3) 쇄국의 경제적 영향

일본인의 해외 왕래 금지, 막부의 무역 이익 독점과 통제, 이것은 이제까지의 해외 무역(朱印船貿易 등)에 의해 領內의 연공·특산물을 매각하고, 재정을 윤택하게 하고, 이익을 얻고 있던 여러 다이묘(특히 西國 다이묘)나 상인은, 領內의 年貢·特産物의 매매를 막부가다스리는 江戶·京都·大坂의 三都에 의존하는 것이 된다. 이것은 경제의 면에서도 여러 다이묘가 막부에 종속하는 것을 의미한다. 막번제 국가는 그 국가의 外

延을 쇄국하는 것에 의해 만들어냈던 것이다. 이 쇄국은 막부의 祖法으로서 지킬 수 있었지만, 막부 말기, 페리 내항으로 시작되는 외압에 의해 파괴되고, 그 이후 막부는 붕괴의 一途에 다다른다. 쇄국이 있었기 때문에, 막번 제도의 존속이 가능했던 것이다.

〈토론문〉

「幕藩制 國家의 構造와 特徵」 討論文

延 敏 洙
(동북아역사재단)

江戶시대를 흔히 막번제 국가라고 부른다. 北島선생의 발표는 이 막번제 국가의 구조와 특징을 몇가지 사례를 들어 설명하고 있다. 將軍과 大名의 관계, 병농분리, 石高制와 年貢, 城下町, 쇄국과 크리스트 금교, 막부의 무역의 독점과 통제 등이다. 이런 설명체계는 아마도 일본학계의 통설적인 해석으로 생각되고, 이 분야에 전문지식에 없는 토론자로서는 특별히 문제제기할 입장이 아니다. 다만 개설적인 지식을 바탕으로 궁금한 것 몇가지 질문을 드리고자 한다.

1. 將軍과 大名의 관계에서 막부는 무사들의 통제를 위해 제정한 武家諸法度에 대한 언급이 없어 이에 대한 설명을 부탁드린다.

2. 幕府와 藩의 재정수입의 근원인 年貢인 만큼 이를 담당하는 농민들의 경제적 부담이 적지 않았을 것으로 생각하는데, 당시의 백성들의 생활상은 어떠했는지, 연공문제와 百姓一揆의 관계는 어떤지 설명부탁드린다.

3. 쇄국기의 대외무역에서 가장 큰 이익이 큰 것이 포르투칼로부터
   의 生絲무역을 지적하셨는데, 어느 정도 경제적 비중을 차지했는
   지, 아울러 당시 일본의 生絲의 생산규모는 어떠했는지 궁금합니
   다, 고대의 예를 들자면, 8~9세기 일본의 신라, 발해무역에서 일
   본의 결재수단은 綿, 絁, 布와 같은 면직물이었다. 아울러 鎖國期
   의 일본의 대외무역의 설명 중에서 조선과의 언급이 없는데, 쇄
   국기의 대외무역에서 조선무역의 비중과 성격을 어떻게 규정할
   수 있을지

4. 鎖國論의 시각은 서양을 상대로 한 서양적인 발상인데 쇄국의 개념
   에 대해 보충설명하신다면.

支配屬의 비교 : 兩班과 武士

三學士傳과 忠臣藏에 表象된 양반과 무사의 忠義 비교
신명호 / 稲田奈津子

일본중세 武家의 혼인·상속과 "家"
-한국중세 '士'와의 비교를 통하여-
豊島悠果 / 柳在春

三學士傳과 忠臣藏에 表象된 양반과 무사의 忠義 비교

신 명 호
(부경대학교)

I. 머리말

三學士傳은 1636년(인조 14) 12월부터 1637년(인조 15)년 1월 사이에 있었던 병자호란 때 斥和를 주창했던 삼학사 즉 洪翼漢, 尹集, 吳達濟에 관한 傳記로서 宋時烈이 1671년(현종 12)과 1683년(숙종 9) 두 차례에 걸쳐 저술하였다.[1] 이후 三學士는 조선의 양반들 사이에서 忠臣의 대명사로 크게 숭앙되었다.[2]

忠臣藏은 1702년 12월 14일에 일어난 실제 사건 즉 아코번(赤穗藩)의 浪人 오이시 유라노스케(大石由良之助)를 비롯한 47인의 무사들이 기라 고스케노스케(吉良上野介)의 저택을 습격, 主君 아사노 다쿠미노카미(淺野內匠頭)의 復讐를 감행한 사건을 작품화 한 것이다.[3] 이 사건은

---

1) 金成龍(1998), 「송시열 산문의 권위적 성격에 대한 연구」『한국한문학연구』21
　김일환(2003), 「고난의 역사를 기억하기 - 三學士傳과 三學士碑를 중심으로 - 」
　『한국문학연구』 26.
2) 본 글에서 이용한 三學士傳의 자료는 다음과 같다.
　宋時烈, 「三學士傳」『宋子大全』권213, 傳.

당시 일본 국민들의 크나 큰 관심을 불러 일으켰다. 이로 말미암아 이 사건을 소재로 하는 수많은 작품들이 등장하였는데, 사건 47년째 되는 1748년(寶延元)에 다케다 이즈모(竹田出雲), 미요시 쇼라쿠(三好松洛), 나미키 센류(並木千柳) 합작의 忠臣藏이 등장하면서 47인의 무사는 일본 국민들 사이에서 忠臣의 대명사로 크게 숭앙되었다.[4]

三學士傳과 忠臣藏은 둘 다 실제 있었던 역사적 사건을 작품화하였으며 그 주인공이 당대의 지배층이었다는 면에서 공통점을 갖고 있다. 또한 三學士傳과 忠臣藏의 주인공은 공히 忠義를 지키기 위해 죽음을 맞이했고 그 결과 忠義의 表象으로 숭앙되었다는 점에서도 공통점을 갖고 있다. 특히 三學士傳과 忠臣藏의 주인공이 忠義의 표상으로 크게 숭앙된 시기가 대체로 18세기와 19세기라는 면에서도 공통점을 갖는다. 이런 측면에서 三學士傳과 忠臣藏을 이용하여 18세기와 19세기 한일 양국의 역사와 문화를 다양한 측면에서 비교, 검토하는 것이 충분히 가능하며 유효하다고 할 수 있다.

본 글에서는 三學士傳과 忠臣藏에 表象된 양반과 무사의 忠義를 대상, 목표, 방법, 죽음 등의 측면에서 비교, 검토함으로써 당시의 지배층이던 양반과 무사의 같은 점과 다른 점을 이해해 보고자 하였다.

---

3) 이어령(1996), 「春香傳과 忠臣藏을 통해서 본 한일문화의 비교 - 怨과 恨의 文化記號論的 해독 -」 『한림일본학』 1.
   李漺燮(2003), 「忠臣藏의 忠義와 人情」 『일본문화학보』 17.
4) 본 글에서 이용한 자료는 다음과 같다.
   다케다 이즈모·미요시 쇼라쿠·나미키 센류, 최관 옮김(2007), 『47인의 사무라이 - 완역 가나데혼 주신구라 -』, 고려대학교 출판부.

Ⅱ. 三學士傳과 忠臣藏의 주요 내용

　　三學士傳은 제목 그대로 삼학사 즉 洪翼漢, 尹集, 吳達濟에 관한 전기로서 이들이 주인공이다. 三學士傳의 서술 방식은 주인공의 개인별 일대기 형식으로 되어 있는데, 일대기 중에서도 병자호란과 관련된 斥和 및 殉節이 핵심이다. 예컨대 洪翼漢의 경우 맨 앞에 本貫과 字를 밝히고 이어서 젊은 시절의 언행을 언급한 후 병자호란에서 洪翼漢이 보여준 斥和 및 殉節을 중점적으로 묘사하였다. 마지막으로 홍익한의 가족관계 및 殉節 후의 禮遇, 遺作, 享年 등을 수록하였다. 이런 방식은 尹集과 吳達濟의 경우에도 대동소이하다.

　　三學士傳의 주요 내용은 다음과 같다. 1636년(인조 14) 봄, 後金의 太祖는 조선에 使臣을 보내 皇帝를 自稱하며 君臣 관계를 요구하였다. 거부할 경우 後金의 군사적 공격이 예상되는 가운데 조선 조정은 큰 혼란에 휩싸였다. 일부는 현실적 상황을 들어 後金의 요구를 수용해야 한다고 주장하였는데 이들이 主和派였다. 반면 일부는 大義名分을 들어 後金의 요구를 거부해야 할 뿐만 아니라 사신의 목도 베어야 한다고 주장했는데 이들이 斥和派였다.

　　삼학사는 斥和派 중에서도 가장 강경한 斥和派였다. 조선의 인조는 斥和派의 주장을 받아들여 後金과 一戰을 벌이고자 하였고 결국 1636년 12월에 후금 군이 침략하였다. 인조는 남한산성으로 들어가 항전하였으나 끝내는 후금에 항복하였다. 대표적인 斥和派들을 체포하여 압송하라는 후금의 강압에 인조는 三學士를 보냈다. 후금의 首都 瀋陽에 압송된 三學士는 후금의 태조 앞에서 斥和의 정당성을 闡明하고 殉節하였다.

　　따라서 三學士傳에서 핵심적인 갈등구조는 斥和를 주장하다 殉節하는 삼학사가 그들의 반대편에서 主和를 주장하는 측 및 자신들을 殉節

시키는 측과 벌이는 갈등이라 할 수 있다.

한편 忠臣藏은 '忠臣들의 창고'라고는 제목 그대로 47인의 무사 이외에도 작품에 등장하는 수많은 충신들 모두가 주인공이라 할 수 있다. 忠臣藏의 서술 방식은 수많은 충신들의 개인별 일대기 형식이 아니라 사건의 전개과정에서 나타나는 수많은 충신들의 이야기인데, 핵심은 主君의 원수를 갚는 復讐 이야기이다.

忠臣藏의 주요 내용은 다음과 같다. 1338년 2월 하순, 아시카가 다카우지(足利尊氏)는 닛타 요시타다(新田義貞)를 토벌하고 京都에 幕府를 개설하였다. 그 후 아시카가 다카우지는 닛타 요시타다의 투구를 가마쿠라(鎌倉)의 쓰루가오카 하치만 궁(鶴ケ岡八幡宮)에 모시기 위해 동생인 아시카가 다다요시(足利直義)를 보냈다.

가마쿠라에서 아시카가 다다요시의 영접을 책임진 사람은 고노 무사시노카미 모로나오(高武藏守師直), 모모노이 와카사노스케(桃井若狹助), 엔야 한간 다카사다(塩冶判官高定) 세 사람이었다. 그 중에서 고노 무사시노카미 모로나오가 총책임자였고, 모모노이 와카사노스케와 엔야 한간 다카사다는 보좌역이었는데 모모노이 와카사노스케는 하리마(播磨) 영주의 동생이었고, 엔야 한간 다카사다는 하쿠슈(白州)의 영주였다.

총책임자인 고노 무사시노카미 모로나오는 보좌역들로부터 뇌물을 원했지만 받지 못했다. 게다가 그는 보좌역인 엔야 한간 다카사다의 부인 가오요 고젠(顔世御前)에게 흑심을 품고 있었는데 그녀가 자신에게 넘어오지 않았다. 이에 그는 모모노이 와카사노스케와 엔야 한간 다카사다를 공개적으로 모욕하였다.

이에 격분하여 집으로 돌아온 모모노이 와카사노스케는 복수하고야 말겠다는 자신의 뜻을 家老인 가코가와 혼조(加古川本藏)에게 알렸다. 그러자 가코가와 혼조는 주군 몰래 뇌물을 바쳤고 이로써 아무 일 없게 되었다.

반면 고노 무사시노카미 모로나오는 뇌물을 바치지 않은 엔야 한간 다카사다에게 더 큰 모욕을 주었고, 그 결과 격분한 엔야 한간 다카사다는 칼을 빼 공격하였다. 마침 현장에 있던 가코가와 혼조가 엔야 한간 다카사다를 제지하여 고노 무사시노카미 모로나오는 목숨을 건졌다.

하지만 막부는 상관을 공격한 죄목으로 엔야 한간 다카사다에게 割腹을 명하였다. 이후 엔야 한간 다카사다의 家老인 오보시 유라노스케(大星由良且)를 위시한 家臣 47명은 절치부심 끝에 주군의 원수인 고노 무사시노카미 모로나오를 죽이고 전원 할복하였다.

따라서 忠臣藏의 핵심적인 갈등구조는 주군의 원수를 갚으려는 忠臣들과 그들의 復讐 대상자 사이에서 일어나는 갈등이라 할 수 있다.

Ⅲ. 忠義의 대상과 목표 비교

三學士傳의 주인공인 三學士의 일대기에는 그들의 忠義 대상이 삶의 과정 속에서 다양하게 등장한다. 예컨대 後金의 태조에게 죽임을 당하기 직전, 洪翼漢은 "臣子의 分義는 의당 忠孝를 극진히 할 뿐이다."라고 하였는데, 이는 홍익한에게 가장 중요한 忠義의 대상은 바로 부모와 군주임을 의미하였다. 다만 홍익한은 "臣은 세상에 막 태어났을 때부터 大明 天子가 있다고만 들었을 뿐입니다."라고 함으로써 그에게 군주는 한 명이 아니라 조선의 군주와 명나라의 천자 두 명이 있음을 드러냈다. 홍익한에게 조선의 군주는 제후국의 군주였고 명나라의 천자는 천하의 군주였다. 즉 홍익한에게 忠義의 대상은 가정의 부모, 제후국의 군주 그리고 천하의 천자였던 것이다. 이는 윤집이나 오달제의 경우에도 마찬가지였다.

삼학사에게 가정의 부모와 제후국의 군주 그리고 천하의 천자가 忠

義의 대상이 되는 첫 번째 이유 즉 자식이 부모에게 孝하고 신하가 군주
와 천자에게 忠해야 하는 이유는 은혜를 입었기 때문이었다. 즉 부모에
게서는 생명의 은혜를 입었고 군주에게서는 벼슬과 봉록의 은혜를 입었
으며 명나라 천자에게서는 임진왜란에서의 再造之恩을 비롯한 다양한
은혜를 입었기 때문이었다.

　아울러 이 같은 은혜 못지않게 중요한 또 이유는 忠義란 바로 하늘로
부터 받은 人倫이자 名分이기 때문이었다. 이를 송시열은 『三節遺稿序』
에서 "나는 그윽이 생각하건대, 上帝께서 下民에게 善을 내려 주시었으
니 人道를 세우는 데는 仁과 義뿐이다. 仁이란 父子 사이보다 더 클 수
없고, 義란 君臣 사이보다 더 중할 수 없다. 자신이 처해 있는 곳에 따라
죽는 것은 그 職分이 정해져 있기 때문이다."5)고 하였다.

　따라서 삼학사에게 충의의 대상은 가정의 부모, 조선의 군주 그리고
명나라의 천자였다. 삼학사는 忠義의 대상자에게서 사적 또는 공적 은
혜를 입었다는 현실적 요인과 함께 하늘의 명령을 받았다는 관념적 요
인에서 忠義의 이유를 찾았다. 결국 삼학사에게 忠義의 대상이 되는 가
정의 부모, 조선의 군주, 명나라의 황제는 사적이며 공적인 대상이고 그
런 면에서 대등한 중요성을 갖는다고 할 수 있다.

　반면 忠臣藏의 핵심 주인공인 오보시 유라노스케를 위시한 家臣 47
명 및 가코가와 혼조 등에게 忠義의 대상은 근본적으로 主君 즉 자신들
의 藩主 한 명에게 집중되었다. 그들에게 막부 장군과 일본 천황 그리고
가정의 부모는 藩主와 대등한 중요성을 가지지 않았다. 예컨대 忠臣藏
의 주인공들 중 일부는 엔야 한간 다카사다에게 割腹을 명한 막부에 대
하여 "아시카가 막부에서 저택을 접수하러 보낸 무사들을 맞아 이 저택
을 베개 삼아 싸우다가 죽는 것이 어떻겠습니까?"라고 주장하기도 했다.

---

5) "余因竊惟 惟帝降衷 立人之道 曰仁與義而已 然仁莫大於父子 義莫重於
　 君臣 而所在致死者 以其分定故也"(宋時烈,「三節遺稿序」『宋子大全』권
　 138, 序).

또한 忠臣藏에서는 주인공들의 부모에 관한 내용과 일본 천황에 관한 내용이 거의 등장하지 않을 정도로 忠義의 대상으로서 부모와 천황은 미미하였다.

忠臣藏의 주인공들에게 오직 藩主만이 忠義의 대상이 되는 이유는 근본적으로 藩主에게 고용되어 祿을 받는다는 사실 즉 契約關係에 있었다. 이는 忠臣藏의 주인공 중 한 명인 데라오카 헤이에몬(寺岡平右衛門)이 오보시 유라노스케에게 "쥐꼬리만 한 녹을 받는 저나 1천 5백석의 봉록을 받는 당신이나 주군의 덕분으로 살아가는 목숨이기는 매한가지. 은혜의 높고 낮음은 없는 것입니다."라고 한 언급에 잘 나타난다.

삼학사에게 忠義의 목표는 크게 두 가지였다. 첫째는 忠義의 대상인 가정의 부모와 제후국의 군주 그리고 천하의 천자를 안전하게 보호하는 일이었다. 예컨대 홍익한은 "위로 임금님과 어버이가 있는데 모두 보호하여 안전하게 해 드리지 못하여 지금 왕세자와 대군이 모두 심양에 포로로 잡혀와 있고, 老母의 생사도 알지 못한다. 내가 함부로 斥和를 주장하다가 가정과 나라를 이처럼 패망시켰으니 忠孝의 도리가 전혀 없어지게 되었다. 스스로 나의 죄를 생각하면 죽어야지 용서받을 수 없는 몸이니 비록 만 번 죽어도 실로 달게 생각한다."고 하였다.

忠義의 대상을 안전하게 보호하는 일이 忠義의 목표임은 忠臣藏의 주인공들에게도 마찬가지였다. 예컨대 모모노이 와카사노스케의 家老인 가코가와 혼조가 주군 몰래 뇌물을 바침으로써 주군을 안전하게 보호한 일을 두고 忠臣藏에서는 "돈의 힘으로 사람을 굴복시켜 주인의 목숨을 산 것이다. 주판알을 튕겨 가며 한 치의 오차도 없이 일을 처리한 혼조의 충실함. 주주(주는 일본어 忠과 같은 발음)라고 울기 때문에 충실한 신하를 뜻하는 흰쥐는 아니지만 忠義, 忠臣, 忠孝의 길은 하나."라고 극찬하였다.

그런데 三學士傳의 인물 중에서 忠臣藏의 가코가와 혼조에 해당하는 인물은 主和派인 崔鳴吉이었다. 그는 군주를 안전하게 보호하기 위해 主和를 주창했기 때문이었다. 따라서 忠臣藏이었다면 主和派 최명길은 주군을 안전하게 보호하려 한 충신으로 칭송되었을 것이지만 三學士傳에서는 오히려 姦臣으로 묘사되었다. 삼학사에게 忠義의 목표는 단순히 忠義의 대상을 안전하게 보호하는 것에만 있지 않았기 때문이었다.

병자호란 때 삼학사가 斥和를 주창한 이유는 後金이 皇帝를 僭稱함으로써 人倫과 名分을 무너뜨린다고 생각했기 때문이었다. 당시 後金은 조선보다 강국이었으므로 공격당할 경우 자신들은 물론 가정의 부모와 조선의 군주도 안위를 보장할 수 없었다. 따라서 오직 군주의 안위만을 걱정했다면 삼학사는 斥和가 아니라 主和를 주장해야 했다. 그럼에도 삼학사가 斥和를 주장한 이유는 主和할 경우 부모와 군주의 안위보다 더 중요한 무엇인가를 잃는다고 생각했기 때문이었다.

그것은 바로 하늘로부터 받은 人倫이자 名分이었다. 예컨대 홍익한은 후금의 태조가 "네가 斥和를 주창하였으니 그 뜻은 분명 우리 후금을 섬멸하는데 있을 텐데 우리 大軍이 출동하자 너는 어찌하여 맞아 싸우지 않고 도리어 사로잡혔느냐?"고 하자 "내가 붙드는 것은 다만 大義일 뿐이다. 성공하느냐 패하느냐, 생존하느냐 망하느냐는 논할 것 없다."고 응수하였는데, 여기서 홍익한이 말하는 大義란 바로 하늘로부터 받은 人倫이자 名分이었다.

홍익한을 비롯한 三學士는 가정의 부모, 제후국의 군주 그리고 명나라의 천자가 하늘로부터 받은 人倫과 名分을 버리고 생존하는 것보다는 차라리 죽더라도 하늘로부터 받은 人倫과 名分을 지키는 일이 중요하다고 주장했던 것이다. 즉 삼학사에게 忠義의 궁극적인 목표는 하늘로부터 받은 人倫과 名分을 수호하는 일이었다. 삼학사가 主和派 최명길을 姦臣이라 주장하는 이유는 그가 主君의 안위를 명분으로 하늘로부터 받은 人倫과 名分을 저버리려 한다고 생각했기 때문이었다.

반면 忠臣藏의 주인공들에게는 오직 주군의 안위가 최우선이었다. 주군의 안위를 위해서는 수단과 방법 또는 人倫과 名分은 그리 중요하지 않았던 것이다. 주군 몰래 뇌물을 바침으로써 주군을 안전하게 보호한 가코가와 혼조가 忠臣으로 찬양된 이유도 여기에 있었다.

Ⅳ. 忠義의 방법과 죽음 비교

忠臣藏의 주인공들이 보여주는 忠義의 최후 방법은 割腹이었다. 하지만 할복 이전에도 忠臣藏의 주인공들은 다양한 방식으로 忠義를 실천하는데 대표적인 방법은 權謀術數와 행동이었다. 예컨대 고노 무사시노카미 모로나오의 모욕을 받고 격분한 모모노이 와카사노스케가 復讐하고야 말겠다는 뜻을 家老인 가코가와 혼조에게 알렸을 때, 가코가와 혼조는 주군의 명령에 대하여 대의나 명분 또는 이유를 불문하고 복종하였다. 또한 주군의 결심에 대하여 옳고 그름을 가지고 충고하거나 따지지도 않았다. 다만 주군의 안위가 걱정된 가코가와 혼조는 주군 몰래 뇌물을 써서 주군을 안전하게 보호하였을 뿐이다. 결국 가코가와 혼조가 택한 충의의 방법은 주군에 대한 절대복종과 목표를 달성하기 위한 권모술수였던 것이다.

심지어 忠臣藏에서는 주군의 행동이 잘못되었다고 해도 주군의 명령에 절대복종하는 것이 忠義로 간주되었다. 예컨대 忠臣藏에서 가장 중요한 주인공인 오보시 유라노스케는 자신의 주군인 엔야 한간의 죽음에 대하여 "내가 浪人이 된 것은 주군이 분별없는 행동을 하였기 때문일세."라고 하면서도 주군을 위해 복수하고 할복함으로써 충신으로 숭앙되었다. 반면 자신의 주군인 엔야 한간의 잘잘못을 따지면서 복수에 참여하지 않은 오다 구다유(斧九太父)는 姦臣으로 비난되었다.

결국 忠臣藏의 주인공들이 보여주는 忠義의 방법은 忠義 대상에 대한 무조건적인 복종 그리고 忠義 대상의 명령을 수행하기 위한 권모술수와 행동으로 요약될 수 있다.

반면 三學士가 보여주는 忠義의 최후 방법인 殉節은 自殺이 아닌 他殺이라는 면에서 忠臣藏의 割腹과 비교된다. 또한 三學士는 忠義 대상을 향해 말과 글로 끊임없이 충고하며 그들의 말과 글 및 행동에는 권모술수가 끼어들지 못했다는 면에서도 비교된다. 예컨대 1636년(인조 14) 봄에 後金이 사신을 보내 皇帝를 自稱하며 君臣 관계를 요구하자 홍익한은 仁祖에게 상소문을 올려 後金의 요구를 거부해야 할 뿐만 아니라 使臣의 목도 베어야 한다고 주장했다. 뿐만 아니라 홍익한은 仁祖를 면담할 때마다 같은 주장을 반복하였다. 윤집, 오달제 역시 마찬가지였다. 즉 삼학사는 평상시의 말과 글에서도 斥和를 주장하였고 그것을 주군인 仁祖의 의사와 관계없이 끊임없이 요구하였다.

삼학사의 殉節은 그들이 평상시 말과 글로 주장하던 斥和가 거짓이 아니었음을 증명하는 최후의 방법이었다. 예컨대 오달제와 함께 심양으로 압송되던 윤집이 "우리가 오랑캐 땅에서 갖은 어려움과 치욕을 당한 후에 죽느니 차라리 우리나라 땅에서 죽읍시다."고 하자 오달제는 "안됩니다. 사람이 이 세상에 태어나 한 번은 죽게 마련입니다. 죽을 곳에서 죽으면서 우리의 節義를 밝히는 것이 어찌 樂事가 아니겠습니까? 어찌 꼭 필부의 작은 절개를 본받아 죽으려 하십니까?" 하였다. 즉 오달제는 죽음 앞에서도 斥和를 주장함으로써 자신이 평상시 주장했던 斥和가 거짓이 아니었음을 만천하에 밝히고자 했던 것이다. 이는 홍익한의 경우에도 마찬가지였다. 요컨대 삼학사에게 죽음 즉 殉節은 그들이 평상시 말과 글로 주장하던 斥和가 거짓이 아니었음을 증명하는 최후의 방법이었던 것이다.

반면 忠臣藏의 주인공들에게 죽음 즉 割腹은 목표를 달성하기 위해 그들이 평상시 썼던 권모술수가 거짓이었고 그들의 진심은 따로 있었음을 증명하는 최후의 방법이었다. 예컨대 忠臣藏에서 가장 중요한 주인공인 오보시 유라노스케는 주군의 원수인 고노 무사시노카미 모로나오를 속이기 위해 遊廓에서 거짓으로 廢人 행세를 했다. 그의 거짓 행세는 워낙 철저하여 적은 물론 동지들조차도 속여 넘길 정도였다. 오보시 유라노스케뿐만 아니라 忠臣藏에 등장하는 인물들은 거의가 권모술수를 썼다. 그래서 겉으로 드러나는 말과 행동만 가지고는 서로 간에도 본심을 믿지 못했다.

오보시 유라노스케를 비롯한 무사 47인은 복수에 필요한 무기 등을 商人인 아마가와야 기헤이(天河屋義平)에게 부탁하여 마련하였는데, 아마가와야 기헤이는 엔야 한간의 은혜를 입은 사람이었다. 그래서 아마가와야 기헤이는 엔야 한간의 복수에 적극적으로 협조하였다. 하지만 오보시 유라노스케를 비롯한 무사 47인은 아마가와야 기헤이의 본심을 믿지 못했다. 혹시라도 복수계획을 밀고할까 두려웠던 것이다.

오보시 유라노스케를 비롯한 무사 47인은 捕卒로 변장하고 아마가와야 기헤이의 집으로 쳐들어갔다. 아마가와야 기헤이의 네 살짜리 아들을 붙잡은 그들은, 이미 내막을 다 알고 왔으니 복수계획을 실토하라고 하며 실토하지 않으면 아들을 죽이겠다고 협박했다. 그 때 아마가와야 기헤이는 아들로 죽이고 자신도 죽으려 했다. 이런 모습을 보고서야 오보시 유라노스케를 비롯한 무사 47인은 그의 진심을 믿었다.

요컨대 忠臣藏의 주인공들이 평상시에 보여주는 말과 행동은 진심인지 아닌지 전혀 알 수가 없는 것이었다. 즉 그들의 진심은 평상시의 말과 행동으로는 전혀 검증되지 않는 것이었다. 그들의 진심이 검증되는 것은 오직 죽음뿐이었다. 죽음 중에서도 무사의 죽음인 割腹으로 진심 즉 忠義가 확인되는 순간 그간의 온갖 권모술수는 忠義를 구현하기 위한 수단으로 정당화되었다. 심지어 평상시의 권모술수가 높으면 높을수

록 역설적으로 忠義가 높은 것으로 간주되는 역설이 성립되기까지 하
였다.

V. 맺음말

삼학사에게 忠義의 목표는 일차적으로 충의 대상을 안전하게 보호하
는 것이었지만 그보다 더 중요한 것은 하늘로부터 받은 人倫이자 名分
을 수호하는 일이었다. 삼학사는 하늘로부터 받은 人倫이자 名分을 수
호하기 위해 말과 글로 충의 대상에게 끊임없이 충고하였다. 말과 글로
이루어지는 삼학사의 충고가 거짓이 아니기 위해서는 평상시 그들의 말
과 글이 진심이어야 했고, 죽음 앞에서도 변하지 말아야 했다. 三學士傳
이 일대기 형식을 띤 이유도 여기에 있었다. 또한 죽음이 두려워 자살한
다면 그것은 평상시의 말과 글이 죽음보다 약한 것이기에 자살은 권장
되지 않았다.

반면 忠臣藏의 주인공들에게 忠義의 목표는 충의 대상을 안전하게
보호하는 것에 집중되었다. 忠臣藏의 주인공들은 충의 대상을 안전하게
보호하기 위해 권모술수를 마다하지 않았다. 권모술수가 私益을 위한의
권모술수가 아닌 忠義를 위한 권모술수임을 증명하기 위해서는 죽음으
로 보여주는 수밖에 없었다. 특정한 사건과 관련된 권모술수는 과거와는
관계없기에 忠臣藏은 일대기 형식이 아닌 사건 중심으로 구성되었다.
또한 스스로 택한 권모술수의 거짓을 증명하는 길은 스스로 죽는 길 밖
에 없었기에 자살이 권장되었다.

조선의 양반과 일본의 무사 사이에 이런 차이점이 나타나는 이유는
여러 가지 일 것이다. 예컨대 가정, 국가, 천하가 통합적으로 파악되는
조선 양반의 忠義는 父系血緣家族 관계, 농업사회 및 중국과의 밀접한

외교관계 등이 고려되어야 보다 깊이 있는 이해가 가능할 것이다. 이에 비해 藩主 중심으로 형성된 일본 무사의 忠義는 幕藩 체제 및 상업경제 등이 고려되어야 깊이 있는 이해가 가능할 것이다. 따라서 조선 양반과 일본 무사의 같은 점과 다른 점은 문화 이외에도 정치, 경제, 사회, 외교 등 다방면에서 종합적으로 검토될 때 보다 깊은 이해가 가능할 것으로 생각된다.

〈토론문〉

「三學士傳과 忠臣藏로 상징되는 양반과 무사의 忠義 비교」 토론문

稲田奈津子
（東京大）

본 보고는 三學士傳과 忠臣藏이라고 하는, 각각 이상의 충의를 그린 작품을 채택하면서 양반과 무사의 사회적 가치관의 相違를 浮上시킨다는 매우 흥미 깊은 내용이다. 양 작품에서 갈등의 구조, 충의의 대상과 목표, 충의의 방법과 죽음에 대해서 비교가 이루어져 결론으로서, 三學士傳로 상징되는 조선 양반의 이상인 충의라는 것은 「하늘에서 내려주신 인륜과 명분을 수호하는 것」을 궁극의 목표로 하는 것이며, 부모·조선국왕·명 황제에게의 복종은 이것에 이어지는 것이 되었다. 그 때문에 인륜이나 명분에 반하는 것이라면 군주에 대해서도 끊임없이 충고하고, 권모술수와 같은 비열한 수단이 숨어들을 여지는 없으며 그 음모 없는 언동을 증명하는 수단으로서 순절이 선택되었다고 논해지고 있다. 한편, 忠臣藏으로 상징되는 일본의 무사는 계약 관계인 주군에게 절대 복종하고, 주군을 위해서라면 인륜이나 명분에 위배되는 권모술수도 서슴지 않지만 그러한 비열한 행위는 본의는 아니었다. 충의를 구현화하기 위한 수단에 지나지 않았다고 정당화하기 위한 최후의 방법으로서, 할복이 선택되었다고 전해진다.

忠臣藏에게 보이는 복수나 할복이라고 하는 무사의 사고와 행동 양식은 일본에서는 대부분 「무사도」의 문제로서 다뤄져왔다. 그곳에서는 부모에게의 효보다도 주군에게의 충이 우선되어, 무인 계급의 「신분에 따른 의무(noblesse oblige)」로서 깔끔하게 목숨을 버리는 것이 명예가 되었고, 그러한 사회적 가치관이 존재했다고 여겨진다. 따라서 忠臣藏이라도 죽음을 두려워하여 적진에 쳐들어가는 것에 참가하지 않았던 무사는 세간의 誹謗中傷의 대상이 되었던 것이다.

그런데 권모술수는 誹謗中傷의 대상이 되었던 것일까. 山本幸司씨는 일본의 고대·중세의 영웅이라고 여겨지는 인물의 武勇傳의 가운데서, 현대적인 감각에서 매우 정정당당이라고 할 수 없는 책략이 구사되고 있는 것에 주목한다. 이러한 책략에도 불구하고 그들은 비겁하다고 비난되는 것은 아니며, 오히려 실천적인 지성의 소유자로서 긍정적으로 받아들여지고 있다. 조선과 같이 유교적 가치관이 넓어졌다고 여겨지는 근세 일본에서도 이러했던 狡智를 긍정적으로 파악하는 토양이 존재했던 것은, 보고에서도 다뤄졌던 무사들의 권모술수가 결코 비난의 대상이 되지 않았던 것으로부터도 확인되는 것이다. 그들 무사에게 권모술수는 죽음을 가지고 정당화할 필요도 없다. 당연한 기지였다고 생각되는 것이다.

이러했던 양반과 무사와의 충의관념의 相違가 무엇에 기인하는 것인가는 커다란 과제이지만, 양반이 기본적으로는 과거에 합격했던 지식인이라는 것을 가지고 지배 계급으로서의 정당성을 획득하는 것에 반해, 무사는 生得의 사회적 신분을 정당화하기 위해 무인으로서 본래의 역할 -죽음을 건 일-을 끊임없이 사회에 나타낼 필요가 있었던 점에 해결의 실마리가 발견되는 것은 아닐까.

〈참고문헌〉

新渡戸稲造(山本博文 譯・解說)『現代語譯 武士道』(筑摩書房, 2010年)
山本博文『武士と世間—なぜ死に急ぐのか』(中央公論新社, 2003年)
山本幸司『人はなぜ騙すのか—狡智の文化史』(岩波書店, 2012年)
미야지마 히로시「동아시아적 관점에서 본 양반 문화 -한・중・일 양반 세계를
        비교하다」(규장각한국학연구원 엮음『조선 양반의 일생』글항아리 2009)

일본중세 武家의 혼인·상속과 "家"
-한국중세 '士'와의 비교를 통하여-

豊島悠果

(神田外語大)

1. 머리말

　院政期부터 戰國期까지의 일본중세사회에서는 귀족층에서 서민층에 이르는 모든 계층에 있어서 점차 壻取婚에서부터 嫁取婚으로 혼인형태의 변화가 일어났다. 또한 그것과 상호연관적으로 "家"이 성립되고 嫡長子 단독상속이 침투해 나간다. 본보고에서는 일본중세사회에서의 이러한 변화를 武家를 중심으로 개관하여, 한국중세(가족, 친족관계에 대해서 고찰할 때는 왕조교체로 구분하는 게 아니라 사회적인 변화를 중요시하여 17세기초 즈음까지를 중세라고 하는 것이 일반적이다) 사족층에서 보이는 혼인형태와 상속등과 어떠한 유사점 혹은 차이점이 있는지 생각해 보려고 한다.

2. 혼인형태와 거주형태

중세 이전, 平安時代 중기에는 귀족층의 혼인이 여자쪽 부모가 딸에게 사위를 맞이하는 형식으로 이뤄졌다. 결혼할 상대의 결정은 10세기경, 상류 귀족층에서부터 여자쪽 부모가 하게 되었고, 점차 남자쪽에서도 부모가 결정하게 되었다. 혼인의식은 10세기경으로부터 거행하게 되는 것으로 생각되어 있으며, 신랑이 신부집에 다니는 壻取형식의 혼인의식이 행해졌다. 11세기 중반까지 거주형태는 결혼 당초에는 처가집에서 신부 부모와 동거하여 일정기간이 지나면 부모가 미혼 자녀들을 데리고 다른 집이로 옮기거나 혹은 젊은 부부가 다른 집으로 이주하는 형식으로, 처가살이를 거치는 新處居住이었다. 원정기에 들어가서는 신부쪽 부모가 비용을 부담해서 서취형식의 혼인의식을 거행하고 처가쪽이 신랑신부가 사는 집을 준비하는데, 처가에서 동거하는 것이 아니라 결혼당초부터 다른 곳에서 거주하게 되었다.

鎌倉時代에 이르면서 武士層에서부터 가취형식의 혼인형태가 시작되었다. 가마쿠라 초기의 武家와 公家의 혼인형태 차이가 드러난 사례로서 다음와 같은 이야기가 알려져 있다. 장군 源賴朝가 초카 藤原能保女를 입양하고 關白 藤原兼實의 아들 良經과 결혼시켰을 때, 그 혼인의식을 들러싼 양가의 의견대립이 있었다. 賴朝가 가취형식으로 하는 것을 제안한 것에 대해 兼實은 서취형식의 혼인의식이 공가의 전통이라고 주장하고 결국 兼實쪽 주장이 받아들여졌다. 공가층에서도 카마쿠라 중기경에는 가취형식의 혼인의식으로 변화되고 결혼당일부터 신부가 행렬을 갖추어 신랑집으로 시집가는 형식이 주류가 되었다. 무사층의 혼인의식에서는 신랑이 신부집으로 며느리맞이로 나가 자기집으로 데리고 오는 방식과 아예 신부가 신랑집으로 옮겨와서 신혼생활을 시작하는 방식의 두가지가 있었다. 당초에는 양쪽 방식이 모두 쓰여지고 있었지만, 점

차 신부가 친족들과 종자들을 동반하여 신랑집으로 가서 혼인의식을 치
르는 가취의식이 일반적이 되었다.

또한 이 시기에는 신혼당초부터 신부가 남편쪽이 소유하는 가옥에
들어가서 사는 거주형태가 주류가 되었다. 다만 한 부지 속에 부모와 아
들 부부가 동거하는 형식의 이세대 동거는 아직 성립되지 않았다. 남편
쪽 부모와 같은 부지에 사는 거주형태가 많아지는 것은 室町時代 이후
의 일이다. 무로마치시대에 관해서도 福井縣 一乘谷의 朝倉家 영주 저
택 발굴조사 등을 통해, 한 채 한 부엌을 공유하는 이세대 동거가 아니
라 한 부지 속의 딴채에서 사는 형식이었다고 추정되어 있다.

3. 상속제

가마쿠라시대 이후 상기한 바와 같이 가취형식의 혼인형태가 침투해
가면서 부계 유대의 중요성이 높아지고, 아울러 가부장제적 가족이 확
립되었다. 이러한 변화는 상속제와도 밀접한 상호연관관계가 있다. 잘
알려져 있는 바와 같이 攝關期에는 여자가 재산상속을 받는 사례가 두
드러진다. 藤原道長의 저택으로 유명한 土御門邸는 道長의 처 源倫子가
그 어머니인 藤原穆子로부터 상속받은 것이며, 右大臣 藤原實資의 경우
에도 관직은 양자 資平이 公卿이 됨으로써 이어받았지만 莊園이나 小野
宮邸는 딸인 千古에게 물려주는 處分狀을 작성하였다. 원정기 이후, 점
차 여자의 재산상속이 줄어들기는 하지만 가마쿠라시대에는 재주의 의
사에 의거한 諸子분할이 일반적이었으며, 여자도 재산상속에서 배제된
것이 아니었다. 가마쿠라시대의 所領 상속 배분률에 대한 사례분석을
행한 中田薫은 “嫡子가 제일 많고, 次男이하의 庶子가 이에 버금가고,
여자는 서자와 동등이나 서자보다 훨씬 적고, 서자 혹은 여자가 여러 명

있는 경우에는 그 得分이 거의 균일하다"고 하였다. 그리고 차남 이하는 양여받은 소령 마을에 옮겨 살면서그 소령의 액수에 따라 장남이 과하는 御家人役의 분담금을 지불하였다. 또한 남자는 자신이 거주하는 땅의 이름을 苗字로 삼아 그 마을의 농민들을 지배하였다.

가마쿠라 말기이후에 이르러 무가의 재산상속에 있어서 여자의 상속권이 점차 제한, 부정되어, 적자 단독상속으로 전환되었다. 이를테면 備後의 유력한 御家人 山內首藤氏는 元德2년(1330)에 山內通資가 소령을 적자 通時에게 상속시켰을 때 적자 단독상속으로 이행하고 서자와 여자들에게 소령을 분할상속시키는 일을 폐지하였다. 또, 能登 天野氏의 경우도 建武2년(1335) 胤成이 작성한 讓狀으로 남자 한명에게 단독상속시키는 것과 後家(과부)·여자에게 상속시키지 말 것을 정하였다. 이처럼 적자 단독상속으로 전환되어야 했던 이유는 협소한 소령을 재차 세분하게 되면 군역 奉公을 맡기가 어려워진다는 것과 여자상속을 통하여 소령이 他家로 유출되는 일을 막는 것에 있었다. 이와 같이 가마쿠라 말기부터 南北朝이후, 분할상속이 줄어들면서 적자 잔독상속이 일반화되고 家督이 확립됨에 따라, 여자와 서자의 상속분은 一期分 즉 상속자의 사망과 동시에 적자측에 반환하는 형식으로 되어 갔다. 이러한 변화로 인해 일족내에서의 惣領家 가장권이 강화되어 간 것이다.

4. "家"의 변화

이상와 같이 대체로 남북조기에는 가취 혼인형태나 남편쪽에서의 이세대 동거의 침투, 그리고 적자 단독상속으로의 이행와 같은 변화가 일반적으로 나타나게 되었는데 이것은 "家"의 변화와 불가분이었다. 중세 이전, 원정기 이전에 귀족·호족층에서는 氏·一門이라는 의식이 강하여,

가장인 남편과 아내 그리고 자녀들이 중핵을 이루는 생활·경영 단위로
서의 "家"는 아직 성립되지 않았다. 이 시기의 가족관계는 부계와 모계
양쪽과 깊은 관계를 가지는 쌍계제이었다. 그 후, 점차 지배층에서 조정
이나 지방정청인 國衙의 관직을 家業으로 계승하는 것이 관례가 되면서
"家"가 시작된다. 기본적으로 관직에 앉을 수 있는 것은 남자였기 때문
에 "家"는 남성우위조직으로 성립하였다.

  원정기부터 가마쿠라시대에는 중앙귀족은 조정관직을, 지방무사는
在廳관직을 대대로 계승하는 의식이 존재하고 있었다. 다만 형제간에
계승하는 경우도 있고 적자 계승이 정착되어 있지 않았다는 점에서 남
북조 이후와는 차이가 난다. 또한 이러한 중세전기의 "家"에 있어서는
가장인 남편뿐 아니라 아내도 대행적으로 권한을 행사할 수 있었다. 이
를테면 가마쿠라 중기까지는 남편이 사망한 이후 後家가 유산을 처분할
수 있었는데, 그러한 아내의 권한을 지탱하였던 것이 부모로부터 받은
상속재산이었다. 중세전기의 "家"는 주로 가장과 처 그리고 미혼자녀들
로 구성되어 있었지만 여계를 중시하는 가족관계의 영향이 남아 있어
딸 부부와 그 자녀들이 혈연 가족원으로 동거하는 경우도 있었다.

  가마쿠라 후기부터 남북조를 계기로 이러한 "家"에도 변화가 나타난
다. 중세후기에 이르러 가업인 관직의 세습이 확립되어 "家"가 하나의
조직으로 대대로 계승되어 가게 되었다. 이와 함께, 안정적으로 "家"을
이어갈 수 있도록 기원하는 조상제사도 성행하게 되어 한명의 남자가 가
업과 가산, 제사를 일괄해서 계승하게 되었다. 또한 부계 이세대 동거가
침투함으로써 가장 부부와 가독계승예정자인 아들, 그리고 그 아내와 자
녀들이 혈연 가족원으로 "家"를 구성하게 되었다.

  惣領제라고 불리는 중세 무사단의 家 결합은 위와 같은 "家"를 계승
해 가면서 惣領를 중심으로 하는 동족적 결합을 이루는 것이다. 물론 중
세전기에도 부친의 "家"와 자식들의 "家"는 밀접하게 결부되어 있었으며

상호부조나 소령을 단위로 부과되는 御家人役 할당등을 통한 결합관계가
있었으나, 남북조 이후, 더욱 부계 비중이 높아진 혼인·거주형태가 침투
하고 가업·가산·제사를 일괄한 가독을 적자가 단독상속하는 형태가 일반
화됨에 따라 가부장권이 성장된 "家"의 부계 혈통에 의한 결합이 더욱 강
해진 것이다.

5. 한국중세 사족층의 혼인과 상속
   -맺음말을 대신하여

이상와 같이 일본중세의 혼인·거주형태나 상속제, 그리고 그 변화에
대해서 개관해 보면, 한국 중세이후에 보이는 그들의 변화와 궤도를 같
이하는 부분도 많다. 한국 중세의 혼인형태는 壻留婦家婚(혹은 男歸女
家婚)이 일반적이었다. 서류부가혼은 이름 그대로 신랑이 신부집으로 장
가드는 형식으로, 壻入婚에 가까운 형태이다. 혼인의식은 처가쪽에서 거
행하고 신혼부부는 결혼후 당분간은 처가에서 산다. 그 이후에는 夫家
에 옮기는 경우, 그대로 처가에서 사는 경우, 부가도 처가도 아닌 데로
옮겨서 거주하는 경우 등이 있었으며, 결혼 직후 처가에서 사는 기간에
대해서는 호적관계사료에 남겨진 사례를 분석해 3~24년으로 보는 연구
가 있다. 또한 재산상속은 자녀균분상속이 기본이며, 여자도 부모로부터
재산을 물려받았다.

이러한 혼인형태에 입각한 혼인의식은 조선왕조 초기부터 문제가 되
었다. 태종대(1401~18)에는 『주자가례』에 따른 혼례(議婚·納采·納幣·
親迎)을 보급시키려고 하였으나 친영례는 태종의 의사대로 실시되지 않
았다. 친영이란 신랑이 처가로 며느리 맞이로 와서 신부를 데리고 가 신
랑집에서 혼례를 치르는 것이며, 서류부가혼이 처가에서 혼례를 치르는

것에 비해 이를 부가에서 한다는 차이점이 있었다. 이 차이점은 서류부가혼에서는 당초 처가쪽에서 거주하는데 『주자가례』는 부가쪽에서 거주하는 중국 혼속을 바탕으로 하고 있다는 데에 기인한 것이었다. 혼인의식에 있어서 친영을 치른다는 것은 혼인후의 처가살이를 부가살이로 전환시키는 의미를 가진 것이었다.

　명종대(1545~67)에는 서류부가혼의 혼인의식과 약간 다른 半親迎이라 불리는 혼인의식이 잠시 사족층에서 행해졌지만 이것도 정착되지 않았고, 조선후기에 이르러서야 사족층에서 친영을 포함한 혼인의식을 치르게 되었다. 조선후기에는 남녀균분상속에서부터 남자균분상속, 그리고 적장자단독상속으로 이르는 상속제 변화도 지적되어 있다. 이러한 변화는 주로 조선후기 사회에서 주자학이 침투해 가면서 일어나는 것으로 해석되어 있어, 그 점에서 일본중세에서의 혼인현태·상속제 변화와는 요인을 달리하는 것이다. 또한 일본과 같은 관직을 가업으로 계승하는 "家"이 존재하지 않았다는 것도 큰 차이점이라고 볼 수 있다.

〈참고문헌〉

高群逸枝, 『招婿婚の硏究』, 講談社, 1954年
『平安鎌倉室町家族の硏究』, 國書刊行會, 1985年
五味文彦, 「領主支配と開發の展開」 『史學雜誌』 77-8, 1968年
「女性所領と家」 『日本女性史2女性』, 東京大學出版會, 1982年
永原慶二, 「女性史における南北朝·室町期」 『日本女性史2女性』, 東京大
　　　　學出版會, 1982年
鈴木國弘, 「中世前期親族論序說」 『日本史硏究』 247, 1983年
久留島典子, 「婚姻と女性の財産權」 『女と男の時空3』, 藤原書店, 1996年
田端泰子, 「中世における女性の地位と役割―婚姻形態を通じて」 『日本
　　　　女性史論集4·婚姻と女性』, 吉川弘文館, 1998年

關口裕子·服藤早苗他編,『家族と結婚の歷史』, 森話社, 2000年

辻垣晃一,「嫁取婚の成立時期について－武家の場合－」『龍谷史壇』117, 2001年

金斗憲,『韓國家族制度硏究』, 서울大學校出版部, 1940年

盧明鎬,「高麗의 五服親과 親族關係 法則」『韓國史硏究』33, 1981年

許興植,『高麗社會史硏究』, 亞細亞文化社, 1981年

歷史學會編,『韓國親族制度硏究』, 一潮閣, 1992年

張炳仁,『조선전기 혼인제와 성차별』, 一志社, 1997年

權純馨,『고려의 혼인제와 여성의 삶』, 혜안, 2006年

〈토론문〉

「일본중세 武家의 혼인·상속과 "家"
-한국중세 士族과의 비교를 통하여-」

柳 在 春

(江原大)

1. 발표문에 대한 총평

일본의 중세시기에 일어난 혼인과 거주 형태, 상속 관례의 변화에 대한 파악과 함께 한국 중세사회에서의 변화상과 비교하여 그 상이점을 제시하였다는 점에서 의미가 있다. 다만 혼인이나 상속제 변화의 요인을 兩國의 사회경제적인 배경을 좀 더 구체적으로 들어 설명하였으면 비교사적 관점에서 兩國史를 더욱 분명하게 이해할 수 있지 않았을까라고 생각된다.

2. 질의 사항

1) 일본에서 중세시기에 혼인형태가 변화되어가고, 또 상속이 점차 적자 중심으로 옮겨가게 되며 가부장적 사회로 변모해 가는 것으

로 설명하였는데, 이러한 변화는 그 시점이 다소 다르기는 하지만 한국에서도 유사하다고 할 수 있다. 하지만 내면으로 한단계 들어가면, 일본에서는 남자 중심, 적자 중심으로 변화해 갔지만 한국에서처럼 姓氏 불변성이나 적장자 우대는 두드러지게 나타나지 않았다. 이러한 차이는 어떤 점에서 연유하고 있다고 생각하는지?

2) 일본에서 남자 중심의 상속 관행이 이루어지게 된 요인으로 아마 관직을 세습하는 사회구조를 꼽고 있는 것 같은데, 이 점은 확실히 한국사 전개와 비교하여 현저한 차이점이라고 할 수 있다. 오히려 한국의 경우는 조선후기에 와서 많은 儒生들이 관직을 얻지 못하게 되고 여러 세대를 無官職으로 이어지면서 家勢 維持가 어려워진 사회상황이 장자 중심의 상속 관행으로 전환되어가는 하나의 요인이 되었다. 均分 상속으로는 조상에 대한 기본적인 奉祀 儀禮 유지가 어려워진 상황이 제사를 받드는 자제(특별한 事由가 없는 한 長子)에게 상속재산의 전부 혹은 상당 부분을 물려주는 요인이 되었다. 물론 이러한 사회적 현실과 아울러 한국사에서는 유교사상에 입각한 喪祭禮 강화라는 측면이 크게 작용하였다고 할 수 있다. 관직 세습 外에 일본사 측면에서 남자 중심의 상속 관행 확립의 배경이 될 수 있는 다른 사항은 어떤 것이 있는지?

3) 일본 중세사회에서 관직을 가업으로 계승하는 "家"의 존재는 한국사 전개와 비교하여 서로 다른 점이라는 것은 분명하지만 한국사에서도 세습적인 군인가문(軍班)의 존재나 지방 관아에서 근무하는 吏職은 세습적이라고도 할 수 있다. 이들의 존재와 비교하는 것은 어떨지? 물론 중앙집권체제하의 조선에서 이들의 사회적 지위와 지역 할거적인 일본 중세사회에서 관직을 세습하는 "家"의

武士들과 사뭇 다르겠지만 지배세력들의 사회경제적 생활 실상을 양국사 전개과정에서 가장 적절한 비교대상자를 먼저 검토한 후 상호 비교하는 필요하다고 생각한다. 조선전기의 官品 가진 유력 가문의 집단과 조선후기 官品이 없는 지방사대부들(이름만 兩班 가문의 사람들)과는 대등한 사회적 존재가 아니기 때문에 조선 전·후기를 통털어 하나의 사대부 집단으로 묶어 보는 것은 사실과 괴리가 있을 수 있다.

民衆·生活相의 비교

조선시대 민중의 생활상
이상배 / 榎本渉

中世 對馬·松浦지역의 海民 비교
荒木和憲 / 김문자

조선시대 민중의 생활상

이 상 배
(서울특별시 시사편찬위원회)

I. 민중의 범위

민중의 범위는 시대에 따라 그 범위가 다르다. 민중을 '피억압대중'이라고 하는 초역사적 범주로 설정하기도 하며, 근대 이후의 산물로서 제한적으로 파악하기도 한다. 또한 사적 유물론의 입장에서 생산대중과 동일시하기도 한다. 나아가 민족주의적 입장이 강하게 반영되어 민중을 소수의 특권층과 친외세 계층을 제외하고 노동자와 농민은 물론 민족자본가나 지식인 등을 포괄하는 범주로 설정하기도 한다.

조선시대는 법제적으로 볼 때 양인과 천인이라는 두 계급으로 나뉘고, 양인은 최고 지배층부터 농민에 이르기까지 모두를 포괄하며, 천인은 노비들이다. 그러나 실제 생활에서는 지배층인 양반과 중간 실무계층인 중인, 대다수 농민들로 이루어진 양인, 노비들인 천인으로 구별된다. 따라서 이 글에서는 민중의 범위를 조선시대 신분제에 근거하여 관인층을 제외한 양인 이하의 계층으로 설정하고자 한다. 특히 양인의 주를 이루고 있는 농민들과 천인인 노비의 생활상과 그들의 의무 및 농촌 환경 등을 살펴보고, 그들이 피지배계층으로서 겪는 고통을 해결하기 위해 어떠한 노력들을 실천에 옮겼는지에 대하여 살펴보고자 한다.

II. 농민의 생활상

농민은 관직에 나가는 데 대한 법적 제한은 없었으나 실질적으로는 교육기회가 없어 관료로 진출한다는 것은 거의 불가능했다. 같은 농민이라 해도 그 안에는 여러 층으로 분화되어 있었다. 상위층을 차지하는 중소지주들은 자기가 소유한 토지를 타인에게 대여하여 병작제(並作制)로 경영하였고, 사회적으로는 양반의 하위층과 연결되었다. 그러나 이들은 많은 수를 차지하지 못했으며 대다수 농민은 자영농 일부와 전호(佃戶)들이었다. 자영농민들은 소규모 토지소유자로서 약간의 노비를 소유하기도 하였고, 고공(雇工)을 써서 농토를 경작하기도 하였다. 그리고 전호는 영세한 토지 소유자이거나 혹은 남의 토지를 빌어 경작하고 수익을 반씩 나누어 살아가는 층이다. 조선 정부에서는 농촌에서 농민이 떠나는 것을 방지하기 위해 호패제도나 5가작통법 등을 시행하면서 이주의 자유를 방해하기도 하였다.

전근대의 농촌은 마을 주위에 경작지가 흩어져 있고, 농가는 산록이나 구릉지에 모여 있는 집촌(集村)의 형태이다. 이른바 자연부락으로 불리는 농촌에는 식수와 농업용수에 필요한 물, 땔감을 조달하기 위한 임야, 생계유지를 위한 경작지 등 3가지가 마을 형성의 기본 조건이다. 농민들은 이러한 자연부락 안에서 영농활동은 물론 모든 인간관계를 해결하였다. 따라서 자신들만의 생산조직을 위한 두레나 품앗이, 촌락공동의 상장례를 담당하는 향도(香徒), 물의 이용분배를 관리하는 수리조직(水利組織), 공동의 목적을 이루기 위한 계조직(契組織) 등을 갖추고 있었다.

향도는 샤머니즘과 불교의 미륵신앙, 그리고 도교신앙의 결합으로 남녀노소의 촌민이 모여 가무를 즐기고 상장(喪葬)을 서로 돕는 역할을 하였다. 『용재총화(慵齋叢話)』에는 조선 초기에 지역민들이 적게는 7~9명, 많게는 100여 명씩 모여 향도를 구성했다고 기록하고 있다. 17세기 이후에는 두레가 향도의 역할을 대신하였고, 향도는 상장의 일만을 수행함으로써 상두꾼으로 잔존하게 되었다.

계는 지역적, 혈연적 상호 협동으로 조직된 것으로 지역, 특권, 산업 단체로서의 계로 구분되며 상호 부조가 목적이다. 농촌 주민의 필요에 따라 예로부터 자생적으로 발생, 유지된 집단으로 두레나 품앗이보다 보편적이고 활발하였다. 계는 목적에 따라 생산·식리·공동구매 등을 목적으로 하는 농계(農契)·보계(洑契)·식리계·구우계(購牛契), 마을의 공공비용 마련을 목적으로 하는 동계(洞契)와 보안계(保安契), 계원의 복리와 상호부조를 목적으로 하는 혼상계(婚喪契)와 혼구계(婚具契), 조상의 제사나 동제를 목적으로 하는 종계(宗契)·문중계·동제계, 계원의 자제 교육을 목적으로 하는 학계(學契)와 서당계, 계원의 친목을 도모하거나 오락 등을 목적으로 하는 시계(詩契)·문우계(文友契)·동갑계·유산계(遊山契) 등이 있다.

공동 노동의 형태를 띠고 있는 두레는 모내기·물대기·김매기·벼베기·타작 등 논농사 경작 전 과정에 적용이 되었으며, 특히 많은 인력이 합심하여 일을 해야 하는 모내기와 김매기에는 거의 반드시 두레가 동원되었다.

한편 농민들의 가장 큰 고통은 국가에 세금을 내는 전조(田租)·공물(貢物)·부역(賦役)의 의무였다. 농민들은 국가 경제의 직접생산자로서 가장 많은 세금을 부담하고 있었다. 이러한 세금이 제도적으로 합리적이고 체계화되어 부정이 없다면 그들의 고통은 적었을 것이다.

농민들이 부담하는 조세 중 전조(田租)는 조선 초기 수확량의 1/10로 규정되었다가, 다시 수확량의 1/20로 조정되었다. 이후 조선 후기에는 풍흉에 관계없이 1결당 미 4두(斗)로 고정하여 조세를 거둬들였다. 그러나 전세를 납부할 때 각종 명목의 수수료, 운송비, 자연 소모에 의한 보충비 등이 함께 부과되어 그 액수가 전세를 능가할 정도였고, 임진왜란 당시 임시로 징수하던 1결당 2두의 삼수미(三手米)도 계속 징수하여 농민의 부담을 가중시켰다.

공물은 왕실과 관아에서 필요로 하는 것들로 각종 수공업 제품과 광물, 수산물, 모피, 과실, 약재 등은 물론 지방에서 출토되는 특산물을 각 군현별로 배당하여 부과하였다. 수납 과정의 절차가 까다로워 농민들에게는 전세보다 큰 부담으로 작용하였다. 먼저 각 지역의 토산물을 조사하여 중앙 관청에서 군현에 물품과 액수를 할당하고, 각 군현의 수령은 이를 근거로 집집마다 할당하여 목표액을 거두어 들였다. 그 과정에서 수령들의 농간이 횡행하면서 농민의 부담이 가중되는 사례가 발생하곤 하였다. 후에는 모든 것을 쌀로 납부하는 대동법이 시행되었지만 방납의 폐단이 높아지면서 농민들을 괴롭혀 왔다.

부역은 군대의 의무를 지는 군역과 일정 기간 노동에 종사하는 요역(徭役)이 있었다. 모두가 노동력을 수취하는 것이다. 이 중 군역은 점차 전문군인이 탄생하면서 군대를 가지 않는 사람들이 군포(軍布)를 대납하는 형태로 변화되었다. 그리고 요역은 세곡의 운송이나 공물·진상물·잡물의 조달, 궁궐공사·성곽축성·왕릉건설·도로의 축조나 보수 등과 같은 토목공사, 외국 사신의 영접이나 지대(支待) 등의 일을 담당하였다.

농민들 가운데 많은 수를 차지하고 있는 소작인의 생활은 더욱 처참하였다. 남의 땅을 빌려 하루 종일 농사일에 매달려도 추수한 후 생산량의 절반을 주인에게 납부하고, 나머지에서 군포나 삼수미, 기타 수수료 등을 내고 나면 실제 1년 먹을 것도 남지 않았다. 따라서 고리대금을 빌려 쓰거나, 환곡을 빌어 쓰고 혹은 추수 후에 갚는 조건을 쌀을 빌려 먹었다. 이러한 행위는 가난을 해결할 수 없고 지속적으로 고충이 가중될 뿐이었다. 조선의 지식인들이 지은 시를 정리한 『동문선』에는 성간의 시가 다음과 같이 전하는데 농민들의 힘든 삶을 적나라하게 묘사하고 있다.

새벽밥 먹고 밭에 나가 온종일 땀흘려 일하다가
해 저물어 집에 와서는 눈물로 얼굴 적시네
낡은 옷은 헤어져 두 팔꿈치 다 나오고
쌀독은 텅 비어 낟알 한 알 없는데
굶주린 어린 것들 옷을 잡고 울지만
어디가서 죽 한 사발인들 구해올까
마을 관리는 세금내라 야단치다 못해
늙은 아내를 묶어 가는구나

Ⅲ. 노비의 생활상

천인은 대부분이 노비들이다. 신분이 세습되고 매매와 양도 및 상속의 대상으로 관직에 나갈 수도 없는 존재들이다. 이들은 크게 공노비와 사노비로 구분된다. 공노비는 국가 관공서에 소속된 노비들이며 사노비는 개인에게 소속된 노비들이다.

공노비는 다시 선상노비와 납공노비로 구분된다. 선상노비는 지방에 거주하는 공노비를 3년마다 6개월 동안 7번 교대로 서울에 입역시켜 중앙 관청의 잡다한 일에 종사하도록 한 것이다. 이들이 하는 일은 관원을 수행하는 일, 각 궁전의 잡일, 침선, 주모, 집찬 등의 일을 맡았다. 또한 여기(女妓)·연화대·여의(女醫)를 지방 각 고을의 관비 중에서 나이 어리고 총민한 자를 뽑아 특별한 재능을 갖추게 하여 서울에 머물게 하기도 하였다. 그리고 납공노비는 16세에서 60세까지의 노비가운데 매년 일정

액의 신공을 바치는 노비들이다. 신공은 배나 돈 혹은 면포 등으로 납부
하였으며, 그 양은 노(奴)와 비(婢)가 각기 달랐다. 이렇게 거둔 신공은
국가 재정의 중요한 비중을 차지하였다.

사노비는 솔거노비와 외거노비로 구분된다. 솔거노비는 주인과 함께
살면서 집안의 모든 궂은 일을 도맡아 하는 노비들이고, 외거노비는 주
인의 외부 토지를 경작하기 위해 따로 살면서 생활하였던 노비들이다.
외거노비는 가족과 함께 살면서 자신의 재산을 소유할 수도 있었기 때
문에 비교적 솔거노비에 비해 생활여건이 좋았고, 주인으로부터 착취를
덜 당했다. 이들 사노비에 대한 형벌은 주인의 마음에 따라 이루어졌지
만 사형을 집행하는 일은 금지되어 있었다.

이러한 노비의 사회적 지위는 최하층으로서 비인간적 대우를 받았다.
그 대표적인 예로 몇 가지 사례를 들면 아래와 같다. 첫째, 노비는 자신
의 의지와는 관계없이 사회적 신분이 세습되었다. 이러한 법은 고려시대
부터 계속되어 조선시대도 부모가 모두 노비인 경우는 말할 것도 없고,
부모 가운데 어느 한편이라도 노비 신분이면 그 자녀는 노비가 되어 대
대로 세습되었다. 이러한 노비 신분의 세습구조에 대하여 조선후기 실학
자들은 노비제 폐지를 주장하기도 하였다.

둘째, 노비를 사람으로 인정한 것이 아니라 상전의 재산 가치이며 이
들은 매매가 가능하였다. 자신이 소유하고 있는 노비가 아이를 낳으면
곧 자산의 증가로 생각하였다. 『경국대전』에 의하면 가옥이나 토지와
같이 노비를 매매하였다가 물릴 경우 15일 이내로 기한을 정했으며, 100
일 이내에 관청에 신고하여 증명서를 발급받도록 규정하였다. 또한 노비
가 상전의 재산인 우마(牛馬)와 동일시되었다. 고려 말에는 말 1필의 값
으로 노비 2~3명을 살 수 있었으며, 조선 초기 『경국대전』의 기록을 보
면 16~50세 이하의 장년 노비의 경우 값이 저화 4천 장으로 규정하였
는데 이것은 당시 상등마 1필의 값과 대등한 것이다.

셋째, 노비는 법적으로 정당한 보호를 받을 수 없는 존재였다. 사노비의 경우 상전이 어떠한 형벌이라도 자유롭게 가할 수 있었다. 다만 죽일 때에는 해당 관청에 신고하여 허가를 받도록 규정하였고, 이를 어길 경우에는 곤장 60~100대의 가벼운 처벌을 받았다. 또한 노비는 모반 음모가 아닌 다음에는 상전이 어떠한 범죄를 저질러도 관청에 고발할 수 없으며, 상전을 관에 고해 바치는 것은 도덕적으로 강상(綱常)을 짓밟는 것으로 간주되어 교살(絞殺)에 해당하는 중죄로 취급하였다.

노비의 생활양태는 매우 열악하였다. 특히 공노비에 비해 사노비의 생활환경이 더 심했다. 노의 경우 새벽부터 밤 늦게까지 농장에 나아가 밭일과 논농사에 전념해야 했다. 집주인과 함께 행랑채에 사는 경우도 있지만 같은 마을에 있으면서 농사와 상업 활동에 종사하고, 가마꾼이나 농기구제작, 청소, 편지전달과 같은 심부름 등 갖가지 궂은 일을 모두 도맡았다. 그렇다고 일정한 급료를 받는 것도 아니고, 칭찬보다는 불호령이 떨어지는 경우가 허다했으며, 잘못된 일에 대한 책임은 모두 뒤집어쓰기 일쑤였다.

비는 노동력을 생산할 수 있는 경제적인 동물이므로 그들의 값은 일반적으로 노보다 비싼편이었다. 이들은 아침 일찍부터 식사 준비와 세탁 등 일상적인 일은 물론 봄에는 누에치기, 여름에는 삼베, 가을에는 목면 등의 옷감을 얻기 위해 고된 노역을 담당해야 했다. 상전의 감시하에 요리도 잘해야 했고, 자신이 낳은 아이도 돌봐야 했다. 상전이 지정하는 사람과 결혼도 해야 했고, 심지어 상전에 의한 성적 유희도 비일비재 하였지만 법으로부터 보호받을 수 없는 열악한 환경에 처해 있었다. 자신이 낳은 아이들이 또 다시 자신과 같은 운명을 겪으며 살아가야 한다는 사실을 알면서도 숙명으로 받아들였고, 조선 후기에 이르면 보다 적극적으로 신분체제에 저항해 가기도 하였다.

Ⅳ. 민중의 지위향상과 저항

조선시대 농민들은 신분적 세속을 오랫동안 겪었기 때문에 대체적으로는 숙명적 신분의식을 가지고 있었다. 때로는 극심한 억압과 수탈에 대한 대응으로 여러 가지 유형의 농민저항이 일어나기고 했지만 사회 전체를 적극적으로 개선하지는 못하였다. 겉으로는 관료층에 복종하는 자세를 보이면서도 속으로는 비웃는 농민들의 이중적 의식이 자리잡고 있었고, 전통적 도덕과 윤리관에 의해 권선징악(勸善懲惡)·사필귀정(事必歸正)의 형태로 지배층의 억압에 대한 울분과 체념을 소극적으로 나타내곤 하였다.

조선 후기 농민들은 이앙법 등의 농업기술 향상에 힘입어 신장된 경제력을 바탕으로 생활안정과 정신적 여유를 갖게 되면서 서당 교육 등을 통해 교양을 쌓아 갔다. 또한 양반 중심 사회의 모순과 지배 질서의 문란을 풍자하거나 비판한 한글소설이나 가사, 판소리, 타령, 잡가 등이 널리 보급되었고, 농민들은 이를 통해 이상적인 사회를 동경하면서 의식수준도 향상되었다. 이들은 많은 정보와 사회 변화 움직임을 장시에 몰려드는 사람들과의 대화와 주연을 통해 사회 의식을 키워 나갔다.

조선 후기 농민 중 일부는 부를 축적하여 경영형부농(經營形富農)으로 성장하였지만 대다수 농민들은 영세 소작농화 되고 유민화되었다. 부농들은 재력을 바탕으로 공명첩(空名帖)이나 족보를 사서 양반으로 성장하여 농촌에서의 실질적인 권한을 행사하는 세력으로 성장한 반면 영세 소작농들은 임금 노동자로 전락하여 정부나 부농층에 고용되어 품팔이로 전락하였다. 이러한 농촌사회의 분화는 기존의 조선 사회질서와 가치관에 대한 저항으로 나타나게 되었다. 이들은 지배층의 탐학과 부패에 대해 대대적인 농민항쟁을 전개하는 방법을 통해 자신들의 의사를 표출하였다.

조선시대 농민들 사이에서는 각종 비기(秘記)와 도참설(圖讖說) 등과 같은 예언사상이 유행하였다. 이러한 예언은 조선이 멸망하고 새로운 왕조가 도래한다는 왕조의 교체론, 현세가 몰락하고 새로운 세계가 나타난다는 말세의 도래, 곧 이어 외세의 침략과 함께 전국적으로 난리가 일어날 것이라는 변란의 예고 등의 형태로 나타났다. 조선 후기 민간에 널리 유행한 『정감록』이나 미륵신앙도 이러한 예언 사상의 유행 속에서 나타난 예이다.

영세한 소작농들은 흉년이 되면 더욱 큰 타격을 받아 굶주려 죽는 사람들이 늘었고, 고향을 버리고 다른 곳으로 유랑하는 유민이 되었다. 그 결과 농촌은 비게 되고 한 면에 10호도 못 되는 곳조차 생기게 되었다. 때로는 산속으로 들어가서 화전민이 되었지만 수확은 적었고 따라서 생활을 가난하였다. 다만, 관리들의 압박을 벗어날 수 있다는 것으로 낙을 삼는 형편이었다.

농민들의 불만과 불평은 사회 내부에서 음성적인 형태를 띠고 나타나기 시작하였다. 각지에서 오늘날의 벽보와 같은 괘서(掛書)·방서(傍書) 등의 사건이 일어나서 인심을 소란하게 하고, 요언(妖言)이나 와언(訛言)과 같은 유언비어가 난무하였다. 나아가 화적(火賊)이나 수적(水賊)들도 횡행하였다. 화적은 횃불을 들고 다니며 화공(火攻)을 하는 도적의 무리를 말하지만, 때로는 말을 타고 총을 들고 다니기도 하였으며, 수적은 배를 타고 바다나 강을 오르내리는 도적의 무리를 말하는 것이었다. 이들은 점차 조직적으로 변하여 출신지에 의하여 결합된 서울의 서강단(西江團), 평양의 폐사군단(廢四群團), 재인(才人)들에 의하여 조직된 채단(彩團), 유민들에 의하여 조직된 유단(流團) 등 단호(團號)를 가진 도적들로 변화되었다.

더 나아가 농민이 주체가 된 민중 항쟁도 빈발하였다. 이들은 경제적으로 몰락한 잔반(殘班)들의 지도를 받아 대규모적인 반란으로 확대되는

경우가 많았다. 순조 11년(1811)에 일어난 평안도 농민항쟁은 그러한 대
표적인 예이다. 이 항쟁이 진압된 이후에도 민심은 계속 동요되었고, 소
규모의 민란은 거의 쉴 새 없이 전국적으로 일어났다. 1862년(철종 13)
진주에서 발생한 농민항쟁은 그 중에서도 가장 두드러진 것이었다. 이
민중항쟁을 계기로 농민들의 항쟁 물결은 전국적으로 번져 갔으며, 심지
어는 제주도(濟州道) 어민(漁民)들의 항쟁도 일어났다. 이러한 항쟁은 대
개가 포악한 관리 제거를 목적으로 하는 자연발생적인 성격이었지만 벌
열정치 및 세도정치에 의하여 병든 양반사회 자체에 대한 반항으로 진
전되어 갔으며, 동학으로 연계되었다.

농민들 뿐아니라 최하층인 노비들도 자신의 지위 향상을 위해 노력
하였다. 숙종 때는 검계(劍契)와 살주계(殺主契) 사건이 발생하였다. 이
사건의 계원들은 사대부나 궁가(宮家)에 소속된 노비들이 중심이 되었으
며, 향도계(香徒契)가 그 표면적인 근간역할을 하고 있었다. 이들은 양반
을 죽이고 노비의 세상을 만들기 위한 목적에서 계를 결성하였다. 이러
한 비밀결사를 조직하여 저항하는 것은 양반들의 폭압에 저항하는 하나
의 수단이자 자신들의 강력한 의사표현의 하나였던 것이다. 이 후에도
노비들은 자신의 근거지를 떠나 도망가는 수단으로 조선사회의 신분제
도에 도전하였다. 그 결과 실제 18세기 말에는 관공서에 노비들이 남아
있지 않았고, 사노비들도 많은 수가 도망가 숨어 사는 자가 늘어났다.
1801년 국가에서 공노비를 혁파한 것은 우연의 일치가 아니었다.

〈토론문〉

「조선시대 민중의 생활상」의 코멘트

榎本涉

(日文研)

이상배씨는 조선 왕조의 신분에 대해서, 법제도 상 良賤의 2가지로 나뉘지만,「민중」으로서 다뤄야만 하는 것은 양인에서 일부의 상층부인 양반·중인을 뺀 것과 천인이라고 하는 것이다. 신분의 실태에 들어맞는 한, 良·賤의 사이에서 선을 긋는 법체계는 아마 제도상의 픽션으로서의 성격이 짙다고 하는 것일 것이다. 이상배씨는 18세기말에 賤人인 노비가 모습을 지우고 있는 중이었다고 말하기 때문에, 그 점에서도 조선 후기 사회에서 신분의 실태를 생각하면, 良賤 구분은 그다지 유효적이지 않을 것이다. 일본의 경우도, 조선 후기에 해당하는 에도시대(1603~1868)의「사농공상」의 신분제도는 위에서 설정된 인공적 측면이 강하고, 반드시 사회의 실태에 딱 맞는 것은 아니다. 또한 조선 전기에 해당하는 무로마치~전국시대(1392~1573)의 일본에서는 열도 상의 사람들을 통일적 법제도에 의해 분류하는 발상이 원래 없었다(열도 전역에 유효한 법체계가 없다). 國政 레벨에서는 貴種(王家·攝關家·將軍家 등)의 권위는 중세를 통하여 유효했으며, 지역 사회 레벨에서는 侍層(주로 재지 영주)·凡下層(名主·백성 등 자유민)·下人層(예속민)의 사이에 넘기 힘든 벽이 존재했지만, 그것은 법적 규제를 위해서라기보다도, 種姓을 존중하는 사회통념에 의한 것이 컸다.

자, 이상배씨의 보고에서는, 조선왕조의 민중은 국가의 지배에 복종하는 한계까지 수탈되는 존재였으며, 그 저항도 농민 반란이라고 하는 절망적인 형태에 귀착한다(그것이 장기적으로는 민중 총체의 지위를 끌어올렸다고 해도). 한편, 고전적인 일본사 이해에서는 豊臣 정권기에서 에도시기(16세기 말~17세기 중반)를 경계로, 무사 신분과 농민 신분이 확실히 분리되어, 촌락에 일원적인 지배가 관철하지만, 특히 18세기 이후는 수탈에 저항했던 농민 반란(百姓一揆)이 빈발했다고 여겨진다. 에도시대사 연구도 촌락 연구도 하지 않은 나에게 정확한 판단은 불가능하지만, 現象面에서 본다면, 조선왕조의 민중은 에도시대 일본의 농민과 가까운 경우에 있었던 것처럼 볼 수 있다.

그러나 이것에 선행하는 중세 일본의 경우, 「민중」의 대표로서 농업 촌락을 조정한다면, 그것은 반드시 일방적인 지배·수탈의 대상은 아니었다. 예를 들면 중세 촌락은 자주 領主의 非法을 거절하고, 그 경질이나 연공 감면을 요구했다. 그곳에서부터는 촌락이 非法에 괴로워했던 측면 뿐만 아니라, 납득이 되지 않는 領主의 행동에는 과감히 저항했던 측면도 읽어내야 할 것이다. 領主의 요구에 불만이 있는 경우, 住人이 단결하여 도망가고 경작을 포기하고 나서(공납을 정지하고 나서), 領主와 교섭을 행하는 것도, 중세 촌락의 상투적 수단이었다. 또한 중세 촌락은 평화를 위협하는 타지 사람에게 대비한 「마을의 무력」도 보존·유지하고 있었다. 중세 촌락은 領主에게 유유낙낙하게 따르는 가엾고 순종적인 존재 등인 것은 절대 아니며, 이것과 싸울 실력도 실행력도 어느 정도 있었던 것이다. 이 점에서 에도 시대의 百姓一揆도, 특히 17세기에 많은 代表越訴型一揆(촌락 상층부가 領主의 위인 藩主나 幕府에 直訴)는, 중세의 역사적 전통을 밟은 것이었다고 생각한다.

조선 민중 문제로 되돌아가서, 그들은 시종일관으로 지배당하고, 수탈될 뿐인 객체적 존재였던 것일까. 중세 일본의 촌락 주민과 같이, 억울하지만 참고 넘어가는 것도, 절망적인 반란도 아닌 실효성 있는 행동을 취한 만만하지 않은 「민중」은 없었던 것일까. 만약 없었다고 한다면, 그것은 일조 민중의 커다란 相違点 일지도 모른다.

中世 對馬·松浦지역의 海民 비교

荒木和憲
(九州國立博物館)

시작하며

　　보고자에게 주어진 과제는 '중세 對馬·松浦지역의 海民 비교'이다. 이 테마를 논하기에 앞서 먼저 網野善彦씨의 업적에 대해 언급하겠다. 網野씨는 종래 육지중심 사관·수전경작중심 사관의 안티테제로써 '海民論'을 제시하였다. 網野씨의 중세 해민론의 특징은 '해민'의 존재형태, 즉 '浪人的海民', '職人的海民', '下人·所從的海民', '平民的海民' 등 4가지 유형을 제시한 데에 있다. 이중 '職人的海民'에 대해서는 원시·고대부터 기술적인 계보를 잇는 존재로써 연속적으로 파악하여 고대의 海部·贄人 등의 해민이 중세에는 廻船人·網人 등의 '職人的海民'으로 활동한다는 도식을 제시하고 있다[網野1984·2001].

　　網野씨가 말하는 '海民'의 정의는 '호수, 늪, 강, 바다를 불문하고 수면을 주된 생활 장소로 삼고, 어업·염업·수운업·상업에서 약탈에 이르기까지의 생업을 완전히 분화시키지 않은 채 짊어지고 있는 사람들'[網野1984]이다. 그러나 근년의 역사학·민속학에서의 '複合生業論'[春田2004, 國立歷史民俗博物館2008]에 의하면, 海村의 민중은 자연조건이나 계절적 주기에 맞춰 바다와 육지의 생업을 유기적으로 복합시키고 있다고 보아야만 할 것이다. 이것이 '平民的海民'의 일반적인 존재형태이며, 바다에 대한 의존도가 높은 '浪人的海民'이나 '職人的海民'과 같은 예로 '海民'이라고 하는 용어로 일괄하는 데에는 신중할 필요가 있다. 그렇지만 網野씨의 '海民'의 유형이 해변의 민중 생활상을 분석하기 위한 방법론으로써 일정한 유효성을 가지고 있는 것도 틀림없으며, 본 보고에서는 위에서 언급한 문제점을 의식하면서 '海民'의 용어를 사용하도록 한다.

중세 對馬·松浦 지역의 '海民' 내지 海村에 관한 연구로써는 佐伯弘次씨[佐伯1988]와 白水智씨[白水1987·1992]의 선행연구가 있다. 본 보고에서는 網野씨·佐伯씨·白水씨의 연구에 따르면서, 두 지역 海民의 비교가 용이하다고 생각되는 어업－釣漁·網漁·潛水漁 및 家船－에 초점을 두어 고찰하도록 한다.

1. 對馬·松浦 지역의 釣漁·網漁

1) 對馬의 釣漁·網漁

對馬는 수산자원이 풍부한 지역이다. 중세의 釣漁·網漁에 의한 어획물로써는 돌고래(海豚)·멸치(鰯)·오징어(烏賊)가 사료에 보이며, 물고기의 크기에서 유래한 '大魚'('大物')와 '小魚'의 구별이 있었다.[1] 鎌倉시대 이후 對馬의 어업방식을 잘 전해주는 사료로써 '大山小田家文書'(長崎縣立對馬歷史民俗資料館藏)가 있으며, 佐伯弘次씨·關周一씨가 이 문

---

1) 「御判物寫伊奈鄕」小鹿村百姓扇久右衛門·元龜3(15722)年正月19日宗調國書下寫、小島家文書『慶長6(1601)年10月6日宗義智書下.

서를 주된 사료로 검토하여 중세 對馬의 어업에 대한 기초적인 사실관
계를 명확히 하였다.[佐伯1998][關2007]. 본 보고에서는 사료가 드물기
도 하고, 釣漁보다도 구체적인 상을(具体像) 파악하기 쉬운 網漁를 중점
적으로 검토하여 중세 對馬에서의 어업 중에 釣漁와 網漁가 어떻게 평
가되는가를 고찰한다.

　地侍(재야의 사무라이)급 영주인 大山小田씨는 鎌倉시대에 아소만(淺
茅湾)내에서 網2帖분의 어업권을 상위권력인 宗氏로부터 보증을 받아 매
년 20貫文의 어획세('網의 用途<あミのようとう>')를 납부할 의무를 지고
있었다. 그러나 실제로는 網1帖분의 조업밖에 할 수 없었고, 嘉曆 2년
(1327)이 되어 매년 10貫文으로 감세되었다.[2] 이러한 網漁의 정체는 기
술적인 문제로 설명할 수 있을 것이다. 網漁가 발달한 지역으로 알려진
肥前의 五島列島에서도 그 발달은 鎌倉시대 이후가 되면서부터 라고 한
다면[白水1987·1992] 對馬에서는 鎌倉시대 후기에 宗氏一大山小田氏
라고 하는 영주층의 주도아래, 종래보다도 조직적인 網漁가 도입된 것
으로 생각된다. 南北朝 시대인 貞治 5년(1366), 宗氏는 大山小田씨에게
'今五島'의 '弁濟使' 1인과 '網人' 10인을 맡기고 있어[3] '職人的海民'인
網人이 大山小田씨의 網漁에 투입되었던 것을 알 수 있다. 이것은 宗氏
에 의한 網漁 진흥책인 동시에 稅收增加策이지만, 바꿔 말하면 大山小
田씨의 網漁에 '職人的'인 기술이 부족하였다는 것을 나타내는 것이다.
영주가 1년간 백성(平民的海民)을 使役할 수 있는 일수는 제한되어 있었
기 때문에[4] 網人이 투입되기 전에는 大山小田씨의 일족 및 從者(下人·
所從的海民)가 주로 網漁에 종사하였던 것으로 추측된다. 백성이든 종
자든 그들의 '職人的'인 기술부족이 網漁의 정체를 초래하여 '職人的海

---

2)「大山小田家文書」嘉曆2(1327)年正月10日祐円·□房連署狀.
3)「大山小田家文書」貞治5(1366)年10月11日宗宗慶書狀.
4) 中世 對馬에서는 영주가 백성을 사역하는 것을 '手遣·手使'라 칭하였고, 연간
　에 사역할 수 있는 회수 혹은 일수가 정해져 있었다.

民'인 網人의 필요성을 인식하게 되었을 것이다. 弁濟使·網人의 거주지인 '今五島'의 현주소는 불명하지만, '今'를 붙인 점에서 鎌倉시대 이래, 網漁가 발달하였던 肥前 下松浦의 '五島'[5]의 網人들이 이주한 집락, 혹은 寄留한 집락이었을 가능성도 상정된다.

　중세 對馬의 網漁의 종류로는 曳網漁와 定置網漁가 확인된다. 鎌倉시대 大山小田씨의 網漁는 '그물을 끌다[あミをひかさる]'라는 문언에서 曳網漁였다는 것을 알 수 있다. 또한 室町시대의 与良郡 鴨居瀨의 사례를 보면, '鴨居瀨(かもいせ)에서 바친 그물로 잡은 고기'[6]가 宗氏에게 납부되고 있고, 또 江戶시대 초기의 사료에 '멸치를 그물로 잡는 일은, 鴨瀨로부터 아래쪽은 서로 마주보면서 그물을 끌도록 하고, 鴨瀨에서 위쪽은 일체 그물을 쳐서는 안된다'[7]라고 한 것에서 室町시대 이래, 鴨居瀨의 海民이 멸치의 曳網漁에 종사하고 있었던 것으로 생각할 수 있다. 한편, 室町시대에 宗盛貞이 양질의 '浸網'을 家臣에게 소망하고 있다.[8] 浸網은 '해안가에 定置하여 잡어, 새우, 게 등을 잡는 建網의 일종'으로, 長崎縣 西彼杵郡과 壹岐島에 방언으로 남아 있다(『日本國語大辭典』). 이것은 중세 對馬에서의 定置網漁의 존재를 나타내는 것으로 宗氏의 公領 내에서의 어업에 사용되었던 것으로 생각된다.

　다만, 중세 對馬사료에서는 網漁에 관한 사료가 드물고, 게다가 앞에 서술한 大山小田씨의 사례 외에, 財部씨의 網漁경영이 정체상태였다는 사례[9]도 확인된다. 또한 對馬에서는 定置網場을 의미하는 '網代'에서 유래한 지명이 적어, 鎌倉시대 이후에 網漁가 활발해져 '網代' 지명이

---

5) '五島'는 중세 이래 넓은 지역의 명칭으로 동 시대 사료에서는 '五たう'(「靑方文書」元応2「1320」年12月10日靑方高継讓狀案) 등으로 표기되었다.
6) 「馬廻御判物帳」古川治右衛門所持·文明13(1481)年6月12日宗貞國書下寫.
7) 「寺田家文書」元和6(1620)年9月13日柳川調興奉書.
8) 「大浦一泰家文書」(年未詳)6月8日宗盛貞書狀.
9) 「御旧判控伊奈郷」琴村給人財部弥次右衛門所持·応永13(1406)年8月5日宗貞茂書狀寫.

많이 남아 있는 松浦 지역과는 대조적이다. 한편으로 중세 對馬 사료에서 '釣船' '釣公事' '漁夫船의 釣船公事' 등 '釣'라는 어휘가 포함된 사료의 수가 많아 地侍급 영주가 對馬만이 아니라 조선의 孤草島(현재의 거문도)[長 2002]도 필드로 삼아 釣漁를 경영하고 있었다는 것을 알 수 있다. 網漁가 발달한 五島지역에서 '網'에 관한 어휘가 다양화 된 점[白水 1987·1992]을 감안하면, 중세 對馬의 어업은 釣漁가 網漁를 뛰어넘고 있었던 것으로 사료된다.

이러한 對馬 在來의 網漁의 저조함에 미루어보면, 남북조시대의 大山小田씨의 網漁에 투입된 '職人的海民'인 '網人'들이 肥前 五島 출신일 개연성은 높지 않을까. 어쨌든 室町시대가 되면 宗氏는 筑前 鐘崎의 海士에 대해서 對馬 全島에서의 網漁業權을 부여하고 있다[佐伯 1998]. 그 網漁業權의 내용은 '阿須(あず)는 원래 모든 바다 모든 포구에서 이전부터 면허를 얻은 다음에 어느 바다든 그물을 칠 수 있다'라고 하여, 与良郡 阿須가 鐘崎海士의 거점이었을 것으로 생각된다. 鐘崎海士는 '항상 해상에 주거'하고, 筑前~壹岐·對馬 간 및 筑前~山陰·能登간을 왕래한 海民 집단이다[淺川 2003]. 魚群의 계절적인 변화에 따라 광범위하게 이동하고 각지에 육상의 거점을 형성하던 중에 對馬의 阿須에도 기류하였을 것이다. 鐘崎海士는 돌고래 어업권 및 돌고래 어획시 인부 징발권을 획득하고 있었기 때문에[佐伯1998], 대규모적이면서도 조직적인 어업의 노하우를 지닌 '職人的海民'이었을 것으로 생각된다. 이처럼 鐘崎海士가 馬 전역에서의 網漁業權을 획득하여 대대적으로 활동할 수 있었다는 것은 역시 對馬의 종래 網漁가 저조하였다는 것으로 바꾸어 생각할 수 있다.

따라서 중세 對馬의 어업을 다소 대단하게 개괄한다면, 재래의 釣漁(및 후술할 潛水漁)와 외래의 網漁10)가 주체가 되고 있다고 할 수 있을

---

10) 『勘仲記』弘安10(1287)年7月13日條에 '請被停止他國住人等押渡当島恣犯用魚

것이다. 이러한 어업의 특징이 江戸시대에 계승되어, 和泉佐野浦의 어선을 비롯한 타국의 어선이 對馬에서 활발한 조업을 전개하였던[宮本 1983] 것으로 생각된다.

2) 松浦지역의 釣漁·網漁

　肥前 松浦지역은 上松浦지역(현재의 佐賀縣 東松浦 지방)과 下松浦지역(同長崎縣 北松浦 지방·南松浦지방)으로 이루어져 있다. 현해탄·동지나해와 접하고, 해산자원이 풍부한 지역이다. 중세 松浦지역은 조정의 출세기관인 大宰府가 설정한 '宇野御廚'('宇野御廚莊')가 넓은 지역에 펼쳐져 있어, 贄人들이 생산물을 大宰府에 조공하였다. 平安시대 말기(12세기 중반)에는 바다의 무사단('松浦党')으로 유명한 중소 영주층이 御廚의 개발을 진행하는 한편, 전대부터의 贄人들은 '職人的海民'으로 변용하고 있었다[網野 2001]. 그 중에서도 五島 列島의 中通島의 영주인 靑方씨의 所領経営의 실태에 대해서는 '靑方文書'(長崎歷史文化博物館藏)에 생생하게 전하고 있으며, 白水智씨가 이 문서의 분석을 근거로 상세한 연구를 하였다[白水 1987·1992].

　우선, 五島列島를 중심으로 한 松浦 지역의 어업에 대해서 개관하겠다. 중세 松浦 지역에서는 鎌倉시대 초기인 13세기초기부터 網漁가 사료에서 보이기 시작하지만, 기술·규모 면에서 미숙한 단계이며, 본격적으로 전개되는 것은 남북조시대(14세기)이다. 그 중에서도 五島列島의 靑方씨 령에서는 網漁의 발달에 따라 '鰹網(かつをあみ)', '鮪網(しびあみ)', '海豚網(ゆるかあみ)', '鰤網(かますあみ)' 등의 魚名을 붙인 網漁,

---

　貝海藻事'라고 한 것에서 鎌倉시대에 '他國住人'이 對馬에서 어업을 전개하고 있었다는 것을 알 수 있다. 網野善彦씨는 '他國住人'을 西北九州·瀨戶內海 등의 '職人的海民'으로 상정하고 있다[網野2002].

‘夏網(なつあみ)’과 같이 계절을 붙인 網漁, ‘一反あみ’, ‘小網(こあミ)’ 등
의 그물 크기를 나타내는 말을 붙인 漁網이 나타났다. 또한 어획량이 많
은 특정 定置網場이 ‘網代’로써 권리화 되어, 점점 讓与·賣買의 대상이
되고, 그 권리를 둘러싼 영주간의 상론도 끊이지 않았다. 한편, 영주간에
어업질서의 재편도 전개되어 동일한 網代를 윤번으로 사용하는 관행
이 생겨나게 되었으며, 그 권리는 ‘赤浜의 網代 一番·二番·三番網代’
등과 같이 표현되었다[이상, 白水 1987·1992]. 또, 對馬 영주층의 網漁
에 ‘網人’이 보이지만, 松浦党 諸家의 문서에 ‘網人’이라는 職人 명칭은
보이지 않는다. 松浦 지역에 널리 분포하는 ‘海夫’가 영주층의 網漁에
사역되었던 것이라는 견해에 따르고 싶다[網野 2002].

　이처럼 중세 松浦지역, 특히 五島지역에서는 남북조시대 이후에 網
漁가 발달하였다. 또한 ‘網代’ 지명도 많이 남아있다. 물론 ‘網代’ 지명
모두가 중세에서 유래한다는 확증은 없지만, 전근대에 網漁가 활발하였
다는 것을 말해준다. 이러한 松浦 지역의 상황과 비교하면 역시 對馬 재
래의 網漁의 저조함은 부정할 수 없을 것이다.

2. 對馬·松浦 지역의 潛水漁

1) 對馬의 潛水漁와 潛女

　對馬는 어류 뿐만 아니라 전복·소라·해초 등의 자원도 풍부한 지역
이다. 平安시대의 『延喜式』(967년 시행)에 ‘凡王臣家使, 不得到對馬嶋私
買眞珠擾亂百姓’ 라는 조문이 있어, 그 배경으로써 중앙귀족이 對馬의
진주를 입수하기 위해, 지역 ‘백성’을 사역하는 상황을 볼 수 있다. 또한
『對馬國貢銀記』(著者大江匡房<1041~1111>)에는 ‘嶋中珍貨充溢, 白

銀·鉛·錫·眞珠·金·漆之類, 長爲朝貢'라고 하여, 對馬産 진주가 '珍貨'
로써 조정에 공납되었다는 것을 알 수 있다. 이들 사료에 등장하는 진주
는 전복의 껍질 안에서 생성된 것으로 보이며, 고대 이래, 對馬에서 전복
의 潛水漁가 이루어지고 있었다는 증좌가 된다. 鎌倉시대의 『平戶記』
(記主平経高) 延応 2년(1240) 4월 17일조에 의하면 對馬島司가 고려에
進奉船을 파견하여 '進奉物目'으로써 '円鮑貳仟帖 黑鮑貳仟束 鹿皮參
拾枚'을 고려국왕에게 진상하고 있다. '円鮑(まるあわび)'는 '자르거나 하
지 않고 그대로 말린 전복'[11]으로, 室町시대의 교과서에는 『庭訓往來』
에 '削物者, 干鰹, 円鮑, 干蛸'라고 한 것과 같이 건조시킨 해산식품의
3대명사였다. '黑鮑'는 거무스름한 전복으로 생각되며, 지금까지도 고가
의 종류이다. '円鮑' '黑鮑'의 貝數 단위가 '帖' '束'이라는 점에서 몇
장의 전복을 겹친다거나 묶는다거나 한 상태의 것을 모두 4,000세트
준비하였던 것을 알 수 있다. 만약1帖(束)을 5~10枚로 계산하면 모두
20,000~40,000필의 전복이 한 번의 진봉을 위해 채취·가공되었던 것이
된다.

이러한 사례는 고대·중세의 對馬에서 전복(진주)의 채취가 활발하게
이루어지고 있었음을 나타내는 것이지만, 한편으로 지배층이 자신의 수
요를 충당하기 위해 '백성'을 전복 채취에 사역하여, '擾亂'하고 있었던
것에도 주의할 필요가 있다. 바다를 생활의 기반으로 하는 '職人的海民'
과는 달리, 해촌에서 농업·어업·염업 등 '복합생업'[春田 2004]을 영위
하는 '平民的海民'에게 공납물로써 전복(진주)의 과잉 채취를 강제시킨
것은 생업의 근심거리였으며, 바다의 생태계를 무시한 난획은 일상적인
채취활동에 지장이 되었을 것이다.

그런데 室町시대가 되면, 潛水漁의 실태가 좀 더 명료하게 확인된다.
応永 11년(1404)의 '南風泊浦公事足注文'(납세자명부)[12]의 기재를 근거

---

11) 『時代別國語大辭典』室町時代編.

로 伊奈郡 南風泊浦에 거주한 夫婦 10組 중 2組는 남편이 '百姓'으로 아내가 '潛女'와 같은 조합으로 있었던 것이 지적되고 있다[佐伯 1998]. 또한, 『西征日記』(記主僧天荊, 1592년)에는 小西行長軍의 從軍僧인 天荊이 豊崎郡 泉浦에 도착하였을 때의 기사로, '余与一童一僕控漁戶, 則 釣叟·蜑婦捴星散, 而一村鎖空屋'가 있다. 天荊과 그의 從者가 '漁戶'에 서 휴식하고자 하였을 때, 병사에 의한 약탈을 두려워하였기 때문인지 '釣叟' '蜑婦'는 모두 도망갔고, 마을 '빈집'에 잠금장치를 하였다는 것 이다. 여기에 보이는 '釣叟' '蜑婦'는 '南風泊浦公事足注文'의 '백성' '潛女'와 대응하는 것으로 '空屋'는 부재중인 居宅, '漁戶'는 해변의 공 동작업공간을 가리키는 것으로 사료된다.

　이처럼 중세 對馬의 潛水漁 종사자는 사료에 의하는 한, 여성만을 '潛女' '蜑婦'라 칭하였다. '釣叟'와 '蜑婦'가 대비되는 것이기 때문에 어업에 있어 남성은 釣漁에 종사하고 여성은 潛水漁에 종사하는 인식이 일반화되어 있었다고 생각된다. 또한 '潛女'는 육지에 거주하고 거주지 의 물가에서 潛水漁를 영위하고 있었던 것으로, 종종 민속학에서 의논 되는 '해녀'의 漂泊性은 인정될 수 없다. '潛女'의 신분은 '백성'을 배우 자로 하고, '潛女의 公事'를 납부하는 의무를 지는 '平民的海民'인 것이 다[佐伯1998]. 또 '潛女'는 宗氏의 役人이 순회하는 사이에 饗応品('御 菜')으로써 전복·소라를 제공하거나[13] 통신사의 향응용으로써 宗氏에게 전복을 상납한[14] 적도 있었다.

---

12) 「小宮家文書」.
13) 「洲河家文書」明応7(1498)年4月10日宗盛俊注文.
14) 「大浦一泰家文書」(天正20·1590年)4月10日宗義智書狀.

2) 松浦지역의 潛水漁와 海夫

『魏志』東夷伝倭人條의 ‘末廬國’ 기사에 ‘好捕魚鰒, 水無深淺, 皆沈沒取之’라고 하여 선사시대부터 松浦지역 사람들이 潛水漁로 물고기·전복을 포획하고 있었다는 것은 잘 알려져 있다. 또한, 『肥前風土記』에 의하면 五島列島의 値賀島에 ‘白水郎’라 불리는 海民이 존재하였던 것이 확인되었고, 한반도 남부, 제주도, 중국대륙 남부의 ‘蜑民’과 교류하고 있었다는 것이 지적되고 있다[網野 1992·伊藤 1992]. 이러한 해민의 潛水漁를 전제로 하여 고대 肥前國은 ‘전복’을 貢進하였던 것이다[網野 2001].

고대의 ‘白水郎’은 중세에 이르면 ‘海夫’로 칭해졌다. ‘海夫’는 영주층에 소유되어, 讓与·賣買 대상이 되고 있었던 점으로부터 ‘下人·所從的海民’이라는 점, 그러나 일정한 독립성을 유지하는 집단(‘船党’)을 형성하고 있었던 점이 지적되고 있다[網野 2001]. 松浦지역의 ‘海夫’의 분포상황을 松浦党 諸家의 문서에서 검토해 보면 東松浦지역에서 五島列島를 포함한 下松浦지역에 넓게 분포하고 있는 것을 알 수 있다.

松浦지역의 ‘海夫’에 대해서 網野씨는 신분제적 측면에서 ‘下人·所從的海民’으로 지적하는 것으로, 기술적인 측면에서 본다면 ‘職人的海民’과 큰 차이가 없을 것이라고 하였다.[15] 이러한 松浦지역의 ‘海夫’와 對馬의 ‘潛女’를 도식적으로 비교한다면, 私的隸屬民과 公民(자유민), 직인적·단일적 생업과 평민적·복합적 생업, 남성과 여성이라는 호대조를 이루는 것을 알 수 있다. 이러한 潛水漁의 지역적 차이가 어떻게 하여 생겨났는지 보다 넓은 범위를 시야에 두고 역사학적 수법으로 비교검토를 시행할 필요가 있다.

---

15) 海夫가 公事를 부담하고 있는 사례도 있어(「有浦文書」建長6年4月16日斑嶋淳所領注文), 松浦지역의 海夫를 일괄하여 ‘下人·所從的海民’으로 간주하는 데에는 신중하지 않으면 안된다.

3. 玄界灘의 家船과 漁業·漁撈

網野善彦씨는 海民의 4종류 중 諸國을 유랑하는 '浪人的海民'에 대해서는 '중세의 문헌에서 이 유형의 해민의 실태를 직접 명확하게 하는 것은 거의 불가능에 가깝다'고 서술하였다[網野 1984]. 그러나 高橋公明씨는 『朝鮮王朝實錄』의 기사 3건(下記 A~C)을 제시하여 중세 현해탄에 '가족을 배에 태우고 이동하는 해민'이 존재하며 민속학 개념의 '家船'에 해당한다고 하는 중요한 지적을 하고 있다[高橋 1987·1992]. 또 민속학에서는 '家船'의 특징으로써 '夫婦單位別世帶制(一船一夫婦)'라는 것이 지적되고 있다[河岡 1987].

A) 오직 배[舟船]로 집을 삼고 그 가운데에서 생활하는데, 한 번 누방을 떠나서 빠르면 2, 3년 만에 돌아오고, 길면 수십 년 만에 돌아오고, 혹은 영영 가버리고 돌아오지 아니하니, 이러한 까닭에 비록 우리 백성이라 하더라도 제지할 수가 없었습니다.

唯以舟船爲屋宅, 而營生活於其中, 一去陋邦, 而近者兩三年, 遠者數十年而歸, 或長往而不歸, 以是雖云我民, 不能制止之(成宗實錄·3<1472>年6月庚午條)

B) 또 가연조기(加延助機)【왜의 별종(別種)】가 박다(博多) 등의 섬에 흩어져 살고 있는데, 항상 처자를 배 안에 싣고 다니면서 도둑질하는 것을 일삼고 있습니다. 낯빛은 검고 털은 누르며 언어(言語)와 복식(服飾)이 여러 왜인과 다르고, 활 쏘는 데 능숙하고 또 칼을 잘 쓰며, 물 속에 잠수해 들어가서 배를 뚫는 것이 가장 그들의 장기인데, 본도 도주가 가연조기를 시켜서 먼저 와서 도둑질을 하게 하고자 합니다.

且加延助機 「倭之別種」 散處博多等島, 常載妻子於船中, 以作賊爲事, 面黑髮黃, 言語服飾異於諸倭, 能射, 又善用劍, 潛入水底鑿船, 尤

其所長, 本島島主欲使加延助機先來作賊矣(中宗實錄·5<1510>
年8月丁未條)

C) 바닷가에 살던 백성 가운데 생활이 어렵다고 하면서 처자를 모두
　데리고 배를 타고 나간 사람이 몇 명 있었는데
　海民以生活難堪爲辭, 悉攜妻子, 乘舟而出者數人(成宗實錄·9
　<1478> 年12月甲午條)

A는 해상을 계속해서 표류하는 家船, B는 전투·잠수능력으로 선발
된 '加延助機(海賊)'과 그 처자가 타는 家船, C는 생활난으로 해상을 표
류하는 單婚家族(夫·妻·子)이 타는 家船이다. 단, A·C는 한반도에서의
해적행위의 주체를 家船의 해민이라고 한 對馬 宗氏측의 변명이며[高橋
1987], B는 삼포의 난에 즈음하여 宗氏측의 위협적인 발언으로 모두 주
의를 요하지만 아래와 같이 유형화 할 수 있겠다.

　　a) 對馬 근해를 일가로 수년~수십년 표류하며 宗氏의 통제 외에 있
　　　는 家船
　　b) 筑前 博多 근해~對馬 근해를 一家로 표류하면서도 宗氏의 통제
　　　안에 있는 家船

이 家船의 두 유형에 대해서 다른 사료를 근거로 보다 상세하게 검토
해 보겠다.
우선, a유형의 家船에 해당하는 것으로 보이는데 『老松堂日本行錄』
에 보이는 '漁舟'이다. 일본회례사 宋希璟은 對馬 연해를 항해하던 중,
어느 한 척의 배와 조우하였을 때의 광경에 대해 '漁舟'라 표제하고 '子
搖短棹逐波頭, 父執踈箬急放收, 中有炊嫗兼抱子, 捕魚行賊一扁舟'라 읊
고 있다. 여기에서는 單婚家族의 해상생활의 모습이 간결하게 표현되어
있어 '踈箬(장치가 있는 漁具)'로 영세한 어로를 영위하면서 때로 '行賊'

도 하는 아버지, 취사를 하는 어머니, 노로 배를 움직이는 장성한 아들, 취사 중인 어머니에게 안겨있는 유아의 존재가 떠오른다. 또한 송희경은 '漁舟'에 이어 '唐人'이라 표제하고 '被虜唐僧跪舟底, 哀々乞食訴艱辛, 執筌老賊回頭語, 給米吾当賣此人'라 읊고 나아가 '余問僧, 『汝來居此島所居如何』, 僧曰, 『吾來轉賣, 隨此人二年矣, 如此浮海居故, 不知地名也』'라는 대화를 기록하고 있다. 일본에서 억류되고 또 매매의 대상이 되었던 被虜明人의 비애를 전하는 것인데, 그 주인이 '執筌老賊'이라는 점에서 '漁舟'에서 읊은 '아버지'와 동일 인물로 간주된다. 즉, 『老松堂日本行錄』의 '漁舟'는 單婚家族(4명 정도)과 被虜明人을 태우고 적어도 2년이상은 해상을 표류하고 있었던 家船인 것이며 a유형에 상당한다. a유형의 家船은 육상에 거점을 두지 않은 單婚家族이 영세한 漁撈・交易이나 약탈로 생명유지를 도모하면서 정처없이 對馬 근해를 표류하고 있다는 것이 특징이며, '浪人的海民'이라고 할 수 있다.

이어서 b유형에 상당하는 것으로 간주되는 것이 앞서 서술한 筑前鐘崎海士이다. 鐘崎海士는 '항상 해상에 거주'하며 筑前~壹岐・對馬간 및 筑前~山陰・能登간을 왕래하고, 江戸시대인 宝暦 2년(1752)경에 對馬의 曲村에 거주한 해민집단으로 근세에는 6인승 정도(船頭夫婦와 海女4인)의 家船을 사용하고 있었다[淺川 2003]. 그 曲村에는 鐘崎海士와 관계되는 중세문서가 전래되어, 佐伯弘次씨가 이 문서의 분석을 토대로 鐘崎海士가 室町시대인 寛正 6년(1465) 이전부터 對馬 全島에서 網漁業權, 돌고래 고기잡이 시의 인부징발권 등을 부여받고 있었던 점, 한편으로 '上海士'와 '下海士'로 편성되어 유사시에는 宗氏의 수군력의 일익을 담당하였던 점을 지적하고 있다[佐伯 1998]. 이처럼 筑前 鐘崎海士는 처자 등을 동반하여 筑前~對馬간을 왕래하면서 宗氏로부터 특권을 부여받아 奉公의 의무를 부여하고 있었으며, 그 일가가 타는 배는 b유형의 家船에 해당한다. b유형의 家船은 잠수・전투능력을 가진 '加延助機(海

賊)'과 그 가족이 유리한 어장을 요구하여 현해탄(심지어 日本海)을 빈
번하게 왕래하고 현지의 영주에게 비호를 받아 어업권을 획득하는 한편,
수군으로써의 군사적 奉公을 하였던 것이 특징이며, '浪人的海民'이라
기보다는 '職人的海民'의 범주에 포함해야 할 존재이다.

마치며

중세 對馬지역과 松浦지역의 어업을 비교하면 전자는 재래의 釣漁·
潛水漁와 외래의 網漁가 주체였고, 후자는 재래의 網漁·潛水漁가 활발
하였다는 차이점이 발견된다. 對馬 재래의 釣漁·潛水漁에는 '平民的海
民'인 '百姓(釣叟)'과 '潛女(蜑婦)', 외래의 網漁에는 타국에서 기류하는
'職人的海民'인 肥前五島의 '網人'과 筑前 鐘崎의 '海士'가 확인되었다.
한편, 松浦지역에는 '職人的海民' 혹은 '下人·所從的海民'인 '海夫'가
존재하여 潛水漁외에 영주층의 網漁에 동원되고 있었다. 또한 현해탄
일대에는 2종류의 家船이 표류하고 있었으며, '職人的海民'인 筑前鐘崎
의 '海士(海賊)'의 家船, 및 '浪人的海民'의 家船이 확인되었다. 이처럼
현해탄·동지나 해역의 다양한 해민의 존재형태를 전제로 조선영역 내에
서의 왜구의 활동이나 孤草島釣魚 등의 문제를 새롭게 고찰해 볼 필요
가 있으나 다음을 기약하며 여기에서 마치고자 한다.

〈참고문헌〉

網野善彦, 1984, 『日本中世の非農業民と天皇』(岩波書店)
網野善彦, 1992, 「西海の海民社會」(『東シナ海と西海文化』「海と列島文化
     4」小學館)

網野善彦, 2001, 『中世民衆の生業と技術』(東京大學出版會)

淺川滋男, 2003, 「東アジア漂海民と家船居住」(『鳥取環境大學紀要』1)

伊藤亞人, 1992, 「中國と日本の漂泊漁民」(前揭『東シナ海と西海文化』)

長　節子, 2002, 『中世 國境海域の倭と朝鮮』(吉川弘文館)

河岡武春, 1987, 『海の民』(平凡社)

國立歷史民俗博物館, 2008, 『生業から見る日本史』(吉川弘文館)

佐伯弘次, 1998, 「中世對馬海民の動向」(秋道智彌編『海人の世界』同文舘
　　　　出版)

白水　智, 1987, 「肥前靑方氏の生業と諸氏結合」(『中央史學』10)

白水　智, 1992, 「西の海の武士団・松浦党」(前揭『東シナ海と西海文化』)

關　周一, 2007, 「中世對馬の課役と所領」(早稻田大學水稻文化研究所編
　　　　『海のクロスロード』雄山閣)

白水　智, 1987, 「中世東アジア海域における海民と交流」(『名古屋大學文學
　　　　部研究論集』史學33)

白水　智, 1992, 「中世の海域世界と濟州島」(前揭『東シナ海と西海文化』)

春田直紀, 2004, 「中世海村の生業曆」(『國立歷史民俗博物館研究報告』157)

宮本常一, 1982, 『對馬漁業史』(未來社)

〈토론문〉

『中世 對馬·松浦지역의 海民 비교』의 토론문

김 문 자
(상명대학교)

논문의 의의

본 발표에서는 중세 對馬와 松浦지역의 海民을 어업 -釣漁·網漁·潛水漁 및 家船-에 초점을 두어 비교·고찰하였고, 이를 통해 현해탄·동지나 해역에 다양한 해민의 존재형태가 있다는 것을 분명히 하였다. 현재 어업문화의 충돌문제가 끊이지 않고 일어나고 있는데 이러한 문제를 풀어내기 위해서 한일 양국의 海民, 어업형태, 방법, 특성을 비교분석하는 것은 의미있는 작업이라 생각한다. 그런 의미에서 시대가 한정되어 있지는 하지만 일본의 중세시기 對馬와 松浦지역의 海民비교는 조선영역 내에서의 왜구의 활동이나 孤草島釣魚 등의 문제를 새롭게 고찰할 수 있는 계기를 만들어 주었다고 생각한다.

질문

1. 발표자는 중세 對馬와 松浦지역의 어업을 비교하면서 海民을 網人, 海夫, 海士 등 다양하게 표현하였다. 즉 '網人'은 대마도 영주층의 網漁에 나타나는 '職人的海民'이며, '海夫'는 영주층에 소유되어, 讓与·賣買 대상이 된 '下人·所從的海民'으로 독립성을 유지하면서 집단('船党')을 형성하고 있었고, '海士'는 유사시에는 수군으로써의 군사적 奉公을 하여, '浪人的海民'이라기보다는 '職人的海民'의 범주로 파악하였다. 각각의 명칭이 지역에 따라서 다르게 나타나고 있는데 그 차이점에 대해서 다시 한번 보충설명을 바라며, '海夫'와 '海士'로 표현한 對馬와 松浦지역의 海民을 조선영역내서 왜구활동을 했던 주역으로 파악해도 문제가 없는가?

2. 본 발표문에서는 다양한 海民에 대해서 언급을 하였는데, 이와 관련해서 중세 한일 어업문화에서 어장의 소유형태나 어업방식과 설치장소 등에 어떠한 상이점이 있는지 궁금하다.

즉 고려에서는 국가권력이 어업권을 장악한 경우가 대부분인데, 일본에서는 각 지역의 재지영주가 어업권을 사유화하고 있었고, 어장은 소유자의 의지에 따라 자유롭게 매매된 것 같다. 이는 일본에서 바다의 어업권과 토지의 소유권을 별개로 인식한 것으로, 이 때문에 어업권을 둘러싼 분쟁이 야기되는 계기를 만들었다고 보는데. 이러한 부분이 중세 對馬지역과 松浦지역에 다양한 海民이 발생하게 되어 왜구발생과 연결하는 것이 타당한지?

宗敎觀의 比較

韓國儒敎의 宗敎性 認識 論議
俞成善 / 押川信久

조선에서 바라보는 근세일본의 종교문화
허남린 / Kenneth R. Robinson

韓國儒教의 宗教性 認識 論議

俞 成 善

(江原大學校)

I. 유교의 종교성 문제

유교[1]에서 도덕적 질서는 우주의 질서이며, 우주의 질서는 도덕적 질서이다. 따라서 유교의 질서의식은 도덕에서 시작하여 도덕으로 마무리된다. 유교는 선진유학에서 송명리학으로 발전하였고, 12C 고려말에 전래되어 조선시대의 통치학으로 작동하였다. 이러한 추세는 모두 '도덕적 주체성'의 강조와 '도덕적 형이상학'을 주제로 한 일종의 변주이다. 원시유교는 송나라에 이르러 주희가 집대성한 학문인 신유학(Neo-Confucianism)으로 자리한다. 신유학은 남송의 학문이란 의미로 '송학', 주희가 완성한 '주자학', 정이천과 주희의 성을 따라서 '정주학', 유학의 도를 추구한다는 의미에서 '도학'이라고 불린다. '新'이란 용어는 도통이 끊어진 선진유학을 계승하고, 재해석하자는 의미이다. 성리학의 '성', '리' 등의 범주는 불교・도교에서 차용하면서도 도리어 불교・도교를 반

---

1) 儒・佛・道의 접미사인 家・學・教의 의미는 각기 家는 학파나 단체, 學은 학술적 의미, 教는 종교적 의미로 설명된다. 본 논고에서는 儒教의 教는 예민한 문제로 종교적이지만 교육적, 제의적으로 다양하게 설명된다. 본 논고에서는 '유교'의 범주로 서술하려고 한다.

박하고 비판하는 이론이 되었다. 주자학의 기본 논의는 '본성이 바로 이치'라는 '性卽理'이다. 일반적으로 송명리학은 '理學'과 '心學'으로 구분된다. 그 중에서 정이천과 주희의 '리학'은 만물의 형성을 '리'와 '기'라는 두 범주를 통해 설명된다. '리'는 우주의 근원이요, '기'는 그 재료라고 할 수 있다. 그리고 '심성론'에서도 '리'와 '기' 범주를 사용하여 설명한다. 즉, '성性'은 '리'로, '심'과 '情'은 '氣'로 설명된다. 사실 주자학의 시스템은 주희 사후 2년(1202)만에 복권되고, 1313년에는 주희의 註釋들이 과거제도의 모범답안으로 제시된다. 이 시스템은 전적으로 조선시대에도 수용되어 확립된다.

송명시대에 이르러 『중용』과 『맹자』의 性을 천지지성, 의리지성으로 종합하였고, 고자, 순자, 동중서, 왕충 등이 자연생명으로 범주화한 성을 바꾸어 기질지성으로 융합하였다. 다만 기질의 변화는 천지지성을 기준으로 변화됨을 말한다. 송명리학의 아젠다인 '천리를 보존하고 인욕을 조절통제하는(存天理去人欲)' 수양공부는 기질지성을 극복하여 본연지성을 회복하는 성인의 길이다. 이 수양공부론은 유교의 중요한 근간으로, 이기심성론과 밀접한 관계를 지닌다. 수양공부론은 인식론과 윤리학이 결합된 형태이다. 또한 서양철학에서 말하는 공부론과 그 특징이 사뭇 다르다. 수양공부론은 도덕적 주체성 확립과 합리적 인격수양을 위한 치밀한 이론이자 실천 강령이다. 이 수양공부를 통해 우리가 체득하게 되는 것은 '大公無私'한 도덕적 인격이다. 21C 난관을 극복하기 위해 요청되는 인격은, 지적 능력을 가진 인격이라기보다 도덕적 능력을 지닌 인격이다. 이 도덕적 인격은 현대의 인문학에서 절실하게 요청된다. 왜냐하면 우리는 기질적인 욕망과 외부의 환경에 항상 노출되어 있기 때문이다.[2]

유교는 과연 내세관을 지니는가? 이 문제는 유교가 과연 종교성의 유

---

[2] 拙稿, 「新儒學의 復興」『江大新聞』, 2011.10.17. 3面.

무를 결정된다고 할 수 있다. 종교를 구성하는 세가지 범주는 ① 敎主 ② 敎理 ③ 敎徒라고 할 수 있다. 그런데 공자와 맹자를 과연 종교의 교주의 위치에 세울 수 있겠는가? 공자나 맹자는 교주의 지위를 지니고 있으며, 분명하게 교리도 경서에 잘 나타나 있다. 교도는 이를 따르는 학자들이라고 할 수 있다. 그러나 이를 반증하는 대표적인 논의가 있다. 즉,『장자』의 '存而不論'과 『논어』의 '敬而遠之'가 그것이다. 천이나 귀신의 문제는 존재하지만 논하지 말자는 것과 공경하되 그것을 멀리한다는 말이다. 이것은 그 시대의 '천'관념을 이해하는 매우 중요한 문제이다. 내세관의 유·무 문제는 종교의 근거를 설명하는데 핵심적인 요소라고 할 수 있다. 그런데 유교는 내세관을 설명할 충분한 이론적 근거가 거의 없다고 할 수 있다. 따라서 죽음관도 이론적 근거가 충분하지 않다. 유교적 입장에서 본 죽음관은 자연의 생태관인 봄, 여름, 가을, 겨울의 계절이 끊임없이 순환왕복하듯이 인생도 초년, 청년, 장년, 노년을 거쳐 세대를 이루어 가는 자연법칙이라는 입장이다. 현실중심적인 유교는 공자의 가르침대로 살아서 세상에 할 일도 많은데 사후의 일을 논의할 필요가 있겠느냐는 태도이기도 하다. 즉, 공자는 신적 존재라기보다는 인간중심주의, 현실중심주의라고 설명되어진다.

II. 유교의 생사관 기초

공자는 전통적 종교관에서의 초월적 존재에 대해 언급을 삼가했음을 알 수 있다. 공자는 『논어』에서 초월적인 존재에 대한 태도를 다음과 같이 제시한다. "공자께서는 괴·력·난·신을 드물게 말씀하였다."[3], "번지가 지에 대해 물었는데, 공자께서 대답하시기를 "사람이 마땅히 힘쓰고

---

3) 『論語』, 「述而」. "子不語, 怪力亂神".

지켜야할 일에 모든 힘을 쓰고, 귀신을 공경하되 멀리한다면 지라 말할 수 있다."[4] 여기서 공자는 귀신 등의 초월적인 것에 대하여 상당히 신중한 태도를 보였다는 것을 알 수 있다. 또한, '괴·력·난·신'에 대하여 공자가 언급을 하지 않았다는 것은 크게 두 가지로 해석을 할 수 있다. 첫째, 모든 것을 긍정적으로 받아들이되 감히 능력이 닿을 수 없는 영역 밖의 일이라고 여겼기 때문에 언급하지 않은 것이라고 볼 수 있다. 둘째, 공자는 이러한 현상들에 대하여는 언급을 하지 않음으로서 묵언 내지 무언 중에 이러한 현상들이나 관념들에서 벗어나려는 의도를 지녔다고 볼 수 있다. 서복관은 이런 공자의 태도를 과거 종교관보다 더 진일보한 태도로 보았다. 또한 귀신에 대한 그의 합리적 태도는 귀신에 대해서 '은연중에 방향의 전환을 모색한 것'으로 보고 그의 학문교화 범위 밖으로 배척한 것이라고 하였다.[5]

이러한 공자의 관심은 귀신이나 신을 섬기는 문제보다는 인간으로서 마땅히 힘쓰고 닦아야 할 인간사가 우선이었다. 또한 공자는 죽음의 문제보다는 삶의 문제를 중요시했기 때문에 제자가 귀신 섬기는 것에 대해 묻자 다음과 같이 말한다. "산 사람도 잘 섬기지 못하면서 어찌 귀신을 섬길 수 있겠는가?"[6]라고 하여, 공자에게 있어서 우선 해결해야 할 문제는 살아 있는 사람과 현재적 삶이었다. 유교의 음양설에 의하면 천지간에 만물에는 氣가 있는데 기는 정령을 의미하며, 양기의 정령을 魂氣로, 음기의 정령을 形魄으로 규정하고 있다. 따라서 사람이 죽으면, 음의 정령인 형백은 처음부터 지하에 묻히지만, 양의 정령인 혼기는 승천하여 神明이 된다고 한다. 차용준은 이에 대해 "사람이 죽으면 혼과 귀와 백으로 나누어진다. 혼은 하늘로 올라가고 백은 땅에 머물게 하고 귀는 공중에 존재한다. 귀와 백은 지상의 살아 있는 인간과 끊임없이 관계

---

4) 『論語』, 「雍也」. "務民之義, 敬鬼神而遠之, 可謂知矣".
5) 徐復觀, 『中國人性論史』, 臺北 : 商務印書館, 民國 58, 81쪽.
6) 『論語』, 「先進」, "季路問事鬼神, 子曰, 未能事人, 焉能事鬼".

를 맺는다. 백은 묘에서 3년 제사를 받고 흩어지며, 귀는 사당에서 자손 4대까지 제사를 받게 된다. 혼은 하늘로 올라가 신명이 되고, 귀는 인간에 들어가 살고, 백은 흙에 귀의한다. 귀는 음에 속한 것으로 음을 좋아하는데 반해서, 신명은 양에 속한 것으로 양을 좋아한다."[7]고 밝히고 있다.

삶과 죽음의 세계를 하나의 이치로 꿰려고 하고 있는 유교에서 영혼의 문제는 귀신의 문제로 귀착된다고 할 수 있다. 왜냐하면 유교에서는 사람의 지각을 정신이라고 하고 죽고 나면 그 정신을 귀신이라고 부르기 때문이다. 그러므로 귀신을 영혼이라고 불러도 결코 오해는 아니다. 그런데 일반 민간인들은 상식적 차원에서 귀신을 실재의 사물처럼 이해하고 있는 경향이 있으므로 일반 사람들이 말하는 귀신에 관해 주자는 비판을 가하였다. 즉 주자 당시에도 귀신은 있었다고 민간인들 사이에 유포되어 있었던 듯하다. 그 민간인들이 이해하는 귀신은 대단히 인격적인 표현을 지닌 신이었다. 귀신은 일상사에 관여하여 인간의 생사화복에 영향을 미칠 수 있는 존재자였다. 유교에서 귀신은 하나의 존재자가 생기거나 사라져가는 현상을 설명하는 복합 개념으로서, 음과 양처럼 존재의 변화나 운동방식을 설명하는 기능개념이다. 옛날 어떤 실체를 가리킬 경우에도 鬼는 사람이 죽어서 되는 특수한 존재를, 神은 천신 등 오묘한 능력을 지닌 보편존재를 뜻하는 복합개념이었다. 공자는 여러 곳에서 귀와 신에게 제사를 드릴 것을 말하고 있지만 근본 뜻은 그러한 의식을 통해서 사람들로 하여금 도덕 심성을 가꾸게 하려는데 있었다. 人鬼에 제사드림으로써 효를, 천신에 제사드림으로써 경을 마음속에 길러 주려는 것이었다.[8]

성리학자들은 모든 존재하는 것들을 리와 기로 설명한다. 그렇기 때

7) 차용준, 『한국인의 전통사상』, 전주대학교 출판부, 1998, 391~395쪽.
8) 노유자 외 著, 『호스피스와 죽음』, 현문사, 1997, 30쪽.

문에 생과 사의 문제도 이기론을 벗어나지 않는다. 우리는 고대 중국의 『주역』 이론이 한층 더 세련된 성리학적 우주관으로 전개됨을 볼 수 있다. 성리학에서 말하는 리는 본체론의 입장에서 본다면 감정, 뜻, 계획, 자취, 모양, 도량, 조작이 없다. 따라서 논리의 세계에서 본다면 리는 별도의 하나의 세계라고 볼 수 있다. 그러나 사실의 세계에서는 리는 기와 합쳐져서 활동을 하게 된다. 이미 만물이 있으면 그 만물이 형성될 수 있는 데에는 각각 당연한 법칙을 가지고 있기 때문에, 리는 '법칙'이다. 즉 리는 이 세상에 대해서 어떤 능동적인 작용을 하지 않는다. 그렇기 때문에 인간을 포함한 대우주의 모든 것들은 어떤 절대자가 있어서 가고 오는 것은 아니다. 그것은 단지 그러한 리일 뿐이다.

귀신이라고 하는 문제가 철학적 탐구의 대상이 된다고 하는 것 부터가 유교 이외의 다른 종류의 철학 사상에서는 찾아보기 힘든 예가 아닌가 생각된다. 하지만 이것은 유교가 다른 철학사상에 비해 비과학적이기 때문이 아니요, 그와는 정반대로 귀신이라고 하는 존재마저도 합리적으로 설명하고자 하는 투철한 학문적 정신이 유교에 존재했기 때문이다.[9] 유교는 죽음 자체의 의미나 죽어서 시작하는 또 다른 세계에 대해서 연구진작이 부족하지만, 삶과 죽음을 대 자연의 법칙에 의한 신귀과정으로 봄으로써 형이상학적 문제로 돌렸다. 따라서 그들은 삶과 죽음 때문에 앞뒤로 연장될 수 있는 인식을 처음부터 단념하고 거의 일회적인 삶 자체를 제시하였다. 공자가 한 것처럼 귀신과 죽음의 질문을 뿌리치면서 사람과 삶에의 정열적 관심과 사랑을 나타낸 것이 유교였다.

---

9) 김현, 「조선유학에서의 귀신 개념」, 『조선 유학의 자연철학』, 예문서원, 1998, 413~414쪽.

Ⅲ. 한국유교의 통치이론과 조상숭배

유교는 조상숭배의 사상과 직결되는 문제를 논의하고 있다. 이 문제를 조선조 통치론인 성리학이 형식논리의 예로 접어들면서 더욱 예제화되었음을 알 수 있다. 우리가 유교라는 개념을 생각한다면 가장 먼저 떠오르는 것은 수직적이고 가부장제인 관계라고 할 수 있다. 즉 세끼 밥은 굶어도 제사는 거르지 못하는 그러한 전통이다. 또한 남성 중심의 문화로 대표하다 보니 여성들의 수난사라고 해도 과언이 아니었다. 조선조가 유교를 통해 수직적 질서를 고집했던 이유는 무엇보다도 효과적인 통치를 위해서였다. 여기에는 제사의식의 남아선호의식이 작용한 점도 한가지 들 수 있다. 조선시대 중기이후에는 재산상속에 있어서 장남이나 장손 우대 정책을 사용하였고, 제사권은 아예 그들에게 독점케 하여 가부장적 질서를 유지하게 독려하였다. 사실 조선 초기에서 중엽까지는 제사는 형제들이나 딸이 돌아가면서 제사지내던 것을 장남에게로만 제한시켜 버렸다.(조선 초기에는 여성에게도 재산상속의 전통이 남아 있었다.) 따라서 조상의 초월적인 권위를 입은 장남의 막강한 지위는 그 집안에서 어느 누구도 거역할 수 없는 존재가 되었다. 따라서 인본적인 유교에서는 기도나 점보다는 儀禮를 중시하였으며, 이 의례에 의해 신적 존재와의 만남은 물론이요 모든 만남을 의미화하였다. 이런 의미에서 유교를 禮制문화라고 일컫기도 한다. 즉 인귀에 제사드림으로써 경을 마음속에 길러 주려는 것이었다. 그러므로 유교의 제천의례는 報本과 報恩의 감사행위를 근본목적으로 하고 있으며 무엇보다도 정성을 중시하고 있다.[10]

한국인은 장유유서처럼 상하를 항상 엄격하게 구분한다. 상하를 정하는 방법 중의 하나가 연령(나이)이다. 즉 서양처럼 共時的인 문화보다

---

10) 노유자 외著, 『호스피스와 죽음』, 현문사, 1997, 30쪽.

通時的인 문화가 발달하였다. 이 수직적 DNA는 개방적인 대학사회에서도 통용되곤 한다. 회합에서 먼저 이름을 밝히고 성씨가 다르면 그 다음으로 나이를 비교해서 상하를 반드시 밝힌다. 지금도 성씨가 같은 본관이고 항렬이 높으면 나이어린 사람에게도 종종 경어를 사용하는 사례가 있다. 우리 대학에서도 보통 처음 인사를 학번, 학과, 이름 순으로 소개한다. 이렇게 학번이 먼저 등장하는 것은 나이를 밝혀서 상하관계를 밝히는 것이고, 학과는 소속이 어디라는 것을 밝히는 것이며, 이렇게 상하관계가 밝혀진 다음에 중요한 '나'가 등장한다. 이 장유유서의 수직적인 문화는 복잡한 경어체계를 만들어 냈다. 수직적인 질서관과 더불어 유교가 우리 사회에 끼친 영향은 남녀간의 차별이고, 유교의 가장 두드러진 특징은 효의 강조이다. 즉 우리 가족이 모든 면에서 우선순위에 놓이게 된다. 일례로 족보에 대한 한국인의 애정은 경황이 없는 상황에서도 족보만은 챙길 정도니 말이다. 여기엔 우리가 해결해야 할 학연·혈연·지연의 명암이 드리워져 있다. 그럼에도 유교의 장점으로 선비상이 존재한다. 유교의 바람직한 상은 도의를 실천하는 선비이다. 선비는 인격의 완성을 위해 끊임없이 학문에 힘쓰며 대의를 위해서는 목숨도 초개같이 버릴 수 있다. 선비는 지조와 절개를 생명처럼 여겼으며, 현실적 이해관계에 연연치 않고 현실을 비판하였다. 선비는 신념에 어긋난 일이면 왕이나 누구에게도 뜻을 굽히지 않았다. 고려 말의 정몽주, 사육신과 생육신, 의병활동, 독립운동 등은 세속의 이익을 고려하지 않고 명분과 의리를 중시하고 행동으로 실천한 선비정신에 그 뿌리를 둔다. 16C 대표적 유학자 율곡 선생은 선비의 의리정신을 마음으로 옛 성현의 도를 사모하고, 행실을 삼가며, 법도에 맞는 말을 하고, 공론을 지녀야만 참다운 선비라고 하였다. 이러한 선비정신의 이론적 기초는 맹자가 공자의 인을 측은지심·수오지심·사양지심·시비지심 등의 사단지심으로 설명하는데서 비롯되었다. 이것은 인간이 태어날 때부터 선한 본성을 지니고

있기 때문에 비로소 동물과 구별되는데, 이 점이 바로 인간이 인간인 이
유다. 맹자는 인간의 이런 본성은 어떤 특정한 인간만이 가지고 있는 것
이 아니라 인간이라면 누구나 본래적으로 가지고 있다고 설명한다. 그렇
기 때문에 인간은 누구나 유교의 최고 목표인 완전한 인격자로서의 聖
人이 될 수 있다는 주장이다.[11]

유교에서 말하는 죽음은 기로써 설명된다. 즉 사람은 기의 응취과정
에서 생기는 精, 氣, 神이나 그 결합체인 인간은 혼과 백으로 형성되는
데 그 두 가지가 결합한 상태가 살아있는 현상이고, 그 두 가지가 다 분
리되는 현상은 죽음이다.[12] 즉 사람이 죽으면 혼과 백이 분리되어 혼은
공중에 떠다니는 신세가 되고 백은 땅에 돌아가 흙으로 변한다는 것이
다. 그런데 그 공중으로 떠다니는 혼은 컴컴한 곳을 찾아다니다가 자기
가 죽은 기일이 되면 자기 집을 찾아와서 자기를 기억하고 차려놓은 제
사상의 음식을 먹어야만 그 혼이 계속 존속할 수 있다는 단순하고도 소
박한 견해를 보이기도 한다.

유교의 음양설에 의하면 천지간에 만물에는 氣가 있는데 기는 정령
을 의미하며, 양기의 정령을 魂氣로, 음기의 정령을 形魄으로 규정하고
있다. 그리하여 사람이 죽으면, 음의 정령인 형백은 처음부터 지하에 묻
히지만, 양의 정령인 혼기는 승천하여 神明이 된다고 한다. 차용준은 이
를 자세하게 밝히고 있다. "사람이 죽으면 혼과 귀와 백으로 나누어진
다. 혼은 하늘로 올라가고 백은 땅에 머물게 하고 귀는 공중에 존재한
다. 귀와 백은 지상의 살아 있는 인간과 끊임없이 관계를 맺는다. 백은
묘에서 3년 제사를 받고 흩어지며, 귀는 사당에서 자손 4대까지 제사를
받게 된다. 혼은 하늘로 올라가 신명이 되고, 귀는 인간에 들어가 살고,
백은 흙에 귀의한다. 귀는 음에 속한 것으로 음을 좋아하는데 반해서,

---

11) 拙稿,「유교문화와 선비정신」,『강대신문』, 2011.
12) 노유자 외著,『호스피스와 죽음』, 현문사, 1997, 31쪽.

신명은 양에 속한 것으로 양을 좋아한다."[13] 조선조 유학계의 대학자인
이율곡도 이러한 종교적 신앙을 근거로 조상숭배의 필요성을 강조한 바
있다. 율곡에 의하면 인간은 심과 신, 영과 육, 신체와 정신, 혼과 백이
일체화된 존재로서, "혼은 기의 신령한 것이고, 백은 精의 신령한 것이
다. 그것이 살았을 때는 펴져서 神이 되고 죽었을 때는 굽혀져 鬼가 된
다. 혼기가 하늘로 올라가고 精魄이 땅으로 돌아가면 그 기는 흩어지더
라도 금방 흔적마저 버리지는 않는다. 그러나 그 기가 위로 발향한 지
오래되면 또한 소멸된다 하였다."[14] 이런 혼합상태는 현실적으로 한국
인의 의식 속에 있다는 것을 상례와 제례 儀式에서 볼 수 있다. 그래서
이광규는 다음과 같이 말하고 있다. "사람이 죽으면 영혼이 육신을 떠나
영원히 가버린다고 생각하지 않는다. 왜냐하면 사람에게는 三魂七魄이
있는데, 사람이 죽으면 두 귀, 두 눈, 두 콧구멍, 입, 이렇게 일곱 군데에
일곱 가지 精靈 즉 칠백이 남는다고 생각하며, 또 이 칠백에서 떨어진
삼혼 중의 하나는 저승으로 가고 하나는 육신 특히 뼈 속에 남아 있고
또 다른 하나는 자유로이 방황한다는 것이며, 지상을 방황하는 혼은 주
기적인 대접을 받으면 편안하나 그렇지 못하면 잡귀가 되어 나쁜 짓을
한다"는 것이다.[15]

그러나 인간은 누구나 생명을 가장 소중하게 생각한다. 권력도, 명예
도, 돈도, 지위도 생명보다 소중할 수 없다. 그것은 하나밖에 없는 목숨
이기 때문이요 인생은 두 번 살 수 없기 때문이다. 따라서 삶과 죽음은
인간의 가장 엄숙한 선택이다. 맹자는 일찍이 "사는 것 또한 내가 하고
자 하는 바요 올바름 또한 내가 하고자 하는 바이다. 이 두 가지를 겸하
여 얻을 수 없다면 삶을 버리고 올바름을 취하겠다"고 하였다. 유학에
있어서의 이상은 물질적 부를 누리면서도 올바른 도덕적 삶을 사는데

---

13) 차용준, 『한국인의 전통사상』, 전주대학교 출판부, 1998, 391~395쪽.
14) 황의동, 『율곡사상의 체계적 이해』1, 서광사, 1998, 82~83쪽.
15) 이광규, 「죽음과 영혼」, 『한국인』, 사회발전연구소, 1983, 76쪽.

있다. 즉 경제적인 삶과 도덕인 삶을 아울러 충족함이 유학의 이상이다.
그러나 만약 부득이하여 양자택일을 해야 한다면 '捨生取義' 즉 生을
버리고 義를 취한다고 하였다. 이는 공자의 '殺身成仁'과 같은 말이
다. 의리라는 도덕적 가치를 위하여 하나밖에 없는 목숨을 바친다는
말이다.[16)

Ⅳ. 맺는 말

유학자들은 성선설의 입장에서 仁과 義의 범주를 지켜야 할 덕목으
로 인정했다. 특히 맹자가 강조한 父子有親, 君臣有義, 夫婦有別, 長幼
有序, 朋友有信이 五倫이다. 그리고 동중서가 親, 義, 別, 序, 信에 부합
하는 五性의 仁, 義, 禮, 智, 信을 지목하여 五常이라고 했다. 三綱은 오
륜 등의 범주와 함께 전해졌지만, 송나라에 이르러 주희 등이 君爲臣綱,
父爲子綱, 夫爲婦綱등의 3가지 범주로 확립하여 삼강오륜의 도덕적 체
계가 세워진다. 삼강오륜은 우리나라에 『주자가례』의 도입과 더불어 禮
로 내면화되고 형식화된다. 특히 삼강오륜은 동아시아 경제발전의 중요
한 요인이 된 유교문화적인 자산이다. 삼강오륜을 부정적인 외연으로만
확대하여 서열주의, 연고주의, 집단주의 등으로 비난하는 것은 문제가
있다. 어떤 사상과 종교에는 순기능과 역기능, 허와 실이 있기 마련이다.
또한 그 폐해가 있다면 사상과 종교의 시스템을 운용했던 인간에게 문
제가 있기 마련이다.[17)

유교의 가장 두드러진 특징은 효의 강조이다. 효는 무엇보다 우리 가
족이 모든 면에서 우선순위에 놓이게 된다. 가문 또는 집을 유달리 중시

---

16) 황의동, 『2002년 7월의 문화인물 성삼문』, 문화관광부, 한국문화예술진흥
    원, 2002. 7. 1, 25~26쪽.
17) 拙稿, 「유교자본주의란 무엇인가?」, 『강대신문』, 2011.11.14. 3면.

한 우리 조상들은 이 혈연집단을 기본으로 사회의 다른 집단을 파악했
다. 효의 강조와 가족 또는 가문 우선주의는 사당과 서원, 족보발달로
혈연과 친인척의 문제를 확대하기도 하였다. 유교의 죽음은 조상의 넋이
이어지는 것으로 자손들에게 생활화되었다. 여기서 조상숭배와 함께 차
례를 지내는 유교의 관습이 대두하게 된다. 특히 효를 가장 중요하게 생
각하는 유교에 있어서는 생전에 부모에게 효도하고 돌아가신 후에도 마
치 "산자처럼 공양한다"는 윤리적 개념으로 죽음의 문제보다는 죽은 자
에 대한 의례가 중요시되었다. 공자가 재여와의 문답에서 강조한 3년상
도 마찬가지이다. 이것은 유교가 죽음을 어쩔 수 없는 자연의 이치로 받
아들이면서도 오히려 자손들의 번성으로 죽음을 극복하고자 하였다.

〈참고문헌〉

成大大東同文化研究院, 『栗谷全書』 1·2, 1992.

(社)栗谷學會, 『栗谷學研究叢書(資料編)』(全10卷), 원영출판사, 2007.

(社)栗谷學會, 『栗谷學研究叢書(論文編)』(全10卷), 원영출판사, 2007.

牟宗三, 『心體與性體』(전3권), 正中書局, 臺灣 1989(8판).

徐復觀, 『中國人性論史』, 臺北 : 商務印書館, 民國 58.

郭信煥, 「李栗谷의 策文 研究」, 『儒敎思想研究』, 第7輯, 儒敎學會, 1994,
    학회편, 2008.

금장태, 「귀신사생론과 유교, 서학간의 논변」, 『성균관대학교 논문집』 제17집,
    1972.

김성기, 「선진유학의 천인관계에 대한 해석학적 접근」, 『유교사상연구』 13집,
    한국유교학회, 2000.

김영진, 『철학적 병에 대한 진단과 처방: 임상철학』, 철학과 현실사, 2004.

김열규, 「현대적 상황의 죽음 및 그 전통과의 연계」, 『한국인의 죽음과 삶』, 철
    학과 현실사, 2001.

김태완, 「율곡의 생사, 귀신관」, 『사색』, 숭실대 철학과, 2001.

김현, 「조선 유학에서 귀신 개념」, 『조선 유학의 자연철학』, 예문서원, 1998.

노유자 외著, 『호스피스와 죽음』, 현문사, 1997.

이광규, 「죽음과 영혼」, 『한국인』, 사회발전연구소, 1983.

이세현, 「儒家 天人合一論의 特徵」, 『동양철학연구』 제22집, 동양철학연구회, 2000.

최준식, 『한국의 종교 문화로 읽는다』, 사계절출판사, 1998.

한국종교연구회, 「유교의 현대화와 종교화」, 『한국 종교문화사 강의』, 청년사, 1998.

차용준, 『한국인의 전통사상』, 전주대학교 출판부, 1998.

최근덕, 「유교는 종교인가」, 『철학연구』 20, 1985.

哲學敎材編纂委員會, 「人間의 本性은 善한가 惡한가」, 『哲學의 理解』, 中央大出版部, 1997.

황의동, 『율곡사상의 체계적 이해』 1, 서광사, 1998.

황의동, 『2002년 7월의 문화인물 성삼문』, 문화관광부, 한국문화예술진흥원』, 2002.

拙著, 『율곡 철학의 이해』, 강원대 출판부, 2009.

拙稿, 「율곡의 사생관 연구」, 『인문과학연구』, 강원대 인문과학연구소, 2009.

拙著, 『종교와 문화』, 강원대 출판부, 2010.

拙稿, 「철학산책」, 『강대신문』, 2011. 2학기 3면 連載.

Michael C. Kalton, 『THE FOUR-SEVEN DEBATE』, state universituy of newyork press.

Martina Deuchler, 『The Confucian Transformation of Korea』, HARVARD UNIVERSITY PRESS, 1992.

Brian Carr and Indira Mahalingam, 『Companion Encylopedia of Asian Philosophy』 1・2, 1997.

Wm. Theodore de Bary and JaHyun Kim Haboush, Editors, 『The Rise of Neo-Confucianism in Korea』, Columbia University Press, N.Y, 1985.

〈토론문〉

韓國儒教의 宗教性 認識 論議

押川信久
(九州大)

유성선의 보고는 한국 유교에서 종교성의 인식에 관한 문제에 대해서 주로 生死觀이나 조선 숭배의 관점에서 고찰을 더한 것이다. 유교에서는 죽음을 氣의 집산과 혼백의 분리에 의해 설명하고 있다고 한다. 또한 효를 중요시하는 유교에서는 죽음을 祖先의 혼이 子孫과 연결되는 것이라고 하여, 선조 숭배와 함께 死者를 위해 제사를 행하는 관습이 대두했다고 지적하고 있다. 유교의 종교성에 대해서는 일본에서도 이전보다 활발한 논의가 이루어지고 있지만, 보고의 내용은 한국에서 논의의 현장을 미루어 짐작할 수 있는 一助가 될 것이다.

위의 내용에 입각하여, 감히 토론자로서의 소감을 말하는 것으로 하고 싶다. 이하의 3가지 점에 대해서 보고자의 소견을 들을 수 있다면 감사하겠다.

첫 번째로, 보고에서 유교에서는 죽음을 氣의 집산과 혼백의 분리에 의해 설명한다고 말하고 있다. 이 견해에는 토론자도 異論은 없다. 하지만 죽음에 대한 논의에서는 '죽음'이라고 하는 현상을 설명하는 장면과,

죽음의 공포를 어떻게 극복하는 것인지에 대해 대답하는 장면이 想定된다. 본고의 내용은 전자에 대한 회답으로서는 적절하지만, 후자에 대한 설명의 여지가 남겨져있다고 생각된다. 또한 유교에서는 천국이나 지옥을 시작으로 사후의 세계에 대해서 이야기하는 점이 없다고 생각되고 있다. 유교의 이러한 측면은 유교의 종교성을 생각한다면 부정적인 요소가 될 수 있다고 예상된다.

두 번째로, 유교의 제사에 대해서 개인에 관한 경우, 일반적으로 자신의 父祖가 제사의 대상이 되고 있다. 개인이 개인으로서가 아닌, 어디까지나 가족을 매개로 해서 하늘이나 신에게 마주보는 것이 되어 개인의 영혼구제를 기대하는 것은 곤란하다고 생각할 수 있다. 이러한 점도 유교의 종교성을 논하는 데에는 유의할 필요가 있을 것이다.

세 번째로, 유교의 종교성을 둘러싼 논의에 대해서 일본과 한국에서 비교한 경우, 어떠한 차이를 볼 수 있는 것일까. 알고 있는 것처럼, 일본에서는 에도시대에 조선 주자학, 특히 이퇴계의 저서가 많이 읽히고는 있었지만, 조선과는 전혀 다른 형태로 유교를 수용해왔다. 따라서 유교의 종교성에 관해서도 논의의 전제나 초점, 더욱이 그 추이에 대해서 일본과 한국의 사이에서 차이를 볼 수 있는 것은 쉽게 추측될 것이다.

조선에서 바라보는 근세일본의 종교문화

허 남 린

(The University of British Columbia)

들어가는 말

　　일본과 한국의 종교문화를 비교하는 것은 그리 쉬운 과제가 아니다. 우선 비교할 대상이 되는 종교의 범위를 어떻게 정해야 하는가의 문제가 있다. 종교란 정의하기에 따라 그 범위가 일정하지 않고, 또한 종교에 관련된 문화현상은 일상생활의 전반에 폭넓게 걸쳐있기 때문에 복잡하기도하다. 흔히 동아시아의 종교하면 떠오르는 것이 유교, 불교, 기독교, 도교, 무속, 신도, 민간신앙 등일 것이다. 이들 종교전통들은 상호 침투하면서 전개되어 왔고, 종교 상호간의 경계가 모호해진 영역도 널려있다. 일본과 한국의 종교를 어떻게 비교하여 각기의 특성을 추출해낼 수 있을 것인가?

　　본 발표에서는 가장 뚜렷이 대비될 수 있는 대표적인 종교전통에 그 비교의 시점을 한정하고, 그러한 대조적 종교문화가 구조적으로 정착되었던 근세일본의 17~19세기로 그 시기를 좁히고자 한다. 조선의 종교문화는 유교가 지배적이었던 것에 반해, 일본근세의 종교문화는 불교가 중심이었다. 본 발표에서는 조선의 유교문화를 근세일본의 종교문화를

비추어보는 배경의 거울로 삼으면서, 근세일본의 종교문화의 특성을 네
가지로 나누어 이들을 각기 설명하고자 한다.

　첫째로 지적할 수 있는 근세일본의 종교문화의 큰 특징은 조선과는
달리, 불교가 死者儀禮 및 조상제례의 역할을 독점적으로 담당했다는
점일 것이다. 둘째로, 이와 같은 불교에 의한 가족의례에의 독점력은 불
교 자체의 종교적 노력에 의한 결과라고 하기 보다는, 공권력의 기독교
탄압책에 힘입는 바가 크다는 점이다. 조선에서 유교의 대척점으로 기독
교가 배척되었던 것과 같은 구조이지만, 근세일본에서는 기독교 탄압의
수단으로 불교가 전면적으로 동원되었다는 점이 큰 특징이다. 셋째로,
일본의 종교하면 떠오르는 것이 토착종교인 神道이지만, 근대이전의 신
도는 거의 대부분 불교에 종속된 상태로 있었다. 국가신도를 위시한 신
도 독자의 발전 전개는 근대를 기다리지 않으면 안되었다. 여기에서도
불교의 위력을 볼 수 있다. 넷째로, 근세일본에서의 유교의 역할은 조선
과는 그 방향성이 달랐다는 점이다. 가족의례의 영역에서 격리된 유교는
교양과 정치경제학의 학문으로 전개되어 간 것이 일본 유교의 큰 특징
이다.

　이상의 네 가지의 대표적인 특성들에 대한 선행연구는 방대한 축적
을 자랑한다. 본 발표에서는 이들 선행연구를 기반으로, 이들 특성들을
요약적으로 기술하는 것에 지면을 한정하고자 한다. 보는 관점에 따라
근세일본의 종교문화는 다양하게 기술될 수 있다. 이들 네 가지의 특성
들이 근세일본의 종교문화 전체를 포괄하는 것은 물론 아니다. 본 발표
에서는 조선의 종교문화의 시각에서 보았을 때 대조적으로 드러나는 일
본의 종교문화의 특징에 그 초점을 맞춘다.

불교와 조상의례

불교는 전통적으로 출가자의 종교이다. 가족관계의 인연을 끊고, 세속과 거리를 유지하면서, 사원에서 집단수련을 하면서 구도의 길을 걷는 것을 이상으로 하는 종교가 불교이다. 때문에 불교승려를 出家者라 부르기도 하고, 불교를 出世間의 종교라 하기도 한다. 말하자면, 세간윤리의 속박을 벗어나 이로부터의 해방을 추구하는 종교자가 불교의 출가자인 것이다. 이러한 연유로 전근대 중국이나 조선에서는 불교가 반사회적, 반가족적 종교라고 매도되곤 했다.

그러나, 근세일본에서의 불교는 가족윤리 실행의 중심에 서 있었다. 근세일본의 한 가정으로 시선을 옮겨보기로 하자. 가족의 한 사람이 세상을 떠나면, 그 가족은 필요한 기본 조치를 취한 후, 자신의 가정이 속해있는 불교의 사원(檀那寺로 부른다)에 그 사망사실을 통보해야만 했다. 통보를 받은 사원의 승려가 그 가정을 방문하여 사망사실을 확인하여 주면 사망이 법적으로 성립이 되고, 그로부터 檀那寺의 주도 하에 불교식의 장례식이 수행되었다.

장례식이 불교식이라 해도 지역에 따라 큰 편차가 있었던 것은 사실이다. 이는 그 지역의 민간전통, 습속, 관례 등의 요소가 다양하게 장례식의 절차에 침투되어 있었기 때문이었다. 동북지방의 장례식과 서일본 지역의 장례식이 같을 수 없는 소이가 여기에 있었다. 또한 불교식의 장례라 해도, 불교의 종파에 따라 그 내용이 다소 다를 수가 있었다. 淨土眞宗 계통의 장례식은 日蓮宗의 장례식과 같지 않았다.

그럼에도 불구하고 모든 장례식에는 어느 누구도 바꿀 수 없는 공통된 기본 골격이 있었다. 위로는 천황, 將軍을 포함하여, 밑으로는 하층계급에 이르기까지, 또는 유학자 혹은 신도의 神職者라 할지라도 근세일본에 있어서의 佛葬은 누구도 거역할 수 없는 대원칙이었다. 檀那寺의

승려가 집도하는 장례식은 의례구조로 볼 때 우선 사자를 불교의 신도
로 만든 후, 부처의 구원력을 통해 저 세상의 극락으로 보내는 것을 기
본 취지로 하고 있었다. 일정한 형식의 불교식 장례를 통해 저 세상으로
보내진 사자의 영혼은 구원을 받고 극락왕생한다는 믿음은 근세의 일본
인에게 있어서는 하나의 희망이자 상식이었다. 그러나 불교식으로 장례
가 마무리되었다고 해도 이것으로 사자의례가 모두 종료되는 것은 아니
었다. 장례식 후, 사자의 영혼은 집안에 설치된 佛壇에 모셔지고, 사자를
위한 불교식 의례는 지역에 따라 차이는 있지만 대략 사후 33년에 이르
기까지 追善供養의 이름으로 반복되었다. 十三佛事라는 말이 있듯이,
追善供養은 일정한 일정에 따라 13번 반복되고, 33년째가 되어야 사자
가 조상신으로 전화한다고 믿었다. 이들 十三佛事에 檀那寺가 주도적으
로 관여하는 것은 당연한 일이었다.

　장례식 후 거행되는 일련의 十三佛事 뿐만 아니라, 十三佛事의 사이
에도 사자의 忌日, 忌月, 신년, 彼岸, 오봉(お盆) 등의 절기에도 祖靈과
가족간의 영적 교통은 불교적 요소가 가미된 祖先숭배의 의례를 통해
지속되었다. 33년간의 공양을 통해 완전히 神으로 전화한 祖靈은 이후
신년, 彼岸, 오봉 등의 年中行事를 통해 교류를 지속하는데, 예컨대 오
봉에 있어서 檀那寺의 승려가 각 가정을 돌면서 불경을 외는 것을 仏壇
參り라 했듯이 불교와 사자의례, 조상숭배의례는 연중행사에 있어서도
불가분의 관계에 있었다.

　이와 같은 불교식 장례 및 조상숭배의례는 17세기 이래 사회전반에
정착되었다. 왕정을 복고한 메이지 정부는 불교식 장례를 신도식 장례로
교체시키려는 노력을 경주했으나, 이는 실패로 끝나고 말았다. 신도식
장례로 옮겨간 가정들도 神職者들을 중심으로 없지는 않았고, 기독교,
혹은 다른 종교 전통의 의식을 따르는 가정들도 증가하기는 하였으나,
전체적으로 보아 거의 대다수의 일본인들은 조상전래의 檀那寺가 주도

하는 불교식 장례 및 조상의례를 현재에 이르기까지 답습하고 있다. 檀
那寺의 역할을 하는 불교사원의 후원에는 묘소가 있고, 각 가정에는 불
단이 설치되어 있는 풍경은 일본의 전형적인 사자의례 전통의 한 단면
이라 할 수 있다.

일본사회에 있어서의 불교식 사자의례의 정착은 조선사회에서 유교
적 가치의 정수로 인식되어 온 '孝'의 덕목이 불교의 출가자 집단에 의
해 의례화되었음을 의미한다. 유교의 중심 덕목이 불교의 의례수단을 통
해 구현되는 구조는 일본 종교문화의 큰 특징이라 아니할 수 없다.

불교와 기독교 탄압

불교의 사자의례, 조상의례의 독점은 일본인의 돈독한 불교신앙의
덕택 혹은 불교 자체의 노력에 의한 결과라고 보다는, 국가의 공권력에
의한 반기독교 정책에 힘입은 바가 컸다. 기독교는 16세기 중반 일본에
상륙한 이후 큐슈, 서일본을 중심으로 점차 큰 세력으로 커가고 있었다.
이러한 성장추세의 기독교 집단에 대해 토쿠가와 바쿠후는 서서히 그
러나 철저한 탄압정책을 추진하여 갔다. 왜 기독교를 철저히 배격 탄압
하게 되었는가에 대해서는 여러 논의가 있지만, 결과적으로 반기독교
정책은 바쿠후의 정권운영, 인민지배의 기본틀로 國是로서 자리매김하
여갔다.

토쿠가와 바쿠후의 반기독교 정책은 조석에 성립되어 전국적으로 일
시에 시행된 것은 아니었다. 1610년대부터 기독교 탄압의 기운이 무르
익어 가는 가운데, 점차 무역과 외교, 농민반란 등의 문제와 얽히면서
그 탄압의 도를 더해가기 시작하다, 종국적으로는 1660년대에 통일된
시행세칙이 마련되어 전국적으로 시행되게 되었다. 말하자면 기독교 탄

압은 거의 반세기에 걸쳐 진화된 국가정책이었다. 이와 같은 기독교 탄압정책의 진화에 있어 중심적인 역할을 한 것이 다름 아닌 불교였다.

幕藩制의 분화된 지배구조의 틀 속에서 바쿠후가 직접 전국의 모든 인민을 기독교로부터 단절시키는 정책을 실행하는 것은 불가능에 가까운 일이었다. 그렇다고 藩政府의 힘을 빌어 반기독교 정책을 실시하는 것도, 이를 통해 지방권력을 중앙권력에 종속시키고자 했던 바쿠후로서는 좋은 선택지가 아니었다. 모든 인민을 통제하고 이들의 종교생활을 감시하기 위해서는 일반인들과 분별될 수 있는 전국에 침투되어 있는 특수한 신분집단이 필요하였다. 이러한 조건을 충족시킬 수 있는 집단이 다름 아닌 불교승려들이었다. 신도의 神職은 이러한 역할을 담당하기에는 아직 세력이 미미하였고, 더구나 이들 대부분은 불교에 종속되어 있는 상태에 있었다.

반기독교 정책은 寺請制度를 통해 시행되었다. 1660년대에 정형화되어 전국적으로 시행된 사청제도는 다음과 같았다. 일본의 모든 주민은 매해 자신이 속한 불교사원 즉 檀那寺로부터 자신이 기독교 신자가 아니라는 증명서(寺請證文)를 발급받아야 했다. 이것이 불교의 절에 의한 종교적 신분검색 즉 寺請이었다. 기독교 신자가 아니라는 증명서를 발급 받은 후, 각 주민은 이를 가족 단위로 기초행정단위의 장(名主)에게 제출해야 했다. 寺請證文을 수집한 名主는 이를 기초로 자기의 관할 하에 있는 모든 주민의 명부(宗門人別帳)를 작성하고, 이에 기초하여 자신의 행정단위에는 기독교 신자가 존재하지 않는다는 결과를 상급 행정단위에 보고해야 했으며, 각 상급 행정단위는 최종적으로 이를 바쿠후에 보고했다. 이와 같은 寺請, 宗門人別帳의 작성, 그 결과의 바쿠후 보고는 매해 토쿠가와 바쿠후의 생명이 다하는 날까지 반복되었다.

불교사원으로부터 기독교와 아무 관련이 없다는 증명서인 寺請證文을 발급받지 못하는 사람은 기독교 신자로 간주되어 사회에서 영원히 제거되었다. 과거 자신이 한 때 기독교 신자이었거나, 자신의 부모 혹은 선조가 기독교인이었던 사람들도 따로 (기독교)類族으로서 엄격히 관리되었다. 寺請證文 없이는 존재할 수 없는 사회가 일본의 근세사회였다. 말하자면, 불교에 의한 신분보장 없이는 호적이나 다름없는 宗門人別帳에도 등재될 수 없었으며, 호적에 등재되지 않는 한, 사회구성원으로서의 생존자격은 부여되지 않았다. 寺請證文을 발급하는 권한을 위임받은 檀那寺는 자신에게 속한 사람들(檀那)의 생사여탈권을 한 손에 쥐고 흔들었다. 종파에 관계없이, 어느 특정 불교사원에 속하지 않고는 존재할 수 없는 상황이 근세일본을 통하여 200년 이상 지속되었던 것이다.

중앙정부로부터 막강한 권한을 위임받은 불교사원들은 이를 십분 활용, 자신들의 이익을 추구하는데 노력하였다. 이의 결과가 檀那寺에 의한 사자의례 및 祖先祭禮의 독점구조, 즉 檀家制度로 전개되고, 이를 통해 불교사원은 안정적인 수익원을 확보할 수 있었던 것이다. 불교는 모든 인민의 생사여탈권을 행사할 수 있는 권한을 행사했고, 불교의 이러한 역할을 통하여 중앙정부인 바쿠후는 지방정부 및 전국의 모든 인민을 궁극적인 차원에서 장악할 수 있었다.

이러한 구조 속에서, 기독교는 惡 혹은 사회적 죽음의 대명사로 모든 일본인의 가슴속에 깊이 각인되고, 이러한 악으로부터 모든 인민을 보호하는 장치로서의 불교는 가족의례의 독점을 통해 인간의 사후세계를 지배하는 종교로 군림하게 되었던 것이다. 현재에도 일본인에게 있어 불교는 여전히 가족윤리의 기축으로 남아있는 소이가 여기에 있는 것이다.

불교와 신도

메이지 정부는 왕정복고의 이상을 실현하기 위해 초기부터 神佛分離

정책을 강하게 추진하였다. 지배구조의 새로운 틀을 짜는데 있어, 신도
와 불교를 강제로 분리하지 않을 수 밖에 없었다고 하는 사실은, 적어도
전통적인 종교현실의 두 가지 측면을 말해주고 있다. 하나는 근세의 기
독교 배척을 담당한 불교와 인민지배구조의 결합은 청산해야 할 시급을
요하는 과제로 인식되었다는 사실이며, 다른 하나는 불교와 신도는 상호
독립적으로 존재하여 온 것이 아니라 결합 내지는 습합되어 있었다는
사실이다. 여기에서 필자가 지적하고 싶은 상황은 후자의 불교와 신도의
습합이다.

　현대 일본에 있어 불교와 신도는 각기 독립된 종교로 기능하고 있다.
하지만, 메이지 이전의 상황은 전혀 달랐다. 일례로, 1660년대 반불교적
기운이 비교적 강했던 水戸藩에서는 神道神社의 실태조사를 실시하였
다. 500여개에 달하는 촌락 가운데, 마을의 수호신 역할을 하는 신도의
鎭守社를 갖고 있는 마을은 평균 셋에 하나 불과하였고, 이에 비해 불교
사원은 모든 촌락에 평균적으로 넷 이상은 있었다. 신도의 지위를 향상
시키기 위해 水戸藩 정부는 각별한 노력을 경주, 이후 30여 년간에 걸쳐
불교사원을 대대적으로 정리하는 정책을 펼치는 한편 각 촌락이 적어도
하나의 독립된 鎭守社를 세워 불교에 버금가는 신도신앙의 기반을 확립
하고자 하였다.

　30여 년의 세월이 지난 1690년대 후반 水戸藩에서는 종교정책의 결
실을 보기 위해 다시 종교실태를 조사하였다. 그 결과, 각 촌락이 적어
도 하나의 신도신사를 갖게 되었음을 확인하였다. 그러나 그 내용은 기
대와는 거리가 멀었다. 전 신도신사 가운데 5분의 1이상은 아직도 佛像
을 本殿의 중심적인 神으로 모시고 있었으며, 모든 신사의 5분의 2이상
은 불교의 승려가 유지관리하고 있는 상황이었다. 뿐만 아니라 나머지
신사 가운데 30개 이상은 神職이 아무도 없는 상태였다. 신도의 신사에
모셔져 있는 신이 佛像이라고 하면 이상하게 들릴지 모르지만, 신도의

신사가 불교의 승려에 의해 운영되고 유지되었다고 하면 무언가 잘못 말하고 있는 것이 아닌가 하고 생각할지 모르지만, 사실 전근대 일본에 있어서의 신도는 불교에 거의 대부분 종속되어 있었던 것이다. 친신도적 이고 반불교적인 水戸藩이 이러한 상태였다면, 다른 지역은 말할 필요 도 없는 상황이었다.

불교와 신도의 관계는 중세에 들어서면서 점차 불교에의 예속경향이 강화되었다. 신학적으로도 本地垂迹說에 따라 신도의 신들은 불교의 신 들에 예속되었고, 많은 신도신사는 불교승려들에 의해 통제되고 운영되 었다. 이러한 상황을 타개하고자 중앙정부 차원에서 추진한 노력이 메이 지 초기의 神佛分離政策이었다. 전근대의 神佛習合 상황은 불교의 영향 력이 얼마나 강력했던가를 보여주는 좋은 예이다. 종교에 있어 제왕적 지위를 구축했던 불교는 정치적으로도 큰 영향력을 행사하고, 경제적으 로도 결코 무시할 수 없는 힘을 발휘하면서, 일본문화의 근간을 형성하 였던 것이다.

현대 일본의 종교상황에 대한 이해는 전근대 사회의 종교문화에 대 한 이해 없이는 사상누각에 불과하다고 할 수 있다. 신도, 민간신앙, 민 속, 修驗道, 도교 등의 각기의 다양한 흐름이 있었지만, 그럼에도 불구하 고 이들은 불교라는 보다 큰 용광로에 흡입되고 반사되었고, 이러한 가 운데 불교는 일본인의 사고방식, 가치관, 생활양식에 지대한 영향을 끼 쳐왔다.

일본의 유교문화

일본은 유교의 나라인가? 동아시아의 종교문화에 관심을 갖고 있는 사람이면 누구나 묻는 질문이다. 일본에 있어서의 유교문화는 근세에 들어 서서히 침투되기 시작했다고 보는 것이 일반적 견해이다. 이에 한 발 더 나아가, 근세일본의 정치이데올로기를 유교라고 보는 학자들도 한 때 는 있었다. 그러나 이는 피상적인 이해로 일본문화의 심층에 대한 무지 에 기인한다.

근세일본에 있어 유교의 경전이 각급 교육기관에서 교재로 채택되고, 널리 읽히고, 연구된 것은 사실이다. 근세의 위정자들도 중앙 지방을 불 문하고 유교의 윤리적 덕목을 강조하고, 유교의 교육에 힘을 기울인 것 도 사실이다. 이토 진사이(伊藤仁齋), 오규 소라이(荻生徂來) 등을 위시 한 저명한 유학자가 다수 배출되어 활발한 활동을 전개한 것도 사실이 다. 그러나, 근세일본은 유교의 정치체재, 유교적 의례규범, 사회윤리와 는 별반 관계가 없는 사회였다. 일본의 유교사를 연구하는 학자들의 대 부분은 일본에 있어 그 나마 유교적 영향력이 침투되었던 시기는 메이 지 이후 1945년까지로 보는 것이 일반적이다.

조선과는 달리 혈연적 신분상속에 기틀을 둔 무사계급이 지배한 근 세일본은 전형적인 군사지배구조인 幕藩體制를 근간으로 하고 있었다. 여기에 유교적 정치논리가 파고 들어갈 여지는 전무하였다. 유교정치의 중요한 축인 관료선발을 위한 과거제도가 없었음은 물론, 공권력이 주도 하는 국가적 차원의 유교적 제례 또한 찾기 힘들었다. 정치시스템 뿐만 아니라, 유교적 가치덕목의 사회적 실현의 중심축인 관혼상제 또한 일본 전래의 관습 혹은 불교 내지는 신도의 의례에 전적으로 의존하는 문화 였다. 특히, 상례 및 조상제사는 불교의 영역에 속하는 행사로, 근세일본 에 있어서의 유교는 종교적으로 볼 때 그야말로 팔다리가 전부 잘린 허 수아비와 같은 존재였다고 할 수 있다.

유교적 교육, 유교적 윤리덕목의 강조는 위정자의 입장에서 지배의 효율을 위한 편의적 수단에 불과하였다. 유교의 언어, 개념을 빌어 효를 강조하고, 지배자에 대한 충을 강조하며, 근면 성실 등의 가치덕목을 사

회에 심고자 했던 노력은 정치지배의 논리에서 보면 당연한 선택이었다
고 할 수 있다. 그러나 이들 가치덕목의 실제를 보면, 이들이 유교적이
었다고 단정하기도 힘들다. 예컨대, 실제에 있어서는 부모에 대한 효는
불교적 장례 및 조상제례를 통하여 실현되고 있었으며, 지배자에 대한
충은 將軍, 大名 등의 주군에 대한 군사적 종속의 강조에서 벗어나지 않
았다. 유교적 색채를 지닌 것 같은 경제윤리, 사회적 덕목들은 어느 종
교전통에서도 추출이 가능한 것으로 이들이 특별히 유교적이었다고 보
기도 힘들다.

　일본에 있어 유교적 덕목의 정치적 실험은 오히려 메이지 이후 天皇
制 국가가 실현되면서, 특히 家族國家의 이데올로기가 사회전반에 침투
해가는 가운데, 천황 일극을 향한 효와 충의 통합가치가 강조되면서 그
절정을 이루었다고 할 수 있다. 가치덕목으로서의 충효가 강압되었지만,
그렇다고 정치체제나 가족윤리가 유교로 전향된 것은 아니었다. 전후 유
교는 과거의 희미한 유산으로 그 빛을 급속히 잃었다.

맺음말

　일본의 종교문화는 "신도로 태어나 불교로 죽는다"라는 말로 요약될
수 있다. 일본인의 일생의 통과의례에 있어 신도와 불교는 중심적인 역
할을 하여왔다. 새로운 생명이 태어나면 신도의 신사를 참배해 수호신에
게 가호를 빌고 신도색 짙은 결혼식을 올린 후 일생을 영위하다가 저 세
상으로 갈 적에는 불교에 귀의하는 것이 일본종교문화의 큰 틀이라고
할 수 있다.

　탄생과 죽음을 매듭짓는 신도와 불교 사이의 관계는 전근대에 있어
서는 불교우위의 구조였다. 신도와 불교가 지배하는 종교문화에 있어 기

독교나 유교가 끼어들 틈은 거의 없었다. 특히 기독교는 신도와 불교의 지위를 공고히 하는데 있어 더할 나위없는 희생양이었다. 기독교를 철저히 배격함으로써 신도와 불교는 무소불위의 종교권력을 누릴 수 있었다. 유교는 일본의 종교문화에 있어 정치적 유용성을 제공하는 장식물에 불과했다. 필요에 따라 적절히 사용하다 버리면 되는 일종의 소모품이었다.

　神佛적 종교문화의 전통 속에서 일본인들은 나름의 활발한 종교문화를 꽃피웠다. 神佛의 가치관, 神佛의 의례를 부정하지 않는 한, 양자의 사이에서 펼쳐지는 다양한 종교문화는 비교적 자유롭게 생산되면서 활발하게 소비되었다. 저명한 神社佛閣을 찾아 떠나는 여행, 순례의 풍부한 전통은 놀이문화와 결합되어 전국을 수놓았다. 민간신앙은 자연히 神佛의 종교문화와 열려있는 교류를 이루면서 때로는 習合의 과정을 거치면서 일본인의 종교문화의 흐름을 형성하여 왔다. 일본은 과거에도 그리고 현재에도 크게 보아 神佛의 나라이다.

〈참고문헌〉

五野井隆史,『日本キリスト教史』(東京: 吉川弘文館, 1990』).
Hardacre, Helen. *Shintō and the State, 1868-1988*. Princeton: Princeton University Press, 1989.
朴澤直秀,『幕藩權力と寺檀制度』(東京: 吉川弘文館, 2004』)
Hur, Nam-lin. *Death and Social Order in Tokugawa Japan: Buddhism, Anti-Christianity, and the Danka System*. Cambridge, Mass.: Harvard University, Asia Center, 2007.
Hur, Nam-lin. *Prayer and Play in Late Tokugawa Japan: Asakusa Sensōji and Edo Society*. Cambridge, Mass.: Harvard University, Asia Center, 2000.
『官刻孝義錄 3冊』菅野則子編集(東京: 東京堂出版, 1999』).
『明治維新神仏分離史料 5冊』村上專精, 辻 善之助, 鷲尾順敬編(東京: 名

著出版, 1970』).

村井早苗, 『キリシタン禁制と民衆の宗教』(東京: 山川出版社, 2002』)

大橋幸泰, 『キリシタン民衆史の研究』(東京: 東京堂出版, 2001』)

大桑 齊, 『寺壇の思想』(東京: 敎育社, 1979』)

Rowe, Mark Michael. *Bonds of the Dead: Temples, Burial, and the Transformation of Contemporary Japanese Buddhism*. Chicago and London: The University of Chicago Press, 2011.

阪本是丸, 『國家神道形成過程の研究』(東京: 岩波書店, 1994』).

「諸國風俗問狀答」『日本庶民生活史料集成』 九卷, 竹內利美, 原田伴彦, 平山敏治郎 編集(東京: 三一書房, 1969』).

圭室文雄, 『日本仏敎史: 近世』(東京: 吉川弘文館, 1987』).

圭室文雄, 『葬式と檀家』(東京: 吉川弘文館, 1999』).

渡辺 浩, 『日本政治思想史: 十七―十八世紀』(東京：東京大學出版會, 2010).

柳田國男, 「先祖の話」『定本 柳田國男集』 十卷(東京: 筑摩書房, 1969)).

〈토론문〉

조선에서 바라보는 근세일본의 종교문화

Kenneth R. Robinson

(東北亞歷史財團)

　　허남린박사님의　報告는 近世日本과　明治維新以後의宗敎를　검토　합니다. 特이　日本에서個人과　家族의　宗敎生活은　朝鮮人의　宗敎生活과　比較했습니다.

　　박사님의　報告에 대해서 두개의 種類의　質問이 있습니다. 하나는 왜儒敎가　宗敎있습니까? 報告에「宗敎」라는　槪念를　定義 안했습니다. 토론자는 宗敎學者 않이기 때문에 儒敎가「宗敎」이라는　理由, 외 철학 않인가라는　理由를　說明 해주시면 감사드리겠습니다. 朝鮮時代에 朝鮮의儒敎學者들은 儒敎가　宗敎라고　생각했습니까? 哲學이라고　생각했습니까? 당시의　解釋과　現在의　解釋은 어떻게 다릅니까?

　　또 하나의　種類는　十七世紀부터의　韓ー日關係史와　關連합니다.

　　朝鮮王朝가　派遣한　通信使에　參加한　官僚들은　日本의　宗敎에 대해서 어떻게　描寫했습니까? 神道 佛敎, 民俗宗敎를 어떻게　理解 했습니까? 通信使에　參加한　官僚들은　日本人의　宗敎에 대해서 무엇을　誤解 했습니까?

다음에는 日本에 아가더라도 日本에 대해서 著述한 實學學者와 官僚
들은 日本人의 宗教에 대해서 무엇에 대해서 執筆했습니까?

倭館에 關連한 文書안에 對馬島사람의 佛教活動에 대해서 日本語通
譯者 등이 쓴 史料가 없습니까?

마지막에 十九世紀末에 日本에 派遣된 朝鮮政府官僚들은 어떻게 神
道 佛教, 儒教와 民俗宗教를 描寫했습니까? 그리고 二十世紀前半에 日本
에 留學한 學生도 어떻게 神道 佛教, 儒教와 民俗宗教를 描寫했습니까?

이상입니다.

相互 認識의 비교

근세 한일 양국의 상호인식
하우봉 / 村井章介

상호인식의 비교
關周一/ 신동규

근세 한일 양국의 상호인식

하 우 봉

(전북대학교)

Ⅰ. 머리말

근세[1]에는 한일 양국이 600여 년만에 國交를 재개하였고, 이후 500여 년간에 걸쳐 긴밀한 교류를 하였다. 779년 일본에서 신라로 파견한 마지막 遣新羅使 이후 국교가 단절된 이래 1401년 조선왕조와 일본 室町幕府 간에 정식으로 국교를 재개하였으므로 정확하게는 622년만의 일이다. 조선왕조는 건국이후 적극적으로 대외교섭에 나섰고 일본도 오랜 동안의 쇄국상태에서 벗어나 동아시아 국제무대에 등장하였다. 양국은 중국 중심의 국제질서인 册封體制에 편입하였고, 교린관계를 맺었다. 이에 따라 사절을 교환하였고, 물화의 교역, 문화교류 등 어느 시대보다도 활발한 교류를 하였다. 16세기말에는 임진왜란이라는 파멸적인 전쟁을 치렀지만 조선후기(일본의 경우 德川幕府時代)에도 교류는 유지되었다. 500여 명에 달하는 통신사행이 12회에 걸쳐 일본을 방문해 각지의 민중

---

1) 여기서는 1392년 조선왕조의 개창부터 1876년 개항이전까지의 시기를 가리킨다. 일본으로서는 南北朝統一 후의 室町幕府와 德川幕府 시대에 해당한다. 일본사에서는 江戶時代부터 근세로 보지만 편의상 한국사의 시대구분을 따르기로 한다.

들과 교류하였고, 부산의 倭館에는 500여 명에 달하는 일본인이 상주하였다. 이러한 교류와 접촉을 통해 양 국민들은 구체적인 이미지를 형성하게 되었고, 이것은 오늘날까지 양국민의 상호인식의 기본적 틀이 되고 있다.

II. 한국인의 일본관

1. 조선 초기의 세계관과 자아인식 : 華夷觀과 小中華意識

새 왕조를 개창한 조선정부로서는 대내외적으로 자아 정체성을 확립하는 과제가 시급하고도 근본적인 일이었다. 그것은 전근대 동아시아에서 일반적인 현상으로 볼 수 있는 것처럼 華夷·內外의 구분으로 정립되었다.

조선시대 한국인의 대외인식의 기본 틀은 주자학적 세계관에 바탕을 둔 '華夷觀'이었다. 그것이 외교정책으로 나타날 때는 '事大交隣'으로 구체화되었다. 그러나 인식상으로 보면 조선은 나름대로 조선중심의 세계관념을 가지고 있었다. 이러한 자기인식과 세계관의 틀 속에서 일본관도 규정되었다.

조선은 중화주의적 華夷觀과 事大朝貢 체제에서는 '夷狄'으로 분류되지만, 유교문화 면에서는 중국과 대등하거나 버금간다고 자부하면서 스스로 '華'로 자처하였다. 자신의 문화적 정체성을 중심부로 적극 지향하면서 나아가 동일시한 것이다. 조선은 스스로 '小中華'라고 하여 중화인 明과 일체화시키는 한편 유교문화를 갖추지 못한 일본·여진·유구를 타자화해 '夷狄'으로 간주하였다. 이른바 소중화의식이다.

이 시기 조선인의 세계관과 자아인식을 잘 보여주는 것이 1402년(태

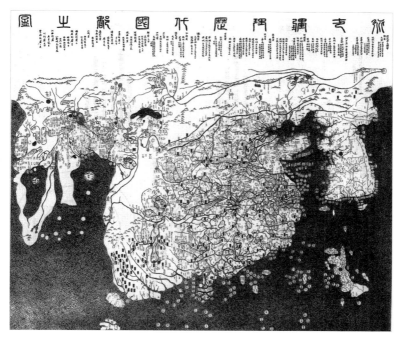

[지도 1] 混一彊理歷代國都之圖(1402년)

종 2) 제작된 「混一彊理歷代國都之圖」(지도 1 참조)이다.

이 지도는 15세기 초반 당시로서는 동서양을 막론하고 가장 뛰어난 세계지도 중의 하나로 평가되고 있다. 이 지도에 나타난 세계의 범위를 보면, 동아시아(중국·조선·일본·유구·동남아제국)뿐만 아니라 서남아시아(인도·아라비아), 나아가서는 유럽과 아프리카를 포괄하고 있다.

그런데 이 지도를 보면 당시 사람들이 생각하고 있었던 세계관과 소중화의식의 모습을 확인할 수 있다. 이것을 그림으로 나타내 보면 「그림 1」과 같다.

中華 : 대중화＝명, 소중화＝조선
夷狄 : 여진·일본·유구
禽獸 : 동남아도서·서역·유럽·
　　　아프리카

[그림 1] 조선전기의 소중화의식

2. 조선 전기의 일본인식

왕조 건국 초기 일본에 대한 관념은 고려말 이래 '倭寇'에 대한 이미지가 바탕에 깔려 있었다. 실제 조선 초기 대일교섭의 목적은 왜구의 진압이었고 모든 정책이 여기에 촛점이 맞추어져 있었다. 한편 일본과 교린관계를 맺으면서 일본에 대해 적극적으로 인식하고자 하였다. 대일사행원들에 의한 상세한 聞見 보고와 일본사행록이 저술되었으며, 중국에서 나온 『日本考略』의 역주본을 간행하기도 하였다.

이 시기 일본인식을 보면, 조선정부는 일본·유구·여진·동남아국가와 교린관계에 있었지만 그 관계를 광의의 '羈縻交隣'으로 인식하였다. 일본에 대해서도 敵禮國으로서 대등하다는 인식도 있었지만 화이관에 입각하여 야만시하는 경향이 강하였다. 막부 장군의 사절인 '日本國王使'에 대한 조선 측의 접대의식도 결코 대등한 것이 아니었다. 조선정부는 日本國王使를 항상 조정의 朝賀儀式에 참가시켰으며, 세종대까지는 朝會時 受職人인 女眞 酋長과 같이 3品 班次에 배열하였다.[2] 琉球國王使

도 마찬가지였다.[3] 그밖에 室町幕府의 왜구에 대한 통제력 부족, 무례한 외교자세, 일본국왕사가 사행시 이익을 구하는 태도, 경제적 지원을 청할 때의 저자세 등도 조선의 일본인식을 악화시키고 멸시관을 초래한 요소였다.[4]

타자인식의 한 상징은 대상에 대한 호칭이다. 조선시대 한국인들은 일본을 '倭'로 표상화하였다. 공식적인 외교문서에는 '日本'으로 표기했지만, 통상 '倭', '倭國', '倭人'으로 부르는 것이 일반적이었다. '倭'는 문화의 저열성과 야만성을 상징화한 것이다. 일반적으로 일본은 '倭寇의 소굴'이라는 이미지가 있었고, 지식인들은 화이관에 입각하여 日本夷狄觀을 가지고 있었다. 한편 조선 초기에는 일본을 소국으로 인식하는 경향이 있었다. 즉 이 시기의 일본인식에는 '일본이적관' 위에 '日本小國觀'도 포함되어 있었다.

1471년(성종 2)에는 申叔舟로 하여금 『海東諸國紀』를 찬술케 하였다. 그러나 『해동제국기』에 나타나는 일본인식은 「혼일강리역대국도지도」의 그것과 비교해 볼 때 상당한 차이가 있음을 알 수 있다.(지도 2 참조)

「혼일강리역대국도지도」는 건국 직후 자신감에 충만한 상태에서 문화자존의식이 반영된 것이고, 그것이 일본인식에도 투영되어 있다. 이에 비해 『해동제국기』는 일본과의 교린관계가 정착된 후 실질적인 교린외교를 뒷받침하기 위한 실용적인 목적에서 편찬된 것인 만큼 냉정하고 객관적인 입장에서 서술되었다. 「序文」에서 밝힌 바와 같이 대일외교를 위해 일본의 역사와 제도 및 풍습을 잘 알아야 한다는 목적으로 만든 것이다. 「海東諸國總圖」「日本本國圖」 등 7장의 지도도 사실에 가깝게 그려졌으며, 구체적이고 실용적인 정보를 수록하고 있다. 신숙주가 「天皇

---

2) 『세종실록』 권28, 7년 4월 10일(기유)
3) 『세종실록』 권54, 13년 11월 10일(경오)
4) 1471년 왕명에 의해 찬술된 『海東諸國紀』와 1501년에 간행된 『西北諸蕃記』는 일종의 '外國列傳'에 해당하는 성격을 띠고 있다.

[지도 2] 『해동제국기』(1471년) 「해동제국총도」

代序」에서 천황이란 호칭과 일본연호를 그대로 사용한 것도 객관적이고 사실적인 인식을 중시한 자세에서 비롯된 것이다. 그런 점에서 『해동제국기』는 조선 초기 객관적인 일본인식을 상징하는 저작이라 볼 수 있다.5)

　그런데 16세기 이후로는 일본이적관과 일본소국관이 더욱 심화되어가는 양상을 보여 준다.(지도 3 참조) 15세기 중반 通信使 파견이 중지됨에 따라 조선정부에서는 일본의 국내정세에 대한 정보가 부족해졌고, 邊方이 안정되면서 일본에 대해 더욱 무관심해졌다. 중종대 이후로는 조선 초기와 같은 적극적인 정보 수집을 바탕으로 한 능동적인 대일정책 대신 명분론과 고식적인 대응책에 집착하였다. 일본인식에 있어서도 실용성과 문화상대주의적 인식에 근거한 신축적인 이해가 결여되는 반면 일본이적관이 경직화되어 갔을 뿐이다.

---

5) 하우봉, 「조선초기 대일사행원의 일본인식」(『조선시대 한국인의 일본인식』, 혜안, 2006) 및 정호훈, 「자신감과 현실감으로 빚어낸 15세기의 세계지도」(『조선 사람의 세계여행』, 글항아리, 2011) 참조.

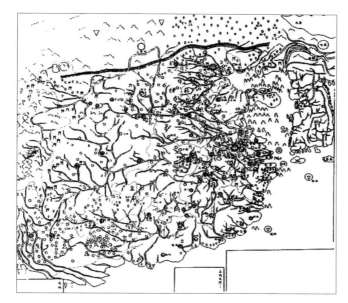

[지도 3] 혼일력대국도강리지도(1526-1534년 추정)

3. 조선 후기의 일본인식

임진왜란으로 일본인식은 보다 구체화되었지만 최악으로 바뀌었다. 7년간의 전쟁체험은 한국인들의 뇌리에 지울 수 없이 각인되었다. 일본은 '不具戴天의 원수'로서 반드시 복수해야 한다는 '萬世怨', '九世復讐說'이 일반화되었으며, 일본인에 대한 호칭은 '倭奴'가 되었다. 이러한 대일감정은 한국민중들에게 일종의 유전자처럼 계승되었다. 오늘날까지 이어지는 일본관의 원형이 된 셈이다. 일본에 대해서는 전쟁을 통해 형성된 '輕生好殺'·'잔인'·'교활' 등의 부정적인 이미지가 강화되었으며, 17세기에 풍미한 조선중화의식에 의해 일본이적관과 대일적개심은 고정화되어 갔다. 17세기 통신사행원들의 일본사행록에 보면 유교적 이념에 맞지 않는 일본의 문화나 풍습은 모두 오랑캐의 습속으로 이해되었다.

　일본에 대한 재인식의 주장이 나온 것은 18세기 중반 실학자 李瀷에
의해서였다. 그는 기존의 화이관에서 벗어나 일본을 연구하고 이해할 것
을 촉구하였다. 문화상대주의에 입각한 개방적 일본인식의 제창이었다.
이에 따라 18세기 후반에 이르러서는 실학자를 중심으로 일본 사회와 문
화에 대해 연구를 하였고, 일본에 대한 인식도 객관적이고 우호적으로
변화해 갔다.[6] 이 점은 매우 주목할 만한 현상이었다. 그러나 그들은 대
부분 소장관료이거나 재야의 학자들로서 정부의 대일정책에 직접적인
영향을 끼치지는 못하였다. 1811년 대마도에서 행해진 '易地通信'을 마
지막으로 통신사행이 두절되면서 19세기 이래에는 일본에 대한 관심과
연구가 쇠퇴하는 경향을 보였다.

Ⅲ. 일본인의 한국인식

1) 室町時代의 한국인식

　室町幕府시대의 韓國觀은 전통적인 관념을 계승하는 측면과 새로운
변화상이 혼재되어 있었다. 시기적으로도 변화가 있으며 朝廷·公家그룹
과 幕府·西國지역의 호족과 상인들 간에도 인식의 차이가 있었다. 후자
의 국제인식 및 한국관이 유연하고 개방적이었지만 지배계층과 민중들
에게 일반화되지는 않았던 것 같다. 이 시기 일본은 조선과의 교섭에 실

---

6) 임진왜란을 거치면서 일본에 대한 관심의 증대와 함께 저술도 대폭 늘어났다.
　조선후기에는 통신사행원에 의한 일본사행록이 40여 편이나 되고, 元重擧의
　『和國志』, 李德懋의 『蜻蛉國志』, 丁若鏞의 『日本考』와 같은 日本國誌的인
　저술도 나온다. 이것들은 상당한 수준을 지니고 있으며 통신사행을 통한 교류의
　성과이기도 하다.

로 적극적이어서 막부의 사절이 70여 회이고, 기타 통교자들의 내빙회
수는 『조선왕조실록』의 기사만으로도 4,800여 회에 달하였다. 특히 高
麗大藏經과 불교문화에 대한 일본인들의 관심은 각별하였다. 고려말 이
래 대장경의 하사를 요청한 사절이 82회에 이르렀으며 결국 3,800여 권
의 대장경이 일본으로 전달되었다.[7]

2. 江戶時代의 한국인식

일본에서도 한국인식에 큰 변화의 계기가 된 것은 임진왜란이었다.
江戶時代 임진왜란에 대한 평가를 보면 두 가지 흐름이 있다. 德川幕
府는 임진왜란을 '명분없는 침략전쟁'이라고 비판하였다. 林羅山·新井
白石·雨森芳洲·貝原益軒 등 유학자들이나 참전한 從軍僧들도 같은 입
장이었다. 慶念이 저술한 『朝鮮日日記』에는 전쟁의 비참함이 절실하게
묘사되어 있다. 한편 참전한 무장의 입장을 반영한 『太閤記』·『朝鮮征伐
記』 등에는 무훈담을 중심으로 戰勝意識이 강조되었다. 本居宣長 등 國
學者들의 경우 임진왜란을 '神功后의 三韓征伐을 계승한 쾌거'라고 예
찬하였다. 임진왜란을 비판하는 막부의 공식적인 입장에도 불구하고 이
러한 의식은 뿌리 깊게 지속되었으며 민중들의 지지를 받았다. 임진왜란
에 참전하였던 세력이 주축이 되어 일으킨 明治維新 직후 豊臣秀吉를
모신 豊國神社가 공식적으로 부활되었으며 그에 대한 평가도 긍정적으
로 바뀌었다.[8]

임진왜란에 대한 인식과 같이 江戶時代의 한국인식도 양면적이었으
며 시간적으로 변하는 양상을 보여주고 있다.

---

7) 하우봉, 「조선전기의 한일관계」, 『강좌 한일관계사』, 1993, 현음사
8) 이에 대해서는 三鬼淸一郞, 「江戶時代における朝鮮役の評價について)」
    (『歷史評論』 373, 1981) 및 崔官, 『文祿·慶長の役)』(1994, 講談社) 참조.

하나는 조선에 대한 문화적 존숭감이다. 임진왜란 이후 조선성리학·
금속활자·도자기 등 조선의 문물이 전래된바 유학자를 중심으로 한 일
본 지식인들 사이에서는 조선문화에 대한 활발한 관심과 함께 존경심을
가지게 되었다. 藤原惺窩 이래의 조선성리학 수용과 退溪學 연구는 막
부말기까지 계속되었다. 退溪學을 중심으로 한 조선성리학은 幕府의 林
家를 비롯해 山崎闇齋의 南學派, 熊本·鹿兒島 등 지방의 유학자들에게
도 전파 계승되었다. 또 포로로 잡혀온 조선의 유학자들이 각 藩에서 유
학을 가르쳤고, 많은 조선본 서적이 복각되었다.9) 18세기 전반까지 일
본인의 한국관에는 경의와 우호적 인식이 많았다. 통신사행에 대한 그
들의 열렬한 반응은 그러한 분위기를 잘 나타내 주고 있다. 藤原貞幹의
『衝口發』에 나타나 있는 한국관도 특기할 만하다. 그는 神國史觀을 부
정하고 고대 이래 한반도로부터의 문화적 영향을 긍정함으로써 국학자
本居宣長과 격렬한 논쟁을 벌이기도 하였다.

또 하나의 흐름은 日本型華夷意識에 바탕을 둔 朝鮮蔑視觀이다.

18세기 들어 조선의 서적유출 금지 조치와 일본의 중국과의 직접적
교류, 德川幕府의 敎學이었던 朱子學의 쇠퇴와 古學·陽明學·國學·蘭學
의 상대적 발전 등의 변화 속에 조선에 대한 관심과 존경심은 점차 사라
지고 대신 『日本書紀』 이래의 전통적인 朝鮮蕃國觀이 되살아났다. 이런
경향은 유학파 안에서도 水戶學派와 新井白石 등에서 싹이 보였으며,
양명학자인 熊澤蕃山·安藤昌益에 이르러서는 더욱 심화되었다. 국학자
들에 이르면 『古事記』『日本書紀』 등 일본고전에 대한 연구를 통해 독
특한 일본문화론과 함께 일본중심의 세계관을 제창하였다. 이른바 일본
형 화이의식으로서 '記紀意識'에 입각해 朝鮮蕃國史觀을 체계화한 것이
다. 이것은 근대 이후 日鮮同祖論과 조선침략론의 바탕을 이루었다.10)

---

9) 旗田巍, 『日本人の朝鮮觀』, 1969, 勁草書房, 12~14쪽.

10) 이에 대해서는 矢澤康祐, 「江戶時代における日本人の朝鮮觀」(『朝鮮史研究
會論文集』6, 1969) 및 旗田巍, 『日本人の朝鮮觀』(1969, 勁草書房), 三宅英

Ⅳ. 특성과 의의

조선시대 한일 양국의 自他認識의 전개양상을 한마디로 요약하면 '朝鮮中華主義[11]와 日本型華夷意識[12]의 대결'이라고 할 수 있다. 양자 모두 이른바 자민족중심주의(ethnocentrism) 현상으로 변방문화의식에서 탈피하려는 시도의 일환이라 볼 수 있다.

조선중화주의가 유교적 기준에서의 문화우월성에 기초한 것이라면, 일본형 화이관념은 군사력에 대한 자신감('武威')과 천황중심의 神國意識이 기반이다. 17세기 초 중국에서 明에서 淸으로 왕조가 바뀌면서 전통적인 화이관념이 무너지고, 각 나라마다 지역 내의 '小中華'를 자처하는 이른바 '華夷變態的 상황'이 전개되었다. 청, 조선, 일본뿐 아니라 베트남에서도 비슷한 움직임이 일어났다. 그러나 그 중에서도 일본형 화이관의 기준은 상당히 독특하고 이질적이다. 그런데 조선중화주의와 일본형 화이의식에는 모두 자민족중심주의의 독선이 내재되어 있었다. 이러한 상반된 自他認識에 의해 표면적 善隣友好와 달리 내면적으로는 대립과 갈등이 누적되어 갔다. 이 의식과 현실의 괴리와 허구성은 19세기 후반 국제정세와 양국간 힘의 균형이 무너지자 바로 현실화되었다.

이 시기 상호인식의 추이를 보면, 한국의 경우 18세기 후반 실학자들에 의해 일본인식이 우호적으로 바뀌어 간데 비해 일본에서는 민족적인 성격이 강화되어 갔다. 19세기에 들어와서는 한국의 경우 개방적인 인식이 후퇴하고 고식적인 대외관으로 변화해 간 반면, 일본은 변화하는

利, 『朝鮮觀の史的展開』(1982, 高塔印刷,) 참조.

11) 조선중화주의 개념과 성격에 관해서는 鄭玉子, 『조선후기 조선중화사상연구』 (1998, 일지사) 및 하우봉, 「조선후기 실학파의 대외인식」(『한국실학의 새로운 모색』, 2001, 경인문화사) 참조.

12) 일본형화이의식의 개념과 성격에 관해서는 荒野泰典, 『近世日本と東アジア』 (1988, 東京大學出版會) 참조.

국제정세에 상당히 적극적으로 대응해 갔다. 하여튼 일본에서는 19세기 이래 한국연구가 활발해지는데 비해 한국에서는 오히려 무관심해지고 연구도 쇠퇴해가는 경향을 볼 수 있어 대조적이다. 그러나 이 시기 일본의 연구가 정치·군사적 관점에서 나온 '침략대상지로서의 한국연구'라는 점에서 문제가 있는 것이었다.

〈토론문〉

「근세 한일 양국의 상호인식」에 대한 토론문

村井章介

（東京大）

하우봉 교수의 보고는 한국사의 근세(조선왕조시대)에서 한일 양국의 상호인식을 소중화의식에 근거하는 夷狄觀·蔑視觀과, 적례의식에 근거하는 實用的·客觀的인 시선이라고 하는 대립축에서 포착하여 다음과 같은 점을 지적했다.

① 중화의 주변이라고 하는 포지선을 공유하는 한일 쌍방의 국제 인식에는, 자민족 중심주의ethnocentrism에 의거하여 변경의 자의식에서 탈피하려고 하는 공통의 지향이 보인다.

② 같은 소중화의식이라고 해도, 한국에서 일본에의 시선은 문화적 우월이라는 자의식에 근거하여 상대를 야만시하는 경향이 강한 것에 반해, 일본에서 한국에의 시선은 무력적 우월이라는 자의식(武威)에 근거하여 상대를 깔보는 경향이 강하다.

③ 사대 교린 외교에 이바지하는 실용적 목적을 가진 『海東諸國紀』에 냉정하고 객관적인 일본 인식이 보이고, 임진왜란을 명분 없는 전쟁이라고 총괄했던 에도막부에게 조선통신사에의 문화적 尊崇과 厚遇가 보이는 등, 上記와 같은 기본적 구도와는 이질적인 경향도 있었지만, 한

편 표면적인 선린우호의 그늘에서 내면적으로는 대립과 갈등이 누적되어 있다.

④ 양국의 상호인식에는 서일본의 호족·상인에게 유연하고 개방적인 조선관이 보이며, 16세기의 조선에서 객관적인 일본관이 희미해져 경직화된 夷狄觀이 횡행하는 등, 시기·장소·계층에 의한 편차가 존재한다.

하우봉 교수의 보고는 500년 이상에 이르는 「근세」의 전시기를 다루면서, 솜씨 좋게 상호인식의 기본적 구도를 움켜잡고 (① ②), 게다가 그것을 자민족 중심주의 일색으로 감추지 않고 자민족 중심주의를 극복하는 계기(③)나 시기·장소·계층에 의한 편차(④)에도 눈을 돌리는 것으로 보다 총합적인 상호인식론을 제출했다.

그러나 선린우호에의 지향은 기본적 구도 가운데서 부분적·예외적인 것으로서 처리되어, 다른 경향이 출현하는 역사적 근거는 논하고 있지 않다. 그 결과, 대립과 갈등을 어떻게 풀어야 좋은 것인가라는 전망이 열려있지 않다. (물론, 우호적 사상만을 집어내어 손쉽게 낙관적 전망을 개진하는 듯한 풍조보다는 훨씬 낫지만.)

또한 이것은 보고의 수비범위 외 일지도 모르지만, 「서론」에서, 일조간에 국교가 없었던 780-1400년을 일본의 「長年의 鎖國 상태」라고 파악하고, 「중국 중심의 국제 질서」라는 관계에 좁혀서 「상호인식」을 논한다고 言明되어 있는 것은 신경 쓰인다. 보고자도 강조하는 15세기 일본열도에서의 다양한 도항자 쇄도는 조선왕조의 정책 전환에 의한 것이라고는 해도, 그 이전의 「왜구시대」부터의 연속성이 없이는 이해할 수 없다. 상호인식을 논하는 때의 최우선 지표로서 국교의 유무에 관한 것을 꺼내는 것은, 중국의 연구자에게도 공통적으로 보이는 시각이지만, 상호인식을 전체적으로 이해하기 위해서는 障害가 되는 것이 아닐까.

보다 개별적인 논점에 관해서는 이하와 같은 의문이 있다.

(a) 2 -1)에서 15세기 초두의 「혼일강리역대국도지도」를 <中華(小中華)－夷狄－禽獸>이라고 하는 동심원적 세계관 (그림 1)에 적용하여 해석하고 있지만, 이 지도에 그와 같은 구분이 명료하게 그려져 있는 것인가. 「가장 훌륭한 세계지도의 하나」라는 보고자 자신의 평가와도 모순되는 것은 아닌가. 한편 『海東諸國紀』의 日本図에도 주변을 異界로 취급하는 의식은 명료하게 알 수 있다. 두 개 지도의 거리는 하우봉 교수의 보고가 말하는 정도로 멀지 않다.

(b) 2 -2)의 주에서 「1501년에 간행되었던 『西北諸蕃記』」라는 것은, 「1504년에 간행(이 認可)되었던 『西國諸藩記』」의 오류. 이 서명은 왕조 실록 중 「燕山君日記」 10년 3월 辛未條에만 나타나 있는 것 같은데, 『海東諸國紀』와 동등의 평가가 가능한지 아닌지 의문이다.

상호인식의 비교

關 周 一
(筑波國際大)

서론

본고는 중세의 일본인들이 조선을 어떻게 인식하고 있었는가, 조선 왕조 전기의 사람들이 일본을 어떻게 인식하고 있었는가라고 하는 상호 인식에 대해서 고찰한다.

국제인식, 이국인식(외국에 대한 인식), 대외인식이라고 하는 주제를 연구하는 방법에 대해서, 田中健夫는 '사료에 전해지는 대외인식은 모 두 부분적인 인식, 개인적인 인식의 集積에 지나지 않는 것을 자각하는 것으로부터, 집단이나 지역의 공통의 대외인식의 해명이 시작된다.'라는 것을 지적하고, '인식주체가 어떤 지역인지, 어떤 사회층인지, 어떤 역사 를 경험했고 어떠한 의도(利害의 의식)를 가진 인물인가 하는 것을 특정 하지 않는 한, 『일본 무사의 조선관』, 『조선 관료의 유구관』 같은 총체 적인 표현을 가볍게 해서는 안 된다.' 라고 하며, 개인에 의한 부분적 인 식을 일반화·추상화하는 것에 대해 엄중하게 경고하고 있다. 그리고 '개 인의 인식은 소속된 국가·민족·지역·계층·집단 등의 공통된 의식이지 만, 그곳에서 실시되는 교육의 영향을 받아, 규제를 받고 있다.'라는 것

을 지적하고 있다. 그리고 국제인식에서는 독선·독단·편견이 반드시 포
함되어 있으며, 또한 오해나 곡해가 숨어 들 여지가 있다고 생각해야만 한
다라고 말하고 있다.[田中 1997, 75~83쪽].

본고에서는 田中의 제언에 따라 상호인식은 특정 개인의 부분적 인
식의 集積이라고 하는 사고방식에 기초하여 논해가고 싶다. 하지만 필
자의 능력으로는 제한된 지면 가운데 분석대상인 개인의 인식을 그 경
험이나 의식 등을 되짚어가며 깊게 분석하는 것은 불가능하다. 그래서
15세기를 대상으로 하여 무로마치 막부와 조선왕조의 ① 외교의례 ②
상대국의 사회에 관한 정보의 수집 등을 검토하고, 또한 일본에 대해서
는 大內氏 등 다이묘의 인식에 대해서도 언급하고 싶다. 이것에 의해 국
가나 집단에 속하는 사람들에게 많이 찾아볼 수 있는 상호인식의 경향
을 지적할 수 있을 것이라고 생각한다. 또한 조선 사절이 일본인이나 그
사회·문화 등에 직접적으로 접촉한 것이 일본에 대한 인식을 변화시켰
던 것을 소개하고 싶다.

I. 무로막치 막부와 다이묘의 조선인식:
정치적 연출과 문화

일본 고대의 율령국가의 외교이념은 唐을 모방하여 자신들을 中華로
평가하고 唐을 「이웃국가」로서 일본과 대등하게 생각하며, 신라·발해를
「번국」으로 만들어 조공국으로 취급하고, 蝦夷이나 隼人을 「夷狄」라고
평가하는 것이었다. 다만 국제관계에서는 이 이념대로 행해지는 것은 아
니다. 遣唐使는 唐에서 조공의 사절로서 취급되었으며, 신라나 발해는
唐과의 관계에 따라 일본에게의 자세를 변화시키고 있다.

조선을 일본보다도 낮게 보는 인식은 그 후의 조정이나 무로마치 막

부에서도 계승되고 있다. 이러한 의식을 村井章介는 「조선멸시관」이라고 부르고 있다.[村井 1988]. 이 의식은 무로마치 제도에서 조선 사절을 引見하게 된 장군 足利義敎의 시기 이후, 외교 의례를 행하는 장소에서 명료하게 나타난다.[橋本 2011]

1439년 「고려통신사」의 高得宗은 「南面」하는 義敎에 대해 삼배하고 국서를 奉呈하고 있다.(『蔭凉軒日錄』 永享 11년 12월 16일 條). 「南面」하는 것은, 使節보다 상위에 서는 것을 가리킨다. 1443년 일본에 왔던 조선통신사 卞孝文의 入京을 허가할 것인가, 말 것인가를 논의하던 때에 조정은 신공황후에 의한 삼한정벌의 故事를 인용하였고(『康富記』 嘉吉 3년 5월 6일 條), 또 어떤 귀족은 이 통신사를 「高麗國朝貢使」라고 기록하고 있다.(『建內記』 嘉吉 3년 6월 23일 條) 相國寺에서의 足利義敎를 문상하는 제례(조선의 의례로 행해졌다)가 끝난 후, 통신사와 管領畠山持國 (足利義勝의 대리)가 대면하게 되었지만 그 때, 막부 측이 「管領北側, 使者東側」를 주장했던 것에 대해(管領이 南面), 통신사측은 「管領西側, 使者東側」을 주장하며 양보하지 않았는데, 이는 飯尾貞連의 「管領東側, 使者西側」이라는 타협안으로 결정되었다.(『世宗實錄』 권102, 25년 10월 甲午條, 『成宗實錄』 권101, 10년 2월 丙申條)[村井 1988]

이와 같이 상대국을 낮게 보는 자세는 일본에게만 보이는 사상은 아니다. 橋本 雄이 지적하고 있는 것과 같이 중국이나 그 주변 여러 국가는 외교의례라고 하는 정치적인 장면에서 來航해 왔던 외교사절을 조공사절로 취급하는 것과 같은 自國을 상위로 보려고 하는 연출을 자주 행하기 때문이다.(이 점은 다음 절에서 보는 조선왕조도 같다)[橋本 2011, 263~264쪽]

그리고 막부나 조정의 사람들의 의식에서 유의하고 싶은 것은 조선에 대한 평가, 특히 문화에 대한 평가가 낮은 것은 아니라는 것이다. 첫 번째로, 조선의 문화에 대한 욕구를 전제로 하고 있지만 조선왕조를 교섭상대의 자격이 있다고 인식하고 있기 때문에 사절의 入京을 인정하고, 그들을 맞이하는 정치적인 연출의 장소를 마련하고 있는 것이다.

두 번째로 조선에서는 고려판대장경이나 범종, 도자기 등 여러 가지 문물이 수입되었는데, 그것은 많은 사람들이 그것에 높은 가치가 있다고 평가하고 있기 때문이다. 일본의 절과 신사의 수요에 따라서 대장경이나 각종 경전을 요구했던 것은 그 입수의 용이함뿐만 아니라 그 인쇄가 훌륭하다는 것을 평가했기 때문일 것이다. 또한 호피나 표범의 가죽 등도 진귀하게 여겨져 다이묘들의 사이에서 선물로 서로 주고받는 물품이 되었다. 중국 등에서의 고급 수입품(舶來品)이라고도 불렀었지만, 조선에서의 수입품도 唐物으로서 평가되었던 것으로 생각할 수 있다.[關 2002 a]. 우수한 조선 문물을 통하여 조선은 수준이 높은 문화를 가진 나라라고 하는 인식이 막부나 조정의 사람들에게 널리 퍼졌던 것은 아닐까. 이 인식은 高橋公明이 말하는 「朝鮮大國觀」과 대등하다.[高橋 1982].

이와 같이 조선의 문화 수준을 높게 평가하고 있었기 때문에 막부나 조정의 사람들은, 일본은 문화적 수준이 높은 조선보다도 우위에 있어야만 한다는 이념을 강하게 가지게 되었던 것이 아닐까.

조선 문화가 높게 평가되고 있었다고 생각한다면, 서일본의 유력 다이묘인 大內氏가 백제왕의 손자라고 주장했던 것도 이해하기 쉽다. 須田牧子에 의하면 大內氏는 조선왕조와의 교섭에서 다음의 3가지의 계획에 의해 그 先祖觀을 비대화시켰다고 말한다. 첫 번째로 1399년 大內義弘은 가계나 출신을 나타내는 문서와 「土田」을 요구했다. 두 번째로, 1453년에 大內敎弘이 大內氏는 백제 왕자인 琳聖太子의 후손이라고 칭하고, 『琳聖太子入日本之記』라고 하는 書物을 조선에 요구했다. 세 번째로 1485년 大內政弘이 「국사」를 조선에 요구했다. 이것들은 조선왕조와의 교섭을 원활하게 진행하기 위한 것으로서, 두 번째의 계획에서는 조선왕조는 大內氏를 같은 계통이라고 인식하고, 大內氏에게 通信

符를 만들어 주었다. 그러는 한편, 大內氏는 백제 왕자의 손자설을 大內氏의 領國와 京都에게도 전하고 있다. 이 先祖觀은 大內氏의 권력을 정통화 시켜주는 것이라고 기대 받고 있었기 때문이며, 오히려 일본 국내에 선전하기 위해서 이 설을 만들어낸 것이라고 생각할 수 있다.[須田 2011].

또한 빈번하게 조선에 사절을 파견했던 대마도의 宗氏는 足利 장군의 신하라는 입장과 조선 국왕을 수호하는 「東藩」이라고 하는 두 개의 입장을 가지고 있었다.[關 2002 b·2008 ab·2011].

前述 했던 것과 같이 일본에 전래되었던 조선의 문물로부터 조선에 대한 인식이 깊어졌다고 생각할 수 있지만, 구체적인 조선 정보를 집성하려고 하는 시도가 일본의 사료에서는 거의 보이지 않는다. 15세기에 무로마치 막부나 다이묘의 사절을 맡았던 禪僧이나 상인, 왜구들이 조선을 방문했던 일본인은 일본을 방문했던 조선인(외교사절이나 표류인 등)보다도 많지만 그들이 입수했던 조선 국가나 사회에 관한 정보를 막부나 조정에서 집성된 흔적은 거의 없다. 『善隣國宝記』는 日朝간의 외교문서를 모으긴 했지만, 그곳에 조선에 관한 정보를 기술하려는 의도는 전혀 없었다.

Ⅱ. 조선 국왕·관인의 일본인식: 일본정보의 수집

먼저 확인해두고 싶은 것은 조선왕조의 대일외교는 왜구의 제압이라고 하는 점에서 개시된 것이다. 1350년 이후, 조선반도의 각지를 습격한 왜구(일본의 연구에서는 전기 왜구라고 칭함)는 조선 사회에 심각한 피해를 가져왔다. 조선왕조는 무로마치 막부나 九州探題, 大內氏나 宗氏들의 다이묘들에게 왜구의 제압이나 피로인의 송환을 기대하면서도, 각각의 외교관계를 성립시켰다. 조선왕조 초기 국왕이나 관료, 민중에게는 일본에 대해서 최초로 상기되는 것은 왜구였으며, 일본을 '負'의 이미지로 인식하고 있었다고 생각된다. 『朝鮮王朝實錄』에서는 「倭奴」라고 하는 표현마저 보인다.

다음으로 조선왕조는 궁중의례의 장소에서 일본의 사절을 어떻게 대우할 것인가에 대해서 高橋公明의 연구에 기초하여 설명해둔다.[高橋 1982]. 1399년 「日本國大將軍」 足利義滿이 파견했던 사절은 성종에게 알현할 때 四品의 席次에 따라 배례를 행했다. 이 때는 義滿이 명의 황제에게 책봉되기 이전의 일이었지만 建文帝에게 책봉된 후에 파견된 「日本國王」(足利義滿)의 사절은 五品의 대우였다. 궁정의례가 정식화되었다고 하는 世宗期의 「五禮」(『世宗實錄』 수록)에서는 일본·유구 등의 국왕 사절은 종2품의 대우를 받았으며, 殿上의 끝자리에서 국왕에게 拜謁 할 수 있었다. 또한 大內氏·宗氏들의 사절 가운데에서 上官人(正使)·副官人(副使)은 종5품, 押物·船主는 종6품, 伴從은 정7품으로 대우한다고 규정되어 있다. 그러나 실례를 보면 일본국왕사는 전부 「西班」「三品」의 대우였다. 高橋는 조선왕조는 한결같이 일본 사절을 낮게 보고 있는데, 그것은 조선측이 일본을 낮게 보고 있는 觀念의 끈질김을 나타내는 것이라고 말하고 있다. 그 관념이 나타나게 된 요인으로서 高橋는 조선측이 무로마치 막부의 弱体觀을 들고 있지만 왜구·負의 이미지와 같이, 일본에게 우위에 서고 싶다고 하는 의식을 고려할 필요가 있을 것이다.

조선왕조는 왜구에 대한 경계심도 있었기 때문에 일본 사회의 정보를 수집하고 있었다.[關 1999, 須田 2010]. 그 주요한 情報源은 ① 일본에 파견했던 사절(회례사·통신사)의 귀국 보고(사절이 견문했던 것이나 傳聞 정보)나 그들이 지은 한시 ② 일본에서의 외교문서(일본국왕으로부터의 국서나 서계) ③ 일본의 使者(使送倭人)나 향화왜인(조선왕조에 귀

화했던 왜인)의 발언 ④ 왜구의 포로가 된 사람(被虜人)이나 표류인의
견문 ⑤ 일본에서 초래했던 문물·저작(『庭訓往來』『応永記』나 지도 등)
이다[關 1999]. ①은 종사관이 일기에 기록하여 귀국 후 復命書를 작성
하여 국왕에게 제출하는 것을 원칙으로 한 것이라고 생각된다.(『世宗實錄』
권86, 21년[1439] 7월 己酉條)[關 1999].

조선왕조는 다양한 일본 정보를 모으고 있었던 것이며, 상기의 ①~
④는 『朝鮮王朝實錄』에 기록되어 있다. 전술했던 것과 같이 조선 정보
가 분석된 대로 集積되지 않았던 동시기의 일본과는 큰 차이점이다. 이
와 같은 일본 정보를 체계화했던 것이 신숙주의 『海東諸國紀』이다.

①의 귀국 보고에서 자주 조선과 일본을 비교하는 기술이 보인다.
조선왕조는 그 가운데 조선보다도 일본이 두드러진 기술을 도입한 것
이 있었다.

1428년 일본에 파견된 통신사 朴瑞生은 다음 해에 귀국해서 15개조
에 달하는 復命書를 제출했다.(『世宗實錄』 권46, 11년 12월 乙亥條). 朴
瑞生은 특히 일본의 水車의 성능을 높게 평가하고, 동행하고 있던 학생
인 金愼에게 그 장치를 조사시켜 귀국 후 그 도입을 강하게 세종에게
제언했다.(『世宗實錄』 권52, 13년 6월 乙未條). 박서생이 본 일본의 水
車는 自轉揚水車이고 물이 흐르는 속도를 이용하여 水車를 돌려 물을
끌어올려 上部에 물을 흘려넣는 것이었다. 세종은 그 제안을 채용하여
각지에서 水車를 만들게 했지만 기대했던 성과를 올리지는 못하고 폐지
되었다.[田中 1982, 關 2010].

또한 박서생은 前述했던 復命書의 가운데에서, 일본과 조선의 시장
의 차이에 주목하고 있다. 일본에서 상인은 처마의 아래에 판자를 사용
하여 層樓(棚)를 설치하고 그 위에 상품을 놓아두고 있다. 그 때문에 먼
지로 더럽혀지는 일이 없으며, 사는 사람도 상품을 보기 쉽고 또한 귀천
을 따지지 않고 시장에서 물건을 사서 먹고 있다. 그것에 비해 조선의

시장에서는 건조하거나 습한 생선과 고기 등의 먹을 것은 모두 먼지와 흙 위에 두고 앉거나 걸으면서 판매하고 있다. 박서생은 일본의 예와 함께 한성시가에 처마를 만들어 선반을 두어 그 위에 상품을 두는 것 등을 제안하고 있다.

하지만 1443년에 통신사 卞孝文과 동행했던 李仁畦는 1479년 성종이 일본의 사정을 물었을 때 「일본의 시장은 조선과 매우 비슷하지만 일본의 토지는 메말랐으며, 백성이 가난하기 때문에 상품은 해산물뿐이었다」라고 대답하고 있다.(『成宗實錄』권101, 10년 2월 丙申條). 시장에서 해산물이 팔리고 있는 것을 일본의 가난함을 나타내는 것으로 보고 있다. 일본에서 무엇인가를 배우려고 하는 것과 같은 자세는 느껴지지 않는다.

이와 같이 똑같이 일본의 시장을 보고 있어도 그 평가는 정반대이다. 사절 개인의 관심에 의해 관찰하는 내용이나 평가는 크게 차이나는 것이다. 이것은 시기의 차이에 의한 부분도 있다. 15세기 초기의 사절은 다양한 사상에 관심을 가지고 일본 사회를 적극적으로 평가하려고하는 志向이 보인다. 15세기 이후, 대체로 관심은 저하되고 일본 사회의 負의 측면을 강조하는 경향이 보인다. 15세기 초기는 일본의 정세를 주시할 필요가 있고 또한 건국한지 얼마 되지 않았던 때라는 것도 있기 때문에 바깥 세계를 보는 活力도 높았을 것이다. 그러나 15세기 중기 이후는 주변과의 외교관계도 안정되고 조선의 관리는 바깥 세계에 대한 관심을 차츰 저하시키고 있었다. 그것이 일본 사절의 관찰에도 나타난 것이 아닐까. 이것은 삼포의 난의 하나의 원인이 되었으며, 삼포 항거왜인에 대한 관리들의 강경자세에도 연결되는 것으로 생각된다[關 1999].

Ⅲ. 교류를 통한 인식의 변화

상대국에 건너가서 현지의 사람들과 교류하는 것에 의해 그 인식에 변화가 생길 수 있다. 1419년 応永の外寇(대마도 정벌)의 다음 해에 일본에 파견되었던 宋希璟(1376~1446)은 그 기행을 『老松堂日本行錄』이라는 漢詩文集에 정리하고 있다. 이 기록에서 송희경의 해적에 대한 의식의 변화를 좇아가 보자[關 2005].

고려 말인 1376년 公洪道 連山縣(현재의 충청남도 논산군 연산면)에서 태어난 송희경의 유년기는 왜구의 활동이 활발한 시기였다. 송희경은 해적(왜구)에 대한 공포심을 강하게 가지고 있었다.

부산을 출항하여 대마도에 도착한 송희경은 「漁舟」를 읊은 한시에서 이 배를 「물고기를 잡아 도둑질을 하는 배」라고 표현하고 있다. 壹岐의 勝本이나, 壹岐에서 博多로 향하는 도중에는 博多에서 마중 나온 작은 배가 「화살과 같이」질주해 왔기 때문에, 해적이라고 오인하고 있다.

豊前國이 해적의 거주지임을 들은 송희경은 밤중에 북측에서 온 작은 배를 해적선으로 오해하고, 또한 주변의 산 위에서 꿩의 울음소리를 흉인이 내는 소리라고 의심하여 옷을 벗지 못하고 잠드는 것이 불가능했다.

周防國에서 安芸國에 향하는 바다 가운데에서 해적선과 만났다. 그 배는 「빠르기는 화살과 같이」였으며, 송희경 일행은 즉시 무장하고 있었다.

이와 같이 往路에서는 해적을 두려워하고 있었던 송희경이었지만 京都에서의 무로마치 막부와의 교섭을 끝낸 귀국길에서 또 다시 해적을 만났다.

무로마치 막부는 遣明船이나 明・朝鮮王朝・琉球船에 대한 경고를 守護를 통하여 莊園의 사람들에게 부담시키거나(守護役), 나중에는 항로 연안의 영주들에게 직접 경고명령을 내고 있었다. 그러는 한편, 막부의 명령이 닿지 않는 해역에서는 해적에 의한 호송(라고 불린다)이 행해졌다[須田 2011, 橋本 2011, 關 2012].

『老松堂日本行錄』의 기술에 의하면 瀨戶內海에는 동서의 해적이 있는데, 동쪽에서 서쪽으로 향하는 배가 東賊 한 명을 태우고 있다면 西賊은 이것을 습격하지 않으며 또한 서쪽에서 동쪽으로 향하는 배가 西賊한 명을 태우고 있다면 東賊은 습격하지 않는다고 하는 룰이 있었다.

송희경 일행은 安芸國에서 東賊 한 명을 태우기로 하고 송희경과 동행하고 있던 博多 상인이 錢七貫을 해적에게 건넸다. 이 때 승선했던 해적의 우두머리인 승려의 기거는 다른 해적과는 달랐는데, 조선인과 다르지는 않았다. 그 때문에 희경은 기뻐하며 우두머리에게 응대하여 그의 요구에 응하여 그의 안장을 보여주고 있다. 그리고 우두머리의 권유에 응하여 배에서 내려서 차를 마시기 위해 우두머리의 집에 가기로 했다. 하지만 희경과 동행하고 있는 博多의 表三甫羅에게 저지당하여 배에서 내리지 않았다.

저 정도로 해적을 두려워하고 있었다는 것에 반해, 희경의 쪽에서 해적의 가운데에 들어가려고 했던 것이다. 게다가 희경은 동행하고 있던 押物 金元을 통해서 우두머리가 조선의 배는 錢物이 없기 때문에 보물을 실은 琉球의 배를 습격하자고 한 사실을 이야기한 것을 들은 후의 것이다(무엇보다도 그렇기 때문에 자신들이 습격당할 위험성은 없다고 생각한 것일지도 모르지만).

결론

본고에서는 다음의 여러 점들을 논했다. (1) 무로마치 막부와 조선왕조 쌍방에 사절을 맞이하는 외교 의례의 장에서, 상대국을 낮게 보는 자세를 볼 수 있었다. (2) 일본에서는 조선의 문물(그것을 일반적으로 조선 문화)에 대한 평가는 높았다고 생각되지만 그것은 무로마치 막부의 사람들의 (1)의 의식을 변화시키는 것에는 이어지지 못하고, 오히려 조선에게 우월감을 나타내려고하는 경향을 강하게 한 것은 아닐까. (3) 大內氏는 자신들을 백제왕의 자손이라는 설을 일본 국내에 향해 선전했다. (4) 일본에서는 조선에 관한 정보가 막부에 의해 집약되지 않았다는 것에 대해 조선왕조는 다양한 일본에 관한 정보를 수집하고, 일본의 우수한 기술을 도입하는 일도 있었다. 하지만 사절 개개인 마다 일본 사회의 평가는 달랐다. (5) 송희경이 일본에서의 교류를 통해서 해적에 대한 공포감을 극복하고 친근감마저 보여주게 되었다.

보고를 준비하면서 통감했던 것은 일본에서 상호인식에 관한 기초적인 연구가 부족하다는 것인데, 일본과 조선과의 비교가 가능한 소재에는 편향성이 있었다. 이후도 여러 가지의 각도에서 이 테마에 관한 연구를 진행해가고 싶다고 생각하고 있다.

〈인용·참고문헌〉

金光哲, 1999, 『中近世における朝鮮觀の創出』, 校倉書房
須田牧子, 2010, 「朝鮮使節·漂流民の日本·琉球觀察」(荒野泰典·石井正敏·
　　　　村井章介編, 『日本の對外關係 4 倭寇と「日本國王」』, 吉川弘文館)
須田牧子, 2011, 『中世日朝關係と大內氏』, 東京大學出版會
關 周一, 1999, 「朝鮮王朝官人の日本觀察」 『歷史評論』 第592号
關 周一, 2002a, 「唐物の流通と消費」 『國立歷史民俗博物館研究報告』 第
　　　　92号
關 周一, 2002b, 『中世日朝海域史の研究』, 吉川弘文館
關 周一, 2005, 「渡航記からみた交通史研究の課題」 『交通史研究』 第56号
關 周一, 2008a, 「日本から見た對馬の領土問題」 韓日關係史學會編, 『東

アジアの領土と民族問題』, 景仁文化社

關 周一, 2008b, 「中世の日朝交流と境界意識」 『交通史研究』 第67号

關 周一, 2010, 「『朝鮮王朝實錄』にみる國家と境界の技術交流」 研究代表者 小野正敏, 平成18年度~平成21年度 科學研究費 補助金 基盤研究(A), 『中世東アジアにおける技術の交流と移轉－モデル, 人, 技術』

關 周一, 2011, 「アジアから見た日本の境界」 竹田和夫編, 『古代·中世の境界意識と文化交流』勉誠出版

關 周一, 2012, 「武家政權と『唐船』－寺社造營料唐船から遣明船へ－」 山本隆志編, 『日本中世政治文化論の射程』, 思文閣出版

高橋公明, 1982, 「外交儀礼よりみた室町時代の日朝關係」 『史學雜誌』 第91編 第8号

高橋公明, 1985, 「室町幕府の外交姿勢」 『歴史學研究』 第546号

高橋公明, 1987, 「朝鮮遣使ブームと世祖の王權」 田中健夫編, 『日本前近代の國家と對外關係』, 吉川弘文館

田中健夫, 1987, 『對外關係と文化交流』, 思文閣出版

田中健夫, 1997, 『東アジア通交圏と國際認識』, 吉川弘文館

橋本 雄, 2011, 『中華幻想』, 勉誠出版

村井章介, 1988, 『アジアのなかの中世日本』, 校倉書房

〈토론문〉

「상호인식의 비교」에 대해서

신 동 규

(동아대학교)

오늘 발표해주신 세키 슈이치(關周一) 선생님은 다년간 중세 한일관계사와 대외관계사 분야에 많은 성과를 발표하고 계시는데, 이런 의미 있는 자리에서 선생님의 토론을 맡게 되어 송구스러움과 함께 선생님을 비롯한 주최 측에 감사의 말씀을 우선 드리고 싶다. 본고는 15세기 무렵 무로마치(室町) 막부와 조선왕조 사이의 외교의례, 그리고 당시 사회에 대한 양국의 정보를 비롯해 일본의 오우치씨(大內氏) 등과 같은 다이묘들에게 내재된 조선인식의 토대를 심도 있게 고찰한 것으로 이와 관련된 한일관계사 분야에 관심을 가지고 있던 토론자에게는 많은 공부가 되었고, 또 관련 학자들에게도 매우 유익한 논문이라고 생각됩니다. 다만, 몇 가지 점에서 추가적인 설명을 다음과 같이 부탁드리고자 한다.

첫째, "15세기 중기 이후는 주변과의 외교관계도 안정되고 조선의 관인의 바깥 세계에 대한 관심을 차츰 저하시키고 있었다. 그것이 일본 사절의 관찰에도 나타난 것이 아닐까. 이것은 삼포의 난의 하나의 원인인 삼포 항거왜인에 대한 관리들의 강경자세에 연결되는 것으로 생각된다."라는 발표내용이 있습니다. 그러나, "조선 관인의 바깥 세계에 대한 관심 저하"와 "일본사절의 관찰"과의 관계, 또 이러한 것들이 "삼포의 난의 하나의 원인인 삼포 항거왜인에 대한 관리들의 강경자세"와 어떻게 연결되어지는지, 조금 상세한 설명을 부탁드립니다. 일반적으로 삼포 왜란은 당시 조선 국내에서의 '중종반정'에 의한 정치개혁의 일환으로서 삼포에 대한 외교적 혜택이 축소된 것, 삼포의 恒居倭에 의한 조선정부에 대한 과도한 무역확대의 요청, 나아가서는 조선의 왜구대책의 일환으로서 행해진 삼포에 대한 강경책 등이 말해지고 있는데, 이러한 원인들과의 관계 속에서 선생님의 의견을 듣고 싶다.

둘째, 첫 번째의 문제를 조금 더 확대 해석하면, 조선에는 전통적으로 '왜구＝일본인'이라는 조선 군관민의 일본인식이 강하게 작용하여 삼포에서의 통제로 전이되었고, 이것이 15세기 당시 조선의 일본에 대한 이른바 '日本觀'의 기본적인 토대가 되었던 것은 아닌가라는 생각된다. 선생님의 발표문의 제3장에서 『老松堂日本行錄』을 예로 들어 "「漁舟」를 읊은 한시에서 이 배를 '물고기를 잡고, 도둑질을 하는 배'라고 표현하고 있다."라고 한 부분에서도 '왜구＝일본인'이라는 인식이 내포되어 있다고 생각되는데, '왜구＝일본인'이라는 측면에서 선생님의 견해를 듣고 싶다.

셋째, 본 발표문에서 "무로마치 막부와 조선왕조 쌍방은 사절을 맞이하는 외교 의례의 장에서, 상대국을 낮게 보는 자세를 볼 수 있었다."라는 것은 당시 조일 양국의 상호인식이라는 점에서 적합한 결론이라고 생각된다. 다만, 본고에서도 언급이 되었지만, 오우치씨(大內氏)의 사례에 보이는 바와 같이 당시 일본인들은 한반도계 도래인의 후손이라는 것(본고에서 말하는 '先祖觀')을 자기 권력의 정통화에 이용한 반면, 조선에서는 이러한 사례가 거의 볼 수 없다. 물론, 일본인의 한반도로의 귀화 내지는 도래에 대한 사례를 명확히 규명하는 것이 전제되어야만

한다고 생각합니다. 그러나 당시는 물론이지만, 일반적으로도 역사적으로도 일본인과의 관련성을 금기시하는 조선의 대 일본인식을 어떻게 평가해야 하는지, 조일상호인식의 특징이라는 측면에서 선생님의 의견을 들려주시면 감사하겠습니다. 이상입니다.

양국의 外交政策과 使節

조선전기 대일 외교정책과 사절 파견
한문종 / 木村拓

무로마치 막부의 대조선외교
橋本 雄 / 金普漢

조선후기 대일 외교정책과 외교사절
홍성덕 / 木村直也

에도 막부의 외교 정책과 외교사절
鶴田啓 / 장순순

조선전기 대일 외교정책과 사절 파견

한 문 종

(전북대학교)

I. 머리말

조선전기 대일외교의 핵심은 고려말부터 극심해진 왜구의 침입을 저지하고, 조선에 도항하는 통교왜인을 통제하는 것이었다. 이를 위해 조선정부는 건국초부터 다양한 왜구대책을 실시하는 한편 통교왜인이 대한 통제책을 정비하였다. 이러한 조선초기 대일 외교정책에 대한 연구는 일제강점기 일본인 학자들에 의해서 시작되었으며, 오늘날까지 지속되고 있다. 반면에 한국에서의 연구는 1960년대에 본격적으로 이루어졌으며, 1990년대 초반부터 활성화되었다. 그 결과 질적으로나 양적으로 많은 연구성과들이 나타났다.

본 발표에서는 기존의 연구를 토대로 먼저 조선정부가 실시하였던 왜구대책의 내용과 성과, 대마도정벌의 의의를 간략하게 정리하려고 한다. 이어서 통교왜인의 증가에 다른 왜인통제책의 실시배경을 살펴보고, 문인제도와 계해약조를 중심으로 왜인통제책을 고찰하려고 한다. 마지막으로 조선정부가 일본에 파견한 사절의 명칭 및 파견대상, 파견시기 등을 정리하고 그 시대별 지역별 특징을 검토하려고 한다. 이를 통해서

조선전기 대일외교의 특징과 성격을 보다 명확하게 규명할 수 있을 것
으로 기대한다.

Ⅱ. 대일 외교정책

1. 왜구대책의 실시와 대마도정벌

1350년(충정왕 2)부터 격심해진 왜구의 침입은 홍건적의 침입과 더
불어 고려왕조를 몰락시키는 주요한 요인의 하나였다. 따라서 왜구문제
는 조선정부가 해결해야 할 가장 시급한 외교현안이었다. 이를 위해 조
선에서는 고려말의 왜구대책을 계승하여 수군과 병선의 증강을 통한 海
防의 대책을 충실하게 하였다. 또한 막부장군이나 대마도주 등에게 사신
을 파견하여 왜구의 금지와 被擄人의 쇄환을 요청하는 등 다원적인 교
섭을 진행하였다. 다른 한편으로는 조선에 투항한 왜구의 우두머리나 왜
구의 진압에 공이 많은 자, 그리고 제련술·조선술 등의 기술을 가진 향
화왜인에게 관직을 제수하는 등의 회유책도 병행하였다.

조선정부의 다양한 왜구대책과 일본 국내정세의 안정으로 왜구는 점
차 使送倭人·興利倭人·向化倭人 등 평화적인 통교자로 전환되어 갔다.
그 결과 1409년(태종 9)을 전후하여 왜구의 침입은 급격히 감소한 반면
일본 각 지역으로부터 도항하는 '통교자'는 점차 증가하였다. 1418년(태
종 18) 왜구의 통제에 적극 협력하였던 대마도주 宗貞茂가 죽고 나이어
린 宗貞盛이 도주직을 계승하였다. 그러나 왜구의 우두머리인 早田左衛
門大郞가 도내의 실권을 장악하고 왜구의 침입을 묵인하자, 흉년으로
생활이 궁핍하였던 대마도인들이 조선과 중국의 연안을 자주 침입하였
다. 이에 태종은 1419년(세종 원년)에 왜적선이 서해안(연평곶)에 침입한

사건을 계기로 대마도정벌을 단행하였다.

대마도정벌은 ①왜구에게 커다란 타격을 주어 그들의 침략을 근절시키는 계기가 되었으며, ②조선정부가 왜구에 대한 자신감을 갖게 되어 대일외교 체제를 주도적으로 정비하고 운영하는 계기가 되었다. 그리하여 서계를 비롯하여 도서·문인제도·계해약조 등의 왜인통제책을 실시할 수 있었다. ③대마도정벌을 계기로 대마도가 경상도의 속주로 편입됨에 따라 조선에서는 대마도를 동쪽의 울타리로 인식하는 대마번병의식(對馬藩屛意識) 내지는 대마속주의식(對馬屬州意識)이 일반화되었다. 이러한 조선의 대마인식은 대마도를 조선중심의 외교질서 즉 기미관계(羈縻關係)의 외교체제 속에 편입시키는 정신적인 기반이 되었다. ④ 대마도가 조일외교의 중간세력으로 급부상하는 계기가 되었으며, 이후 조일간의 외교관계는 대마도와의 관계라고 할 수 있을 정도로 중시되었다.

이처럼 대마도정벌은 왜구의 침략을 근절시키는 계기가 되었으며, 1443년 이후 왜구는 한반도에서 한동안 그 모습을 감추게 되었다. 또한 대마도정벌 이후 조선정부가 왜구에 대한 자신감을 갖게 되어 대일외교 체제를 주도적으로 정비하고 운영하는 배경이 되었다는 점에서 그 의의는 매우 크다고 할 수 있다.

2. 왜인통제책의 실시

조선초기 왜구대책의 실시로 왜구의 침입은 급격히 감소하였지만 일본 각지로부터 渡航하는 통교왜인은 점차 증가하기 시작하였다. 그러나 이 시기는 아직 통교왜인에 대한 규정이 정비되지 않았기 때문에 그들이 해안지방을 마음대로 왕래하면서 무역을 하거나 降倭들과 접촉하여 군사상의 비밀을 정탐하는 등 치안상의 폐단이 야기되었다. 또한 조선에 도항하는 통교왜인은 진상·회사의 조공무역을 행하는 使行의 성격을 띠

고 있었기 때문에 그들이 도항해서 귀환할 때까지의 접대비용을 조선정
부가 부담하였으며, 이는 조선정부의 재정적 부담을 초래하였다.

따라서 조선에서는 對馬島征伐이후부터 본격적으로 왜선이 도항하
여 정박할 수 있는 浦所를 제한하는 한편 통교왜인을 통제하기 위한 書
契·文引制度·癸亥約條 등의 제도를 정비하기 시작하였다. 이처럼 조선
정부가 주도적으로 왜인통제책을 실시할 수 있었던 배경은 ①통교자의
증가에 따른 치안·경제상의 부담과 ②대마도정벌 이후 왜구에 대한 자
신감, ③일본의 국내정세에 대한 지식의 확대를 들 수 있다. 특히 조선
정부는 대일사행을 통해서 얻은 정보, 예를 들면 일본의 국내정세, 막부
장군과 지방호족과의 세력관계, 일본 내의 해적의 분포 등에 대한 정보
를 토대로 대일 외교체제를 정비할 수 있었다.

왜인통제책 중의 하나인 문인은 일종의 도항증명서로, 오늘날의 비
자(visa)와 유사한 것이다. 문인(行狀·路引이라고도 하였다)은 본래 국내
에서 상인에 대한 통제와 세금의 징수 그리고 국경의 요새나 나루터(關
津)의 통행을 제한하기 위한 군사적 목적으로 사용하던 일종의 통행증
명서이다. 이것이 점차 삼포항거왜인과 항왜에 사용되었으며, 후에는 조
선에 도항하는 왜인과 북방의 여진인을 통제하기 외교적인 목적으로 사
용되었던 것이다.

문인 이전의 단계인 路引은 원래 흥리왜인에게 사용되었으며, 1426
년(세종 8) 宗貞盛의 요청에 의해서 왜인의 도항증명서로 제도화되기 시
작하였다. 그 후 1438년에 경차관 李藝와 대마도주가 문인제도를 정약
하였다. 그 결과 일본으로부터 도항하는 모든 통교자는 대마도주가 발행
하는 문인을 가지고 와야만 조선에서 접대를 받고 교역을 할 수 있었다.

조선에서는 대마도주에게 문인발행권을 주고 도주로 하여금 일본각
지로부터 오는 통교자를 간접적으로 통제할 수 있었다. 반면에 대마도주
는 문인제도를 이용하여 각처의 사신들을 통제하고 문인발행에 대한 수

수료(吹噓錢)를 받음으로써 대마도내에서의 정치·경제적 지배권을 확고
히 할 수 있었다. 이 같이 문인제도는 조선정부와 대마도주의 이해가 상
응하였기 때문에 이후 조선의 주요한 왜인통제책의 하나가 되었다.

한편, 호조·병조·예조 등 육조와 관찰사·수령·만호 등의 지방관에게
주었던 문인발행권을 대마도주에게 준 이유는 대마도가 조선과 일본의
중간지역에 위치하면서 간사한 무리를 단속하는 남쪽 울타리(藩屛)로서
의 역할을 할 수 있을 것으로 기대하였기 때문이었다. 따라서 조선에서
는 대마도주가 왜구의 재발을 방지하고 도내의 정치, 경제적 지배력을
장악할 수 있도록 문인발행권을 준 대신 그를 조선의 외교질서 속에 편
입시켰던 것이다.

이처럼 문인제도는 대마도주를 통해서 일본으로부터 조선에 들어오
는 통교왜인을 통제하는데 목적이었다고 한다면, 계해약조는 문인발행
권을 가지고 있는 대마도주의 통교를 제한하는데 목적이 있었다. 이 계
해약조는 1443년(세종 25)에 정약하였다. 그러나 약조의 체결시기와 과
정에 대해서는 자세히 알 수 없다. 다만 체결 당시의 정황과 『조선왕조
실록』및 신숙주의 「졸기」, 일본측의 기록인 『대마세계사기(對馬世系私
記)』『조선통교대기(朝鮮通交大紀)』 등의 기록을 종합해 보면, 계해약조
는 세종 25년 8~10월경에 대마도에 파견되었던 체찰사 이예가 주도하
여 체결하였으며, 그 과정에서 신숙주는 대마도주를 설득하여 조약을 체
결하도록 하는데 일조하였음을 알 수 있다.

계해약조는 대마도주의 세견선 정약에 대한 내용이 주를 이루고 있
지만, 세견선의 정약은 이후 일본의 모든 통교자들에게 적용되었다. 특
히 1477년(성종 8)에는 모든 수도서왜인도 세견선을 정약해야만 조선에
도항할 수 있도록 함으로써 세견선의 정약이 사송선의 통제원칙으로 되
었다. 그 후 세견선을 정약하지 않은 자가 도서와 서계를 가지고 오는
경우에는 접대를 거부하는 등 불법 도항자에 대한 통제를 더욱 강화하

였다.

계해약조의 기본내용인 세견선과 세사미두는 수량만 약간의 변동이 있을 뿐 임진왜란 직전까지 그대로 유지되었으며, 임진왜란 후에 국교재개과정에서 맺어진 己酉約條에도 그 내용이 포함되었다.

특히 문인제도와 계해약조는 조선과 대마도간의 외교관계를 정례화함으로써 이후 대일 외교체제를 형성하고 유지하는 기본이 되었고, 대마도주를 비롯한 일본의 지방호족들을 조선중심의 정치 외교질서인 기미관계의 외교체제 속에 편입시키는데 크게 기여하였다.

한편으로 조선에서는 使船의 定數와 乘船人員, 滯留期間, 過海粮, 給料, 각종 宴會의 장소와 횟수에 이르기까지 접대규정을 상세하게 정비하여 접대비용을 절감하고 왜인들의 횡포와 무질서한 행동을 규제하였다. 이 왜인통제책은 1471년(성종 2)에 편찬된『해동제국기』에 집대성되었다. 그 이후 조선의 대일외교는 왜인통제책의 시행과정에서 나타난 문제점을 제도적으로 보완하는 한편 통교위반자에 대한 처리에도 많은 노력을 기울였다. 이러한 통제와는 달리 조선에서는 왜구의 진압이나 피로·표류인 송환에 협력한 자 그리고 외교상의 공로자들을 회유하기 위하여 授圖書制度와 授職制度도 실시하였다

III. 대일사절의 파견

왜구문제는 조선이 해결해야 할 시급한 현안이었기 때문에 이성계는 건국 직후인 1392년 11월에 승려인 覺鎚를 室町幕府의 3대장군 足利義滿에게 파견하여 왜구의 금지와 피로인의 쇄환을 요청하였다. 이에 대해 足利義滿은 鎭西守臣(九州節度使 今川貞世:源了俊)에게 왜구의 금지와 피로인의 쇄환을 명하였다. 그러나 막부장군이 외교권을 완전히 장악하

지 못했기 때문에 국가와 국가간의 외교는 성립되지 않았다.

그 후 조선은 1401년(1401년에 정종에게 고명과 인신을 하사하였으나 이미 정종이 왕위를 태종에게 물려주었기 때문에 1403년에 태종이 책봉을 받았다)에, 일본은 1403년에 명 황제로부터 인신과 고명을 하사받음으로써 명 중심의 책봉체제에 편입되었다. 이로써 조선과 일본은 똑같이 중국의 책봉을 받은 국가가 되었으며, 막부장군은 조선으로부터 조선국왕과 동등한 자격을 가진 정치와 외교권의 주체로서 인정받게 되었다. 그리하여 그 이듬해인 1404년에 '日本國王 源道義' 명의의 사절을 조선에 파견하였다. 이때에 비로소 조일간에는 중앙정부간의 대등한 교린관계의 외교(敵禮關係)가 성립되었으며, 이후 활발하게 사절의 왕래가 행하여지게 되었다. 이와 더불어서 조선에서는 구주절도사·대내전·대마도주·일기도주 등에게 사신을 파견하여 왜구의 금지를 요청함에 따라 외교의 교섭대상을 다원화하였다.

조선에서는 건국 직후부터 임진왜란이 일어나기 직전까지 총 65회의 사행을 일본에 파견하였다.

〈표 1〉 조선전기 대일사행의 파견대상

왕 대 파견대상	태조	정종	태종	세종	단종	세조	성종	연산	중종	명종	선조	소 계
幕府將軍	1	1	5	7		1	2				1	18
九州節度使	3											3
大內殿	1		2									3
壹岐島主			2	2								4
對馬島主	2	1	11	6	2	3	4	1	2	1		33
其他(미상)			4									4
소 계	7	2	24	15	2	4	6	1	2	1	1	65

* 위의 표는 한문종, 「조선전기 대일 외교정책 연구 - 대마도와의 관계를 중심으로」 (전북대 박사학위논문, 1996) 193~197쪽, 별표 3 <朝鮮前期 對日使行 一覽表>를 참조하여 작성하였다.(이하 <표2><표3>도 같은 자료를 참조하여 작성하였음)

위의 <표 1>을 통해서 보면 조선전기(1392~1592)의 대일사행의
파견회수는 총 65회였으며, 그중 48회는 조선초기인 태조-세종대에 집
중되어 있었다. 특히 태종은 가장 많은 24회(년평균 1.3회)를 파견하는
등 대일외교에 적극적이었음을 알 수 있다. 그러나 대일사행은 癸亥約
條의 정약 이후부터 급격히 감소하는 경향을 보이고 있다. 이는 조선초
기에 실시한 왜구대책으로 인한 왜구의 소멸과 文引制度·癸亥約條 등
왜인들에 대한 통제책의 정비로 대일 외교체제가 어느 정도 정비되었기
때문이었다고 생각한다.

한편, 대일사행의 파견대상은 막부장군을 비롯하여 구주절도사·대내
전·일기도주·대마도주 등으로 다원화되었으며, 이는 막부장군의 통치력
이 지방호족에게까지 미치지 못하였기 때문이었다. 따라서 조선에서는 대
일사행을 통해서 얻은 일본의 국내정세를 토대로 막부장군의 통치력이
미약하여 왜구를 금지시킬 능력이 없다고 판단하고 외교교섭의 대상을
왜구를 통제할 수 있는 세력인 구주지방의 호족들에게까지 확대하였다.
그러나 대마도정벌 이후의 왜구의 소멸과 국내정치의 안정으로 외교의
교섭대상이 대마도주와 막부장군에게 집중되었다. 그리하여 조선초기의
다원적인 외교체제는 계해약조 이후 막부장군과 대마도주를 축으로 한
이원적인 외교체제로 변화되었다.

〈표 2〉 조선전기 대일사행의 명칭

사행명 \ 왕대	태조	정종	태종	세종	단종	세조	성종	연산	중종	명종	선조	소계
通信使				3		1	2			1	1	8
通信官			3									3
回禮使	4	1	1	4								10
回禮官			4									4
報聘使		1	4									5
客人護送官			1									1
招撫官				1								1

賜物管押使			1						1
體察使			1						1
敬差官		1	3	1	2	1		1	9
致奠官·致賻官				1			1		2
垂問使								1	1
宣慰使(官)					1	3			4
未詳	3	10	2						15

조선에서 일본에 파견한 사행의 명칭은 위의 <표 2>에 나타난 바와 같이 通信使·通信官·回禮使·回禮官·報聘使·客人護送官·招撫官·賜物管押使·體察使·敬差官·致奠官·致賻官(致慰官)·垂問使·宣慰使(官) 등으로 매우 다양하였다. 그 중 回禮使·敬差官·通信使가 많이 파견되었다.

각 王代別로 일본에 파견한 사행의 명칭을 살펴보면, 건국초기인 태조·정종대에는 주로 回禮使를 많이 파견하였으며, 태종대에는 회례사를 비롯하여 通信官·回禮官·報聘使·客人護送官·敬差官 등 사행의 명칭이 다양해졌다. 또한 이 시기에는 사행의 명칭을 알 수 없는 경우가 매우 많았는데, 이는 아마 대일 외교체제가 정비되지 않았기 때문에 나타난 현상으로 생각된다. 세종대에는 이전에 파견하였던 通信官·回禮官·報聘使 등의 사행이 단절되고, 통신사를 비롯하여 招撫官·賜物管押使·體察使 등 사행 명칭이 새롭게 등장하였다. 그러나 癸亥約條 이후에는 사행의 파견대상이 對馬島主와 幕府將軍으로 이원화되었고, 사행의 명칭도 幕府將軍에게 파견하는 通信使와, 對馬島主에게 파견하는 敬差官·致奠官·致賻官·垂問使·宣慰使 등으로 변화되었다.

〈표 3〉 조선전기 대일사행의 파견대상과 명칭

파견대상 사행명	幕府將軍 (日本國王)	九州節度使 (九州探題)	大内殿	壹岐島 主	對馬島 主	其他 (未詳)	소계
通信使	7				1		8
通信官	1				1	1	3
回禮使	5	3	1		1		10
回禮官			1	1		2	4
報聘使	3		1		1		5
客人護送官				1			1
招撫官				1			1
賜物管押使					1		1
體察使					1		1
敬差官					9		9
致奠官·致賻官					2		2
垂問使					1		1
宣慰使(官)					4		4
未詳	2			1	11	1	15
소 계	18	3	3	4	33	4	65

위의 <표 3>에 나타난 바와 같이 조선에서 일본의 지방호족에게 파견한 使行의 名稱도 매우 다양하였다. 막부장군에게는 通信使·通信官·回禮使·報聘使 등을 18회 파견하였는데, 회례사와 보빙사는 계해약조 이전에, 통신사는 계해약조 이후에 주로 파견하였다. 그리고 조선에서 幕府將軍에게 파견한 사행 18회중 京都까지 가서 使命을 완수한 사행은 10회에 불과하였으며, 나머지는 사행을 파견하였다는 기록만 있는 것이 3회, 도중에 사행이 중지된 경우가 5회이었다. 특히 京都에 가서 사행을 완수한 것은 1590년(선조 23) 豊臣秀吉에게 파견하였던 사행을 제외하면 1443년(세종 25) 卞孝文의 사행이 마지막이었다. 이는 1443년 이후 대일교섭의 대상이 대마도로 집중되었음을 나타내는 것이라 할 수 있다.

반면에 조선에서 대마도에 파견한 사행은 33회로 대일사행의 절반 이상을 차지하고 있다. 특히 대마도에 파견한 사행은 그 대부분이 조선과 대마도사이에 처리하여야 할 외교적인 문제가 발생하였을 때 이를 해결하기 위해서 조선의 필요에 의해 임의적이고 자발적으로 파견한 것이다. 이는 조선전기의 대일외교가 적극적이고 능동적으로 행하여졌음을 단적으로 나타내는 것이라 할 수 있다. 또한 대마도에 파견한 사절의 명칭은 通信官·通信使·回禮使·報聘使·賜物管押使·體察使·敬差官·致奠官·致賻官·垂問使·宣慰使(官) 등으로 매우 다양하였다. 그 중 조선의 대지방관이었던 경차관·체찰사·선위사 등을 대마도지방에 파견하였다는 사실은 조선이 대마도를 자국의 영토로 인식하고 그곳을 조선의 외교질서 속에 편입시키려 하였음을 의미하는 것이라 할 수 있다.

한편, 일본에서는 조선에 많은 사절을 파견하였다. 먼저 일본의 막부 장군이 조선국왕에게 파견한 사절 70회로 조선국왕이 막부장군에게 보낸 18회보다 훨씬 많았다. 또한 막부장군 이외의 지방호족이 조선에 통교한 것은 무려 4,800여회에 달하였다. 그 중에서도 대마도의 통교건수가 전체건수의 절반가량을 차지하고 있었다. 이는 조일간의 외교관계에서 대마도가 매우 중시되었음을 의미하는 것이라 할 수 있다.

조선에서는 정치·외교적 목적으로 사절을 파견한데 비해서, 일본에서는 외교적인 목적 이외에도 무역을 통한 이익의 추구와 대장경 구청 등 문화 수입을 위해 조선에 사절을 파견하였다. 양국간 사절의 왕래를 통해서 이루어진 교역품을 보면, 조선에서는 미곡·면포·마포·저포 등 생활필수품과 대장경, 유교서적, 범종 등을 수출하였다. 반면에 일본에서 들어온 물품은 유황·동철·호추·단목 등 약재와 염료 등 양반 부유층의 사치품이 대부분을 차지하였다.

Ⅳ. 맺음말

　조선전기 대일외교 정책의 핵심은 왜구의 침입을 저지하고, 통교왜
인을 통제하는 것이었다. 이를 위해 조선정부는 건국초부터 다양한 왜구
대책을 실시하여 1409년을 전후로 왜구의 침입은 감소한 반면 조선에
도항하는 통교왜인은 증가하였다. 그러나 통교자의 증가는 조선정부의
치안상의 혼란과 재정적 부담을 가중시켰다. 따라서 조선정부는 통교왜
인을 통제할 필요성을 느끼게 되었다. 그리하여 조선에서는 대마도정벌
이후 왜구문제에 대한 자신감을 바탕으로 왜선이 도항하여 정박할 수
있는 포소를 제한하는 한편 서계·문인제도·계해약조 등의 왜인통제책을
주도적으로 정비하였다. 또한 통교왜인에 대한 접대규정을 정비하여 접
대비용을 절감하고 왜인들의 무질서한 행동을 규제하였다. 이후 조선의
대일외교는 왜인통제책의 시행과정에서 나타난 문제점 보완과 위반자에
대한 처리가 중심이 되었다.
　한편, 조선에서 일본에 사절을 파견하여 왜구의 금지와 피로인의 쇄
환, 화호 등을 요청하였다. 특히 조선과 일본은 1401년과 1403년에 각
각 명 황제로부터 인신과 고명을 하사받음으로써 명 중심의 책봉체제에
편입되었다. 그 결과 조선과 일본은 똑같이 중국의 책봉을 받은 국가가
되었으며, 막부장군은 조선으로부터 조선국왕과 동등한 자격을 가진 정
치와 외교권의 주체로서 인정받게 되었다. 이로써 조일간에는 중앙정부
간의 대등한 敵禮關係의 교린외교가 성립되었으며, 이후 활발하게 사절
의 왕래가 행하여지게 되었다. 한편으로 조선에서는 구주절도사·대내
전·대마도주·일기도주 등에게 사신을 파견하여 왜구의 금지를 요청함에
따라 외교의 교섭대상을 다원화하였으며, 이들과는 막부장군과는 달리
羈縻관계의 교린외교가 성립되었다. 이처럼 조선전기 대일외교는 다원
적이고 중층적인 외교체제를 유지하고 있었다. 그러나 1443년 계해약조

를 계기로 다원적이고 중층적인 외교체제는 막부장군과 대마도를 중심
으로 하는 이원적이고 중층적인 외교체제로 전환되었다.

한편 조선전기 대일사행 중에서 대마도에 파견하는 사행이 절반 이
상을 차지하고 있었으며, 또한 대마도의 대조선 통교의 전체의 절반가량
을 차지하고 있다는 사실로 볼 때 조선전기 한일관계에서 대마도가 차
지하는 비중이 매우 높았음을 알 수 있다. 이는 양국간에 맺은 약조의
대부분이 조선과 대마도주사이에서 정약되었다는 점으로도 확인할 수
있다.

이처럼 조선전기 한일관계에서 중시되었던 대마도는 대일외교의 창
구로서의 역할과 조선의 남쪽 藩屛으로서의 역할, 조일무역의 중개지로
서의 역할, 조선문화의 일본 전파자로서의 역할, 그리고 대마도 및 일본
의 국내정세에 대한 정보수집 장소로서의 역할을 수행하였다. 이러한 대
마도의 역할이 있었기 때문에 조선전기 한일관계는 다른 어느 시기보다
도 우호적이고 안정적으로 지속될 수 있었다고 생각한다.

특히 조선시대에는 대마도를 우리의 영토로 인식하고 조선중심의 외
교체제인 기미관계의 외교체제 속에 편입시키는 한편 대마도주에게 통
교상의 특권을 주고, 이를 통해 일본으로부터의 통교자를 통제하려 하였
다. 그 결과 대마도는 영토상으로는 일본에 속해 있었지만, 정치·경제·
외교적으로는 조선에 예속되었던 것이다.

〈참고문헌〉

이현종, 1964, 『朝鮮前期 對日交涉史硏究』, 한국연구원.
손승철, 1994, 『조선시대 한일관계사 연구』, 지성의 샘.
한문종. 1996, 「조선전기 대일외교정책 연구 - 對馬島와의 관계를 중심으로 - 」
　　　　전북대 박사학위논문.
하우봉, 1995, 「일본과의 관계」『한국사』22, 국사편찬위원회.

한문종, 2002, 「조선전기의 회고와 전망」『한일관계사연구의 회고와 전망』, 국
　　학자료원.
한문종, 2004, 「조선전기 日本國王使의 朝鮮通交」『한일관계사연구』21, 한
　　일관계사학회

〈토론문〉

「조선전기 대일 외교정책과 사절 파견」 토론문

木村拓

(東京大學)

韓 보고의 내용의 요약

韓 보고는 조선 전기의 대일 외교 체제를 대마도정벌·문인제도·계해약조의 조일관계에서의 역사적 의의를 되짚으면서, 그 변천을 조사하고 확인하려고 했던 것이다. 종래, 조선 전기의 대일 외교 체제는 「다원적」인 것으로 평가되어, 그 「다원적」인 외교체제는 「막부 장군과의 대등관계인 교린」과 「막부 장군 이외의 세력(九州節度使·大內殿·壹岐島主·對馬島主 등)과의 기미관계인 교린」으로 이분되어 이해되어 왔다. 韓 보고에서는, 이 이해를 더욱 밀어붙여 계해약조(1443년)을 계기로, 그 때까지의 「다원적」인 외교 체제가 「막부 장군과 對馬島를 중심으로 한 이원적인 외교 체제」에 전환했다라고 하는 이해를 나타냈다.

질문사항

① 일본에서 조선에 파견된 사절에 대해서, 막부 장군에 의한 사절 파견이 70회, 막부 장군 이외의 지방 호족에 의한 사절 파견이 4,800회에 달하고, 그 중 약 절반이 대마도 세력에 의한 사절 파견이었다는 것을 지적하고 있지만, 이들 사절 가운데서는 상당한 비율로 대마도가 꾸민 「僞使」가 포함되어 있었다고 생각된다. 조선이 지향했던 외교 체제·이념을 논하는 경우는, 「僞使」의 존재를 어느 정도 도외시하는 것도 가능하다고 생각할 수 있지만, 「(막부 장군에 의한 사절 파견은) 조선 국왕이 막부 장군에게 파견했던 18회보다 더 많았다」라고 하는 비교, 또는 「조·일간의 외교 관계에서 대마도가 매우 중시되었던 것을 의미한다」라는 해석은, 역시 「僞使」의 존재를 고려하는 것이야 말로 설득력 있는 것이 되는 것은 아닐까.

② 韓 보고에서 계해약조 이후, 조선의 대일 외교 체제가 「다원적」인 것에서 「이원적」인 것으로 변화했다고 여겨지는 근거는 조선의 대일 외교 사절의 파견 대상(= 외교 교섭의 상대)이 계해약조 이후, 막부 장군과 대마도주에 한정되게 되었던 것이다. 사절의 파견 대상이 막부 장군과 대마도주에 한정되게 되었다고 하는 사실은 중요하지만, 계해약조 이후도, 조선에는 여러 가지 명의의 사절이 일본에서 찾아왔던 것을 생각하면, 외교 사절의 파견 대상이 막부 장군과 대마도주에 한정되게 되었다는 것을 가지고 조선의 대일 외교 체제가 「이원적」이 되었다고 해석하는 것이 가능할까.

무로마치 막부의 대조선외교

橋本 雄

(北海道大)

I. 막부의 대조선외교의 시작

무로마치 막부와 고려왕조와의 외교관계는 1367년 6월 제 2대 장군 足利義詮의 시대에 시작되었다. 고려왕조부터 막부에게 왜구 금압의 요청이 왔던 것이 계기이다. 그러나 그 때문에 막부는 臨濟宗 夢窓派의 톱인 春屋妙葩에게 返書를 내게 했다. 이 단계의 일본 국내에서는 아직 천황에게 외교권이 있다고 생각되고 있었으며, 동아시아 세계를 비교적 자유롭게 통교할 수 있었던 불승이 선택되었던 것이다.

이후 무로마치 막부의 대조선외교 실무의 총감독은 鹿苑僧錄(鹿苑院主가 僧錄司를 겸했기 때문에 이렇게 부른다), 후에는 장군의 개인적인 비서관이라고 할만한 蔭凉職(蔭凉軒主)이 담당하게 된다(자세한 것은 후술).

그러면 일본과 조선 양국의 국가간 외교가 본격적인 동시에 안정적으로 전개되는 것은 그 후, 제 3대 장군 足利義滿의 때의 것이다. 무로마치 막부의 조선 외교는 九州探題나 周防大內, 대마도 宗氏 등 여러 지역 권력의 중개가 있고나서 처음으로 실현 가능했던 면이 강하다. 조선 왕조측이 왜구 대책을 위해 다원적인 통교관계를 이어가고 있는데, 그러한 여러 채널을 통해서 막부는 대조선외교를 궤도에 올리는 것이 가능했던 것이다.

또한 1404년 義滿은 외교문서 가운데서 처음으로 「日本國王」의 직함을 언급하지만(『朝鮮太宗實錄』 4年 7月 己未條), 이것은 같은 해 義滿이 명 황제에게 誥命과 金印을 하사받고 정식으로 「日本國王」에 책봉되었기 때문일 것이다(1402년 日本國王册封說은 오류). 이 이후의 막부의 遣朝鮮使는 국서에서 「왕」의 글자를 빼고 「日本國源某」라고 언급한 것이 많았겠지만, 조선측은 반드시 「日本國王使」나 「日本國使臣」으로 대우한 것이 또한 기록에 남아있다. 조선왕조는 명 황제를 정점으로 하는 중화국제질서의 기반에서 국왕끼리는 敵礼關係에 있다고 생각하고 있었기 때문이다.

Ⅱ. 15세기 중엽의 전환점

무로마치 막부의 대조선외교 시스템에서는 15세기 중반의 足利義政 이후 반드시 특정 寺社, 守護 등을 위해 대장경 요청(請経)을 하게 되었다. 그리고 그 使船은 후술하는 것과 같이, 거의 그 요청주체인 寺社, 守護 등이 막부 외에서 경영하는 것이었다. 막부 주변에서 경영관계의 직접적 사료가 적은 것도 아마 이 때문일 것이다.

嘉吉의 政土一揆로 금융업자인 고리대금업자 등이 습격당했기 때문에 그곳에 저축을 하고 있던 막부·五山의 재정도 당연히 타격을 받았다. 핍박했던 막부가 독자적으로 使船을 경영·파견하는 것은 상당히 어려웠을 것이다. 그렇기 때문에 막부는 有志의 寺社·守護 등에게 遣朝鮮使船(「日本國王使」) 파견의 찬스를 주고, 명의를 빌려주는 대가를 징수하는 방침으로 바꾼 것이 아니었을까. 즉, 대조선외교권의 物權化이다.

막부의 遣朝鮮使船의 訴求力을 높이기 위해서는 조선에서 확실히 대장경을 가져와야만 했다. 그 때문인지 1456년 이후의 足利義政 명의의 遣朝鮮國書(「조선국에 보낸 문서」)에는 「大王(조선국왕) 인덕의 베품이 넓고 깊은 것」이라고 운운하고 있다. 무척이나 아부하고 있는 표현이 보인다. 이것은 그 때까지의 義持 때나, 義教 때의 국서에는 전혀 볼 수 없다. 조선에서 대장경을 반드시 가져와야만 하는 압박이 이러한 저자세를 낳은 원인이다. 본고에서는 자세히 언급할 수는 없어서 아쉽지만, 이와 같이 상대를 높이고 자신을 낮추었던 足利義政의 태도는 그가 후에 僞王城大臣使・僞日本國王使의 封殺를 계기로 적극적으로 나서기 시작하여, 조선국왕과 日朝牙符制를 계약하게 되는 배경으로서도 중요하다.

그런데 嘉吉의 土一揆이 막부 외교 시스템 변용의 계기였다고 한다면, 역으로 막부 재정이 파탄하기 이전은 막부가 독자적으로 遣朝鮮使를 경영・파견하고 있었던 가능성도 부상하게 된다. 그렇지만 아쉽게도 義政의 직전의 義教의 시대에는 遣朝鮮使가 딱 한 번밖에 없었기 때문에 관련 사료가 상당히 부족하다. 단지 나는 아까도 말했듯이, 무로마치 전기의 遣朝鮮使船이 기본적으로는 鹿苑僧錄의 주도・주관으로 경영되고 있었다고 想定하고 있다. 왜냐하면 遣朝鮮 국서의 기초라는 행위가 당초 鹿苑僧錄의 일이었던 것처럼 보이기 때문이다.

Ⅲ. 遣朝鮮國書의 起草者

먼저 정식으로 최초의 僧錄에 임명되었으며, 앞에서 언급했던 夢窓派의 승려 春屋妙葩는 1388년 막부에게 처음으로 대장경을 고려 왕조에 요청했다. 다음으로 大內義弘에게 막부의 의향을 조선측에 전달시키는 형태의 1398년 「朝鮮に諭するの書」(『善隣』卷中1号)는 대장경의 요청을 포함한 내용이었지만 이것도 그 때 鹿苑僧錄이었던 絶海中津 이 만든 것이었다. 그리고 막부가 조선 왕조에 항례적으로 遣使하기 시작했던 시기의 「조선에 보내는 문서」(『善隣』卷中12·16·17·18·20号)는 대장경(내지는 版木)의 요청을 취지로 하고 있으며 이것들도 모두 그 때의 僧錄인 嚴中周噩가 작성한 것이다. 또한 嚴中周噩는 公家 출신이며, 물론 五山의 高僧이었지만 자신이 해외에 유학한 적은 없으며, 역시 도해 경험을 가지지 않은 春屋妙葩나 기도우 슈신(義堂周信)에게 師事 했을 뿐이었다.

그와 비교하면 동시기의 遣明表를 여러 건 起草했던 絶海中津은 명의 홍무제에게 직접 화답을 받았다고 하는 일화로 봐도 알 수 있듯이, 고도의 四六騈儷文를 구사하는 것이 가능했다. 그러니까 한시·한문에 매우 능했던 것이다. 遣明表와 같은 어려운 四六文울 지을 필요가 있는 문서를 만들어 내는 것은 絶海나 그 學統僧들―「絶海의 학교」―가 필요했던 것은 틀리지 않을 것이다.

그런데 지금 문제가 되고 있는 조선으로의 외교문서(遣朝鮮國書)는 실은 단순한 한문 서간에 지나지 않았다. 「絶海의 학교」가 아니어도 어느 정도의 레벨 이상의 五山僧이라면 누구라도 쓸 수 있었던 것이다. 말하자면, 조선에 보내는 국서의 起草는 嚴中周噩이라도 충분했다고 말할 수 있다. 그러나 그것뿐이라면 어째서 그가 遣朝鮮國書를 起草했는가에 대한 설명은 되지 않는다. 위의 國書 起草者의 리스트에서 알 수 있는 것과 같이 대장경 요청을 골자로하는 遣朝鮮國書(遣高麗書)의 起草가 僧錄 고유의 업무였던 개연성이 역시 높았던 것이 아닐까.

五山禪林의 최고 위치였던 僧錄에게 새로이 대장경을 획득하고, 국내의 寺社 세력(신흥 五山도 포함)에게 분포하는 것은 강력한 訴求力의 형성에 이어졌을 것이다. 그렇기 때문에 鹿苑僧錄이 遣朝鮮國書를 起

草·準備 했던 것이 아닐까. 물론 막부로서도 신흥세력인 五山이나 그
최고 권력인 僧錄의 지위를 높이기 위해 僧錄 고유의 권한으로서 대조
선외교(=請経行爲)의 주관적 업무를 적극적으로 조정했던 것으로 짐작
된다.

Ⅳ. 遣朝鮮國書 起草者의 선임방식

　단지, 그렇게 된다면 嚴中周噩 후의 역대 僧錄에 遣朝鮮國書가 발견
되지 않는다라고 하는 문제점이 부상하게 된다. 예를 들어 1440년 遣朝
鮮國書의 起草者로서 蔭凉職 季瓊眞藥가 등장한다. 통신사 高得宗 일행
의 귀국에 맞춰서 季瓊이 국서를 起草하게 된 것이다.(『善隣』 卷中27号).
또한 통신사 高得宗 일행은 대장경을 가져오지 못했기 때문에(『世宗實錄』
22년 5월 丙寅條), 僧錄 자신이 집필하지 않았다는 가능성도 전혀 없지
는 않지만 그것도 추측에 지나지 않는다.

　거기서 起草者의 선임의 여러 가지 점에서 鹿苑僧錄이 관계되었다는
것을 알 수 있다. 2가지의 사례를 보자.

① 1459년, 奈良의 多武峯寺(현재는 談山神社)를 위한 대장경 요
　청……幕府 政所의 집사인 伊勢貞親의 의뢰에 의해 鹿苑僧錄의
　瑞溪周鳳이 遣朝鮮國書 起草僧를 선정하게 되었다. 瑞溪는 夢窓
　派僧의 天英周賢을 추천·선임했다(『臥雲日件錄拔尤』 長祿 3년
　8/1條). 天英은 學問僧으로서 당시 명성 높던 瑞溪와도 친분이
　있었다.

② 1462년, 天龍寺의 勸進船의 경우……天龍寺로부터 蔭凉職의 季瓊
　眞藥를 통하여 무로마치 장군 義政에게 派船의 의뢰가 들어왔는데
　(『蔭凉』 寬正 2년 11/6條), 遣朝鮮國書의 집필은 당초 季瓊가 먼

저 鹿苑僧錄인 東岳澄昕에게 의뢰받았다(『蔭凉』寬正 二年 12/3
條), 그런데 東岳은 이 역할을 다시 益之宗箴에게 맡겼던 것이다
(『蔭凉』寬正三年2/29條).

이상의 2가지 예를 되짚어보면 15세기 중엽, 즉 足利義政의 시대에
서는 鹿苑僧錄이 자신이 起草를 하는 것이 아니고, 起草僧을 선임하고
있었던 모습을 살펴볼 수 있다. 아까 살펴본 季瓊眞蘂의 국서 起草의 예
도 이것에 준한 것이다. ②의 益之는 季瓊의 제자이기 때문에 먼저 살펴
봤던 1440년에 季瓊이 국서를 起草했던 선례를 배웠을 가능성이 높다.
이 天龍寺船이 대장경 요청을 주지하고 있지 않다는 것도 季瓊의 때와
유사하다.

그런데 이러한 명령 계통도 1466년에는 빨리 개혁된다. 같은 해, 조
선에 파견된 興福寺 勸進船(이후 藥師寺 勸進船으로 변경)의 때에 무로
마치 장군 足利義政의 명으로 처음으로 蔭凉職이 국서 起草僧의 선임을
맡았던 것이다(『蔭凉』文正 元年 1/22條). 이후, 『蔭凉軒日錄』을 읽는 것
에 의해 遣朝鮮國書의 준비 과정이 상당히 복원 가능하게 되지만, 그것
도 사실은 이와 같은 제도 변경이 있었기 때문이라고 말할 수 있겠다.

그러한 국서 준비과정을 보고 흥미가 깊은 것은 遣朝鮮國書에 대한
名義人=무로마치 장군의 날인이 무로마치 장군 본인도, 그 면전도 아닌
蔭凉軒에 맡겨져 보관되고 있는 「德有鄰」의 인감을 蔭凉職이 행하고 있
었다고 하는 점도 있다. 이것은 遣明表에의 金印(「日本國王之印」) 날인
이 무로마치 자운 본인 또는 면전에서 행해졌던 것과는 커다란 대조를
이룬다. 극히 사무적이라고 하기 보다는, 매우 허술한 관리였다고 말해야
할 것이다.

Ⅴ. 遣朝鮮使와 遣明使와의 "격차"

그런데 遣明使節의 선임에는 무로마치 장군의 재가를 반드시 얻도록 되어있었지만 遣朝鮮使의 使者는 어떻게 해서 선택되었던 것일까. 무로마치 장군 자신이 임명했던 기록은 존재하지 않는다. 오히려 사절은 이미 결정된 것으로서 국서 起草가 시작되는 것이 일반적이었다. 특정 寺社에 의한 請經使節 경영이 일반화되는 15세기 후반＝義政 시기 이후에는 누가 使者를 맡느냐는 것은 使船을 경영하는 寺社에서 정해야만 하는 사정이었던 것은 아닐까. 그리고 무로마치 장군의 임명이었는가 아닌가는 使節의 등급을 매기는 것, 의례적인 대우의 경중에도 크게 관련된다. 그 때문에 이 점이 상당히 중요한 문제로 생각되는 것이다.

예를 들어 막부의 遣朝鮮使와 遣明使와의 較差는 사절에게 외교문서가 교부되는 장면에 명료하게 나타난다. 遣明使節은 「御暇請」이라는 것으로, 출발 전의 遣明使가 직접 무로마치 장군에게 拜謁하고, 거기서 遣明表 등의 외교문서를 받을 수 있는 규정이었다. 국서를 拜領한 후에 퇴거할 때, 使者가 된 五山僧은 무로마치 장군에게 送礼까지 받고 있다. 즉 무로마치 장군은 遣明使節을 상당히 중시하고 있었던 것이다. 가장 무로마치 장군에게 引見이 허락되었던 것은 正使·副使까지 였다(『蔭凉』 延德 4年 7/19條 參照). 거꾸로 말하면 그 계층에 속하는 승려만이 遣明 正使·副使에 임명될 수 있었던 것이다.

이에 반해, 遣朝鮮使 및 遣朝鮮 국서의 취급은 심히 가벼운 것이었다. 遣朝鮮國書는 열쇠가 달린 書箱에 담겨져서 무로마치 장군이 열람할 수 있게 했지만(『蔭凉軒日錄』 延德 2年 10月 10日條 등), 義政은 기본적으로 書箱을 열어보지도 않고 遣朝鮮國書를 발급하고 있으며, 使者와 만나지도 않는다. 사료상에는 막부의 遣朝鮮國書는 使者 본인 또는 그 대리인이(무로마치의 저택이 아닌) 蔭凉軒에 얻어가려고 오는 예 뿐이다. 즉, 遣朝鮮國書의 교부는 무로마치 장군이 使者에게 직접 건네는 형식을 취하지 않고, 蔭凉職이 아닌 奉行人이라고 하는 무로마치 저택의 신하가 使者에게 직접 건네는 형태를 취하고 있었던 것이다. 게다가 그 수취인이 정사나 부사의 대리인이어도 상관없는 것이었기 때문에, 遣朝鮮使節이 어느 정도 경시되었는지 알 수 있을 것이다.

Ⅵ. 부정행위의 횡행

이제까지 봐왔던 것과 같은 대조선외교(使節·國書)와 대명외교(使節·上表文)와의 사이의 較差는 이미 언급했던 것과 같이 使者가 무로마치 장군에게 알현할 수 있는가 어떤가, 말하자면 신분적 계층차에 크게 의존하고 있었다. 신분적 계층의 낮음은 외교 名義人＝무로마치 장군과의 관계가 멀다고 하는 것에 이어져, 使節의 악한 소행을 부르기 쉬운 것도 살펴볼 수 있다. 그에 더하여 먼저 봤던 것과 같은 遣朝鮮使節에게의 경미한 대접은 사행 중의 부정행위에 대한 죄악심조차 잊게 한 것이 아닐까.

그 중 하나의 예가 1490년의 伏見般舟三昧院請経使이다. 이 사절은 신청할 때의 正使 惠仁(淨土僧)의 이름이 국서에 명기되어 있음에도 불구하고 본인이 조선에 도해하지 않았다. 도해하는 것을 싫어하여, 月印□松인 臨濟僧을 고용하여 도해시킨 것이다.(『蔭凉』長享 二年 11/18條 등). 무로마치 장군의 명령을 지녔다고 하는 의식이 이 惠仁에게 갖춰져 있었다고는 도저히 생각할 수 없다.

또한 1456년의 建仁寺 勸進船에서는 使船의 경영 자금을 나누어 냈던 寂路庵惠光이라는 금융업자가 사행의 주도권을 빼앗아, 자신의 형편에 좋게끔 국서를 고쳐버렸다. 惠光은 「五万緡[5万文]의 자료를 特賜

받는 것을 간절히 바란다.」라고 말하는 노골적인 요구 항목을 멋대로 국서에 추가시켰던 것이다. 조선측은 이것에 대해 1만 貫文을 증여하고 있지만, 惠光은 이것을 私物化 하려고 했던 죄를 귀국 후에 물어, 집의 재산을 막부 및 建仁寺에 수몰 당했다.

위와 같은 使者가 된 것 같이 행세하는 것이나 국서의 개작·위작 등은 실제로 빙산의 일각에 지나지 않는다. 국서의 개작과 위작에 대해서 말하지만, 막부의 遣朝鮮使(「日本國王使」)의 합계 39건 가운데, 확실히 개작되었던 예는 3건이며, 또한 개작의 가능성이 높은 것은 4건이 인정되고 있다. 이 외에 無에서 새롭게 국서를 만들어 낸 위작의 예는 아마 3건 존재한다. 만약 이 추측이 옳다고 했을 때, 국서의 개작·위작의 사례를 최대 10건이라고 어림잡으면, 국서 개작·위작의 발생률은 최대 약 26%(=10÷39)에 달한다.

물론 이러한 부정행위를 행했던 자들을 도의적으로 나무라는 것은 쉽다. 하지만 그들 개인을 심하게 책망하여 좋게 하는 것은 다소 가혹하다. 遣朝鮮使를 발견할 때의 느슨한 시스템 자체에 이러한 부정행위를 허용하는 기조가 존재했다고 하는 것을 강조해 두고 싶다.

VII. 遣朝鮮使의 경영·청부방식

앞에서 봤던 1456년 建仁寺 勸進船에 대한 국서 개작 사건은 그 자체로도 흥미가 깊지만, 遣朝鮮使船의 경영 구조를 생각하는 것에서도 시사하는 바가 많다. 이 사례와 같이 15세기 후반의 무로마치 장군의 명의의 遣船은 일반적으로 請経·勸進 주체의 寺社 측이 경영하게 되었기 때문이 아닐까.

자금 마련도 使節團의 人選도 모두 請経 주체가 자력으로 꾸렸던 것으로 생각할 수 있다.

또한 1482년의 奈良 円成寺 請経船의 때에도 무로마치 장군인 義政로부터 수입 희망품 리스트가 円成寺에 도착해있었는데, 무로마치 장군 개인의 무역활동은 사행에 편승하여 부수적으로 행해지고 있다는 것에 지나지 않았다고 생각된다. 사행 그 자체에 대한 막부의 관여는 항상 극히 한정적이었던 것이 아니었을까.

거기서 생각해 두어야할 것은 일조외교관계에 대한 무로마치 장군(「日本國王」)의 메리트이다. 遣朝鮮使 파견의 권리가 「賣り」에 나타나게 된 이상, 그 금액이 얼마였는지는 중요한 문제라고 말할 수 있다. 이것에 대해서는 사행 완료 후에 경영 주체였던 寺社, 다이묘가 막부에게 지불한 「御礼」가 먼저 주목된다. 그러나 그 금액은 10貫文에서 50貫文까지, 品物도 현금에 한정하지 않고 수입 염직물 등 일정하지 않았다. 이러한 정식화되지 않은 「御礼」는 아마 어디까지나 "懇志"였을 것이다. 대장경이 무사히 도착한 것을 막부에게 보고하는 인사 대신으로 평가해야 하는 것이 아닐까.

다음으로 막부의 이익이 될 만한 것은 조선왕조에서의 회례품이다. 遣明船에서는 명 황제로부터의 回賜品이 막부에 반드시 납입되게 되어 있었지만, 그것과 같이 조선 국왕에게의 회례품은 막부에 반드시 납입되는 규정이었다고 한다. 이 추측은 조선 왕조의 회례품을 써올렸던 조선국서·別幅의 一式이 막부·오산의 외교사무국이라고도 말해야하는 蔭凉軒(京都五山 相國寺 鹿苑院內)에서 집중 관리되고 있었다라는 것부터도 裏書되고 있다. 즉, 대장경을 제외하고 조선에서의 반례품을 막부·五山이 점검하여 公方의 창고에 모아두었던 것이다(대장경은 당연히 경영 주체인 寺社에 받아두었을 것이다). 이러한 여러 가지의 「高麗物」부터 「唐物」까지가 막부 무로마치 장군의 경제적 得分(명의 빌려준 비용)에 주가 되는 일각을 점했던 것은 이미 틀림이 없다.

Ⅷ. 조선으로의 예물의 준비와 경비 부담

그렇다면 조선에서의 회례품을 끌어내기 위하여, 일본에서는 어느정도의 예물(토산품)을 준비했던 것일까. 또한 그것은 어떻게 준비되었던 것일까.

遣明船 무역에 대한 경영구조의 태도를 살펴보면 遣明船 각 배의 경영자(막부에게 감합을 받아 使船을 경영하는 다이묘나 寺社 등)는 그 배에 우연히 같이 타고 있던 상인에게 乘船賃나 荷駄賃을 징수하고 勘合礼錢이나 朝貢品, 배의 借り上げ(공공 기관이 민간에게 금품을 빌리는 것) 등의 총 경비를 꾸려가고 있었다(『戊子入明記』・『鹿苑日錄』明応 八年 8/6條). 따라서 막부의 遣朝鮮使船에 대해서도 막부 지체가 조선으로의 예물(토산물)을 부담했다고는 도저히 생각하기 힘들다. 遣朝鮮船을 경영・청부하는 寺社 측이야말로 이러한 예물의 경비를 부담했을 것이다.(물론 그 전에 상인 등에게 한층 더 전가시켰다는 것은 가정해볼 수 있지만). 즉 막부의 경비 부담은 사실상 없었다고 생각할 수 있다.

그런데 遣朝鮮使船이 가져온 일본에서 조선으로의 예물(토산물)은 遣朝鮮國書의 別幅에 실렸다. 그 때문에 別幅은 進物 주문이라고도 칭해진다. 먼저 말했던 것과 같이 進物의 경비를 使船 경영 주체가 부담한다고 해도, 그것 자체는 어떻게 해서 결정되어 발주・작성되었던 것일까.

실은 조선으로의 예물의 내용은 請経의 주체 = 경영의 주체인 寺社가 마음대로 정할 수 있는 것은 아니었다. 그 請負寺社의 別奉行(재판 시의 전속 막부 政所의 奉行人)과 蔭涼職이 상담한 후 품목을 결정하는 관습이 있었던 것 같다. 이와 같이 결정했던 예물의 내용을 아마 政所에서 各所・職人에게 발주를 걸어 그 경비를 使船의 경영・청부의 주체에게 청구했던 것이라고 생각할 수 있다. 여기에서 政所나 蔭涼軒이 관여하는 것은 進物의 품목이나 질을 유지・보장하기 위해서였다. 그들은 말하자면 「예물」의 監理 역할이었던 것이다.

그렇다면 일본에서의 「예물」의 금액의 시세는 얼마 정도였던 것 일까. 지면상의 관계로 상세한 것은 생략할 수 밖에 없지만, 대략 300貫文 정도였다고 추측된다. 거꾸로 말하면 이 「예물」과 교환으로 조선에서 오는 대장경의 가격은, 일본에서는 대략 이정도의 금액이었던 것이다.

IX. 막부 조선 외교체제의 특징

이상 검토해본 것에 의하면 「日本國王使」 즉, 무로마치 막부의 遣朝鮮使라고 해도, 내부의 사정은 請経·勸進의 주체인 寺社에게 맡기고 장군 권력이라는 것은 몹시 疏遠한 것이었다. 국서 개작이나 사절 바꿔치기, 使船의 불리기 공작 등의 부정행위는 그렇기 때문에 야기된 것이다. 그러한 의미에서 막부의 遣朝鮮使宣에 대해서 眞使와 僞使, 옳은 것과 옳지 않은 것 사이의 거리는 그 정도로 크지 않았다고 해야 할 것이다.

또한, "무로마치 막부의 遣朝鮮使"라는 말부터 선천적으로 이것을 막부의 직접적 경영인 것 같이 파악하고 있는 것은 부적절하다고 말할 수 밖에 없다. 게다가 특히 15세기 중엽 이후의 遣朝鮮使에 대해 무로마치 장군의 직접적인 使者인 것처럼 보는 것은, 사실문제로서도 꽤 문제가 크다. 무로마치 막부의 조선 외교 시스템은 眞使와 僞使가 서로 만나거나 혹은 그레이존의 여지를 크게 남기는 애매한 것으로 살펴보지 않으면 안된다.

[※ 본론에 관한 내용의 상세한 것 및 참고문헌은 곧 출판 예정인 拙著 『室町時代の日朝關係(仮題)』(吉川弘文館, 2012年) 第2章 「室町幕府の朝鮮外交」를 참조하고 싶다.]

〈토론문〉

무로마치 막부의 대조선외교

金 普 漢

(단국대학교)

　　본고는 14세기부터 15세기까지 무로마치막부의 대조선 외교관계에
서 나타나는 조선에 보내는 國書의 起草와 準備과정을 통해서 국서의
개작 및 위작을 문제와 그 원인을 고찰하고 있다. 즉, 조선에 보내는 國
書는 무로마치 장군 또는 면전에서 행해졌던 明에 보내는 表文의 날인
과는 커다란 대조를 이루고 있는 점, 또 조선에 보내는 國書는 鹿苑僧錄
이 遣朝鮮使船의 運營과 그 업무에 주도적으로 담당하여 매우 허술하게
관리되고 있었다는 점 등을 통해서, 본고에서는 국서의 개작과 使船의
공작과 같은 부정행위가 허용될 수밖에 없었다는 사실을 강조하고 있다.
　　오늘 학회에서 발표하는 한교수님, 민교수님이 이 분야의 전공자이
지만, 토론자로서 몇 가지 소박한 질문을 하고자 합니다.

　　1. 역사 해석의 차이는 인식의 문제에서 출발하는 것이라고 생각합니
다. 예를 들어, 본문에는 조선에 대한 "아첨"과 "低姿勢", 조선에 보내는
使節에 대한 "輕視" 등의 표현을 쓰고 있다. 물론 원래의 본 논문의 전
체 문맥을 알 수는 없지만, 예컨대 이 단어들은 일본 중심적 인식의 바

탕에서 사용된 표현이 아닌가 생각한다.

　당시 조선-명, 일본-명은 책봉과 조공이라는 대내외적 관계가 동아시아 국제질서의 유지에 커다란 역할을 하고 있었다.

　본문에서 조선에 대해서 막부가 "아첨했다", "低姿勢가 생겼다", "조선사절을 어느 정도 輕視했다"라는 의미의 용어 선택은, 명-일본의 책봉관계에서 명에 대한 조선의 상대적 위치를 의식해서 사용한 용어인지 궁금하다.

　2. 明과의 '册封關係', 조선 국왕과의 '牙符制'와 관련해서, "大王 (조선국왕) 인덕이 넓고 깊은 것"을 '아첨'으로 묘사하고 있습니다.

　이러한 국서 내용은 '아첨'보다는 국서의 앞에 붙는 예의상의 수식문구로 볼 수 있는 것은 아닌가?

　3. 본문에서 "그렇기 때문에 막부는 관심을 가진 寺社·守護 등에게 遺朝鮮使船(日本國王使) 파견의 찬스를 주고, 명의를 빌려주는 대가를 징수하는 방침으로 바꾼 것이 아니었을까. 즉 대조선외교권의 物權化이다."라고 하고 있다.

　여기에서 '물권화'가 의미하는 것은 동아시아안의 '조공관계'의 한 부분으로 볼 수 있는 것은 아닌가?

　4. 마지막으로 분문에서 "같은 해(1404) 義滿이 명 황제에게 誥命과 金印을 하사받고 정식으로 「日本國王」에 책봉되었기 때문일 것이다. (1402년 日本國王册說은 오류)" 라고 하고 있다. 그런데 동아시아 국제 관계에서 1402년에 막부가 명의 건문제로부터 책봉을 받고 있는데, 1402년과 1404년 책봉에 관한 설명 부탁합니다.

조선후기 대일 외교정책과 외교사절

홍 성 덕
(전주대학교)

1. 서론

조선후기 한일관계에 대한 연구는 다양한 분야에서 이루어져 왔다. 17세기 초 국교재개 과정 연구, 조일 외교사행, 왜관의 운영과 성격, 표류민 연구, 조일 무역의 성립과 발전 등에 관한 연구가 중심으로 이루며, 최근에는 사행문학과 사행 문화교류, 일본어 교육, 역관 등으로 세분화하고 있다. 연구주제가 세분화 다양화하였지만, 이러한 연구 성과들이 조선후기 한일관계의 성격을 규명하는 것으로 연결되지는 못하였다. 1990년대 한국 내에서 조선시대 한일관계사에 대한 연구가 본격적으로 개시되었을 때, 조선시대 한일관계의 성격을 규명하여 일본 연구자 중심의 시각을 바로 잡으려는 노력이 주요 관심사였다면, 2000년대 이후 한일관계사 연구는 두 나라 관계의 실체를 지속적으로 밝히려는 데 주력하고 있다.

조선정부의 대일외교체제는 무로마치막부-에도막부와는 敵禮(對等)관계, 쓰시마 도주와는 羈縻관계를 맺고 있었다는 것이 지금까지의 견해이다. 조선후기 대일정책의 성격은 세부적인 부문에서 이견이 있지만

기본적으로 조선전기와 같은 다원적 외교체제를 벗어나 쓰시마-막부 중
심의 일원적 외교체제를 형성하고 있다는 점에 대해서는 두 나라 연구자
들이 공감하고 있다. 다만, 왜란 이후 국교재기에 외교의 상대와 주체가
누구인가 하는 문제와 두 나라의 기본 약조인 기유약조의 성격, 17세기
초 대일외교에 임하는 조선정부 태도의 주체성에 대해서는 다른 의견들
이 있다.

본 발표에서는 조선후기 한일관계의 성격을 규명하기 위해 가장 기
본적인 대일외교체제의 성립과정과 대일 외교사행에 대하여 기존 연구
성과를 바탕으로 정리해 보고자 한다.[1] 특히 국교재개기 조선의 외교
상대와 주체를 알아보고, 기유약조 이후 체결된 각종 약조를 통해서 조
선의 대일정책의 방향성을 알아볼 것이다. 아울러 외교관계를 유지하기
위해 설정된 대일 외교사행에 대해 검토해 볼 것이다.

2. 국교재개기 일본의 강화교섭 특징

1598년 왜란이 끝난 뒤부터 1609년 기유약조가 체결될 때까지 일본
의 대조선 외교의 성격을 알기 위해서는 교섭의 상대와 주체에 주목할
필요가 있다.

먼저, 국교재개 교섭 상대가 明 軍門에서 조선정부로 변하였다는 점
이다. 국교재개를 위해 처음 조선에 온 사절은 1598년 12월에 도항한

---

1) 본고는 졸고, 「임진왜란 직후 일본의 대조선 강화교섭」(『한일관계사연구』 3,
   1995), 「정유왜란 이후 명·일정전협상과 조·명관계」(『전북사학』 18, 1995) ;
   「조선후기 일본국왕사 검토」(『한일관계사연구』 6, 1996) ; 「17세기초 대일정책
   의 확립과정과 그 성격」(『전북사학』 19·20, 1997) ; 『17세기 조일외교사행연구』
   (전북대학교박사학위논문, 1998) ; 「조선후기 대일본외교사절 문위행연구」(『국
   사관논총』 93, 2000) 등을 발췌 요약 정리한 것임.

康近(梯七太夫)였으며, 島津義弘의 글을 지참하였다. 다음해 또 吉副左近과 源智實(柚谷弥助) 등이 왔으나 이들 모두는 명나라 군문에 압송되었다. 일본이 明 軍門을 상대로 강화교섭을 시작한 것은 1598년 明과의 終戰交涉과 명 군문 邢玠에 의해 제기된 일본을 공격설 때문이었다. 명나라와의 강화교섭은 1603년 加藤淸正이 명군문, 예조, 葆眞太師, 全繼信, 雲松上人(惟政) 등에게 글을 보내는 것을 끝으로 중단되었다. 이처럼 일본이 명나라와의 강화교섭을 지속한 것은, 終戰에 이루어진 협상과 조선의 '借重之計' 때문이었다. 일본이 조선과 국교재개 협상을 시작한 것은 1600년 4월 調次(石田甚左衛門) 이후였다.

다음으로 국교재개 교섭의 주체가 도요토미 히데요시 세력으로부터 점차 도쿠가와 이에야스 세력으로 전환하고 있다는 것이다. 명 군문을 상대로 한 일본의 강화교섭 관련 서계를 보면 교섭의 주체는 쓰시마 도주 宗義智와 柳川調信 이외에도 島津義弘, 小西行長, 寺澤正成, 加藤淸正 등으로 히데요시의 측근들이었다. 이들은 강화교섭 초기 히데요리의 집권을 알리고, 조선과의 강화는 히데요시의 遺命이라는 사실을 강조하였다. 대조선 강화교섭에서 이에야스가 나타난 것은 1600년 4월이다. 使節 調次가 바친 서계에 의하면 국가의 최고 통치권자인 히데요리를 이에야스가 보좌하고 있으며, 明 質官을 송환한 것은 이에야스의 요청에 의한 것이라는 점을 밝히고 있다. 세키가하라 전투 이후 이에야스가 실권을 장악한 이후에는 '改非求和'한다는 '家康君'의 뜻을 명시하였으며, 征夷大將軍 즉위 이후에는 手押을 보임으로써 토요토미 정권과의 斷絶性을 드러냈다. 이에야스가 교섭의 주체로 나타난 시점은 일본이 조선을 상대로 강화교섭을 벌인 시기와 동일하다.

이와 같은 국교재개기 일본의 강화 교섭에 나타난 특징 속에서 몇 가지 확인해야 할 사항이 있다. 첫째는 강화 교섭의 명령을 내린 주체가 누구인가 하는 점이며, 둘째는 강화교섭을 담당한 쓰시마 도주의 권한은

무엇인가 하는 것이다. 즉 교섭의 명령과 수행의 권한을 둘러싼 도쿠가
와와 쓰시마 도주·야나가와 시게노부의 상하관계 실체를 규명해야 한다
는 것이다. 이 문제는 일본의 강화교섭 요구에 대한 조선의 정책 결정과
밀접한 관계를 맺는다. 강화 교섭의 주체는 조선을 침략했던 도요토미
정권에서 시작되었으며, 본격적인 교섭은 도요토미 정권과의 단절을 드
러낸 도쿠가와 때에 와서 이루어졌다. 그리고 도쿠가와는 조선과의 교섭
에 대하여 쓰시마 도주와 야나가와에게 그 권한을 대행하도록 하면서
그들의 보고를 받았다. 쓰시마를 앞세워 조선과의 강화 교섭이 이루어졌
기 때문에, 조선정부로서는 그 진위 교섭의 뜻이 어디에 있으며 그 명령
주체의 권한은 어떤 것인지에 대해 민감할 수밖에 없었다.

3. 에도막부를 상대로 한 조선의 대일외교

일본의 강화 교섭에 대한 조선정부의 태도는 중층적이었다. 가장
중요한 문제는 강화교섭에 대한 일본의 최고 권력자를 파악하는 것이
며, 다음은 교섭의 주체인 쓰시마와 어떤 관계를 맺을 것인가 라는 문
제였다.

조선은 쓰시마에 대해서는 교섭 초부터 '父母之邦'으로서의 朝鮮을
설정하고 있었다. 이는 '일본의 잘못 때문에 어찌 쓰시마와의 관계를 단
절할 수 있을 것인가'하여 '羈縻'의 대상으로 쓰시마를 이해하고 있었
다. 쓰시마에 대한 기미정책은 명군의 철수로 인한 군사력의 공백, 일본
의 지속적인 재침위협, 쓰시마에 대한 전통적인 인식(藩屏, 倭寇化), 일
본 정부에 대한 정보의 혼재 등의 이유로 선택되었고, 進上, 回謝, 求貿,
公·私貿易 등의 허가로 시행되었다. 이는 '島夷가 여러 번 나와서 物貨
를 팔고 갔다면 通好하지 않았더라도 실은 和好를 허락한 것'과 같다는

인식으로 발전하였다. 이러한 태도의 변화는 쓰시마에 和好를 허락하더라도 다시 변방의 대비에 유의하지 않으면 羈縻하는 것과 羈縻하지 않는 것에 큰 차이가 없을 것이라는 自强의 필요성 때문이었다.

한편 조선은 교섭 주체인 쓰시마 도주와 야가나가 시게노부에 대해서는 그들의 역할에 주목하고 있었다. 사실 왜란 이전에 시게노부는 조선침략에 대한 준비를 도요토미로부터 명령받았을 정도로 대조선 정책의 대변자로 평가받았다. 조선정부 역시 그의 외교적 능력을 인정하여 嘉善大夫 同知中樞府事에 제수하였으며, 왜란 이후에는 피로인을 전부 송환하여 히데요시의 죄를 사죄하라는 말에 橘智正이 '속히 본도로 돌아가 이 뜻을 시게노부에게 자세히 말하겠다.'고 하였으며, 이에야스의 국서가 먼저 와야 한다는 조건에 대해서도 '속히 本島로 돌아가 柳川景直(調信의 子)과 함께 사세를 살펴 보고하겠다.' 하였다. 이처럼 야나가와는 조선과의 외교업무를 막부에 보고하거나 倭使의 파견 주체로 인식하였다.

1600년 9월 정치권력을 장악하기 위한 도요토미세력과 도쿠가와세력 사이의 싸움(세키가하라 싸움)이 일어났다. 이후 대조선 교섭에 있어서 외교주도권자로서의 도쿠가와 이에야스가 강조되고 국교 재개를 위해 피로인 송환 이외의 다각적인 방법이 시도되었다. 1602년 12월에는 '이에야스가 우리 도주(對馬島主)에게 강화하는 일은 전부 그대에게 맡겼으니 성공시키지 못하면 그대를 죄줄 것이다.'고 하여 외교권자로서의 이에야스의 위상을 강화하였다. 1604년 8월 惟政의 파견을 계기로 조선의 대일정책은 對幕府정책으로 바뀌었다. 유정의 왕래를 통해 家康의 정치권력을 확인하였지만, 豊臣秀吉의 아들 秀賴의 생존은 무시할 수 없는 문제였다. 1605년 11월 秀賴의 폐출과 德川秀忠의 關白卽位 정보를 파악한 조선은 국교재개에 대한 강화 2조건(先爲致書, 犯陵賊 縛送)을 제시하고, 일본의 執政에게 직접 差官을 보내어 교섭에 관한 家康의 진의를 확인하고 강화조건의 이행을 요구하기로 최종 결정하였다.

이러한 조선의 결정은 일본 執政과 직접교섭을 시도하려는 것이었기 때문에, 쓰시마의 강한 반발에 부딪치게 되었다. 對馬島와의 기미관계가 깨질 수 있는 상황까지 사태가 악화되자, 조선은 쓰시마의 강화조건 이행약속을 받아들여 직접교섭을 포기하였다. 또한 德川家康의 권력의 정확한 정보를 파악할 수 없었고, 쓰시마의 국교재개요청을 자의적 행동으로 잘못 파악하였기 때문이다. 나아가 강화조건에 대하여 일본이 정면으로 거부했을 경우 외교주도권을 상실할 염려가 컸기 때문이다.

한편 조선은 강화조건의 진위와는 상관없이 내부적으로 일본과의 통호를 결정해 놓고 있었다. 그것은 조건의 이행에 대한 완전한 확인절차 이전에 幕府에의 사절파견을 결정하고, 쓰시마에 의해 이행된 강화조건이 僞書, 僞犯이었음에도 예정대로 회답겸쇄환사를 파견한 사실에서도 확인된다.

4. 조선후기 대일외교 통제정책

조선의 대일외교가 쓰시마를 매개로 하여 에도막부를 상대하고 있었다는 점은 기유약조 체결과정에서도 확인할 수 있다. 1606년 선조는 회답사의 파견시 일어날 수 있는 11가지의 질문을 비변사에 내려 답변을 준비하도록 하였다. 이에 비변사는 4가지 질문을 더하여 총 15항목의 問答內容을 보고하였다. 당시 조선은, 對馬島를 매개로 幕府와의 외교관계를 유지하려고 하였으며 중국에 대한 倭情報告 體系를 두 달에 한 번으로 定例化하여 중국을 借重의 존재로 이용하고, 秀賴의 생존에 의한 일본 정세변화의 가능성을 염두에 두고 있었다. 신의를 바탕으로 한 「通信使」가 아닌 德川家康의 國書에 회답하고 피로인을 쇄환한다는 「回答兼刷還使」를 파견한 것은 조선의 태도가 불완전했음을 의미한다.

불완전한 국교재개는 쓰시마를 매개로 한 대일교린관계의 재편으로 결정되었으며, 기유약조는 그 구체화된 정책이었다.

1609년 체결된 기유약조는 조선후기 270여 년 동안 두 나라의 외교관계를 설정한 기본 규정이다. 그럼에도 약조 체결의 주체가 쓰시마라는 점을 강조하여 조선정부와 쓰시마 사이의 교역관계로만 파악하는 경향이 있다. 이러한 주장은 기유약조가 두 나라의 條約이 아니며, 쓰시마에 대한 통교무역의 규정에 지나지 않는다는 점이다. 즉 약조의 체결에 두 나라 정부가 참여하지 않았다는 점이다. 약조 체결과정을 살펴보면 분명히 체결의 주체는 쓰시마 도주이다. 그러나 국교 재개 교섭 과정에서 살펴보았듯이 쓰시마 도주는 막부로부터 대조선 외교를 전담하도록 허락을 받은 대리자였다. 그렇기 때문에 약조의 제1항, 2항에 일본 국왕사를 규정한 것이다. 만일 기유약조가 쓰시마 도주만을 상대로 하는 사적 통교규정이었다면 국왕사의 규정을 포함하는 것 자체가 성립될 수 없을 뿐 아니라 일본 국왕사도 쓰시마 도주의 문인을 발급받도록 하는 모순이 있어서는 안된다. 이러한 조항은 쓰시마 도주만을 통해서 대일본 외교를 수행하겠다는 조선정부의 적극적인 정책 결정의 결과인 것이다.

조선후기 한일외교 시스템의 확립이라는 측면에서 상호간에 준수하기로 약속한 각종 조항들의 특징을 정리하면 다음과 같다.

첫째, 기유약조에 나타난 조선후기 한일외교시스템의 특징은 외교적 문제를 처리하기 위해 왕래할 수 있는 외교사행을 쌍방간에 규정하지 않고, 일본에서 조선에 파견하는 외교사행만을 규정하고 있다는 점이다. 둘째, 조일무역에 대한 통제규정이 많다. 통제의 핵심은 법에서 정한 물자의 이동을 어기는 것이다. 물류의 이동에 대한 통제 규정은 왜관을 중심으로 이루어지는 불법 거래 금지에 집중되어 있다. 셋째, 왜관이 경계와 출입자에 대한 규정이다. 왜관은 조선의 영토로 대일외교의 편의를 위하여 임시적으로 체류가 허가된 지역이기 때문에 그 경계를 넘는 것은 '越境'이 아닌 '亂出'로 규정되었다. 넷째, 왜관을 둘러싼 사회·경제적 갈등에 대한 규정이다. 交奸, 성매매, 강간과 같은 범죄에 대한 통제였다. 이러한 사회적 문제는 1678년 초량왜관의 설치 이후 지속적으로 증가하였으며, 1711년 통신사행 시에 왜인의 潛奸에 대한 법을 정하기에 이르렀다. 다섯째, 표류민의 송환을 위한 일본의 외교사행의 통제이다. 날로 증가해 가고 있는 표류민의 송환을 위한 사절 파견에 대한 규제이다. 1696년 조선정부는 표류한 사람의 시신을 싣고 오는 차왜의 파견을 금지하였고, 1739년에는 표류한 사람이 죽은 경우를 제외한 모든 표류민송환차왜의 파견을 금지하였다.

5. 조선후기 대일본 외교사행

조선에서 일본에 파견한 使行은 약조에 의해 규정되지 않았다. 외교사행의 왕래라는 관점에서 일본은 정치·경제적인 내부 요인에 의해 외교사절을 파견하였지만, 조선정부는 원칙적으로 일본의 파견 요청이 있을 때만 피동적으로 외교사행을 파견하는 근본적인 차이점이 있다.

그러나 왜란이 끝난 후 기유약조를 체결할 때까지 파견된 4차례의 정탐사(1600년 金達, 1602년 全繼信, 1604년 惟政, 1606년 全繼信)는 일본의 파견요청 없이 조선에서 일본 내정 정탐과 피로인 쇄환 등을 위해 쓰시마와 교토에 보내어졌다. 이들에 대해 조선에서는 '使行'이 아닌 '差人'이라는 점을 강조하기 위해 惟政의 서계를 지참하도록 하거나, '일개 승려'임을 강조하도록 하였다. 이는 국교재개 교섭에 조선정부가 구체적으로 관여하지 않고 있으며, 일본이 먼저 국교재개를 요청하였다는 점을 명확하게 하려는 것이었다. 그렇지만 조선의 필요에 의한 주도적인 '差人'의 파견도 기유약조 체결 이후에는 보이지 않는다.

약조 체결 이후 조선의 대일 외교사행은 일본의 요청이 있을 경우에 한하여 江戶에 파견한 回答兼刷還使와 通信使, 對馬島에 파견한 問慰行(譯官使)가 있을 뿐이었다.

1) 통신사행 정례화

1607년부터 재개된 조선의 국왕사절 파견은 1636년 이후 그 이름이 통신사로 바뀌어 1811년까지 지속되었다. 회답겸쇄환사와 통신사는 편성 체계에 있어서 별다른 차이가 없으며 '국왕사절'이라는 점에서 조선후기 통신사행으로 통칭되고 있으나 '회답겸쇄환사'는 신의를 통하는 '통신관계'를 지향한 것은 아니었다. 따라서 1636년 통신사행의 파견은 조선정부가 '通信之國'으로서 일본을 인정하기 시작했다는 점에서 그 의미하는 바가 크다.

1607년 임란이후 처음으로 일본에 국왕사절을 파견한 조선정부는 1617년, 1624년 파견결정시에 어떠한 형식이든 '회답사'임을 계속 강조하였다. 그러나 1636년 국왕사절의 경우 종래와 같이 '회답겸쇄환사'라는 호칭을 사용하지는 않았다. 물론 두 나라의 신의가 회복되었기 때문에 '通信使'를 보낸다거나 사행의 명칭을 '통신사'로 한다는 등의 논의도 보이지 않는다. 다만 復命時의 기록에 通信使 任絖, 副使 金世濂 등으로 표기되어 있어 1636년의 대일 국왕사절이 通信使로 불렸음은 확인된다. 회답을 고집하지 않은 것은 통신사 파견을 요청하기 위해 온 信使請來差倭가 '關白의 명령'을 받고 왔기 때문이다.

關白(幕府將軍)의 명령을 중시했다는 점은 곧 쓰시마 도주의 외교적 능력을 인정한 것으로 일본의 對조선 외교 창구로서의 쓰시마에 대한 외교적 지위를 확인하는 것이다. 조선이 將軍의 명령을—국서의 지참여부와 관계없이— 중시한 것은 1629년 사행에서도 확인된다. 1629년 玄方의 상경을 허락한 것은 인조정권의 대외정책이 정묘호란 이후 명분만을 앞세운 反政初의 비현실적 외교론에서 명분론을 전제한 현실적 외교론(保衛論)으로 선회한 결과이다.

　　그러나 현실적 외교론의 전개가 곧 막부와의 직접 교섭을 통한 교린관계의 형성을 의미하지는 않는다. 왜란이 종결된 이후 쓰시마를 통하여 對日관계를 유지하려는 인조정권의 대일정책은 변함이 없었다. 1632년 막부 장군의 죽음에 대하여 1617년 회답겸쇄환사의 예에 의거하여 倭譯을 쓰시마에 보내어 조위하도록 결정한 것이나 1631년 보고된 야나가와 사건의 내용과 결과에 민첩하게 대응한 것 그리고 馬上才의 요청에 즉각 부응하여 쓰시마 도주가 막부에 대하여 자신의 외교적 능력을 증명할 수 있도록 도와 준 것 등은 대일정책에 있어서 쓰시마를 매개로 위치지우려는 조선의 의도에 따른 결과이었다. 1635년 에도막부의 대조선정책에 있어 쓰시마 도주의 위상을 확인한 조선이 이듬해 통신사의 파견을 쉽게 결정한 것 역시 이러한 대일정책의 연장선상에서 이해할 수있다.

2) 문위행 정례사절화

　　문위행은 조선후기 對馬島主 및 關白의 慶弔事를 문위하기 위해 쓰시마에 파견된 문위역관 일행을 가리킨다. 문위행의 기원은 경조사를 문위했다는 점에서 조선전기 敬差官 일행과 비슷하며, 역관이 임명되었다는 점에서는 1397년 파견된 朴仁貴가 처음이다. 그렇지만 왜학역관을 정사로 해서 경조사를 위문하기 위해 파견된 사례는 1461년 皮尚宜가 처음이다. 문위행은 1632년 한상·최의길의 파견 때부터 시작되었으며

1636년부터 항례화하였다. 문위행은 조선후기 전기간 동안 총 54회가 파견되어 4년에 한번 꼴로 쓰시마를 왕래하였다. 20년~30년에 한번 도항하는 통신사행에 비한다면 문위행의 실질적으로 두 나라의 현안 문제를 해결하는 데 효과적이었을 것이다.

문위행의 파견은 쓰시마의 요청이 선행되어야만 이루어진다. 문위행의 파견요청은 대일관계의 변화와 맞물려 변화하였다. 임시 외교사행인 차왜가 문위행의 파견을 요청하다가 관수왜의 직책이 생긴 후에는 관수왜가 문위행의 파견을 요청하였고, 17세기 후반 전문 외교가로서 재판차왜가 등장한 이후 문위행은 재판차왜의 파견요청을 받고 그들의 호위를 받으면서 왕래하였다. 파견 교섭과정에서 재판차왜의 독자적인 결정권은 크지 않았으며 모든 내용을 年寄의 지시를 받고 움직였다. 특히 교섭과정에서 쓰시마의 요구는 밀무역의 금지에 집중되어 있었고, 書契의 위식여부에 많은 신경을 쓰고 있었다. 문위행의 도항시기 역시 중요한 문제였다. 쓰시마 도주가 江戶로 출발하기 전에 역관일행을 접견하려 노력하였는데 이는 參府했을 때 있을지도 모를 막부장군의 질문에 대하여 대답을 준비해야만 했기 때문이다. 그런 의미에서 쓰시마가 문위행을 통해 조선의 사정을 파악하고 확인하려한 외교적 업무를 엿볼 수 있다.

문위행의 중요 업무는 對馬島主 宗氏 및 關白家의 경조사에 대한 問慰였다. 쓰시마 도주에 대한 경조사 문위는 조선전기부터 시행된 것으로 후기만의 독특한 특징은 아니다. 다만 후기의 경우 전기와는 달리 쓰시마 도주가 參勤交代를 마치고 쓰시마로 돌아 온 것을 문위하는 '還島問慰'가 중심이었으며 이외에 도주 承襲致賀, 身死弔慰, 退休問慰 등이 행해졌다. 또한 전기의 쓰시마 사행이 산발적이었던데 비하여 후기 문위행은 일정한 사안에 대하여 정례적으로 파견한 '定例使行'이었던 점도 전기와 다른 조선후기 문위행의 특징이다. 關白家에 대한 문위 역시 전기에도 시행된 적이 있었다. 그러나 전기의 경우 關白의 권력이 강하지 못하였기 때문에 關白은 물론 지방의 大名들에게까지 별도의 외교사행을 파견하는 다원적 구조로 이루어졌지만, 조선후기에는 關白이 전국적인 지배권을 확립한 것으로 인식하여 관백에 대한 외교의례를 강화하는 한편 쓰시마를 제외한 다른 지방의 大名들에게는 별도의 사행을 파견하지 않음으로 쓰시마의 외교적 지위를 높여주었다. 한편 쓰시마는 關白家에 대한 문위를 중앙정부로부터 경제적 지원을 얻는 데에 정략적으로 이용하였다. 이외에도 문위행은 통신사행의 使行節目 講定, 일본의 정세 염탐, 약조 체결에 관여하였다.

6. 조선후기 대일외교 운영

조선후기의 대일본 외교는 통신사행·문위행과 같은 외교사행을 통한 교섭과 왜관을 중심으로 하는 교섭으로 대별된다. 대일본 외교교섭의 매개자로 조선정부는 쓰시마 도주를 선택하여 기유약조를 체결한 뒤, 왜관 지역을 관할하던 동래부사로 하여금 조선의 외교실무를 담당하게 하였다. 이는 1610년 동래부사에게 '直啓'할 권한을 부여한 점으로 알 수 있다. 경상감사의 관할 하에 있던 동래부사가 국왕에게 직접 보고할 권한을 가짐에 따라 대일교섭의 통로는 동래부사 → (경상감사) → 예조·비변사 → 국왕의 절차를 밟게 되었다.

외교사행을 통한 외교교섭은 통신사행의 경우 3차례의 회답겸쇄환사를 포함하여 17세기에 집중되어 있다. 임진왜란으로 인한 피로인의 쇄환이 가장 중심 외교업무였으며, 시간이 지남에 따라 피로인 쇄환이 어렵게 되자 왜관 운영을 둘러싼 약조 제정 등의 실무적 업무를 담당하기도 하였다.

17세기 후반 이후 통신사행의 기능과 역할이 문화교류로 전환됨에 따라 두 나라 사이의 실무적인 외교 업무는 문위행에 의해 수행되었다. 일차적으로는 왜관을 중심으로 대부분의 외교 업무가 이루어졌지만, 쓰시마 도주와의 직접적인 협의가 필요할 경우 막부 장군 집안의 애경사와 쓰시마 도주 집안의 애경사에 파견한 문위역관이 그 역할을 담당하였다. 유황 및 무기 수입 등을 은밀히 진행하기도 하였으며, 왜관 운영과 관련된 제반 업무를 담당하기도 했다.

한편, 왜관은 상시적인 체류가 허가된 지역은 아니며 조선에 도항을 허가 받은 연례송사와 별차왜 등을 법적으로 허가 받은 체류기간 동안 머물러 있을 수 있도록 하기 위한 통제지역이었다. 대략 최소 2달 이상의 조선 내에 머물면서 외교의례 및 업무를 수행해야 하였기 때문이다. 일본에서 도항해 오는 사행들의 도항시기로 인해 400명 전후하는 상주 인력이 왜관에 있었다. 따라서 일본의 외교교섭은 왜관 내 머물러 있는 사행들에 의해 왜관에서 이루어 질 수밖에 없었다. 공식적인 외교문서의 수수 이외에 실무적인 교섭 역시 동래부사와 외교사행(관수왜, 차왜)과의 사이에서 이루어졌다. 특히 임시사절인 재판차왜는 관수왜와 함께 조선후기 한일외교의 주요현안 문제를 전담하였다.

대체로 일본에서 사절이 도항하게 되면 동래부사는 훈도와 별차를 파견하여 도항 목적을 파악하고 지참하고 온 서계의 위식여부를 조사하게 된다. 일본의 외교사절은 그 격에 따라서 예조참판(참의), 예조참의와 동래·부산첨사에게 보내는 서계 3통을 지참하였다. 훈도와 별차가 도항 목적 및 서계의 위법여부 등을 조사한 뒤 동래부사에게 수본(手本)을 올리면, 동래부사는 수본을 바탕으로 국왕에게 장계를 올려 외교업무 등에 대한 대응 방안을 강구하게 된다.

한편, 일본에서 조선에 도항하거나 표류한 배들이 조선에 도착하게 되면 관수왜에게 속히 통보하고, 표착한 배는 바람이 가라앉는 즉시 초량으로 옮기도록 되었다. 왜관으로 접항하지 않은 모든 일본의 배는 왜

관으로 향하는 배이던지 어선이든지를 막론하고, 해당 지역 왜어통사의
조사를 받은 다음, 왜관으로 보내어 졌다. 경상도 지역의 경우 부산의
왜학역관이 조사하였으며, 전라도와 강원도의 경우 서울에서 문정관이
나와 조사하기도 하였다. 표류한 어선들의 경우 특별한 문제가 없는 한
쓰시마를 통해 송환되었으며, 왜관으로 향하는 선박은 주어진 업무를 마
친 후 귀국하였다.

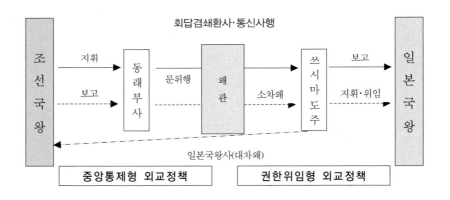

7. 결론

성신외교의 상징으로 표현되는 조선후기 한일관계의 성격을 규명함
에 있어 외교정책의 수행구조에 대한 정확한 이해가 필요하다. 외교업무
담당자로서 동래부사와 쓰시마 도주의 위상을 어떻게 파악할 것인지가
중요하다. 조선후기의 한일관계의 특징은 상대국에 대한 외교정책의 형
식을 동일한 관점에서 분석해야 할 것이다. 특히 쓰시마와 일본국왕(막
부장군)과의 권한 위임의 내용과 실제를 정확하게 규명해야만 한다. 정
부가 지방의 우두머리에게 외교의 모든 권한을 위임했다는 것은 국가의

고유권한을 포기한 것이기 때문이다. 조선후기 한일관계의 성격에 대한
오해와 견해의 차이는 바로 이 문제에서 출발하고 있다.

〈토론문〉

홍성덕 보고를 둘러싸고

木村直也

(産業能率大)

홍성덕 선생의 보고는, 조선 후기(에도시대)의 한일관계의 성립 과정과 한일간의 사행을 중심으로 한 양국관계의 성격에 대해서 정확히 논하고 있다. 흥미 깊은 결론 부분의 논지에 관련하여, 여기서는 일본 열도 상의 국가 권력과 일조관계와의 관계에 대해서 확인해두고 싶다.

일본 중세(조선 전기)에서 일본의 중앙 권력은 상대적으로 취약했으며, 지배 권력은 분산되어 있었다. 그 때문에 무로마치 장군에 의한 「國王使」뿐만 아니라, 다양한 세력이 조선 왕조에 통교하는 다원적 통교관계가 나타난다. 중세 말기=전국 시대가 되면 장군 권력은 점점 잃어가고, 일조통교는 대마도 종씨의 관리 하에 들어간다.

織豊 정권에 이어서, 근세 국가(막번제 국가)로서 성립했던 德川 정권은 중세에 비교하자면 훨씬 강한 지배 권력을 가졌고, 게다가 2세기 반을 넘는 에도시대의 사이에, 영역 내의 경제 발전을 동반하면서 다양한 면에서 국가 기능을 차차 강화해 갔다. 그런데 이 단계에서는 중앙권력이라는 德川 정권에 異國·異民族과의 관계를 직접 장악·관리하는 기능도 의사도 없었다.

에도시대의 대외관계에는 「4개의 창구」가 있었던 것이 알려져 있다.

그 가운데 長崎는 幕府의 직할지이며, 대외관계를 총괄적으로 관리하는 長崎奉行이 있었지만, 무역 실무나 町政은 주민에게 맡겨져 있었다. 조선과의 관계는 對馬藩에게, 유구 왕국과의 관계는 薩摩藩에, 아이누와의 관계는 松前藩에 위임되어 있었다. 대마번 종씨는 조선과의 안정된 관계를 유지하는 것을 「家役」으로서 짊어지는 것과 함께, 무역 이익을 독점적으로 누리는 것을 허락받았다. 그것은 일반의 다이묘가 여러 가지의 「軍役」을 부담하면서, 所領의 지배권·연공 수입(知行)을 얻고 있는 것과 같은 것이다. 에도시대의 德川 정권과 조선왕조와의 관계는, 조선과의 사이에 유사적인 조공적 관계를 취하는 대마번이 매개하고, 통교 실무를 맡은(그 상세를 막부는 關知하고 있지 않다) 것에 의해 유지되고 있었던 것이었다. 그것은 「중앙통제형」의 외교 체제를 취했던 조선 왕조와의 크게 다른 형태이다.

그러나 막부에 구미열강이 동아시아에 진출함에 따라서, 일본 열도 상에서는 근대 국가, 즉 국토·국민을 중앙권력이 직접 장악·관리하는 체제로의 지향이 아주 분명하게 나타난다. 러시아와의 관계가 문제가 되었던 17세기 말부터 蝦夷地(北海道)는 막부가 직할하는 방향으로 진행되었고, 무역 부진에 의해 재정 궁핍에 고민하던 대마번은 막부의 재정 원조를 요구하면서, 1860년대에는 종래의 일조통교 시스템의 변혁과 조선 진출론을 제기한다. 대마번은 혼자의 힘으로는 조선과의 관계를 유리하게 변혁하지 못하기 때문에, 「食을 異邦에 요구하다」 같은 종래의 대마·조선관계를 굴욕적인 것으로 하소연하여, 對馬一藩에 의한 「私交」를 다시, 막부나 메이지 新 정부의 일조관계에의 직접 관여를 요청하게 된다. 그것과 대마번의 일조관계에 관련된 기득권 유지와는, 대마번의 주관으로서는 모순되지 않았지만, 메이지 정부의 근대 외교 확립의 움직임과 함께 모순은 겉으로 드러나게 되었고, 폐번치현에 의해 日朝關係의 일원화가 실현되어 가는 것이었다.

에도 막부의 외교정책과 외교사절

鶴田啓
(東京大)

서론

'通信의 나라는 조선과 유구, 通商의 나라는 청국과 네덜란드, 그 이외의 여러 나라와는 새로운 통교를 가지지 않는 것이 祖法(옛부터의 규칙)이다.'

에도막부는 1845년 전년해에 받은 네덜란드 국왕의 開國勸告親書에 대답하는 가운데, 이와 같이 말했다. 일반적으로 에도시대의 대외관계라는 것은 조선·유구와의 외교관계와 중국·네덜란드와의 무역관계였다(단지 유구는 薩摩藩의 정복을 받고 있었기 때문에 완전한 독립국은 아니다) 라고 이해되고 있는 것은, 이 때의 설명이 기초가 되어있다. 이것과 비슷한 설명은 러시아 사절 렉스먼(1792년 蝦夷地에 내항)이나 레자노프(1804년 長崎에 내항)에게도 하고 있었지만, 이 시기 처음으로 通信과 通商을 나누어 상대국을 명확히 정의했던 것이다. 그러나 에도시대 초기의 실태로서는 외교는 조선과 유구에 한정되어 있지 않고, 3대 장군 德川家光의 초기까지(특히 德川家光 在世中에는), 동남아시아 방면에서 많은 수의 사절이 왔으며, 막부는 返書를 주고 있었다. 무역도 중국·네

딜란드에 한정되어 있지 않고, 일본인의 해외 도항과 해외에서의 무역이 있는 시기까지는 왕성하게 이루어지고 있었다. 본고에서는 17세기 전반에 에도막부의 외교정책이 어떻게 전개되고 있었는지를 보는 것으로 하고 싶다.

1. 에도시대 초기의 외교
(중국·조선·유구 등의 관계)

豊臣秀吉은 죽기 직전, 5명의 大大名(德川·前田·宇喜多·毛利·上杉)을 「五大老」에 임명하여 嫡子 秀賴의 양육과 정치 운영을 부탁했다. 1598년 8월에 秀吉이 죽자 德川家康은 前田利家 일행과 공동으로 조선반도에서의 철퇴를 지휘했다. 家康은 이른 시기(1599년)부터 鹿兒島의 島津氏에게 유구와의 교섭, 對馬의 宗氏에게 조선과의 교섭을 명했지만, 당초의 목표는 명과의 교섭 루트를 만드는 것이었다. 1599년에 利家가 죽고, 1600년의 세키가하라 전투에서 승리하자, 외국과의 관계를 다룰 줄 아는 정도의 다이묘는 家康 뿐이었다. 家康은 朱印船의 제도나 長崎무역의 통제를 개시(2절 참조) 했을 뿐만 아니라, 루손(필리핀)의 스페인 세력과 교섭하거나, 동남아시아 방면에서의 사절과 직접 만나는 등 적극적인 외국과의 관계를 장악하는 것으로 국내 지배를 확실한 것으로 하려고 했다. 또한 기회가 있을 때 명과 관계를 가지려고 했지만 결국 그것은 잘 되지 않았다. 1610년에 家康의 측근이 명의 상인에게 맡겼던 福建總督 앞의 서장에는 쌍방이 증명서(해적선이 아니라는 것을 가리키는 문서)를 발행하여 무역을 행하는 제안과 같이 「遣使의 교제를 하여 勘合符를 요청하고 싶다」라고 하는 文言이 있다. 이 부분은 명의 책봉을 받을 의사가 있었다고도 해석할 수 있지만, 이 건은 진전되지 않았기 때문에, 책봉에 대해서 家康의 진의는 잘 알 수 없다.

1603년에 에도 막부가 열렸던 무렵부터 조선·유구와의 교섭의 목표는 장군에게 사절을 파견시키는 것으로 변화했다. 秀吉의 시대에 양국에서 사절이 왔던 것을 본떠서, 외국에서 사절을 맞아 자신의 지위를 명확하게 하려고 했던 것이다. 薩摩藩이나 對馬藩에게는, 유구나 조선과의 관계를 중개하는 역량을 시험받는 것이 되었다.

조선과의 교섭을 맡은 對馬藩은 문서의 위조 등도 하여 교섭을 서둘렀고, 1607년에 조선 국왕의 사절이 來日하여 에도에서 德川秀忠에게 拜謁하고, 이어서 駿府(靜岡縣)에서 家康에게 拜謁했다. 이들 의례가 막히는 것 없이 이루어졌다는 것으로, 사절의 일조관계가 회복했다고 하는 것이 가능하다. 사절의 규모와 바치는 물품의 질과 양은 나라의 체면에 관계된 것이므로, 조선의 사절은 극히 대규모가 되었다. 일본에서는 通過地에 領地를 가진 다이묘들이 막부에 대한 충성심을 나타내기 위해, 대대적으로 접대에 응했다. 政府 간의 관계 회복을 받아들이고 1609년에는 조선과 對馬藩의 사이에서 送使船의 수나 크기, 접대에 관한 규정 (기유약조)이 정해졌다.

한편 薩摩藩에 의한 유구와의 교섭은 정체되어 있었다. 薩摩藩은 막부의 허가를 얻은 후에, 1609년 유구에 무력 침공하여 이것을 정복하고, 포로였던 國王 尙寧이나 중신들을 秀忠과 家康에게 拜謁시켰다(1610년). 유구는 薩摩藩의 附庸(종주국에 대한 종속국)이라고 평가되면서도 국왕은 沖繩島 등을 知行으로서 인정하여, 다음 11년 귀국했다. 그러나 유구를 이용한 명과의 교섭 중개는 잘 되지 않았고, 결국 유구의 국왕으로서의 체제를 남기고 명과의 외교·무역을 계속시키는 것과 함께, 일본에도 사절을 보내도록 했다. 조선이나 유구에서의 사절은 에도시대 초기에는 막부의 위신을 높이는데에 도움이 되어, 후에 조선에서의 사절은 장군의 대가 바뀌는 것(통신사), 유구에서의 사절은 장군의 대가 바뀌는

것(慶賀使)과 유구 국왕의 대가 바뀌는 것 (謝恩使)에 오는 것이 정례가
되었다.

또한, 막부 자신이 유구나 조선에 使者(교섭의 使者든 외교의례의
사절이든)를 보내려고 하지 않았던 것에 대해서는 다음과 같은 이유를
들 수 있다.

1) 薩摩藩이나 對馬藩과 같은 특정 상대와의 교섭을 담당하는 다이
묘(取次라고 한다)가 기능하는 한은, 그것에 맡기는 것이 당시의 관행이
었다는 것. 2) 에도막부에는 무역에 참가하여 그것을 재정 기반으로 하
려고 한다는 의식이 얇고, 조선무역·유구무역에 개입할 의사가 없었다
는 것. 3) 막부 자신이 필요로 하는 生糸는 長崎 무역에서 「將軍糸」로서
확보 가능했다는 것.

2. 초기의 무역

16세기 말에 일본 국내가 통일되었던 것과 함께 다이묘나 무사를 중
심으로, 중국산의 生糸·견직물이나 동남아시아의 산물 등에 대한 수요
가 증대하고 있었다. 주로 중국선은 平戸(長崎縣)나 鹿兒島를 시작으로
九州 각지에 입항하였고, 중국의 마카오를 거점으로 하는 포르투갈선은
長崎에서 무역을 했다. 에도막부는 무역에서 이익을 얻어 재원으로 하
는 것에는 관심을 가지지 않았지만 長崎에서의 生糸 무역을 통제하거
나, 生糸 중 좋은 물건을 「將軍糸」로서 확보하는 것은 일찍부터 하고
있었던 것으로, 이 무역의 중요성을 알 수 있다. 국내의 풍부한 銀을 배
경으로 일본인도 해외무역에 진출했다. 德川家康은 西國의 다이묘나 長
崎·京都·堺 등의 大商人에게 일본선인 것을 나타내는 증명서(異國渡海
朱印狀)를 발행하여, 보호와 통제를 꾀하는 구조를 가다듬었다. 이것이

朱印船貿易으로, 동남아시아 각지에서 무역을 행했다.

朱印船貿易에는 막부를 경제적으로 지원했던 豪商(大商人)의 많은 수가 참가했고, 막부 고관 중에서도 이러한 무역에 투자하는 자가 있었다. 그러나 막부 자신은 한 번도 무역선을 내지 않았던 점에 주의할 필요가 있을 것이다(1절 말미의 2를 참조). 동남아시아 방면에는 현지에 계속 사는 일본인도 늘어 日本町이 생겼다.

17세기가 되어 동아시아에 나타난 네덜란드와 영국은 함께 동인도회사라고 칭하는 회사 조직에서, 일본에서는 무역에 전념했다. 그리고 프로테스탄트국이기도 했기 때문에 포교활동을 하지 못하고, 家康은 그들을 환영했다. 네덜란드는 일본에서는 상인으로서 행동했지만, 그것은 그들이 일본 무역의 이익추구를 제 1의 목표로 했기 때문인데, 원래 동인도회사는「동인도」에 대한 외교나 전쟁의 권한을 본국에서 얻고 있었기 때문에, 단순한 상인은 아니었다. 예를 들어 타이완 사건(1628년 대만에서 네덜란드 세력과 일본인 무역가가 충돌했던 사건) 해결을 위한 교섭은, 외교 교섭 그 자체였다.

또한 브레스켄스호 사건(1643년 陸奧國에서 네덜란드선 乘組員이 南部藩에 포박되었던 사건. 乘組員은 에도에서 석방되었다) 후, 막부와의 관계를 개선하기 위해서 막부가 희망하는 사례의 특사 파견을 실행했던 것은 네덜란드 본국이 아닌 바타비아(인도네시아)의 회사 조직이었다.

3. 크리스트교 금지의 강화

1587년에 豊臣秀吉이 선교사 추방문을 냈던 이래, 일본 국내에서의 크리스트교 포교활동은 공식적으로는 금지되었지만, 실제로는 철저하지 못했다. 그렇다면 왜 크리스트교는 금지되었던 것일까. 秀吉의 선교사 추방문도 家康의 그것도 함께 「일본은 신국이다」와 「크리스트교는 邪法이다」라는 것을 전제로 쓰여져 있으며, 현대의 시선에서 본다면 윤리적이라고 하기보다 신비주의적인 인상을 받는다. 이 배경에는 크리스트교와 신도나 불교와의 대립(크리스트교도에 의한 신사・사원의 파괴), 전국 통일의 과정에서 무가세력과 격하게 대립했던 一向一揆와 유사성을 크리스트교에 느끼게 한 것, 제우스(神)와 (크리스트교적으로는) 세속권력자인 관백이나 장군과의 경중・상하관계의 문제 등 크리스트교가 통일 정권의 권력과는 양립하지 않는다는 인식이 있었던 것이다. 물론, 전통적인 불교세력 등으로부터의 선교자들도 존재했으며, 막부가 다이묘 통제나 민중 통제를 위해 의도적으로 '크리스트교 단속을 위해' 라는 명목을 이용하는 것도 있었다고 생각된다.

  에도막부의 대크리스트교 정책도 기본적으로 秀吉을 잇고 있으며, 처음에는 해외와의 무역을 중시하여 포교활동을 묵인하고 있었다. 일본 체재 경험이 긴 예수회 등은 이러했던 막부의 정책에 배려하여 가능한 한 눈에 띄지 않게끔 활동하고 있었다고 하는데, 일본 국내의 크리스트교 신자는 늘어, 거의 70만명에 이르렀다고 전해진다. 그러나 幕臣의 가운데서도 많은 신자가 있는 것이 알려지자 막부는 다시 선교사 추방문을 내는 것과 함께 전국적으로 크리스트교를 금지하고, 선교사나 신자의 단속을 강화시켰다.

4. 家康 사후의 변화

  에도 막부의 대외교정책 전반에 대해서의 실권은 아들인 秀忠에게 장군직을 양도한 후에도 계속 家康이 쥐고 있었다(그러나, 조선이나 유구에서 使節이 來日했던 때에는, 자신보다 먼저 현 장군인 秀忠에게 拜

謁 시키는 등, 장군의 입장에서는 배려하고 있었다). 먼저 1절에서 말했던 동남아시아 여러 나라들에서의 使者에게 스스로 대응하거나 명과의 공적 관계 모색이 이루어지거나 했던 것은 家康의 在世中(~1616년) 까지로, 秀忠(2代)·家光(3代)의 시대가 되면, 일본측에서의 적극적인 선교는 행해지지 않게 되었다.

한편 해외에서는 일본의 朱印船과 외국 세력이 충돌하는 사건이 일어나고 있었다. 막부는 크리스트교 금지에 철저를 기하고 해외에서의 분쟁을 피하기 위해서 무역이나 해외 도항에 대한 규제를 강화하고 있었다.

일본 국내에서 신분이나 항례에 의해 장군에게의 拜謁이 엄격하게 제한되게 되면, 그것에 준하여 외국 사절의 대우도 엄격하게 행했다. 그 가운데에서 조선과 유구에 대해서는

1) 막부의 위신을 나타내는데 적합한 대규모의 사절일 것.
2) 국왕에게 정식으로 임명되었다고 하는 使者의 자격이 명확할 것.
3) 중국산의 물자나 대륙정세에 관한 정보를 입수하면서도, 중요한 루트일 것.
4) 크리스트교 포교의 위험성이 적을 것.
5) 통상의 교섭은 對馬藩이나 薩摩藩에게 맡겨 둘 것.

이러한 요인이 계속 쌓여 관계가 유지되었다.

에도막부는 왜 스스로의 사절을 해외에 내보내려고 하지 않았는가─조선과 유구에 대해서는 앞에서도 말했듯이, 그 외의 나라나 지역에 대해서는 1620~40년대의 불안정한 아시아 정세와 막부의 군사적인 성격을 고려할 필요가 있다. 에도시대 초기부터 이른바「鎖國」에 이르는 흐름을 보면 막부는 해외에서의 분쟁에 휘말리는 것을 피하는 의식이 있었다고도 보는 것이 가능하다. 만약 해외에서의 분쟁이 일어나면(막부의 군사적인 성격에서부터) 출병해야 할 가능성이 있었기 때문이다. 이러한

판단에 대해서 막부 자신은 공표하지 않았지만, 네덜란드인이 입수했던 정보에 의하면 포르투갈선의 내항금지를 검토하고 있던 1639년 당시 막부 내의 의론은 다음과 같았다.

「각료들은 서로 이 건에 대해서 숙고했다. 대부분은 국외에 도항하는 일본의 傳馬船에는 허가증을 주어야만 하는 것이 아니라, 그것은 외국인이 그 손으로 이 국민을 침해하지 않기 위해서다」라고 생각하고 있었다. 그러나, 여러 사람은 이 생각에 이의를 제기했지만, 결국 각자가 자신의 생각을 말하고, 최후에 최고의 각료(酒井忠勝)가 결집하여 이렇게 말했다. 우리는 다른 사람들의 奉仕를 받는 것이 가능한 한, 일본이 자신의 배를 국외에 도항시키는 것을 필요로 하지 않는다. 나는 좋은 시기에 이 건을 생각한 이상, 그리하는 것이 좋은 기회에 폐하(장군 德川家康)에게 전할 작정이다」(『オランダ商館長日記』1639년 5월 22일). 즉 타인의 奉仕(네덜란드선이나 중국선의 일본 내항)가 있다면, 해외에서의 분쟁을 피하기 위해서 일본인의 해외 도항은 불필요라는 것이 결론이었다.

또한 1646년에 남명정권(福州의 隆武帝) 으로부터의 원조요청이 있었던 때도 다이묘나 무사의 일부에게는 출병을 기대하는 목소리가 있었음에도 불구하고 막부는 신중한 자세를 무너뜨리지 않았다. 또한 幕末이 되면서 통상조약 비준을 위한 遣米使節(1860년), 開港開市의 延期를 위한 遣歐使節(1862년), 중국 상해에 시험무역을 위한 幕府船派遣(1862년), 橫浜鎖港 교섭을 위한 遣歐使節(1863년), 파리 만국박람회에의 출품·출석을 위한 사절(1866년) 등, 막부는 차례차례로 해외에 외국사절을 보내게 되었다.

5. 「쇄국」(이른바 쇄국)

막부는 1624년에는 스페인과의 외교관계를 세우고 이어 1635년에는 일본선이 외국에 가는 것과 해외의 일본인이 귀국하는 것을 금지하고, 중국선의 무역항도 長崎와 平戸에만 한정했다. 그 후, 島原(長崎縣)·天草(熊本縣) 지방에서 대규모의 一揆가 일어나자, 막부는 더욱 더 엄격하게 크리스트교 대책이 필요하다고 생각하여 1639년에 포르투갈선의 내항을 금지하고, 이어 네덜란드의 商館을 平戸에서 長崎의 出島로 옮겼다. 이와 같이 외국과의 관계는 막부의 강한 통제의 가운데에 놓여져 이 상태는 후에 쇄국이라고 불리게 되었다.

「쇄국」이라고 하는 말에 대해 보충해서 얘기해둔다면, 이 말은 에도시대의 대외관계를 특징짓는 말로서 오랜 기간 사용되어 왔다. 그러나 다음과 같은 이유에 의해, 현재의 연구에서는 에도시대의 대외관계＝쇄국이라고 서술하는 것에는 신중해야한다.

1) 막부 자신이 이 말을 사용하지 않았다는 것.
2) (막부 뿐만 아니라) 에도 시대에는 거의 사용되지 않고, 메이지 20년대 이후가 되어 일반화되었던 말이라는 것.
3) 종래「쇄국」이라고 부르고 있었지만 구체적인 내용은 일본인의 해외 도항 금지와 포르투갈선의 내항 금지이며(네덜란드선과 중국선의 長崎 集中을 포함한 경우도 있다) 조선·유구·아이누민족 등과의 관계가 빠져버린다는 것.
4) 문장의 가운데서 쇄국령·쇄국정책·쇄국상태 등 여러 가지로 사용되어, 의미와 내용이 애매하게 되기 쉽다는 것.

이 때문에 현재에는 '이른바 쇄국'·「쇄국」(이른바 쇄국과 同義)이라고 표기하거나, 어떠한 의미로 사용하는가에 대한 설명을 붙이는 등, 유보되어 사용되는 경우가 많다.

위와 같은 상태가 안정되는 것은 아직 다소의 시간을 필요로 했지만, 결과적으로 에도 시대 일본의 외국이나 주변 지역과의 관계는 다음과 같이 되었다.

長崎에서의 무역

長崎에는 네덜란드와 중국의 상인이 와서, 막부의 감독 아래에서 무역을 행했다. 중국산의 生糸·견직물·도자기·책·약의 재료 등이나 동남아시아 방면에서의 물자가 수입되었고, 일본에서는 銀·銅 등이 수입되었다. 또한 막부는 네덜란드선이나 중국선이 도착하면 심문을 해서 해외정보를 입수했다. 일본에서 銀의 산출이 줄어들면, 중국요리에 사용하는 해산물(俵物·諸色)을 대신해 수출하게 되어, 무역액이나 무역선의 수도 제한되었다. 중국인이나 네덜란드인 등의 가운데에서는 예술·의술·기술 등에 상세한 자도 있어서, 외국의 문화를 흡수하려고 長崎를 방문하는 일본인도 많았다.

조선과의 관계

德川장군과 조선국왕은 서로 상대를 나라의 대표자로서 인정하고, 편지(국서)의 주고받기를 행했다. 외교의 실무는 중세부터 조선과의 관계를 가진 對馬의 宗氏가 담당했다. 막부는 장군의 대가 바뀔 때마다 조선의 사절이 일본에 오는 것을 요구하였고, 조선은 일본의 정세를 탐색할 목적도 있었기 때문에 사절을 파견했다. 일본과 조선의 사이의 무역도 宗氏가 했으며, 조선의 부산에 있는 시설(왜관)에서 은이나 동, 후추 등을 수출하여 중국산 生糸·견직물이나 쌀·목면·약용인삼 등을 수입했다. 수출된 은은 중국에도 건너갔다.

유구와의 관계

유구는 薩摩藩 영지의 일부로 취급되면서도 국왕이 중국의 황제를 모시는 종래의 관계를 유지했다. 薩摩藩은 奄美諸島까지를 직접 지배하고, 沖繩諸島보다 앞은 국왕의 체제를 남긴 채로 役人을 파견하여 감독했다. 유구에서는 장군이나 유구국왕의 대가 바뀔 때마다 에도까지 사절을 보내는 것이 항례가 되었다. 유구는 중국에도 정기적으로 사절을 파견하고, 무역을 하고 있었다. 또한 국왕의 교체가 있다면 중국에서 사절이 방문하여, 황제의 명령을 전하고 국왕에 임명하는 의식이 집행되었다.

아이누 민족과의 관계

北海道나 千島列島에서는 독자의 문화를 가진 아이누 민족이 어업, 수렵, 채집과 교역으로 생활하고 있었다. 德川家康은 松前氏에게 아이누 민족과의 교역의 권리를 보증하고, 松前나 江差(北海道 포함)의 항구에는 상인의 배가 모여, 本州 방면에서 옮긴 쌀·술·의류·칠기 등과 아이누 민족이 가지고 있는 昆布·청어·연어·모피 등이 교환되었다.

청어는 서일본 농업의 비료, 연어는 동일본의 식재료, 昆布는 長崎무역에서의 수출품으로서 중요한 물건이 되었다. 후에는 藩에게 상납금을 챙긴 상인이 도내 각지에서 어장을 경영하는 것이 많아졌지만, 아이누 민족은 불리한 거래에 불만을 가지고 때때로 이와 함께 집단에서 일어나 저항하는 일도 있었다.

결론

　에도시대 초기에는 외국의 사절이나 상인이 일본에 오는 것도, 일본인이 해외에 건너가는 것도 자유였다. 단지, 크리스트교의 포교금지·해적행위 금지·異國渡海朱印狀의 신청과 같은 막부의 결정을 지키는 것이 조건이었다. 초대 장군이 된 德川家康은 豊臣秀吉에게의 대항의식에서 무가정권의 長에 어울리는 실적을 나타내려고 하여 적극적으로 외국과의 관계를 맺었다.

　그러나 家康 사후의 막부는 법이나 질서의 엄격화에 맞춰서, 장군을 정점으로 하는 질서에 적합한 관계만을 남기고 있었다. 대국적으로 본다면, 에도 막부는(안전보장을 위해 해외정보 수집을 계속하면서도) 동아시아의 변동에 적극적으로 관계되어가기보다, 거기에서 일정한 거리를 두고, 국내의 안정을 우선했다고 말할 수 있다.

〈토론문〉

「江戸時代の外交政策と外交使節」 토론문

장 순 순

(가천대)

먼저, 오늘 학술대회에 토론을 맡게 된 것을 영광으로 생각합니다. 저에게 오늘은 존경하는 여러 학자님들을 직접 뵙고, 좋은 발표를 들을 수 있는 기회를 가졌다는 것만으로도 대단히 흥분되는 날입니다. 더욱이 鶴田啓 선생님의 토론을 맡게 되어 개인적으로 영광으로 생각합니다. 선생님께서는 「에도막부의 외교정책과 외교사절」에 대해서 발표해주셨는데, 아주 흥미롭게 들었고, 좋은 공부가 되었습니다.

선생님께서는 17세기 전반에 있어서 에도막부의 외교를 중국, 조선, 유구를 중심으로 설명하고, 조선(통신사)과 유구사절(경하사, 사은사)의 정례화 과정에 대해서 정리해 주셨습니다. 아울러 에도막부가 왜 鹿兒島의 島津씨에게 유구를, 對馬의 宗氏에게 대조선 외교교섭을 명하면서도 무역에 직접 관여하지 않았는가에 대해서 언급하고, 에도막부가 조선과 유구는 물론이고, 기타 다른 지역에 사절을 파견하지 않은 것은 1620~40년대의 불안정한 아시아 정세와 막부의 군사적 성격에 기인한 것으로 설명하였습니다. 또한 에도시대 일본의 외국이나 주변지역과의 관계를 분석하여, 일본 근세를 설명하는데 있어서 '쇄국'이라는 용어 사용의 적절성에 대해서도 정리를 해주셨습니다. 짧은 내용임에도 불구하고 선행연구에 대한 깔끔한 정리와 에도시대 일본의 외교와 주변지역과의 관계를 명료하게 정리해주셨고, 근세 용어로서 「쇄국」에 대해 다시한번 문제제기를 해주셨습니다. 매우 흥미롭게 읽었고, 많은 공부가 되었습니다. 감사합니다. 다만 토론자인 만큼 과제를 수행한다는 의미에서 그리고 시간관계상 간단히 문의를 드리고자 합니다.

첫째, 선생님께서는 에도막부가 1599년부터 명과의 교섭루트를 만들기 위해 조선·유구의 교섭을 鹿兒島의 島津씨와 對馬의 宗氏에게 명했지만, 1603년부터는 조선·유구와의 교섭목표가 장군에게 사절을 파견하도록 하는 것으로 변화하였다. 그래서 德川家康은 秀吉의 시대 두 나라로부터 온 사절파견을 모방하고, 외국으로부터 사절을 맞이하여 자신의 지위를 명확하게 하려고 하였다고 하셨습니다. 그런데 德川家康의 대조선·유구사절 파견 요청은 秀吉時代보다는 조선전기(室町幕府(中世))的 시스템에 근거한 것은 아닐까요? 秀吉의 시대의 경험에 한정하기보다는 조선전기에 5회에 걸쳐서 있었던 통신사파견의 경험에 근거하여 德川家康은 사절 요청을 한 것으로 볼 수는 없는지요? 참고로 에도막부는 조선과의 국교재개를 시도하면서 秀吉정권과의 차별성, 즉 임진왜란 당시 자신은 전쟁에 참여하지 않았다는 것을 지속적으로 부각시키고 있었습니다.

둘째, 에도막부가 사절을 직접 해외에 파견하지 않았는가에 대해서 선생님께서는 1620~40년대의 불안정한 아시아 정세와 막부의 군사적 성격에 기인한 것으로 설명하셨습니다. 막부에게는 해외에서의 분쟁에 말려들어가는 것을 피하고자 하는 의식이 있었기 때문이고, 만약 해외에서 분쟁이 발생하면 막부는 出兵해야한다고 생각하고 있었기 때문이라고 하셨습니다. 그런데 임진왜란이 끝난 후에 조선정부는 일본사절에 대한 한양 상경금지 조치를 하였습니다. 잘 아시다시피 조선정부는 임진왜란 당시 일본군이 일본사자의 상경로를 침략로로 사용한 전력이 있었기 때문이었죠. 혹시 이러한 조선의 일본사절 상경금지와 같은 對일본교섭 자세가 에도막부의 직접적인 사절의 해외 파견에 끼친 영향은 없었을까요?

貿易關係

조선시대 한·일 경제교류
－米綿과 蔘銀의 교환을 중심으로－
鄭成一 / Olah Csaba

중세 일조관계에서의 대장경
須田牧子 / 김강일

조선시대 한·일 경제교류
- 米綿과 蔘銀의 교환을 중심으로 -

鄭 成 一

(光州女子大學校)

I. 머리말

이 글에서는 조선왕조 성립(1392년)부터 日帝의 강점(1910년)에 이르는 시기에 한국과 일본 사이에 去來된 물품을 중심으로 양국 간 貿易關係를 살피고자 한다. 이를 위해서 분석대상 시기를 크게 셋으로 나누었다. 제1기는 조선왕조 성립부터 己酉約條 체결 전까지(1392~1608년)이며, 제2기는 기유약조 체결 후부터 조선의 開港 전까지(1609~1875년)이고, 제3기는 개항 후부터 일제 강점 전까지(1876~1910년)이다.[1]

제1기부터 제3기까지 일본 측의 무역 담당자가 정치변동이나 정책 변화에 따라 다양하게 변하였다. 제1기에는 일본 九州의 여러 정치세력들이 조선과의 무역에 참여하였다. 제2기에는 그것이 對馬島의 정치권력 중심으로 재편되었다. 그러다가 제3기부터는 일본의 중앙정부가 조선과의 外交權을 장악하게 되면서 조선과의 무역에 참여하는 일본 측의 무역 담당자가 대마도 상인 중심에서 大阪 등 大都市 상인 중심으로 크

---

1) 『한국사시대구분론』, 한국경제사학회, 을유문화사, 1988 참조.

게 달라졌다.

1392년부터 1910년까지 한국과 일본 사이에 交換된 물품을 이 글에서 모두 다루기에는 여러 가지로 제약이 많다. 그래서 이 논문에서는 전시기를 통하여 한국과 일본을 대표하는 商品을 중심으로 각 시기의 특징을 살펴보기로 한다. 한국의 수출품 중에서는 쌀과 목면, 인삼을 빼놓을 수 없을 것이다. 그리고 조선이 일본을 통해서 수입한 물품 가운데서는 銀과 銅, 그리고 유럽산 綿布에 주목할 필요가 있다.

Ⅱ. 제1기의 무역과 물품 : 1392~1608년

1. 개괄

조선 정부는 건국 초기부터 掠奪者(raiders)를 通交者(traders)로 변화시키기 위한 적극적인 외교정책을 폈다. 이것은 군사적 대응과 경제적 대응을 병행한 강온 양면전략이었다고 말할 수 있다. 高麗王朝 멸망의 한 원인으로 일컬어질 정도로 동아시아 역사에서 중요한 위치를 차지한 倭寇問題를 종식시키기 위하여 조선의 爲政者들은 切齒腐心하였다. 조선 정부는 대마도를 비롯하여 일본의 지방 정치세력들이 보내오는 使臣들에게 경제적 호의를 베풀어서 그들을 조선의 영향권 안에 묶어두려 하였다. 다른 한편으로 조선 정부는 왜구의 침입에 대비하여 사전에 海岸防備를 강화하였을 뿐만 아니라, 왜구의 침입에는 즉각 무력으로 응징하였다.

그 결과 왜구의 출몰이 고려 말기에 비하여 크게 줄어들었다. 그렇지만 크고 작은 무력 충돌이 끊이지 않고 이어졌다. 경상도 지역에서 일어난 1510년의 三浦倭亂과 1544년의 蛇梁鎭倭變, 전라도 지역에서 일어난 1555년 乙卯倭變과 1587년 損竹島事件, 그리고 전국이 전란에 휩싸인 1592년 壬辰倭亂과 1597년 丁酉再亂은 난을 일으킨 주체와 규모에서는 차이가 있지만, 이 모든 것이 이 시기의 조선과 일본 사이의 통교관계를 어지럽히는 遠心力으로 작용한 점에서는 큰 차이가 없다.

2. 조선의 수출품

가. 쌀과 콩 : 세사미두(歲賜米豆)

조선이 建國한 뒤부터 임진·정유왜란의 戰後處理가 완료되기 직전까지의 제1기에 조선이 일본으로 수출한 물품 가운데 가장 주목되는 것은 무엇보다도 쌀과 콩이었다. 조선 정부가 대마도에 지급한 쌀과 콩을 가리켜 조선 측에서는 歲賜米豆 또는 歲賜米太라고 적었다.

1448년 對馬島主 宗貞國이 조선에 사신을 파견하여 土物 즉 禮物을 보내면서 말한 내용이 이를 잘 보여준다. 즉 "아버지 盛國 때는 歲賜米가 5, 60석에서 80석까지 되기도 하였는데, 지금은 겨우 15석에 지나지 않으니, 과거의 예에 따라 賜給해 줄 것을 요청한다."고 하자, 이에 대하여 조선 정부는 해마다 쌀과 콩 20석을 주기로 하였다고 한다.[2] 여기에서 歲賜란 해마다 下賜한다는 뜻이다. 이때 하사를 해주는 조선 국왕이 하사를 받는 대마도주보다 정치적으로 優位에 서게 됨은 더 말할 나위가 없다.

1454년 日本國 對馬州 太守 宗成職이 조선 국왕에게 사신을 보낸 적이 있었다. 이때 조선의 한 관료가 대마도 사신에게 말하는 가운데, "우리 국가에서 그 충성과 정성을 가상히 여겨 특별히 厚待하고, 해마다 別賜가 있었다."[3]고 말하는 대목이 나온다. 여기에서 조선 관료가 말하는

---

2) 『세종실록』 세종 30년(1448) 5월 13일(정유).
3) 『단종실록』 단종 2년(1454) 8월 6일(을유).

'우리 국가'란 '조선'을 가리킨다. 또 '충성과 정성'을 보이는 '대마도주'에게 조선 국왕이 이를 후하게 대접하고 따로 下賜하였다고 보는 조선 정부의 시각은 제1기뿐만 아니라 제2기까지도 이어지고 있었다고 말할 수 있다.

제1기에 조선이 대마도를 포함한 일본 측에 어느 정도의 쌀을 지급하였는지 정확하게 알 수 없다. 다만 한 연구에 따르면 조선 정부가 對馬島主를 비롯한 대마도 호족들에게 1년에 340석의 쌀과 콩을 賜給하였다고 한다. 이와 별도로 대마도에 기근이 들었거나 식량이 부족하여 대마도주가 요청할 때는 조선 정부가 따로 쌀과 콩을 지급한 적도 있었음은 물론이다.4)

그런데 조선이 대마도에 지급한 쌀과 콩이 모두 無償이었을까? 조선 정부는 아무런 代價를 받지도 않고 그저 쌀과 콩을 공짜로 대마도주를 비롯한 대마도의 여러 호족들에게 하사한 것일까? 그렇게 보기는 어려울 것 같다. 즉 경제적 대가를 즉시에 교환하지는 않았더라도, 이 둘 사이에는 서로가 합의한 수준에서 눈에 보이는 것이든 눈에 보이지 않는 것이든 틀림없이 대가를 주고받는 거래를 하였다고 보아야 할 것이다. 만일 그렇다고 한다면 조선 정부는 일본의 정치세력들에게 무엇을 기대하였던 것일까? 조선 정부가 가장 바란 것은 아마도 倭寇의 根絶이었을 것이다. 이와 같은 조선 정부와 대마도 사이의 거래는 막스 베버(Marx Weber)가 말하는 贈與貿易의 한 형태라고 말할 수 있다.

나. 면포 : 공목(公木)

쌀과 콩에 이어서 조선의 수출품 중에서 木綿 즉 綿布를 주목할 필요가 있다. 1443년 癸亥約條 체결 이후 면포가 조선의 대일 수출품 중에서

---

4) 한문종, 『조선전기 대일 외교정책 연구-대마도의 관계를 중심으로』, 전북대학교 대학원 사학과 박사학위논문, 1996, 56쪽.

중요한 지위를 확보하게 되었다. 뿐만 아니라 조선의 면포가 대일무역 시장에서 결제수단으로 활용되기도 하였다.5)

조선 정부가 공로를 쌓은 일본인에게 면포를 下賜하였다는 기록은 1406년부터 보이기 시작한다.6) 그해 2월에도 조선에 항복해 온 일본인에게 면포와 紬布를 1필씩 주고 綿子 1근을 하사하였다고 한다. 그런데 흥미로운 것은 이때 조선 정부가 일본인에게 면포를 준 것이 전라도에 출몰하는 倭賊을 잡기 위함이었다고 하는 점이다.7) 1419년에는 왜구에게 잡혀간 조선인 2명을 돌려보내 준 대마도주 宗貞茂의 아들 都都熊瓦를 후하게 대접한 조선 정부가 이에 더하여 면포와 주포를 각각 10필씩을 주었다고 한다.8)

이때의 면포 하사가 前例를 참고한 것이었다고 한 것을 보면, 조선 정부가 일본인 공로자에게 면포를 지급한 것이 그 이전부터 있었던 일이었음 알 수 있다.9) 즉 조선 정부는 면포의 하사를 왜구의 擊退나 왜구에게 붙잡혀간 사람들의 刷還, 또는 일본으로 표류한 사람들의 送還에 공을 세운 일본인에 대한 포상 수단으로 활용하였음을 알 수 있다.

이때 조선 정부가 일본인 공로자에게 지급한 면포가 그 뒤 일본 사회에서 어떻게 쓰였는지는 정확하게 알 수 없다. 다만 이 시기의 조선산 면포가 일본에서 꽤 인기가 있었던 것으로 짐작된다. 왜냐하면 당시 무역 거래용으로 조선으로 가져온 여러 가지 물품에 대하여 일본인들이

---

5) 하우봉, 「일본과의 관계」(국사편찬위원회, 『한국사 22』, 1995), 397쪽.

6) 『태종실록』 태종 6년(1406) 1월 26일(정사).

7) 『태종실록』 태종 6년(1406) 2월 7일(무진).

8) 『세종실록』 세종 1년(1419) 2월 25일(경자). 이때의 도도웅와(都都熊瓦)를 "좌위문태랑(左衛門太郎) 혹은 早田萬戶라고도 하며 당시 島主의 숙부였다"고 하는데(하우봉, 위의 글, 378쪽), 실록에는 그를 도주의 아들로 적고 있어서 차이가 있다.

9) 면화 재배가 전국으로 확대되는 세종 18년(1436) 이후가 되면 면포가 일본 사신들에게 지급하는 주요 회사품(回賜品)의 하나로 자리잡게 된다(한문종, 앞의 논문, 56쪽).

그 대가로 면포를 받아가기를 희망한 사례가 많기 때문이다.

1421년 대마도의 左衛門大郎이 사신을 보내 龍腦 4냥, 犀角 2근, 藋
發(조미료로 사용하는 식물 이름) 80근, 肉荳蔲 30근을 바치자, 조선 정
부가 면포 70필을 回賜하였다고 한다.10) 1442년에는 일본인들이 가지고
온 무역품의 수량이 많아서 그것을 한양까지 운송하는 일이 크게 문제
가 될 정도였다.11) 게다가 일본인들이 무역 업무가 끝날 때까지 서너 달
동안이나 서울에 머물게 되어 중앙의 각 官司에서 이들을 접대하는 일
에 적지 않은 재정이 투입되지 않을 수 없었다고 한다.12)

1490년 대마도주 宗貞國이 파견한 사신이 조선으로 가져온 黃金과
朱紅의 값을 綿布로 계산하면 모두 1만 7백 50匹 23尺이나 되었다. 그
런데 이때 일본 사신은 공무역 값을 모두 면포로 지급해 줄 것을 요청하
였다. 이에 대해 戶曹에서는 공무역 결제를 모두 면포로 하게 되면 비축
된 면포가 바닥이 나게 된다고 하여 반대하였다. 앞으로는 전례대로 면
포 외에 綿紬와 正布-麻布-를 섞어서 세 가지 물건으로 계산해 주자는
대안이 제시되었다. 또 일본이 가져온 黃金의 값이 본래 1兩에 綿布 30
필인데, 요즘 들어 황금 수입이 너무 많으니 그것을 25필로 낮추자는 호
조의 제안을 성종이 따랐다.13) 1482년부터 1492년까지 10년 사이에 대
마도주에게 지급된 면포가 7만 6천 6백 8필이었다.14) 일본 국왕의 사신
이 가져온 물품 가격은 1494년 한 해에 면포로 2만 8천 8백 39필이나
될 정도로 많았다고 한다.15)

---

10) 『세종실록』 세종 3년(1421) 4월 16일(무신).
11) "왜상인(倭商人)이 가지고 온 잡물이 너무 많아서 비록 절반이나 3분의 1을
   감하여 포구에 머물러 두어도 1년에 서울로 운반하는 수량이 적어도 2천여
   짐[駄]이 되어 연로 주군(州郡)의 운반하는 수고가 끝이 없다."『세종실록』
   세종 29년(1447) 11월 26일(을묘).
12) 『세종실록』 세종 24년(1442) 11월 19일(병자).
13) 『성종실록』 성종 21년(1490) 3월 13일(을축).
14) 한문종, 앞의 논문, 56쪽.

그런데 제1기만 하더라도 일본 측이 가져온 물품에 대한 값을 면포로 계산해 주는 조선 정부의 환산율이 시간이 지나면서 달라졌던 것 같다. 조선 정부가 재정 부담을 줄이기 위하여 일본 사신들이 가져오는 물건 값을 전보다 삭감했기 때문이었다. 더구나 일본에서 온 사신마다 면포의 지급 비율이 일치하지 않아 무역마찰이 자주 일어났다.[16]

다. 인삼

한반도에서 난 인삼이 맨 처음 수출된 것은 6세기 초반이라고 한다.[17] 그 뒤 고려시대에도 중국와 일본 등지에 인삼이 수출되고 있었는데, 인삼 수출이 가장 활발했던 시기는 조선시대이다.[18]

1402년 조선 정부가 對馬島의 守護 宗貞茂에게 인삼 20근을 보냈다.[19] 1415년에는 宗貞茂가 조선 국왕에게 사람을 보내 예물을 바치면서 인삼을 보내줄 것을 요청하였다.[20] 1425년에는 源道鎭이 사신을 통해 토산물을 바치고서 인삼 등을 청구해 오자 조선 정부는 그에게 인삼 50근을 답례로 준 적이 있다.[21] 또한 1426년에는 표류민 10명을 송환해 온 일본의 지방 세력가에게 인삼 20근을 예물로 주었다.[22] 1428년 통신사 朴瑞生 일행이 일본에 갈 때 인삼 200근을 예물로 준비하여 갔다.[23]

---

15) 『성종실록』 성종 25년(1494) 3월 18일(정미).
16) 가령 1494년(성종 25) 조선에 온 소이전(小二殿) 조수좌(照首座)는 "답사(答賜)와 무역(貿易)의 값을 모두 구례(舊例)보다도 줄였는데, 다른 왜인(倭人)에게는 감하지 않고 어찌 유독 우리에게만 감합니까?" 하고 조선 측에 항의한 적이 있었다. 『성종실록』 성종 25년(1494) 6월 18일(을해).
17) 今村鞆, 『人蔘史』 I, 朝鮮總督府專賣局, 1940, 5쪽.
18) 오성, 『조선후기 상인연구』 제1장 人蔘商人과 禁蔘政策, 일조각, 1989.
19) 『태종실록』 태종 2년(1402) 5월 26일(무신).
20) 『태종실록』 태종 15년(1415) 2월 30일(무술).
21) 『세종실록』 세종 7년(1425) 1월 9일(경진).
22) 『세종실록』 세종 8년(1426) 2월 12일(병자).
23) 『세종실록』 세종 10년(1428) 12월 7일(갑신).

이처럼 사신 왕래를 통한 예물 교환의 형태로 조선의 인삼이 일본으로 흘러들어갔다. 다만 제1기에 상인을 통한 인삼 매매의 형태로 조선 인삼이 일본에 얼마나 수출되었는지는 정확히 알 수 없다. 아마도 이 시기의 인삼 수출량은 제2기보다는 많지 않았을 것으로 생각한다.

라. 동전과 은

제1기 조선의 대일 수출품 가운데 銅錢이 들어 있는 점은 눈여겨 볼 만하다. 대체로 16세기 초반까지도 조선의 동전이나 銀이 조선에서 일본으로 흘러들어 가고 있었다. 이미 15세기 중엽부터 조선의 동전이 일본으로 流出되고 있었다.[24] 물론 그 이전인 고려의 동전이 일본으로 유출된 적이 있었다. 그것은 일본 규슈(九州) 지역에서 出土된 이른바 備蓄錢 가운데 朝鮮通寶 등이 포함되어 있는 것에서 확인된다.[25]

한반도에서 일본열도로 동전이 흘러들어간 것은 두 지역 사이의 銅錢價值 차이 때문이었다. 즉 동전의 가치가 낮게 평가된 조선에서 그것이 높게 평가되는 일본으로 동전이 움직인 것이다. 그런가 하면 16세기 초반까지도 조선의 銀이 일본으로 수출되고 있었다. 가령 1429년 洪成富와 1439년 李德中, 1445년 表思溫 등이 그러했듯이, 銀을 몰래 일본인에게 팔다가 적발된 사건이 있었다. 1539년 柳緖宗은 "일본인으로부터 鉛鐵을 사다가 자기 집에서 그것을 불려서 銀을 만드는가 하면, 倭奴에게 그 방법을 전수"한 죄로 조선 정부는 그를 처벌한 적이 있었다.[26] 이처럼 銀 불리는 기술이 조선에서 발전하게 되는 16세기에 들어오게 되

---

24) 일본은 1457년(세조 3)부터 1497년(연산군 3)까지 합법적인 통로뿐만 아니라 불법적인 유통경로를 통해서 조선의 동전을 수입해 갔다. 정성일, 「조선의 동전과 일본의 은화 : 화폐의 유통을 통해서 본 15~17세기 한일관계」, 『한일관계사연구』 20, 한일관계사학회, 2004, 10-24쪽.

25) 이정수·김희호, 『조선의 화폐와 화폐량』, 경북대학교출판부, 2006, 16~57쪽.

26) 정성일, 위의 논문, 29-30쪽.

면, 은의 相對價格이 낮아진 조선에서 그것이 높아진 일본으로 銀이 흘러들어가고 있었다.

그런데 1530-40년대부터는 화폐 유통의 흐름이 역전되기 시작하였다.[27] 일본의 銀 생산 기술 발전에 따른 은 가격의 상대적 하락 때문에 은의 값이 싼 일본에서 값이 비싼 조선으로 은이 흘러들어오게 된 것이다. 제2기 조선의 수입품 가운데 일본을 대표할 만한 상품인 銀의 조선 流入이 16세기 중엽부터 시작되었는데, 17세기 중반의 약 50년 동안 그것이 절정을 이루었다고 말할 수 있다.

마. 기타

제1기에 조선에서 일본으로 건너간 물품 중에 大藏經, 大般若經, 法華經 등 佛經이 있었다. 이것은 대마도주를 비롯한 지방 호족들이 조선 정부에 求請을 한 물품 속에 들어 있었다.[28] 이 밖에도 다양한 물품이 예물의 형식을 빌어 일본으로 건너갔음은 더 말할 나위가 없다.

3. 조선의 수입품

제1기에 조선이 일본에서 들여온 물품으로는 금·은·구리·유황·납과 같은 광산물이 많았다. 칼(太刀, 環刀)과 부채, 병풍 등 공예품도 주요 대일 수입품 가운데 하나였다. 이 밖에 동남아시아나 南蠻 등에서 나는 이른바 南方物産이 들어 있었다. 染料로 쓰이는 蘇木(丹木이라고도 함)과 朱紅, 그리고 胡椒(후추)를 비롯하여 甘草, 樟腦(진통제나 방부제로

---

27) 정성일, 위의 논문, 33-43쪽.

28) 한문종, 앞의 논문, 56~57쪽 ; 무라이 쇼스케(村井章介) 지음, 손승철·김강일 편역, 『동아시아속의 중세한국과 일본』, 경인문화사, 2008, 237~239쪽, 305~317쪽.

활용), 龍腦(고열이나 경련 등에 효과), 藿香(구토나 설사, 소화장애 등에 효과), 沈香(소화불량, 식욕부진, 구토, 천식 등에 효과) 등 약재도 일본에서 수입되었다. 그 외에도 白檀 같은 향료와 물소뿔, 상아, 공작, 앵무새 같은 특산품과 무기류 등도 일본을 통해서 조선으로 들어왔다.[29]

조선이 일본에서 수입한 물품 중에서 광산물과 약재류 같은 것은 국가적으로 긴요한 물품이었다. 그런가 하면 향료 등 사치품이나 기호품은 일부 상류층의 수요를 충족시키는 것일 뿐 일반 민중의 생활과는 거리가 멀었다.[30] 조선의 일부 관료가 일본과의 무역을 비판적으로 바라보는 시각을 견지하고 있었던 것은 바로 이런 점에 뿌리를 두고 있었다고 말할 수 있다. 그렇지만 조선이 일본에서 들여온 은과 구리와 납은 조선에서 동전과 鍮器를 만드는 데 쓰였으며, 유황과 물소뿔은 무기를 비롯한 각종 공산품 제조에 사용되었다. 또 일본산 銀은 조선에서 무게를 재서 값을 정하는 稱量貨幣로도 쓰였는데, 조선이 중국과 교역할 때 이것이 決濟手段으로 활용되었음은 더 말할 나위가 없다. 이것을 보면 조선이 일본과의 무역에서 일방적 손해만 본 것이 아니라 적지 않은 경제적 이득을 올리기도 했다는 점에 주목할 필요가 있다고 생각한다. 하여튼 전체적으로 보면 제1기 조선과 일본의 무역은 不等價交換의 형태로 이루어진 贈與貿易의 성격이 강했다고 말할 수 있다.[31]

---

4. 무역 규모

제1기의 公貿易에서 조선 정부가 결제한 면포의 규모는 얼마나 되었을까? 1486년 한 해 동안 일본으로 흘러들어간 조선 면포의 양이 50만 필에 이르렀다고 한다.[32] 시기에 따라 차이가 있을 터이지만, 1523년 사헌부가 보고한 자료에 따르면 대략 그 규모가 연간 2천 동 즉 10만 필 정도였을 것으로 추산된다.[33] 그런데 이 면포를 公木이라고도 불렀는데, 이것은 公貿木의 준말이다. 즉 이것은 公貿易을 통해서 일본에서 들여온 물품의 대가를 조선 정부가 木綿으로 값을 쳐 준 것이다. 따라서 이 것은 無償贈與가 아니라 즉시에 경제적 반대급부를 주고받는 교환행위 즉 貿易임에 틀림없다.

일본이 가져온 물품을 사주는 무역의 주체가 조선 정부였기 때문에 조선에서는 이를 가리켜 公處貿易, 公貿易, 公貿 등으로 불렀다. 공무역 외에 私處貿易, 私貿易이 따로 이루어지고 있었음은 물론이다.[34] 다만 이 시기의 사무역 규모를 알 수 있는 자료는 현재로서는 찾아보기 어렵다. 그런데 제1기에는 일본 측이 사무역보다는 공무역을 더 원했다. 그 까닭은 첫째 조선 정부가 초기에 사무역보다 공무역에서 일본 측에 값을 더 후하게 쳐주었기 때문이었다. 때로는 필요 이상으로 많은 물량을 조선 정부가 공무역에서 매입해 주어 문제가 되기도 하였다.[35] 둘째 그

---

32) 하우봉, 앞의 글, 398쪽.
33) "일본국 사신이 있는 곳에 공무역 면포 1천 9백여 동(同)과 사급(賜給) 면포까지 합치면 거의 2천 동이나 쌓여 있다"고 한 사헌부의 보고를 보면, 이 시기의 연간 대일(對日) 공무역(公貿易) 규모가 면포로 환산하여 약 10만 필(1동=50필)이었음을 알 수 있다. 『중종실록』 중종 18년(1523) 7월 28일 (갑오).
34) 『세종실록』 세종 24년(1442) 11월 19일(병자).
35) "왜인들이 판 동(銅)·납(鑞)·철(鐵)·피물(皮物) 및 자질구레한 잡물(雜物)을 모두 다 공무역(公貿易)했는데, 이런 물품은 국가에 긴요한 것도 아니면서

것은 일본이 가져오는 물품의 공급량과 이에 대한 조선 측의 수요량이
즉각적으로 일치하지 않았기 때문이었다.

Ⅲ. 제2기의 무역과 물품 : 1609~1875년

1. 개괄

1607년 壬亂 後 첫 번째 通信使行이 일본을 방문하고, 1609년 己酉
約條가 체결됨으로써 조선과 일본의 國交가 회복되었다. 이때 맺어진
기유약조는 조선이 1876년에 開港할 때까지 조선과 일본의 무역관계를
규정하는 基本線이나 다름없었다.[36]

對馬島가 파견한 歲遣船이 釜山으로 건너온 것은 그로부터 2년 뒤
인 1611년이었다. 무역의 형태는 무역의 운영 주체를 기준으로 할 때
公貿易과 私貿易으로 나뉜다. 前期와 마찬가지로 공무역에서 거래되는
물품의 代價를 木綿 즉 綿布로 지급하였다. 공무역 규모는 進上 즉 封
進까지 합하여 1,134동(이 가운데 公貿가 약 1,000동) 정도였다고 한
다.[37] 따라서 공무역 규모 자체는 전기와 크게 차이가 없었던 것 같다.
사무역에서는 몇 가지 禁輸品을 제외하고는 거래 품목과 수량에 대한

주어야 하는 대가(代價) 때문에 해마다 막대한 재물을 허비하였다. 그리고
관가(官家)에 쌓아놓아 산더미처럼 쌓였는데, 동·납은 간혹 녹고 피물(皮物)
은 날마다 부패하여 마침내 쓰지 못하게 되었다.”고 공무역의 폐단을 지적하
는 의견이 많았다. 이에 반해서 “삼포(三浦)에서는 왜놈[倭奴]들이 파는 것
이 금은(金銀)·동철(銅鐵)·피물(皮物)·주홍(朱紅)·석류황(石硫黃)인데, 모두
우리나라에서 중요하게 쓰이는 물건이다”고 하여 공무역의 순기능을 인정한
조선 정부의 관료도 있었다. 『성종실록』 성종 16년(1485) 2월 26일(무인).
36) 손승철, 『조선시대 한일관계사연구』, 지성의 샘, 1994, 145쪽.
37) 다시로 가즈이 지음, 정성일 옮김, 『왜관』, 논형, 2005, 111쪽.

제한이 적어서 공무역보다 사무역이 상대적으로 더 자유로웠다.[38]

貿易制度 측면에서 볼 때 1630~50년대와 1810년대에 커다란 변화가 있었다. 먼저 1627년 丁卯胡亂 발발 2년 뒤인 1629년 일본 國王使의 上京을 통해 대마도는 未收된 公木의 지급을 조선 정부로부터 약속받았다. 이것은 전란 후 혼란으로 말미암아 공무역의 결제가 제대로 이루어지지 못하고 있던 것을 해결했다는 점에서 意義가 적지 않다. 1636년 丙子胡亂 이듬해인 1637년부터 2년 동안 조선 정부는 館守의 倭館常駐를 인정해 달라는 일본 측의 요구에 직면하였다. 이것은 두 차례의 전란으로 곤경에 처한 조선을 압박하여 實利를 챙기는 대마도의 전략을 잘 보여주는 사례이다.

제2기의 가장 큰 변화는 역시 1635~37년의 兼帶制 교섭과 실시라고 말할 수 있다. 이로 인해 외교와 무역이 분리되기 시작했으며, 대마도 使送船의 부산 入港이 1년 중 8월 이전에 모두 완료되고, 연말까지 무역품에 대한 決濟를 마칠 수 있게 되었다. 1651년에는 公木의 일부를 公作米로 바꾸어주는 제도가 시행되었다.[39] 1678년 草梁倭館으로 移轉이 완료됨으로써 대일무역은 새로운 시대를 열었다. 마지막 통신사행이 있었던 1811년 무렵에 또 한 번의 큰 변화가 일어났다. 이번에는 통신사의 방일을 成事시켜야만 하는 대마도의 절박한 입장을 효과적으로 활용한 조선 정부가 공작미 교환비율과 中絶五船에 관한 교섭을 조선에게 유리한 방향으로 이끌었다.

---

38) 다시로 가즈이 지음, 위의 책, 119쪽.
39) 김동철, 「17·8세기 對日公貿易에서의 公作米 問題」『항도부산』10, 1993, 22~44쪽.

2. 조선의 수출품

가. 쌀

제1기에도 조선의 쌀이 대마도로 흘러들어가고 있었지만, 그것은 어디까지나 1년에 2, 3백 섬에 지나지 않는 歲賜米豆였다. 그런데 1630년대 중반에 오면 下賜의 뜻이 담긴 賜라는 글자를 쓰는 조선 정부에 대하여 일본 측이 강한 거부감을 표시하게 된다. 대마도가 남긴 한 고문서에 따르면, "(조선 측이) 貿易米를 歲賜米라고 이름 짓는 것은 無禮한 일"이라고 일본 측이 문제를 제기하고 있는 것을 볼 수 있다.[40] 실제로 1646년부터는 조선이 對馬島主에게 보낸 書契에서 歲送米太나 歲賜米太라는 표현이 완전히 사라졌다.[41] 더구나 1651년 公作米를 지급하기로 한 뒤부터는 조선의 쌀 수출이 전과 다른 성격을 띠게 되었다. 이것을 가리켜 公作米制度라고 부르기도 한다(田代和生은 이것을 '換米の制'라 부름).

公作米란 公木作米의 준말이다. 즉 이것은 公木을 쌀로 대신 지급하는 것을 뜻한다. 여기에서 공목은 조선 정부가 공무역에서 일본 측에 주던 목면 즉 무명을 말한다.[42]

그렇다면 조선이 公貿易의 決濟 품목으로 주던 공목의 일부를 쌀로 바꾸어 지급한 까닭은 무엇이었을까? 쌀이 부족한 대마도가 그것을 요청했기 때문이기도 하지만, 이전 시기부터 공목의 품질과 규격에 대한 명확한 기준이 마련되지 않아서 양측이 공무역 결제를 둘러싸고 무역마

---

40) 국사편찬위원회, 『대마도종가문서 고문서목록집』 I , 1995, 423쪽, No. 6397.

41) 정성일, 『조선후기 대일무역』, 신서원, 2000, 25쪽.

42) 신재경, 「『증정교린지』에 반영된 공작미제도의 제정 및 폐지 년대와 그 수량」 『력사과학』 1996년 제3호(루계 제159호), 38쪽. 북한의 신재경은 공작미를 지급하기로 조선과 일본의 대마도가 합의한 해를 1651년으로 보고 있으며, 그것이 실제 지급된 해를 1654년 갑오년으로 파악하고 있다.

찰을 일으키고 있었기 때문이었다. 그 해결 방안의 하나로 제시된 決濟
品이 곧 쌀이었다. 쌀이 공목과 마찬가지로 物品貨幣로 사용되고 있었
을 뿐만 아니라, 공목보다 쌀이 품질을 유지하기가 좀 더 쉬운 장점이
있었다고 생각된다.[43)

1651년에 면포 300동(=15,000필)을 쌀 12,000석으로 교환해주기로
했다가, 1660년에는 면포 400동(=20,000필)을 쌀 16,000석으로 바꾸어
주기로 조선과 일본이 합의하였다. 그러다가 1812년부터는 면포 400동
대신에 쌀 13,333석 5두를 지급하기로 정하였다.[44) 그런데 1809년 이후
에도 조선이 일본 대마도에 지급한 공작미가 13,333석 5두가 아니라 여
전히 16,000섬이었을 것으로 보는 견해도 있다. 즉 1필 12두이던 교환
비율이 1필 10두로 삭감됨에 따라, 대마도가 공목 400동 대신에 받아가
던 공작미 16,000섬을 공목 500동(=25,000필)을 代價로 하여 전과 동일
하게 받아갔다고 보는 것이다.[45) 이렇게 해석하는 근거는 "해마다 倭人
에게 지급하는 公作米는 곧 公木 5백 同의 代價"(每年給倭公作米 卽公
木五百同之代也)라고 적은 실록의 기사이다.[46) 그러나 대마도가 기록한
문서에도 1811년 易地通信 후 공작미 감소분이 2,666표 3두 5승이라고
되어 있는 것을 볼 때,[47) 순조실록 기사의 신빙성을 의심하지 않을 수
없다.

한편 조선의 공작미 지급은 개항 직전까지 이어진 것으로 보인다.
『고종실록』 1876년 10월 12일 기사에 "동래의 왜관에 주던 公作米와
公貿木은 이미 그 제도를 없애버렸으니, 명년부터는 上納해야 할 것"이

---

43) 정성일, 「조선후기 쌀과 인삼무역을 둘러싼 상호인식」(한일관계사학회, 『한
   일양국의 상호인식』, 1998, 국학자료원), 163-164쪽.
44) 정성일, 위의 논문, 165쪽.
45) 신재경, 앞의 논문, 40-41쪽.
46) 『순조실록』 순조 9년(1809) 5월 12일(신미).
47) 정성일, 「역지빙례 전후 대일무역의 동향」, 『경제사학』15, 한국경제사학회,
   1991, 15~20쪽 ; 尹裕淑, 『近世日朝通交と倭館』, 岩田書院, 2011, 265쪽.

라고 되어 있는 것을 근거로 하여, 공작미제도를 폐지한 시기를 1876년 10월 이전으로 추정하는 견해도 있다.[48] 그러나 1872년 이후 조선 정부에 의해 撤供撤市가 단행되어 공무역이 폐지되었음은 이미 잘 알려진 사실이다.

나. 면포

제2기에 오면 면포 즉 공목의 품질을 둘러싸고 무역마찰이 자주 일어나곤 하였다. 더구나 공작미 지급이 시작된 뒤로는 조선이 공무역 결제품으로 지급하는 면포에 대하여 일본 측이 품질 저하를 이유로 들어서 퇴짜를 놓는 일이 많아졌다. 아메노모리 호슈(雨森芳洲)가 쓴 『交隣提醒』에도 이와 관련된 언급이 있다. 즉 "아주 오랜 옛날에는 對馬藩이 가져온 공무역 수출품(看品)의 대가로 조선으로부터 지급받는 1,100속(55,000필)의 목면을 모두 8승목에 길이 40척짜리로 받았다. 그런데 그 뒤 점차 목면의 질이 나빠져 '5승목 35척'짜리가 지급되었다. 그러자 (쓰시마번은) 그 가운데 품질이 좋은 것만 골라서 받아가고 질이 나쁜 것은 수령을 거부하였는데 그것을 '點退'라 하였다."[49]

이처럼 전과 달리 제2기에는 조선산 면포의 품질 저하 때문에 조선 정부가 공무역에서 일본 측에 지급한 조선의 면포가 부산의 倭館을 통과하지 못하고 다시 조선으로 逆輸入되는 경우도 있었다고 한다. 가령 대마도의 私貿易 실적을 기록한 자료(이하 '貿易帳簿'라 함)에 따르면, 일본의 수출(조선의 수입) 품목 가운데 조선산 公木이 들어 있었다. 가령 1686년에는 40동 즉 2천 필(1동=1속=50필)이 조선으로 역수입되었

---

48) 신재경은 1874년에도 공작미제도의 존속을 확인할 수 있는 기록이 있음을 근거로 하여 1875년 이후부터 1876년 10월 이전의 어느 시기에 공작미제도가 폐지된 것으로 보고 있다. 신재경, 앞의 논문, 39~40쪽.
49) 한일관계사학회, 『역주 교린제성』, 국학자료원, 2000, 60쪽.

는데 그 이듬해에는 수량이 전혀 기록되어 있지 않다. 다시 1688년에 4
27동, 1689년에 878동, 1690년에는 556동이 조선 국내시장으로 다시 흘
러들어왔다. 그 뒤 1700년을 제외하고는 한 해도 거르지 않고 연간 거래
량이 적을 때는 450동, 많을 때는 1,300동이 넘는 면포가 조선으로 역수
입되고 있었음이 확인된다. 면포 1동(50필)의 가격이 1686년부터 1696
년까지는 일본 은화 기준으로 560문(匁)으로 일정하게 유지되다가, 1697
년에는 그것이 400문으로 하락하였으며, 이듬해인 1698년부터 1710년
까지 508문을 유지하였다.[50]

다. 인삼

제2기 무역의 특징을 가장 잘 보여주는 것 가운데 하나가 조선의 인
삼 수출이다. 인삼을 사용하는 약 처방이 많아지면서 일본에서 인삼에
대한 수요가 전보다 크게 증가하였다. 이에 더하여 조선의 인삼 공급이
전보다 크게 늘었다.

대마도의 '무역장부'(1684~1710년)에 따르면 조선의 인삼 수출량이
해마다 극심한 변동을 보였다. 가령 1694년에 6,678근이 일본으로 수출
되어 최고치를 기록하였다가 이듬해인 1695년에는 그것이 최저치인 29
근으로 급감하였다. 연간 3천 근 이상 수출된 해가 있는가 하면(1686,
1691, 1693, 1694년), 그것이 5백 근에 미치지 못하는 해도 있었다(1695,
1696, 1699, 1707년). 인삼 1근의 가격은 해마다 달랐는데, 후기로 갈수
록 1근당 가격이 500문 이상인 해가 많았으며(1701년 504문, 1704년
554문, 1706년 518문, 1707년 647문, 1708년 644문, 1709년 683문), 전
기로 갈수록 그것이 300문 이하인 해가 많았다(1684년 231문, 1685년
229문, 1686년 262문, 1687년 256문, 1688년 286문, 1689년 271문).[51]

---

50) 정성일, 『조선후기 대일무역』, 신서원, 2000, 398쪽.
51) 정성일, 위의 책, 395쪽.

그런데 한 가지 주의할 것은 대마도가 기록한 문서 중에 인삼에 관한 것이 적지 않은데도 인삼의 거래량을 정확하게 적은 것을 찾기란 좀처럼 쉽지 않다. 인삼 관련 자료는 대마도가 幕府에 보고하기 위하여 작성한 것이 많기 때문에, 대마도가 직접 작성한 문서라 하더라도 엄격한 史料批判을 통해서 사실 여부를 검증하지 않으면 안 된다.

라. 백사(白絲)와 견직물

대마도의 '무역장부'(1684~1710년)에 적힌 것만 놓고 볼 때, 1684년 조선의 白絲 수출량은 3만 근이 조금 넘었다. 이듬해인 1685년에는 그것이 7만 근을 웃돌았으며, 1687년에는 그것이 13만 근에 육박하였다.[52] 그런데 이것은 다른 해에 비하면 오히려 거래량이 매우 적은 편에 속한다고 한다. 다만 조선의 수출액 전체에서 차지하는 비중을 보면 백사의 비중이 50%나 되어 가장 높았다. 여기에 각종 견직물의 수출 비중 30%를 추가하게 되면 중국산 물품이 80% 가량을 차지하게 된다. 나머지 20%가 앞에서 본 조선의 인삼으로 채워지고 있었다. 백사와 견직물과 인삼이 대마도 입장에서 가장 돈 벌기 좋은 품목이었던 셈이다.[53]

3. 조선의 수입품

가. 은

조선이 일본에서 수입한 은의 수량을 장기에 걸쳐 연도별로 적은 자료는 거의 남아 있지 않다. 앞에서 소개한 대마도의 '무역장부'를 통해서 알 수 있는 것은 1684년부터 1710년까지이다. 나머지 시기에 대해서

---

52) 정성일, 위의 책, 391쪽.
53) 다시로 가즈이 지음, 정성일 옮김, 『왜관』, 123쪽.

는 단편적인 기록을 통해 추정해 볼 뿐이다.

먼저 일본 은의 수입량은 1697년까지는 대체로 연간 2천 관(조선의 단위로 20만냥)을 넘는 수준이었다. 이때까지만 하더라도 순도 80%인 慶長銀이 수입되고 있었다, 그뒤 순도 64%의 元祿銀으로 交易銀이 바뀌었을 뿐만 아니라, 은 수입량 자체도 전보다 감소하였다. 1701년의 2,730관(27만 3천냥)을 제외하고는 1710년까지 연간 2천관(20만냥)을 넘지 못하였으며, 천관(10만냥) 미만으로 떨어진 해도 많았다.54)

조선의 日本銀 수입은 중국으로 가는 조선의 사신을 통해서 이루어지는 使行貿易과 깊은 관련이 있었다. 은의 수송이 가장 많은 시기는 7월과 8월, 그리고 10월과 11월에 걸친 넉 달 동안이다. 이 기간에만 연간 총액의 60% 이상이 집중되어 있었다. 대마도에서 7, 8월에 조선으로 싣고 갈 은을 가리켜 皇曆銀이라 불렀다. 10, 11월에 실어 나를 은은 冬至銀으로 불렸다. 이것은 각각 조선의 정기 사절단인 曆咨行과 冬至使가 중국으로 갈 때 쓰는 은이라는 뜻을 담고 있다. 즉 6월에 일본 京都를 출발한 皇曆銀은 7, 8월이면 대마도에 닿았으며, 그것이 중국을 향해 조선을 출발하는 것은 8월 이후였다. 마찬가지로 冬至銀은 8월 중에 교토를 출발하여 10, 11월에 대마도에 도착한 다음, 11월 이후가 되면 조선을 벗어나서 중국으로 들어간 것이다.55)

나. 구리

대마도의 '무역장부'(1684-1710년)를 보면 조선의 일본산 구리 수입량이 가장 많았던 1697년에는 한 해에 143만 6천근을 기록하였다. 그런가 하면 가장 작은 규모는 1703년의 300근이었다. 대체로 1697년 이전까지는 연간 20만근에서 70만근 사이에서 거래가 이루어졌는데, 1698년

---

54) 다시로 가즈이 지음, 정성일 옮김, 위의 책, 130쪽.
55) 다시로 가즈이 지음, 정성일 옮김, 위의 책, 132-135쪽.

이후가 되면 그것이 5만근 이하로 크게 줄어들었다. 구리의 1근당 거래 가격이 은화로 2匁을 넘은 경우는 1700년(2.7문), 1705년(2.086문), 1707 년(2.094문)뿐이었다. 나머지 시기는 대체로 1,7문에서 1.9문 사이에서 거래되었다.[56)]

조선이 일본에서 수입한 구리는 각종 공산품을 만드는 데도 쓰였지만, 조선의 銅錢 鑄造와 관련된 수요가 가장 많았다. 1678년에 常平通寶가 法貨로 지정된 뒤로는 일본 구리가 조선의 화폐정책 운용과 밀접한 관련을 가질 수밖에 없었다. 조선 정부는 화폐 주조를 계획할 때마다 일본 측에 구리의 조달을 요청하곤 하였다. 조선 정부는 공무역에서 해마다 3만 근에 조금 못 미치는 일본산 구리를 확보하고 있었지만, 그것으로 부족할 때는 사무역 상인을 통해서 수 십 만근의 구리를 조달하기도 하였다. 이러한 추세는 19세기 중엽까지도 이어졌다(1827년 20만근, 1845년 이후 15만근, 1855년 이후 21.1만근).[57)]

다. 후추·단목·물소뿔·명반

南方物産으로 불리는 4가지 품목, 즉 후추(胡椒로 표기함), 丹木(蘇木이라고도 함), 水牛角(黑角이라고도 함), 明礬은 제2기에도 여전히 일본에서 조선으로 수입되고 있었다. 이 품목은 공무역에서도 거래가 이루어졌지만, 사무역을 통해서도 賣買가 되었다. 대마도의 '무역장부'(1684~1710년)에 나타난 거래량을 소개하면 다음과 같다.[58)]

후추는 이 기간 동안 한 해도 빼놓지 않고 조선으로 들어왔다. 연간 2만근이 넘은 해는 1691년(21,315근), 1693년(36,015근), 1695년(26,670 근)이었다. 1년 수입량이 천근에 못 미친 해는 1694년(945근), 1700년

---

56) 정성일, 앞의 책, 396쪽.
57) 원유한, 『조선후기 화폐사 연구』, 한국연구원, 1975, 34~42쪽.
58) 정성일, 위의 책, 398-399쪽.

(900근), 1709년(804근)이었다. 대체로 해마다 만근 안팎의 후추가 일본을 통해 조선으로 들어왔는데 연간 수입량은 편차가 컸다. 후추 1근당 수입 가격은 1684년에 2.8匁이던 것이 1685년에는 2.5문으로 조금 하락하여 1696년까지 대체로 그 가격이 그대로 유지되었다. 1697년에는 1.875문으로 크게 하락하였다가 이듬해인 1698년부터는 그것이 2.38문으로 조금 상승하여 1710년까지 그대로 지속되었다. 이처럼 후추의 수입 물량은 해마다 변동이 심했지만 후추의 수입 가격은 큰 차이 없이 비교적 안정세를 유지하였다.

단목은 1687~1689년의 3년과 1706~1708년의 3년을 제외하고는 해마다 일본에서 조선으로 유입되었다. 연간 수입량은 1686년(11,469근), 1691년(35,922근), 1692년(24,780근), 1693년(11,550근)에 많았으며, 1700년과 1701년에는 각각 100근씩, 그리고 1710년에는 고작 50근이 수입되는 데 그쳤다. 이처럼 단목의 수입량도 해마다 변동이 심했지만, 단목 1근의 수입 단가는 1.25문(1684~1690년), 1.4문(1691~1692년), 1.333문(1693~1696년), 1문(1697년), 1.27문(1698~1710년)으로 비교적 안정되어 있었다.

물소뿔은 1684년과 1700년을 제외하고는 해마다 일본에서 조선으로 수입되었다. 수입량은 1693년의 10,276본(本)이 가장 많은 것이며, 1696년의 55본이 가장 적은 것이었다. 물소뿔의 수입량도 해마다 변동이 컸는데, 수입 단가는 1본당 36문에서 42문 사이가 가장 많았다. 후기로 갈수록 물소뿔의 조달이 어려웠던지 물소뿔의 수입 단가는 증가 추세에 있었다.

명반은 다른 남방물산에 비하여 수입이 이루어지지 않은 해가 상대적으로 많았다(1684~1685년, 1687년, 1692년, 1700년, 1705년, 1708년). 조달량도 가장 많았을 때는 18,690근(1691년)이었는데, 반대로 가장 적었을 때는 50근(1701년)에 지나지 않았다. 후기로 올수록 연간 천근 미

만의 거래가 많은 편이었다. 명반 1근당 수입 가격은 1686년부터 1696년
까지 10년 동안 1.5문으로 같았는데, 1697년에 그것이 1.125문으로 하락
하였다가 1698년부터는 다시 1.425근으로 조금 상승하여 1710년까지 그
대로 유지되었다. 이처럼 명반의 수입 단가도 비교적 안정적인 추세를
보였다.

라. 담배

대마도의 '무역장부'(1684~1710년)에 기록된 담배 거래 실적을 살펴
보면 다음과 같다. 먼저 다섯 해(1694~1695년, 1707~1709년)를 제외하
고는 해마다 담배가 私貿易을 통해서 조선으로 수입되고 있었다. 연
간 거래량은 1693년까지는 2, 3백 궤(櫃, 1궤=1,000상자)를 유지하
였으나, 1697년 이후가 되면 그것이 감소하여 적었을 때는 10궤 미만
에 그칠 때도 있었다. 담배의 수입 단가는 1684~1696년까지는 1궤당
250문이었다. 1697년 178.6문을 예외로 한다면, 1698~1710년까지 담
배의 수입 단가는 226.5문으로 전기보다 오히려 낮은 가격 수준을 유지
하였다.[59]

마. 기타

이 밖에도 일본을 통해서 조선으로 들어온 물품은 더 있었다. 1684년
의 경우를 보면 眼鏡이 8개 수입되었다(가격은 은으로 환산하여 280문).
담뱃대가 27,307근(代銀 4관 369문), 과자(五花糖)가 200근(대은 616문),
설탕(白砂糖) 232근(대은 505문), 공작꼬리 5미(대은 175문), 상아로 만
든 바늘(眞針) 2개(대은 49문), 그 밖에 바구니와 가죽류(여우와 너구리
가죽) 등이 들어 있었다.[60]

---

59) 정성일, 위의 책, 400쪽.
60) 다시로 가즈이 지음, 정성일 옮김, 앞의 책, 124~126쪽.

한 가지 흥미로운 것은 조선 정부가 대마도에 조달을 요청한 이른바 求請 물품도 있었다는 점이다. 흔히 구청은 대마도가 조선 정부에 하는 것으로만 생각하기 쉬운데, 그 반대의 경우도 있었음이 최근 연구를 통해 확인되었다. 가령 조선 정부는 현종의 눈병 치료에 쓸 空靑이라는 약재를 대마도를 통해 조달하고자 했다. 이 밖에도 서적, 과일 등 다양한 물품이 조선의 구청 대상 속에 들어 있었다. 대마도는 이들 물품이 조선 朝廷에서 필요한 것임을 알고 신속히 조달해서 보내주었다고 한다.[61]

한편 일본 외무성기록에 남아 있는 1874~75년의 무역 실적을 보면 좀 더 다양한 물품이 들어 있었다. 인삼으로 만든 과자(人蔘糖菓子)가 1875년 2월 韓錢으로 34관 200문(20할로 환산하면 日貨로 68관 400문) 어치가 일본에서 수입되었다. 이것은 1상자에 190문(20할로 환산하면 日貨로 380문) 정도 되었다.[62] 그런가 하면 일본이 들어온 유럽산 면직물의 일종인 唐木綿[63]과 天竺木綿[64]이 1874년 1-3월(당목면 5,168관 500문, 천축목면 147관 200문)과 10-12월(당목면 5,154관 300문, 천축목면 1,524관 800문), 1875년 1~3월(당목면 2,579관 500문, 천축목면 3,696관 400문)에 조선으로 수입되었다.[65] 이처럼 1876년 개항 이전에

---

61) 김강일, 「倭館을 통해서 본 조선후기 對日 求請物品 -「朝鮮より所望物集書」를 중심으로-」, 『일본역사연구』 34, 일본사학회, 2011, 111~136쪽.

62) 김경태는 韓錢 표시 금액을 日貨로 환산할 때 환산율을 '20할'이나 '24할'로 계산한 적이 있다(金敬泰, <開港直後의 關稅權 回復問題-「釜山海關 租稅事件」을 中心으로->, 『韓國史研究』 8, 한국사연구회.1972, 89쪽). 한편 강덕상은 '한전시세'(韓錢時勢)가 개항 직후 20할에서 1882년에는 47할로 등귀하였다고 했다(姜德相, 「이씨조선 개항직후에 있어서 朝日무역의 전개」, 『갑신·갑오기의 근대변혁과 민족운동』, 청아출판사, 1983, 81쪽).

63) 일본어로 '도모멘'이라고 하는 당목면(唐木綿)은 외국에서 수입된 목면을 가리킨다. 이것은 종래의 면포보다 실이 가늘고 폭이 넓었다고 한다.

64) 천축(天竺)은 본디 인도(印度)를 가리킨다. 따라서 일본어로 '덴지쿠모멘'이라 부르는 천축목면(天竺木綿)은 처음에는 인도에서 수입된 면직물을 의미했다. 당시 면직물은 종류에 따라 실의 굵기와 밀도에서 차이가 있었는데, 이것은 천이 두꺼워서 보자기나 버선을 만드는 데 쓰였다고 한다.

이미 영국을 비롯한 유럽산 면직물이 조선 국내로 수입되고 있었다.[66)]

4. 무역 규모

제2기의 무역 규모에 대한 실증분석은 특정 시기를 제외하고는 아직까지도 많지 않다. 가장 잘 알려진 것이 역시 대마도의 '무역장부'가 남아 있는 1684년부터 1710년까지이다. 그런데 이 시기는 사무역 시장이 가장 번성했던 때라고 하기보다는 오히려 조·일 사무역이 전에 비하여 하락 추세로 접어드는 '위기'가 시작되던 때라고 말할 수 있다. 그런데도 이 시기의 무역 실적이 널리 알려진 탓에 마치 이 시기가 무역의 最盛期인 것처럼 생각하는 것은 큰 잘못임에 주의하지 않으면 안 된다.

아무튼 연도별 무역통계를 구체적으로 보여주는 1684~1710년을 놓고 볼 때, 수출과 수입을 합한 무역총액은 연평균 代銀 6천관(조선의 60만냥)에 육박하는 수준이었다. 이것은 일본의 幕府가 조선과의 무역을 전담했던 對馬藩에 대해 上限을 정해 놓았던 규모(1686년 銀 1,080관, 1700년 1,800관)를 크게 上廻 하는 것이었다. 이것은 같은 시기 琉球와 무역을 담당했던 사쓰마번(薩摩藩)에 대한 제한액(銀 120관)의 50배, 네덜란드 선박에 대한 제한액(銀 3천관)의 두 배에 달하며, 중국 선박에 대한

---

65) 『朝鮮外交事務書』일본 外務省記錄 1-1-2-3-13, 메이지(明治) 7년(1874) 1월~5월 ; 『宮本大丞朝鮮理事始末』일본 外務省記錄 1-1-2-3-11, 「草梁公館 輸出入品調書」, 메이지(明治) 7년(1874) 9월-동 8년(1875) 3월 ; 정성일, 「朝鮮後期 對日貿易의 展開過程과 그 性格에 관한 研究-1790년대~1870년대를 중심으로-」, 전남대학교 대학원 경제학박사학위논문, 1991, 226-246쪽.
66) 시기에 따라 상품에 따라 차이가 있겠지만, 유럽산 당목면(唐木綿)이나 천축목면(天竺木綿)을 중개무역을 통해 조선으로 들어온 일본 상인 모두가 반드시 많은 이익을 거두었던 것은 아니었다고 한다. 高須謙三 같은 사람은 1880년 무렵에 이 물건을 조선으로 들여와서 팔았는데, 이익은커녕 손해를 보았다고 한다(강덕상, 앞의 논문, 83쪽).

제한액(銀 6천관)과 거의 일치하는 수준이었음은 잘 알려진 사실이다.[67]

　이 시기의 수출과 수입의 차이 즉 貿易收支를 살펴보면 다음과 같다. 대마도 입장에서 볼 때 조선으로 수출한 액수가 조선에서 수입한 액수를 초과한 해가 그렇지 않은 해보다 더 많았다. 요즘말로 하면 대마도가 貿易黑字를 올린 해가 더 많은 셈이다. 그렇지만 당시 조·일 무역은 일정 기간 동안 서로 수출과 수입을 균등하게 하여 貿易差額을 零으로 만들어서 決濟資金이 필요 없게 만드는 일종의 求償貿易(compensation trade) 체제였다. 따라서 대마번의 輸出超過는 사실상 外上販賣를 의미하였는데, 일본 측 기록에서는 이것이 '우리가케'(賣掛)로 표현되어 있다. 말하자면 이것은 조선의 債務를 의미하는 것이며, 대마도 입장에서는 조·일 무역에서 일종의 不實債權이 발생한 셈이니, 대마도 측에는 이것을 결코 바람직한 일로 생각하지는 않았을 것이다.

IV. 제3기의 무역과 물품 : 1876~1910년

1. 개괄

　1840년대에 동아시아에 위기가 찾아왔다. 1842년 南京條約 체결로 아편전쟁(1840~1842)의 전후처리가 마무리 된 지 12년 뒤인 1854년에는 일본이 開港을 하였다. 그보다 22년 뒤 조선은 일본에 대하여 開港을 하였다. 1876년 朝日修好條規 체결과 釜山 개항이 바로 그것이다. 1880년 元山, 1883년 仁川, 1886년, 慶興, 1897년 鎭南浦와 木浦, 1899년 群山과 馬山과 城津, 1908년 淸津, 1910년 新義州 개항은 이런 흐름의 연속이었다.

---

67) 田代和生, 『近世日朝通交貿易史の研究』, 創文社, 1981, 257쪽.

1876년 7월 「朝日修好條約附錄」과 「朝日貿易規則」이 체결됨에 따라 조선과 일본의 무역체제가 근본적으로 달라졌다. 이른바 강화도조약 성립과 더불어 부산 草梁의 倭館은 폐지되었다. 동래 관찰사가 임시로 대일관계 사무를 맡아보다가 監理署가 설치되자 외부대신의 지휘를 받는 監理官이 그 일을 이어받았다.[68]

일본 정부는 조선에 居留하는 일본인에 대한 裁判權을 일본의 領事가 갖는 이른바 領事裁判權 행사와 함께, 關稅免除와 日本貨幣의 조선 국내 통용 등을 관철시킴으로써 '일본만을 위한 무역자유화'를 꾀하고 있었다. 더구나 일본 정부는 조선과 일본(대마도) 사이의 전통적인 무역 관계의 철폐를 주장하면서도 조선시대 이래의 '관세면제' 전통에 대해서는 과거의 것을 그대로 계승(?)하는 모순된 행동을 보였다. 뒤늦게 關稅收入의 중요성을 깨달은 조선 정부가 1878년에 부산 豆毛浦鎭에 稅關을 설치하여 조선의 무역상인을 상대로 관세를 징수하기 시작하였으나, 이것도 무력을 앞세운 일본의 반대로 중단되고 말았다(豆毛鎭關稅事件). 이로 말미암아 개항 후 7년 동안이나 조·일 무역에서는 無關稅 상태가 지속된 것이다. 1883년 5월 韓美修好通商條約이 체결되고, 이어서 6월에 조선 정부의 요청에 따라 새로운 通商章程과 海關稅目에 調印함으로써 비로소 조선 정부는 관세를 부과할 수 있게 되었다. 그렇지만 조선 정부가 기대했던 만큼 관세 수입이 크게 늘어나지는 않았다. 그 까닭은 1883년의 통상장정에서도 일본이 最惠國 대우를 요구하여 최저 수준의 關稅率을 정하였을 뿐만 아니라, 關稅逋脫을 방지할 수 없이 일본에 유리하게 규정되어 있었기 때문이었다.[69]

제3기 무역의 특징을 한 마디로 要約한다면 米綿交換體制라고 말할 수 있다. 즉 조선이 쌀을 수출하고 그 대신에 면제품을 수입하는 구조가

---

68) 한국무역협회, 『한국무역사』, 1972, 127쪽.
69) 한국관세협회, 『한국관세사』 2편 3장 ; 『부산략사』 2편 2장 참조 ; 최태호, 「개항 이후의 한국경제」, 『동북아』 2, 동북아문화연구원, 1995, 38쪽.

이 시기 무역의 근간을 이루었다. 여기에서 말하는 면제품이란 영국 등 서구에서 機械를 이용하여 만들어진 것을 뜻한다.

2. 조선의 수출품

제3기 조선의 수출품 순위는 米, 牛皮, 大豆, 生絲, 海蔘, 布海苔, 絹布, 人蔘, 牛馬骨, 綿布, 말린 乾鰯, 五倍子(지혈과 해독·항균에 효과), 繰綿, 麻, 麻布, 鮑 등이었다. 조선의 수출품은 주로 농산물이 대부분을 차지하고 있었다.70)

조선의 곡물 수출은 資本制 상품인 면포의 유입과 함께 조선사회를 동요시켰다. 곡물 수출을 둘러싸고 외교문제로까지 비화된 防穀令 사건은 이미 잘 알려져 있다. 1882년 임오군란도 곡물 수출에 따른 쌀값 폭등이 주된 원인의 하나였다. 1894년 동학혁명 때도 곡물매매와 수출에 관한 항목이 강령 속에 포함되어 있는 것에서 보듯이, 쌀과 콩의 일본 수출이 조선사회에 커다란 영향을 미쳤다.71)

제3기(1876~1910년)에 일본으로 수출된 쌀과 콩의 價額을 분석한 연구에 따르면, 곡물이 가장 많이 수출된 연도는 1907년으로 한 해에 755만 엔(円)이 넘는 쌀과 388만엔의 콩이 일본으로 흘러들어갔다. 이것은 1877년에는 2천 엔에도 미치지 않는 쌀과 4천 엔이 조금 넘는 수준의 콩이 일본에 수출된 것과 비교하면 대폭적인 증가라고 할 수 있다. 그런 반면에 1882~1889년의 조선 흉작 때는 오히려 일본에서 조선으로 곡물을 수입하지 않으면 안 되는 상황이었다. 아무튼 조선의 곡물 수출

70) 姜德相, 「이씨조선 개항직후에 있어서 朝日무역의 전개」, 『갑신·갑오기의 근대변혁과 민족운동』, 청아출판사, 1983, 75쪽.
71) 吉野誠, 「조선개국후의 곡물수출에 대하여」, 『갑신·갑오기의 근대변혁과 민족운동』, 청아출판사, 1983, 30쪽.

은 1890년을 전후한 시기와 청일전쟁 후인 1897년 전후, 러일전쟁 후인 1907년 전후를 경계로 하여 그 규모가 확대되는 추세를 보였다.[72]

개항 후 조선에 온 일본 상인들은 초기에 곡물 수출을 통해 약탈적인 폭리를 취하였다. 가령 조선 쌀을 1석에 '40전이나 45전'으로 싸게 사서 그것을 일본 大阪 시장에서 6원에서 8엔까지 받고 비싸게 팔아 막대한 이득을 남기고 있었다. 더구나 "韓人이 1貫文을 부르면, 일본 상인들은 700문으로 값을 깎았다. 만일 조선 상인이 그것을 듣지 않으면 大喝一聲하여 곧 바로 기를 꺾으면 조선 상인이 그냥 700문에 판다"고 당시 신문에 보도될 정도였다.[73]

3. 조선의 수입품

조선이 해외에서 수입하는 물품 가운데 가장 많은 비중을 차지했던 것이 綿織物이었다. 조선은 처음에는 영국산 면제품을 청국과 일본을 통해 수입하고 있었다. 나중에는 미국도 조선과 통상조약을 맺으면서 조선의 면직물 수요에 상당한 기대를 걸었다.[74]

1876년 개항 후 유럽 상품은 중국 上海에서 일본 神戶로 들어간 다음, 그것이 다시 고베에서 일본 선박에 실려 조선으로 들어왔다. 그것이 때로는 일본 長崎를 거쳐 부산으로 들어오기도 하였다.

상품 종류별로 살펴보면 면직물 가운데 玉洋木[75]의 수입액(230만

---

72) 吉野誠,, 위의 논문, 31-33쪽.

73) 姜德相, 앞의 논문, 1983.

74) 송규진, <개항기 조선과 서양의 경제교류>,『민족문화논총』28, 영남대학교 민족문화연구소, 2003, 328-329쪽.

75) 이것은 영국에서 가공된 것을 청국과 일본 상인이 조선으로 들어온 것이다. 당시 조선에서는 전통의 면포보다는 세련된 세면포(細綿布)를 가리켜 서양 포(西洋布)라 불렀으며 이것을 줄여서 양포(洋布)라고도 했다. 그런데 영국을 비롯한 유럽산 면포가 표백이 하얗게 되어서 옥처럼 깨끗하다고 하여

엔)과 비중(56.7%)이 각각 조선의 전체 수입액 가운데 절반 이상을 차지했다.[76] 1890년대부터는 일본산이 1위를 차지하였지만, 그 전까지는 영국산이 1위를 차지하였다. 가령 1891년 인천항을 통해 수입된 상품의 국가별 비중을 보면, 영국산 54%, 일본산 24%, 중국산 13%의 순이었다. 그런데 1896년에는 조선의 수입액에서 차지하는 국가별 순위가 바뀌어서 일본 1위, 영국 2위, 중국 3위, 미국 4위가 되었다.[77] 이것은 일본의 공업화 수준이 높아진 결과이기도 하겠지만, 유통 분야에서 일본이 영국보다 우위를 차지하게 된 것이 크게 영향을 미친 것으로 풀이된다. 품질은 영국산에 비하여 낮았지만, 일본 노동자의 임금이 더 낮았기 때문에 일본산 면제품의 값이 더 저렴하였고, 천의 종류와 길이와 폭 등이 다양하여 조선인 고객의 기대에 부응할 수 있었다.[78] 그렇지만 면제품 수입액 측면에서는 여전히 영국산이 압도적 우위를 차지하였다.[79] 1899년 조선이 수입한 옥양목은 영국산이 99.46%를 차지하였으며, 그 밖의 면제품도 영국산이 많았다. 옥양목의 경우 1910년까지도 영국산이 일본산보다 우위를 유지했다.[80]

다만 紡績綿絲 만큼은 일본산이 영국산을 압도했다고 한다. 일본산 방적면사가 영국산을 앞지른 까닭은 일본산이 가격이 저렴했고, 포장단위가 가벼웠기 때문이었다. 또 일본산 방적면사가 왼쪽에서 오른쪽으로

옥양목(玉洋木)이라 부르기도 했다. 당시 조선에서는 옥양목을 비롯한 수입 면직물의 유입 때문에 조선 전래의 면포인 무명베는 시장에서 점차 구축(驅逐)되고 있었다.

76) 송규진, 위의 논문, 331쪽.

77) 송규진, 앞의 논문, 333쪽.

78) 송규진, 위의 논문, 334쪽.

79) 최호진은 이 시기 영국을 비롯한 유럽산 면제품의 비중을 88.7%로 보고 있으며, 일본상품은 전체의 11.7%에 지나지 않았다고 보았다. 최호진, <개항기에서의 근대적무역관계의 전개와 그의 영향(1876~1910)>, 『학술원논문집』13, 대한민국학술원, 1974, 124쪽.

80) 송규진, 위의 논문, 340쪽.

감겨져 있어서 조선의 紡錘(실에 꼬임을 주면서 木管 등에 감기도록 하는 데 필요한 강철제의 작은 축) 방향과 일치한 반면에, 영국산 방적면사는 조선의 방추와 반대 방향으로 감겨져 있었던 것도 그 한 원인이라고 말할 수 있다.[81]

4. 무역 규모

개항 이후 조·일 무역의 규모는 양적으로 크게 확대되었다. 개항부터 일제강점 직전까지의 무역을 세 시기로 나누어서 살펴볼 수 있다.[82]

1876~1883년은 日本獨占期라고 할 수 있다. 이 시기는 일부 일본 상인들이 서구 상품을 중개하는 형태에 그치고 있었다. 조선으로 수출한 물품의 90%가 유럽산이었으며, 일본 제품은 겨우 10%에 지나지 않았다. 그나마 일본 제품의 대부분은 전근대적 수공업제품이었다. 國境互市를 통해 청나라와 전통적 교역이 이루어지고 있었고, 일부 서양 선교사나 철도 또는 광산 등의 이권을 노린 탐구자들이 제한적으로 활동을 펼치고 있는 정도였다.

1884~1894년은 淸日競合期라고 볼 수 있다. 이 시기는 조선과의 무역을 둘러싸고 청·일 두 나라가 각축전을 벌이던 때였는데, 그것은 끝내 淸日戰爭으로 이어지고 말았다. 1883년에 조선은 일본과 朝日修好條規續約을 체결하여 無關稅에서 탈피하였다. 1883년말 에는 國境互市가 실질적으로 폐지되고, 1884년에는 조선이 중국과 開港場을 중심으로 한 近代的인 貿易關係로 전환하게 되었다. 1882년 8월 朝淸商民水陸貿易章程이 체결된 것도 그 무렵이었다. 그렇지만 이 시기까지만 하더라도 청·일 두 나라는 여전히 조선에서 중개무역 수준에 머물고 있었다. 서양

---

81) 송규진, 위의 논문, 335-337쪽.
82) 한국무역협회, 앞의 책, 102-104쪽.

여러 나라도 아직 조선과의 무역에 본격적으로 뛰어들지 않고 소극적인 자세를 취하던 시기였다.

1894~1910년은 청국이 쇠퇴하고 일본의 우세가 강화되는 日本獨走期였다. 두 차례의 전쟁 즉 淸日戰爭과 露日戰爭을 승리로 이끈 일본이 조선에서 독점적 지배력을 확보하고 있었다. ① 조선의 대외무역이 급증하였으며(주로 대일무역의 급증에서 비롯하였으며 일본의 近代工業이 이 시기에 급진적으로 발전한 결과), ② 청일 두 나라의 무역이 仲介貿易 형태에서 自國商品의 直接貿易 형태로 바뀌었다. 일본은 자국의 근대공업제품을 조선에 수출하고, 그 대신에 조선에서는 일본의 근대공업에 필요한 원료나 식량을 수입해 가는 전형적인 南北貿易 형태를 갖추게 되었다. 청국은 자국의 수공업제품과 특산물을 조선에 수출하였다. ③ 서양 여러 나라가 조선과의 무역에 직접 진출하기 시작하였다. 1900년대에 들어오게 되면 영국과 미국 등이 조선에 직접 진출하게 되는데, 이것은 청·일 두 나라가 自國商品의 直接貿易 형태로 전환한 것과 밀접한 관련을 갖는다.

V. 맺음말

開港 이전 동아시아의 對外交易, 그 중에서도 제1기와 제2기의 조·일 무역은 공무역(進上=封進, 回賜, 求請[83]), 사무역, 밀무역 등 다양하게 이루어지고 있었는데, 이것은 朝貢關係와 交隣關係에 바탕을 둔 政治的 儀禮를 大義名分으로 내세우는 측면이 강했다. 그러다가 개항을 분기점으로 하여 그것이 經濟關係가 전면에 부상하는 형태로 바뀌게 된

---

83) 求請과 求貿에 대해서는 이승민, <조선후기 대마도 求貿의 개념과 실태>, 『한일관계사연구』36, 한일관계사학회, 2010 참조.

다. 즉 國際分業에 기초한 利潤追求 등을 위하여 國民經濟 단위의 貿易
利益에 관심을 두고 이루어진 것이 근대 시기의 동아시아 대외교역의
특징이라고 말할 수 있다.[84]

　제1기와 제2기는 前近代貿易이며, 제3기는 近代貿易이다. 따라서 제
1기와 제2기의 무역은 連續性이 강한 반면에, 제3기 무역은 이전 시기
와 斷絶의 측면이 적지 않다. 그렇다고 해서 제3기의 무역이 그 이전의
무역과 어느 한 순간에 완전히 단절되었다고 보기는 어렵다.

　쌀을 예로 들어보면 제1기에 이어서 제2기에도 조선에서 일본으로
수출이 이루어졌다. 제1기에는 연간 2, 3백 섬 정도 되는 歲賜米豆 수준
에 머물러 있었지만, 제2기에 오면 그것이 公作米制度 실시로 말미암아
해마다 16,000섬(1812년부터는 13,333섬)으로 늘었다. 그러다가 제3기
에 오면 이전 시기와 비교가 안 될 정도로 규모가 크게 확대되었다. 뿐
만 아니라 제3기에는 미곡의 생산구조가 시장과 더욱 밀접한 관련을 가
지면서 질적으로 변모하였다.

　면포도 마찬가지 변화를 겪었다. 제1기의 초기에는 예물 교환의 형태
로 시작한 면포의 지급이 점차 공무역 결제수단으로 자리를 잡게 되어
조선산 면포가 조·일 무역시장에서 물품화폐 기능을 담당하기에 이르렀
다. 제2기에는 조선산 면포의 품질에 대한 저평가 때문에 일본 측은 공
무역 결제품으로 받았던 면포를 일본으로 가져가지 않고 그것을 다시
조선에 역수출하기도 하였다. 제3기에 오면 영국을 비롯한 유럽산 면제
품에 밀려 무역시장에서 재래의 면포가 점점 경쟁력을 잃게 되었다. 이
러한 현상은 棉花의 생산구조에도 충격을 주었음은 물론이다.

　즉 수입산 면제품은 조선의 농업구조에도 커다란 영향을 미쳤다. 먼
저 이로 말미암아 조선의 재래 면업이 쇠퇴하고 말았다. 綿布의 원료를
공급하는 棉作을 포기한 조선 농민들이 상품 가치가 높은 쌀이나 콩 재

---

84) 한국무역협회, 앞의 책, 101쪽.

배로 전환하기 시작한 때가 바로 이 시기였다.[85] 미곡의 상품화가 앞당겨진 것이다. 이 밖에도 운송수단의 근대화라든가, 전통적 가내수공업의 파괴와 재편, 무역역조에 따른 토지자본의 수탈 심화 등이 부수적으로 나타난 조·일 무역의 결과라고 말할 수 있다.[86]

개항 이후에 시작된 조선의 近代貿易體系는 그 이후 歷史發展 과정에서 植民地性과 近代性이라고 하는 두 가지 측면을 內在하게 되었다. 즉 조선의 근대무역이 성장해 나가는 과정을 통해서 한편으로 일본의 무역발전이 확대되고 그것이 결국 日帝가 조선을 强占하는 결과를 가져왔다. 다른 한편으로는 조선의 근대무역 성장이 국민경제를 점차 商品經濟로 편입시키고, 종래의 전통적인 家內手工業을 分解해 나가면서, 조선의 産業體制를 近代工業體制로 바꾸어 나갔던 것이다. 앞의 植民地性을 강조한 주장이 이른바 收奪論이라고 한다면, 뒤의 近代性을 부각시킨 논리가 植民地近代化論이라고 말할 수 있다.

---

85) 河元鎬, 『한국근대경제사연구』, 신서원, 1997 참조.

86) 이명중, 「韓國開港期 對日貿易에 관한 硏究」, 창원대학교 대학원 무역학과 석사학위논문, 1999, 36~44쪽.

〈토론문〉

「조선시대의 한일경제교류 : 米綿과 蔘銀의
교환을 중심으로」

Olah Csaba
(東京大)

정성일씨는 본 보고에서 일조교류의 대략 500년간의 역사를 일본과
조선의 사이에 거래되었던 물품, 양국의 무역 관계라고 하는 관점에서,
3개의 시기로 나눠서 고찰했다. 정씨의 보고는 매우 자세하고, 다루고
있는 시기도 길지만, 시간의 제약과 자기 자신의 공부 부족으로 인하여,
여기서 주목하고 싶은 것은 정씨가 「제1기」(1392년~1608년)라고 부르
고 있는 시기뿐이다. 이 시기는 내가 공부하고 있으며, 무로마치 막부와
중국(明)과의 사이에 이루어졌던 조공무역의 시기와 겹치기 때문에, 약
간의 고찰을 더해보고 싶다고 생각한다.

일본은 동아시아 교역권에서 이미 14세기 이전부터 대륙(중국과 조
선반도)과 활발한 무역 활동을 하고 있었으며, 송·원이나 고려에서 필요
한 물품을 적극적으로 수입하고 있었다. 이들 수입품의 종류(동전·서적·
의약품·도자기·직물 등)는 제1기의 시기(14~17세기)와 겹치는 것이 많
이 보인다. 이것에 대해 일본이 수출품으로 제공했던 것은 부채·칼·병
풍·소방·유황·동·공예품 등이다. 「물건의 유통」이라는 관점에서 일조

관계의 이 시기를 중세의 일명관계와 비교해보면 다음과 같은 유사점·차이점을 확인할 수 있다.

먼저, 일조무역의 경우 정치적 배경이 중요하며, 조선측이 일본측에 무역의 조건으로서 왜구의 근절을 요구했다고 하는 점에 관해서는 중국의 경우도 같은 정치적 배경이 보인다. 중국측도 무로마치 막부에 왜구의 근절을 요구하여, 막부는 그 요구에 적당히 응하려고 했지만, 중국의 경우는 명 황제를 군주로서 인정하고, 황제에게 조공한다고 하는 정치적 조건이 가장 중요했다. 조공이 없다면, 중국에서의 무역은 허락되지 않았다라는 것이다.

또한, 정씨의 보고에서는 이 시기의 일본(對馬)이 적극적으로 무역을 하고 있었지만, 이 적극적인 태도는 조선측에게 동시에 부담이 되었다는 것이 확실해졌다. 일본인이 지참했던 무역품이 너무 많아서 그것을 옮기는 작업으로 조선측이 곤란해 했다. 게다가 일본인이 무역 거래를 위해 긴 기간 서울에 체재하고 있었기 때문에, 접대비가 예상을 웃돌았다고 한다. 일명관계의 경우도 같은 현상을 볼 수 있다. 견명사절의 체재비는 (모든 이국 사절과 같다) 원칙으로서 중국측이 부담하고 있었기 때문에, 중국에게는 북경이나 영파에서의 장기 체재는 큰 부담이 되고 있었다. 특히, 무역 상의 마찰(브로커에게 속았다고 하는 케이스가 특히 많다)이 일어났던 때에, 이국 사절이 북경에 머물고 마는 사태가 자주 있었기 때문에 중국이 조선과 같이 경제적으로 곤란해 했다. 견명사절도 무역 이윤을 늘리기 위해서 긴 기간 중국에 체재하고 있었던 적이 있는데, 무역 상의 마찰과 그에 의한 체제의 연기가 확인 가능하다.

게다가, 정씨의 보고에 있었던 것처럼 일본의 무역품의 수가 많았기 때문에, 목면에의 환산이 서서히 바뀌었다. 조선은 양이 늘은 일본의 물품을 사들이기 위해 그 가격을 서서히 내려, 일본의 물품이 점점 저렴해졌지만, 그 이유에서 마찰이 일어났던 것도 있다. 견명사절이 지참했던 무역품의 경우도 같은 현상이 있었다. 일본도는 하나의 좋은 예이다. 일본도는 중국이 公으로 사들인다는 제도가 있어, 私貿易은 허락되지 않았다. 그러나 수요와 공급의 차가 심하여 중국에서는 일본도의 가격이 서서히 내려갔다. 한 다발 가량의 가격은 15세기 전반의 10貫에 비해, 15세기 말 무렵에는 300~600文까지 내려가고 말았다.

　이상으로, 이들의 사소한 예를 보면, 일조관계・일명관계의 경우도 일본측은 적극적으로 무역을 했고, 상대측의 제도가 허락하는 한 물품을 입수하려 했으며(回賜, 답례의 선물, 사무역 등), 이익을 최대한으로 늘리려 하고 있던 것을 알 수 있다. 그러나 수요와 공급의 문제도 있었기 때문에, 상대측의 부담이 늘고 그것이 물품의 가격의 변동이나 무역품 사들이기에 대한 거부, 또는 무역에서의 마찰에 이어져 버린 케이스도 적지 않다. 거기서 17세기가 되면 동아시아의 무역체제가 서서히 변화하여 조공무역체제가 없어지고, 長崎 무역이 발전하여 질적으로 다른 교역의 시대에 들어가게 된다.

중세 일조관계에서의 대장경

須田牧子
（東京大）

서론

본고에 주어졌던 과제는 「중세일조관계에서의 무역」이다. 여기에서는 그 시기 일조를 왕래했던 문물 가운데, 일본측 통교자가 최고로 執心했던 무역품인 대장경에 집중하기로 한다. 일본측의 많은 세력이 대장경 수입을 강하게 희망하고, 이른바 각종 수단을 사용하여 조선왕조에 대장경을 요구하고 있었던 것은, 중세일조관계의 현저한 특징이기 때문이다. 본고에서는, 대장경의 일본 수입 상황과 수입 대장경의 현황을 살펴보고, 중세일조관계가 일본 사회에 끼친 영향의 한 단면을 살짝 들여다보고 싶다.

1. 대장경 수입의 개관

대장경이라는 것은 불교의 경전류를 집대성 한 것이다. 일체의 경전을 모두 모았다고 하는 의미로서, 일본에서는 「一切經」이라고도 불리며,

역사적으로는 「大藏經」보다는 「一切經」이라고 표현되는 경우가 많다. 중국·한국에서는 주로 대장경이라고 호칭되고 있다. 중국에서는 10세기에 본판 大藏經이 간행되었던 이후, 자주 간행되어 한국에서는 12세기에 고려판 대장경이, 일본에서는 17세기에 天海版과 鐵眼版 대장경이 간행되었다. 즉 중세 일본에는 대장경판은 존재하지 않고, 따라서 刊本 대장경을 만드는 것은 불가능했다. 신규로 대장경을 손에 넣으려고 생각한다면, ① 가지고 있는 곳에서 양도 받기 ② 書寫 하기 ③ 수입하기의 여러 가지의 선택지 밖에는 방법이 없었던 것이다.

중세 일본에서 대장경을 소지하는 것에는 어떠한 의미가 있었는가를, 구체적으로 정리하는 것은 어렵다. 대장경을 소지하는 사원이라는 것이, 즉시 寺格의 상승에 연결되어 사람들의 신앙과 성금을 모으는 요인이 된다고 했다. 명시적인 사례는 管見의 한계로 찾아내는 것이 불가능했기 때문이다. 그러나 대장경은 불교에 관한 기본 문헌의 집대성이며, 대장경을 손에 넣는 것은 이른바 불교적 지식의 총체를 소지하는 것이 된다. 중세후기의 在地의 마을들에서 대량으로 大船若經 600권이 필사된 것은 잘 알려져 있지만, 대장경은 大般若經 600권을 포함하여, 전체에서 약 7,000권에 이르는 대부분의 것이었다. 일본에 대장경의 판본이 존재하지 않는 단계가 있었는데, 대장경을 소지하는 것은 촌락 레벨로 하는 것이 아니라, 특권적이었던 것은 확실하다. 근세 鐵眼版 大藏經이 간행되고부터는 촌락 사원에서도 대장경을 소지하는 곳이 늘어, 차례로 보급해 가게 된다. 대장경의 수요는 잠재적으로 상당히 있었다고 봐야할 것이다.

표 1은 14세기 중엽부터 16세기 중엽까지의 수입상황에 대해서 『高麗史』·『高麗史節要』·『朝鮮王朝實錄』에서의 검출을 시험해본 것이었다.

이 시기의 대장경 요청의 시작은 『高麗史節要』에,「日本國師妙葩·關西省探題源了俊 遣人來 獻方物 歸我被虜民二百五十人 仍求藏経」라고

기록되어 있는데 1388년 春屋妙葩과 九州探題 今川了俊의 連名에 의해, 피로인 250명의 송환을 담보로 하여 요구당하고 있다. 실제로 보내져왔는가 아닌가는 확실하지 않다. 이어 1392년에 「日本遣使, 求藏經」라고 보이지만, 주었는지 아닌지는 불명이다.

대장경이 실제로 일본에 보내진 것이 판명되는 것은 1394년의 今川了俊에 의한 요청이다. 『朝鮮太祖實錄』太祖 3년(1394) 12월 是月條에 「日本國鎭西節度使源了俊使人 求大藏經」, 이어진 4년, (1395) 7월 辛丑條에 수록되어 있는 今川了俊書狀의 가운데에 「…重承國使戶曹典書金積善護送兩藏經, 今歲三月初八日繋纜于此岸…」이라고 기록되어 있어, 대장경이 두 번 보내져온 것을 알 수 있다. 그러나 이 대장경이 일본에 온 후 어디에 보관되었는지는 불명이다.

応永 2년(1395)의 今川了俊의 소환되어 실각된 후, 제일 먼저 대장경을 요구한 것은 大內義弘으로, 이어 신임인 九州探題 澁川滿賴, 일본 국왕 즉, 足利義滿과 이어지고, 그러나 1410년 무렵까지는 日本國王이라는 室町殿은 별로 모습을 보이지 않고, 大內氏, 九州探題나 그 관계자, 壹岐의 세력 등에 의한 요청이 많다. 15세기 전반 단계의 九州探題 명의에서 求請은 특히 많으며, 1420년~1423에 걸쳐서 連年에 이른다. 그러나, 성취했는지 아닌지가 확인할 수 있는 예는 2가지 예로 그치는데, 応永 32년(1425)의 九州探題 澁川義俊의 沒落 이후는 보이지 않게 된다. 足利義持는 왕성하게 大藏經을 요구했고, 그 수는 7회 전후에 이른다. 이어 足利義教의 시기는 1회뿐이지만, 足利義政의 시기에는 11회를 셀 수 있다. 이 足利義政에 의한 大藏經 요구는 특정 寺社를 위한 대리 행위가 많았다. 서계 작성 이외의 실무는 大藏經을 원하는 寺院의 측에서 이루어지고 있었던 것은 선행연구에 이미 지적하고 있는 부분이다.

15세기의 후반에는 畠山氏·斯波氏라고 하는 王城大臣使 명의의 求請이 나타난다. 이것들은 「僞使」라고 여겨진다. 琉球國王에 의한 求請

도 늘기 시작하지만, 琉球國王 명의의 使는 僞使가 많고 어느 때의 求請
이 진짜 琉球國王의 욕구였는가, 실제로 琉球國王의 곁에 도착했던 대
장경은 몇 부였는지는 판단할 수 없다. 연구사상 저명한 夷千島王・久辺
國王를 칭하는 使者가 대장경을 요구했다는 것도 이 시기이다.「僞使」
파견 세력의 손에 건넨 대장경이 결국 어디에 자리 잡게 되었는지는 알
려지지 않았다.

16세기에 들어가면, 求請의 수는 급격히 줄어들어,『朝鮮王朝實錄』
에 의한다면 16세기 중엽 이후에는 볼 수 없게 된다. 일본에 의한 조선
에게의 대장경 求請은 15세기에 특수한 상황이었다고 말할 수 있다.

대장경의 求請과 획득의 양상을 통교자마다 정리하면 표 2와 같다.
집계에 관해서는 대장경을 얻을 수 있었는가, 어떤가 명확하지 않은 경
우, 求請 수는 집계해도 획득 횟수부터는 줄어있다.

따라서, 예를 들어 九州探題 등은 획득률이 올라가는 가능성이 있다.
또한 여기에서는 각 사절의 진위가 문제가 되지 않고,『朝鮮王朝實錄』
에 나타나는 명의를 따르고 있다. 이것을 본다면, 일본국왕이 25회 전후
求請하여, 예외를 제외하고 기본적으로는 매회 얻을 수 있었다는 것,
또한 大內氏가 18회 전후로 求請하여 12~15회 얻을 수 있었던 것이
타 세력에 비교하여 압도적으로 많은 것은 일목요연하다. 중세 후기에
조선에서 일본에 수입된 약 50장 중 약 절반은 일본국왕, 즉 室町殿의
명의라는 것, 약 4분의 1은 大內氏에 의한 것이라고 정리하는 것이 가
능하다.

이들 대장경 求請에 대한 조선왕조의 태도는, 日本國王・大內氏・宗
氏라고 하는 일조관계 상 又沿海 방비 중 중시해야하는 상대에 대해서
는 기본적으로 請에 맡겨서 증여하지만, 수의 한계가 있기 때문에, 그
이하의 세력에게는 초기를 제외하고는 내주기를 싫어하는 일이 되었다.
1486년 少貳氏의 使者는 조선왕조에 항의하여「大莊[藏力]經不賜我, 而

賜大內殿, 對馬州凡有獻, 必厚給其価, 而於我則不然, 貴國之待我主, 不如大內殿及對馬州也」(『朝鮮成宗實錄』17年 4月 癸未條) 라고 말하고 있다. 「나에게는 대장경을 내려 주지 않으면서, 大內氏에게는 내려주었다. 對馬의 宗氏가 物品을 바치면 반드시 후하게 보답하면서 우리에게는 그렇지 않다. 나의 주인인 少貳氏에 대한 조선의 대우는 大內氏나 對馬와 같이 후하지 않다」라는 말에, 그 방침이 단적으로 나타나 있다. 거꾸로 말하면 갯수라도 있었다면 내주기 싫어하지는 않았을 것 같이 생각된다. 기본적으로는 유교 국가였던 조선왕조의 대장경에 대한 인식은 불필요한 것이지만, 대일외교에 사용할 수 있으니 보존해 두자고 하는 발상이 짙다(예를 들어 『朝鮮成宗實錄』 16년 9월 甲子條에 보이는 관료들의 발언 등).

2. 수입 후의 대장경의 행방

　그렇다면 일본에 수입된 대장경은 실제로는 어디에 소장되어, 어떠한 대우를 받았던 것일까.

　일본 국왕 명의로 수입된 대장경은 義政 시기의 대리 행위 경우를 제외하고는 그 施入寺院은 거의 밝혀지지 않는다. 대리 행위의 경우는 대장경의 수입을 요구하는 서계 그 자체에 그 대장경이 施入되기 위해 寺院의 이름이 명기되어 있는 경우가 태반이며, 美濃承國寺·山城建仁寺·大和円成寺·越後安國寺라고 하는 구체적인 이름과 求請에 이르렀던 경위를 다소나마 아는 것이 가능하다. 그런데 무로마치 장군이 주체적으로 대장경을 요청하고 있었던 足利義滿·義持·義敎 시기에 관해서는, 수입해왔던 대장경을 어디에 두었는지는 아는 것이 불가능하다. 유일하게 1424년에 가져왔던 대장경이 相國寺에 놓여졌던 것이 판명되었을뿐,

따라서 무로마치 장군에 의한 수입 대장경의 사용에 관한 전략을 살펴보는 것은 곤란하다.

수입 대장경의 행방을 가장 잘 알 수 있는 것은 무로마치 막부에서 많은 대장경을 수입하여 얻어왔던 세력인 大內氏의 손에 건네진 것이다. 中國西部·九州北部를 지배했던 大內氏는 그 선조를 백제 성왕 琳聖太子라고 칭하고, 160년에 걸쳐 왕성했던 대조선관계를 활발하게 전개했다. 이 大內氏가 수입해 얻은 대장경은, 앞에서도 얘기했듯이 약 12~15藏 있지만, 이 중 대부분의 대장경의 행방을 쫓는 것이 가능하다.

즉, 15세기 초두부터 1420년대에 걸친 당주 盛見의 시기에는 大內氏의 氏寺인 興隆寺, 형인 義弘의 菩提를 빌고 가문 번영을 기원하는 절로서 평가되었던 國淸寺(이후 盛見의 菩提寺), 大內氏의 본래 출신지인 防府에 鎭座하는 松崎天滿宮, 盛見의 祖父에 해당하는 弘幸의 菩提寺인 永興寺에 납입이 확인된다.

또한 1대에 걸쳐서 15세기 중반의 당주 敎弘은 義弘의 菩提寺인 香積寺에 施入하고 있다. 이외에 누구에 의한 것인지는 불명이지만, 15세기 전반의 施入이 있었던 것이 확인 가능한 사원으로서 長門安國寺·普光王寺가 있다. 長門安國寺는 남북조 시기의 長門守護 厚東氏의 창건이 되는 東隆寺가 安國寺로 지정된 것이며, 大內氏로서는 長門國 지배를 위해서도 외부적인 보호를 해둘 필요가 있었겠다. 普光王寺도 大內氏와 관계가 깊은 사원이었을 가능성이 있다. 15세기 전반 단계에서 大內氏가 대장경을 施入했던 사원은 大內氏에게 領國의 지배 상, 또는 자신이 정통하다는 것을 나타내는데에 필요한 사원이었단 것은 확실하다.

한편, 15세기 후반이 되어 눈에 띄게 나타나는 것은 寺社측의 요구에 응하는 형태로의 求請 ─ 즉 대리행위이다. 앞에서 썼던 것과 같이 일본 국왕인 무로마치 장군의 대조선외교는 15세기 중반부터 이미 그와 같은 경향을 강화하고 있지만, 大內氏에게도 15세기 후반의 당주인 政弘의

시기에는 대리 행위가 보여진다. 紀伊安樂寺·大和長谷寺·筑前普門寺가
그렇다. 특히 筑前普門寺의 경우는 무로마치 장군에게 求請을 要請했음
에도 불구하고, 大和円成寺가 우선되어, 求請이 실현되지 않았다는 것은
결과를 받아들이고 大內氏에 의한 求請이 실현되고 있다. 대조선교섭상,
大內氏가 무로마치 장군에게 대신 얻은 존재였던 것을 나타내는 사례라
고 말할 수 있다. 단지, 大內氏 場合의 대리행위는 15세기 후반 단계에
서는 서계 발행 이외의 실무를 求請 사원에게 시키는 형태를 취하지 않
고, 大內氏 측에서 파견이 준비되어 실행되고 있는 점에, 동시기의 무로
마치 장군과의 차이점이 보인다. 大內氏가 서계 이외의 실무를 求請 주
체의 사원에 그대로 주게 되는 것은, 16세기에 들어가고의 일이다.

　15세기 후반에 특징적인 것은 이러했던 대리행위와 평행하게, 이미
領國에 축적된 대장경의 수를 과시하여, 그것을 중앙에 헌상·寄進 하려
고 하는 움직임이 보이는 것이다. 比叡山의 日吉十禪師社로의 寄進이
그 대표적인 것이지만 일본 국왕인 무로마치 전하에게 헌상하려고 했던
예도 있다. 즉, 이 시기의 大內氏는 대장경 입수 가능한 외교 주체·축적
하고 있는 주체로서, 대장경을 「국내」 외교의 도구로서 이용하고 있던
것이다.

　4~5藏의 대장경을 얻고 있었던 것이 확인되는 對馬宗氏의 경우도,
수입 후의 大藏經의 행방이 상당한 정도로 판명된다. 宝德 元年(1449)에
宗貞盛·成職에 의해, 「八幡宮」에 봉납되었을 때, 奧書에 있는 大藏經이
高野山 金剛峰寺에 현존한다. 이 八幡宮은 對馬의 下津八幡宮(현재·嚴
原八幡宮)에 比定된다. 또한 宝德 4年(1453)에 역시 宗貞盛·成職에 의
해, 伊津八幡宮(上津八幡宮, 현재·海神神社)에 봉납되었던 大藏經이 있
었던 것이 알려진다. 下津八幡宮·上津八幡宮은 對馬의 一宮이다. 또한
대마도 남부에 위치하는 豆酘의 多久頭魂神社에는, 고려판 대장경이 현
존하고 있고, 무로마치 시기의 대마 종씨의 봉납은 아닐까라고 추정되고

있다. 즉 宗氏는 南北에 전개하는 대마도의 북·중·남의 각 지역을 대표하는 신사에 대장경을 봉납하고 있었는데, 大內氏와 같은 전략을 가지고 수입 대장경을 배치하고 있다는 사실을 알 수 있다. 실제 효과의 정도는 어쨌든, 그들의 지역 권력에서 대장경은 領國의 안정적인 지배를 위해서 효과적인 상품으로 간주되고 있었던 것이다.

3. 수입 대장경의 현재

위와 같은 형태로 조선반도에서 가져와서, 중세를 보냈던 대장경은 중세말기부터 근세에 걸쳐 流轉을 거듭하여, 일본에 왔을 당초에 施入되었던 사원에서 유출하고 있었다. 이 양상을 大內氏 領國의 경우를 예로 들어 간단히 봐두도록 한다.

현황을 확인 가능한 最古의 이동의 예는 大內義隆에 의한 嚴島大願寺에게의 寄進이다. 즉 16세기 전반, 대장경을 얻었다고 하는 嚴島大願寺僧 尊海의 요청에 응답하여, 義隆은 조선 앞의 서계를 발급했지만, 이 求請은 결국 실패로 끝났다. 그 후 尊海는 대장경을 바친다면 豊前宇佐宮이 筑前箱崎宮의 지붕 짓기를 책임지기로 약속하고, 이것에 응하여 義隆은 長門普光王寺藏의 고려판 대장경을 바쳤다. 대장경은 經藏 자체를 長門에서 옮겨져서 嚴島에 납입되고, 에도시기를 통하여 嚴島神社의 경내에 존재했지만, 메이지 시기의 폐불훼석에 의해 유출되고 東本願寺(京都府)를 거쳐, 현재 大谷大學図書館(京都府)에 소장되어 있다.

이어 天正 10년(1582), 毛利輝元이 正親町 천황의 綸旨와 青蓮院宮의 令旨에 응하여, 대장경을 比叡山의 日吉十禪師社에 기부하고 있는 것이 확인된다. 이것은 織田信長의 比叡山 火攻(1571) 후의 부흥의 일환으로서 행해지고 있다. 이 대장경은 현존하지는 않으며, 사료상에서도

日吉社에 기부되기 이전, 어디의 사원 소장이었는지는 알 수 없다. 하지만 毛利氏는 대조선통교를 하고 있지 않았으므로, 大內氏의 외교유산이라고 생각하는 것이 온당하다.

게다가 慶長 6년(1601)에 毛利輝元이 國淸寺의 元版 대장경을 經藏 그대로 園城寺(滋賀縣)에 기부하고 있다. 이 무렵 園城寺는 豊臣秀吉에 의한 破却에서의 부흥하던 도중이었다.

이와 같이 毛利輝元이 德川家康에게 헌상하여, 慶長 19년(1614)에 德川家康이 慶長에 기부했던 대장경이 宋版과 元版이 혼합된 대장경으로서 埼玉縣의 喜多院에 현존하고 있다. 이 대장경의 旧藏寺院은 알 수 없지만 毛利氏가 헌상하고 있는 이상, 역시 大內氏의 유래에 의한 것이라고 보는 것이 타당할 것이다. 喜多院은 慶長 17년(1612)부터 造營이 개시되어, 대장경이 기부되었던 慶長 19년은 境內의 경관이 최종적으로 정비되었던 해에 해당된다.

또한 연대·경위를 알 수 없는데, 香積寺와 興隆寺에 납입되고 있었던 대장경의 일부가 東京都의 增上寺의 元版 大藏經內에 섞여들어가고 있다. 이들 興隆寺·香積寺의 대장경이 增上寺의 元版 대장경 전체의 어느 정도를 차지하고 있는가는 알 수 없으며, 增上寺에 들어간 경위도 확실하지 않다. 단지 寬延 3년(1750) 성립의 「氷上山秘奧記」에는, 興隆寺에는 盛見가 施入했던 「唐本」의 대장경이 있었지만, 150년 전에 毛利輝元이 천하에 헌상했던 것이다. 또한 香積寺의 대장경 가운데 大般若經에 대해서는, 毛利輝元이 萩의 洞春寺에 기부했던 것이 『防長寺社由來』에 보이고 있다. 따라서 德川家康이 增上寺를 정비하고, 고려판·元版·송판 3종류의 대장경을 갖추었던 慶長 14년(1609)~16년 전후에는, 興隆寺 소장의 것에 香積寺 소장의 것을 보충하여, 毛利輝元이 헌상했던 가능성이 가장 높은 것이 아닐까.

이상을 정리해본다면, 자주 지적되는 근세 초두의 통일권력에 의한

지방 소재의 문화재를 관청이 몰수라는 시대 상황의 가운데에서, 조선에
서 수입되어 온 大內氏 領國의 대장경도, 毛利氏에 의한 헌상이라는 형
태로 유출하고, 畿內寺院 및 新立寺院이 施入되어왔던 것이 판명된다.
이러한 경위를 따라갔던 대장경의 大內氏 領國 이외의 예로서는, 對馬
下津八幡宮의 고려판 대장경(1449년에 수입)이 木食応其의 권유에 의
해, 石田三成의 손에 의해 高野山金剛峰寺에 기부된 예, 大和円成寺의
고려판 대장경(1482년의 수입)이 寺領으로 바뀌어 增上寺에 헌상되었던
예 등을 드는 것이 가능하다.

이들 현존하는 조선 연과의 대장경의 여러 특징들을 기술해 둔다.

喜多院의 대장경에 대해서는 조사 보고서가 간행되어 있으며, 奧
書 정보 등을 일람하는 것이 가능하다. 그것에 의하면 元版부분은 皇
慶 3년(1314) 1월과 3월, 朴景亮에 의해 경기도개성 神孝寺에 施入되었
던 것을 알 수 있다. 朴景亮은 종 신분에서 상승하여 忠宣王의 측근이
되어, 忠宣王이 원에 체포되어 流罪가 되었을 때, 服毒自殺했던 인물이
다. 皇慶 3년은 길게 원에 체재하고 있었던 忠宣王이 고려에 일시적으
로 돌아왔던 해에 해당한다. 朴景亮이 섬기고 있던 忠宣王은 불교를 숭
상한다고 알려져 있어, 元版 대장경을 50부 인쇄하여 江南의 절들에게
봉납했던 것이 지적되고 있다. 이 印造는 皇慶 元年에 행해지고 있다.
朴景亮이 이 사업에 어떠한 식으로 관여하고 있었는지는 알 수 없지만,
시기를 생각해본다면 忠宣王의 대장경 印造와 朴景亮의 印造에 무언가
의 관련은 인정되는 것 같다.

園城寺의 대장경에 대해서는 管見으로는 公刊되었던 조사 보고서가
없는데, 전모에 대해서는 확인 불가능하다. 그러나 石田茂作氏·山本信
吉氏의 연구에 의해 延祐 元年(1314), 趙文簡의 妻車氏에 의해 印成되
었던 元版 대장경(施入寺院), 至正 年間(1341~1374), 李允升과 그 부인
에 의해 전라도 고부군 萬日寺에 施入되었던 元版 대장경이 혼합되어

있는 것이 확실해져 있다. 忠宣王의 사례를 아울러 생각한다면, 14세기 전반에서 高麗人에 의한 元版 대장경의 印造는, 이미 고려 再彫版이 완성되어 있음에도 불구하고, 꽤 번성해있었다고 말할 수 있을 것이다.

여기서 주의해 두고 싶은 것은 喜多院·園城寺의 대장경과 함께 조선에서 수입하면서도 고려판이 아닌 元版이었던 것이다. 香積寺·興隆寺의 대장경도 元版이었을 가능성이 높은 것을 생각하면, 조선왕조는 반드시 자국의 板으로 印造했던 대장경에 한해 주어졌던 것이 아니라 또한 일본측도 특히 고려판을 고집하고 있었던 것은 아니라는 것을 알 수 있다. 아마도 대부분의 경우, 대장경의 수입을 원하는 자에게 高麗版·元版이라는 版의 차이보다도 경전 7000권이라는 압도적인 양에서 얻을 수 있는 功德만이 重要했던 것이겠다. 일본에서 대장경을 사용했던 대표적인 행사인 一切經會의 실태가 대부분 眞讀이 아닌 轉讀이었다는 것도, 版에 대한 무관심함에 대한 배경의 하나였을 것이라고 생각된다.

물론, 조선에서 이 시기에 수입되어 왔던 대장경에는 고려판 대장경도 존재한다. 長門普光王寺에서 嚴島에 기부되어, 現在大谷大學 도서관에 소장된 대장경은, 辛酉年(1381)에 廉興邦의 발원에 의해, 印造되었던 고려판 대장경(施入寺院 不明)이다. 廉興邦도 고려의 관료이다. 국가사업으로서 만들어진 대장경판을 사용하여 개인이 대장경을 印造하고 있는 것을 알 수 있다. 願文은 李穡이 작성하고, 廉興邦의 사업에 찬동하여 淨財을 낸 사람으로서 南秩·全五倫·尹桓 등의 이름이 이루어지고 있다. 모두 고려의 고위 관리이며, 고려 말기의 관료의 인맥을 생각해봐도 중요한 사료가 될 것이다.

마찬가지로 高野山 金剛峯寺의 대장경은 고려판이지만, 奧書에 다수의 고려인명이 보이며, 그 사람들의 喜捨를 받아서 印造되었던 것이라는 것이 판명되었다. 「施主淸州判官盧和處」라고 하는 지방관의 이름이 보이고, 또한 「施主朴仁貴」으로서 1397년에 대마도로의 사자를 맡고 있

는 通事 前少監 朴仁貴에게 해당한다고 생각되는 이름이 보이는 것은
『高麗史』·『實錄』 등에는 기재되지 않은 그들의 사적을 덧붙인다는 의
미로도 중요하다.

개인의 사업으로서가 아닌 조선왕조의 국가사업으로서 印造되었던
것 중에서 확인 가능한 것이 円成寺를 거쳐 增上寺에 현존하는 고려판
대장경이다. 崇儒廢仏을 기본방침으로 정한 조선왕조에게 예외적으로
崇佛의 이념이 두터웠던 세조는 1458년 명하여 50부를 印造시켜 각 도
의 사원에 분치시켰다. 增上寺의 고려판 대장경은 그 가운데의 하나가
첨부어있는 印成記에서 판명된다.

이 增上寺의 대장경은, 조선왕조가 印造했던 것이지만 이렇게 보면,
15세기에 일본에 건너와 있는 대장경에는 고려시대, 개인의 발원에 의
해 寺院에 施入되고 있었던 元版·高麗版의 대장경이 상당수 존재하는
것이 다시 확인된다.

이 사실은 『朝鮮王朝實錄』 안에서 일본의 대장경 求請에 대해서 私
藏을 廣搜하여 이것을 주려고 하는 기사가 빈번하게 나오는 것에 대응
한다. 표 3으로 그 양상을 정리한다.

이미 먼저 1414년에는 일본국왕사에 대해 京畿道 驪興郡 神勒寺 소
장 대장경 전부를 준다고 하는 기사가 보이고 있다. 神勒寺 소장의 대장
경은 1382년 고려 관료 李穡의 발원에 의해 印成되어 施入되었던 것이
다. 1416년에는 大內盛見의 求請에 대하여, 僧錄司의 승려에게 말을 지
급하여 대장경을 소장하는 忠淸·慶尙道의 절에 파견하여 골라내서 成帙
하게 해야한다는 의견이 나와, 이것에 따른 취지가 보인다. 1445년에는
宗貞盛使에 대해, 收拾成帙하여 건네려고 하고 있지만, 이것이 對馬下
津八幡宮을 거쳐, 현재 高野山 金剛峰寺에 소장되는 고려판 대장경이
다. 이 기사를 짚어보면 印造者로서 다수의 고려인의 이름이 보이는 것
도 이해 가능하다. 즉, 단독으로 印造되어, 기부되어 있던 것이 여러 절

에서 모아져서 1개의 대장경으로서 정리되었던 결과, 흡사 다수의 인간의 喜捨에 의해 성립했던 것과 같은 경관을 나타냈던 것일 것이다.

이상, 조선왕조가 일본에서의 求請에 응하여 대장경을 地域寺院에서 찾아서 건네주고 있다고 하는 실태를 사료상에서도 現物에서도 확인 가능하다. 1490년에 대장경을 요구했던 大內氏에 대해 조선왕조가 「所索 大藏經, 前此諸州求去殆盡, 且國家不崇釋敎, 公家無儲, 廣搜諸寺, 僅得 一部, 以塞厚望」(『朝鮮成宗實錄』 21年 10月 壬戌條)라고 회답하고 있는 것에 전형적으로 나타나는 것과 같이, 말하자면 조선왕조가 일본 측 여러 세력에게 건넸던 대장경은 조선 반도 각지의 지역사원에서의 몰수가 많았으며, 그 때문에 각지의 사원의 소장 현황의 조사가 되고 있었던 것도 확인된다.

이들의 사실은 조선왕조의 지역정책·사원정책과 그 실효성을 생각하는 하나의 재료가 될 수 있는 것이다. 또한 고려 말기, 14세기 말에 국가적 사업으로 구성되었던 板을 사용하여 개인이 대장경을 인쇄하는 일이 있을 수 있었다는 것, 이에 대해 14세기 중반까지는 고려에 자신의 板이 있음에도 불구하고 元版 대장경을 구입하고 지역사원에 기부한다고 하는 형태가 많았던 것도, 이 시기의 한국 사회를 생각하는 하나의 시선이다.

결론

이상으로, 보았던 것과 같이 15세기 일조관계의 가운데에서 일본측에 건너간 무역품인 대장경은 많게는 14세기, 고려인에 의해 중국에서 구입되어 지역 사원에 施入되었던 것이었다. 일본에 건너간 대장경은 대부분 領國 내 사원에 施入되어서, 지역 권력의 莊嚴에 사용되었다. 그것들의 불과 일부는 더욱이, 16세기 말~17세기 초두, 일본의 통일권력에 헌상되어 정권의 중추에 가까운 에도나 교토의 사원에 다시금 施入되었다. 이러한 변천을 따라가서, 園城寺나 增上寺에 현존하는 대장경은 각각의 것이 중세 동아시아에 대한 교류의 실태 및 각각의 시대의 역사적 특질을 단적으로 나타내고 있다고 말할 수 있을 것이다. 그리고 동아시아의 각지를 수백년에 걸쳐 流轉했던 대장경이 지금은 또한 중요하게 일본 각지에 소장되어있는 것은, 대장경이라는 신앙대상이기도 하며, 문화재이기도 한 조선반도에서의 수입품에 대한 사람들의 보존 노력이라고도 이야기하고 있다.

注) 본고는 拙著『中世日朝關係と大內氏』(2011年, 東京大學出版會)의 제3장을 요약한 것이다. 참고문헌이나 典據 등의 상세는 拙著를 참조했으면 한다.

〈표 1〉

表 1　大蔵経求請一覧

年月	求請主体	史料上の主体の表記*	可否	納入先/( )内備考
1388. 7	泰明妙瓦・関西探題源了俊	日本国関西府使・関西探題源了俊	?	—
1392. 6	今川了俊	日本	?	—
1394.12	大内義弘	日本国畠西肥前守源義弘	?	—
1396. 5	大内義弘	日本国左京権大夫多多良義弘	○	—(2部)
1397.12	渋川満頼	日本国西筑九州探題源道鎮	?	—
1398.12	大内義弘	日本国六州牧多多良義弘	○	—(大蔵経板の贈与を承諾すると送らず)
1399. 7	足利義満	日本国大相国	×板	相国寺(板の代わりに経を贈与)
1400. 5	承天寺	博多城南天嗣寺住持梵公	○	—
1406. 2	足利義満	日本国源道義	○	—
1407. 7	大内盛見	日本国大内多多良盛見	○	周防興隆寺
1408. 7	大内義弘	日本国大内殿	○	周防未興寺
1409.④	大内盛見	日本六州牧多多良盛見	○	—
1410.正	大内盛見	一岐知主源義喜・代官源良喜	○	—
1410. 4	宗貞茂	日本九州江川守中宮満家	○	—
1411. 5	九州探題渋川?	沙弥表義	○	—
1411. 5	宗貞	一岐知主良喜	○	—
1411.	大内盛見	大内殿多多良盛見	○	—
1411.10	大内盛見	一岐知主良喜	○	—
1413. 2	宗貞茂	対馬島守貞茂	○	—
1413. 6	少弐	日本国筑州府源	○	—
1414. 6	足利義持	日本国源義持	○	—
1415. 7	大内盛見	大内殿多多良盛見	○	—
1416.	宗貞茂・宗貞盛	対馬島宗貞茂・大内多多良貞盛雄	○	—
1417. 9	大内盛見	大内多多良通雄	○	—
1418. 8	大内盛見	日本国大内蔵殿雄・多多良通雄	×板	—(板の贈与要求を拒否)
1419.12	足利義持	日本国源義持	○	—
1420.12	渋川満頼	日本九州都元帥府源道鎮	○	伊豆州府源道鎮へ(書契偽国宝記による、「偽」)
1421.11	渋川義俊	日本九州都督源道鎮	○	—
1421.11	足利義持	日本王	○	今宇護善寺刹
1422.11	渋川義俊	日本九州都元帥源道鎮	○	周防香積寺
1423.12	足利義量	日本国源元義	○	—
1423.12	足利義持	日本王	○	本県皇太后の命
1425. 4	足利義持	日本国源	×板	—(板の代わりに経を贈与)
1428. 3	足利義教	日本国源	○	—
1432. 5	足利義教	日本国王	○	—
1434. 9	宗貞盛	対馬州守中宗貞盛	○	—
1440. 8	足利義教	日本国源義教	○	日城神徳寺
1443.10	大内教弘	日本国大内多多良教弘	○	—
1443.12	大内教弘	日本国大内多多良教弘	○	—
1445. 5	呼子	貞殿	○	—
1445. 6	大内教弘	大内殿大内多多良教弘	○	—
1446. 6	大内教弘	宗金	○	山城神徳寺
1448. 8	足利義政	日本国源義政	○	八幡神堂
1449. 8	宗貞盛	対馬州宗貞盛	○	—
1450. 2	足利義成	日本国源義成	○○	禅刹
1450.12	宗金	日本国筑前筑前州冷川宗金	○○	—
1452.10	足利義政	日本国王	○○	—(1452.4入京の国王使による求請)、遣使承国寺(新創)
1456. 3	足利義政	日本国源義政	○○	崇遠承国寺
1457. 3	足利義政	日本国源義政	○○	山城建仁寺
1459. 6	足利義政	日本国王	?	遣使建仁寺
1460. 5	畠山義忠	日本国畠山源義忠	○	—
1460. 9	斯波義敏	日本国源義敏	?	天界寺
1461.12	足利義政	日本国源義政	○	大利多武峰
1462.10	畠山義統	日本国畠山左京大夫源義統	○	能生天德寺
1470. 8	渋川義鏡	城左衛門太守中大夫源義鏡	○	建立一寺
1471.10	渋川義鏡	城左衛門太守中大夫源義鏡	○	山城清水寺
1473. 2	大内政弘 ★	多多良政弘	○	—
1478.11	久辺国主	琉球国王	×	創建仏寺
1479. 4	大内政弘	日本国大内左京大夫中大夫政弘	×	長門安国寺
1479. 6	渋川国鎮	日本国源国鎮	○	大利川成寺
1482. 4	足利義政	日本国源義政	○	—
1482.⑧	大内政弘 ★	日本国大内左京大夫中大夫最鎮氏政弘	?	—
1483.12	関戸昌親	南国州城府海藤原千島王義	?	—
1485. 3	琉球国王	琉球国王尚	×	筑前妙楽寺
1486. 4	少弐政尚	乳田州大内多多良政尚	○	安国寺(不教)
1486. 4	宗貞国	州府司馬少卿種藤原政尚	?	筑前妙楽寺
1487. 2	宗貞国	日本国源政尚	×	—
1487. 6	大内政弘 ★	対馬州太守源政尚	?	—
1489. 8	足利義政	日本国左京大夫中大夫源義秀氏政尚	?	山城般舟三昧院
1490. 5	少弐政資	州州中大夫左京大夫源秀政長義藤	○	紀伊安楽寺
1490. 9	少弐政資	四州中大夫多多良政尚	?	—
1491. 8	足利義材	日本国関西牧豊豊三州能太守中宮	?	—
1491.12	琉球国尚	琉球国王尚	?	安国寺(不教)
1499.	足利義高	城州城門司	?	安国寺(不教)
1500.11	琉球国	琉球国王尚真	×	—(1501.8入京の国王使による求請)
1502.正	足利義高	日本国中山王尚真	×	興国寺
1502. 4	足利義澄	日本国源義高	×	—(不教)
1537.正	足利義晴	日本国王	×	—
1537.正	足利義晴	日本国王	×	安芸厳島社(『大内家文書』による、「実則」に記載なし)
1539. 9	大内義隆	日本国左京大夫中大夫源秀資氏史秀	×	次将多多良氏史秀顕

注：★ 偽使であることが明らかなもの。
＊ 断りのない限り『朝鮮王朝実録』による。

〈표 2〉

表2 通交者別大藏經の求請と獲得一覧

名義	求請回数 / 獲得回数(概数)
日本國王	25回前後 / 1-2回を除き基本的に與えられゐ
大内氏	18回前後 / 12-15回
九州探題	7回/2回　　内譯 ┌ 今川了俊:2回 / 1回 　　　　　　　　　├ 渉川満頼:2回 / ? 　　　　　　　　　└ 渉川義俊:3回 / 1回
宗氏	6-7回 / 4-5回
琉球國	6回 / 4回
少武氏	3回 / 1回
富山氏	2回 / 1回　　<内譯> ┌ 富山義就:1回 / ? 　　　　　　　　　　　└ 富山義勝:1回 / 1回
斯波氏	1回 / 1回
宗金	1回 / 1回
一岐知主源良喜	4回 / ?
承天寺	1回 / ?
夷千島主	1回 / 0回
久邊國主	2回 / 0回

〈표 3〉 地域寺院 所藏 大藏經의 搜索·贈與

年	記事
1414년	일본국왕사에게 (京畿道) 驪興郡 神勒寺 所藏 大藏經 전부를 주다.
1416년	宗貞茂·大内盛見의 求請에 대해, 僧錄司의 승려에게 말을 지급하여 大藏經을 所藏하는 충청·경상도의 절에 파견하여, 選出·成帙해야 한다는 의견이 나와, 이것에 따랐다.
1445년	宗貞盛使에게, 收拾成帙하여 건넸다.
1450년	宗金에게 경상도 善山府 得益寺 所藏 3800권을 주다.
1452년	일본국왕사의 求請에 鄕本大藏經을 찾아 주라는 지령이 나왔다.
1485년	築前普門寺를 위한 大内政弘使에게 여러 절의 私藏을 넓게 수색하여 주다.
1487년	對馬靈神를 위한 宗貞國使에게 私藏을 넓게 수색하여 주다.
1487년	越後安國寺를 위한 일본국왕사에게 모아서 한 건을 만들어 주다.
1487년	大和長谷寺를 위한 大内政弘使에게 私藏을 넓게 수색하여 주다.
1489년	般舟三昧院을 위한 일본국왕사에게 넓게 伽藍을 찾아 모아서 한 건을 만들어 주다.
1490년	紀伊安樂寺를 위한 大内政弘使에게, 공가의 것이 바닥나고 있기 때문에 여러 절을 넓게 수색하여 주다.
1502년	일본국왕사에게 (전라도) 星州安峯寺 所藏의 것을 주다.

〈토론문〉

「中世日朝關係の中の大藏経」 討論文

김 강 일

(강원대학교)

이 연구는 조선전기 한일간의 외교관계를 통해서 이루어진 여러 가지 문화교류 중에서 특히 大藏經 求請을 중심으로 고찰한 것이다. 大藏經으로 대표되는 조선의 불교문화가 한일 양국간의 우호적인 외교관계를 형성하는데 중요한 역할을 하였을 뿐만 아니라, 일본의 불교문화는 물론 출판문화의 발전에도 크게 기여했음을 알 수 있다. 이러한 점에서 볼 때 조선전기 한일관계에서 대장경을 비롯한 불교문화의 일본 전래는 외교사적으로나 문화사적으로 매우 중요한 의미를 가지고 있다고 할 수 있다.

須田牧子선생님은 中世日本은 大藏経板이 存在하지 않았으며, 따라서 刊本大藏経을 만들 수 없었기 때문에 大藏経을 입수하는 방법으로 조선에서 수입한 대장경에 대하여 언급하셨다.

먼저, 대장경 수입의 주체로서 日本國王(室町殿)·大內氏·宗氏를 언급하시고, 이에 대한 조선정부의 대응으로서, 日本國王·大內氏·宗氏 등 日朝關係上, 또는 沿海防備上 중시해야 할 상대에 대하여는 기본적으로 요청에 따라 증여하지만, 대장경의 수에 한계가 있기 때문에, 그 이하의 세력에게는 초기를 제외하고 賜給하지 않았다고 하셨다. 즉 기본적으로

儒敎國家였던 朝鮮王朝의 大藏経에 대한 認識은, 불필요한 것이기는 하지만 대일외교에 이용할 수 있으므로 보존해 두겠다는 발상이 짙다고 하셨다. 이어서 수입 후 대장경의 행방과 현재 소재에 대하여 자세히 설명하셔서 많은 공부가 되었고, 매우 감사하게 생각한다.

중세 한일관계에서 일본측의 대장경 구청에 대하여는 국내에도 연구 업적이 축적되어 있다(대표적인 연구업적으로 韓文鍾,「朝鮮前期 日本의 大藏經求請과 韓日間의 文化交流」,『韓日關係史研究』17集을 들 수 있다). 이 연구에 따르면, 조선정부는 대장경을 일본과의 교린관계를 유지하는 수단으로 이용하려던 것으로 보고 있다.

이하에서는 두 가지만 질문을 드리려고 한다.

첫째는, 조선정부가 대장경을 賜給하던 기준은 일본에서의 세력의 강약, 외구 금압 및 被虜·漂流人의 刷還 등 통교상의 有功者, 그리고 조선에 대한 忠誠度 등으로 알고 있는데, 大藏經 求請의 文化的인 배경에는 어떠한 것이 있는지 알고 싶다. 須田牧子선생께서는 論考 말미에 자세한 사항은 본인의 저서『中世日朝關係と大內氏』제3장을 참고하라고 하셨는데, 조송하지만 이 책은 최근(2011)에 발간된 책이라 아직 읽어보지 못했다. 책에 대한 소개를 겸하여, 대장경 구청의 문화적인 배경에 대하여 간단한 코멘트를 부탁드린다.

두 번째는, 본인은 對馬를 몇 차례 방문하는 도중 고려불상과 범종을 본 적이 있다. 이런 佛具들 역시 대장경 구청과 관련이 있을 것으로 추측하고 있는데, 이 문제와 관련하여 須田牧子선생님의 견해를 듣고 싶다. 물론 선생님이 이번에 취급하신 論考의 범위를 벗어나는 문제이기는 하지만, 중세 한일 문화교류에서 빼놓을 수 없는 항목이라고 생각하기 때문이다.

文化交流

조선후기 한일 간 문화교류 — 1763년
계미통신사행의 긍정적 일본 관찰을 중심으로 —
민덕기 / 森平雅彦

선종에서 본 일본과 고려·조선의 교류
伊藤幸司 / 小幡倫裕

조선후기 한일 간 문화교류
- 1763년 계미통신사행의 긍정적 일본 관찰을 중심으로 -

민 덕 기

(청주대학교)

I. 머리말

1763년의 이른바 癸未통신사는 조선 후기의 조선통신사 중에 대마도에서의 易地通信을 제외하곤 최후의 통신사행이 되어버렸다. 그러나 역대 사행 중 가장 많은 수인 12종의 사행록이 저술되어 전하고 있다. 그만큼 사행의 많은 사람이 일본을 기록하고 싶어했음을 알 수 있다. 그런데 이 기록 중에는 일본 관찰이 무척 긍정적이고, 객관적이고, 인간적인 것들이 있었다.

그 대표적인 사람 셋을 다음처럼 들어볼 수 있을 것이다. 우선 金仁謙(1707~1772)이다. 그는 서자 출신으로 47세에 가서야 사마시에 합격하지만 재야에 살고 있던 중 계미사행의 종사관의 書記로 수행하여 歌辭문학의 형식이지만『日東壯遊歌』를 남기고 있다. 元重擧(1717~1790)도 서자 출신으로 1750년 32세 때 司馬試에 급제했지만 實職을 얻지 못하다가 40세가 지나 長興庫 奉事(종8품)을 잠시 제수 받았던 적이 있다. 계미사행에 副使의 書記로 수행하여『和國志』등을 저술하고 있다. 成大

中(1732~1809) 또한 서얼 출신으로 정시문과에 급제하였고 사행 正使의 서기로 참여하여 『일본록』을 저술하였다. 이들 세 사람의 일본 기록을 통해 일본에서 어떤 교류를 하고, 관찰을 하여, 어떤 인식을 갖게 되었는가 알아보자.

Ⅱ. 일본 文士와의 교류와 인식

1. 김인겸의 경우

김인겸의 기록은 그대로 옮기는 형태를 취하고자 한다.

오사카에서의 일이다. 일본인들이 潤筆料로서 가져온 물건들을 사양하여 뿌리쳐 왔었는데, 이번에도 富貴한 사람이 많은 도시라고 온갖 것을 가져왔지만 사양하였다. 그러자 "한 선비가 이마에 손을 얹고 백번이나 간청하고 손 묶어 비비는 양 所見이 至誠이매, 人情에 할 일 없이 먹 하나 가지고서 그 밖은 내어주고, 우리나라 종이 筆墨을 답례로 많이 주니, 저도 나와 같이 먹 하나 가지고서 그 밖은 도로 준다."(1월 22일).

에도에서의 일이다. 노광이란 자가 와서 밤늦도록 필담을 나누었는데 그후 날마다 와서는 온갖 말을 거리낌 없이 다한다. 그 사람됨이 不義를 보면 참지 못하여 행동이 좀 경솔하지만 많은 책을 읽고 기억해 총명하고 영민하기가 "보던 중 제일이요. 우리에게 情이 많아" 꺼리는 말이 없고, 기쁜 마음으로 성심껏 순종하여 조선으로 따라가겠다고 날마다 와서 보챈다. 그 뜻이 기특하나 국법에 구애하여 못 데려오니 애달프고 불쌍하다. 그는 일본에 대해 물어보는 대로 부끄러워하거나 꺼리지 않고 대답해 주는데, 어느 여섯 고을 太守(領主)들이 땅도 크고 강성하여 '百官'이 염려하고 무서워한다고 말한다.(2월 26일).

歸路에 오른 우리가 品川에서 숙박하게 된 3월 11일, 잠자리에 들려는데 6명의 일본인 文士가 찾아왔다. 그들은 나막신에 우산을 받쳐 들고 30리 소낙비 길을 넘어지고 자빠지면서 밤이 들어서야 온 것이다. 이에 "精誠이 거룩하고 義氣도 있다 할세." 모두들 노잣돈조로 물건들을 "至誠으로 주는지라 아니 받기 불쌍하다. 조금씩 더러 받고 글을 다 次韻하여 필묵을 답례하다. 그 중에 묵정한이 눈물짓고 슬퍼하니 비록 異國 사람이나 인정이 무궁하다."(3월 11일)

藤澤에 이르렀는데 다시 두 일본인이 130리 길을 따라와서 차마 이별이 아쉬워 우리들의 옷을 붙들고 눈물을 비처럼 흘리다가, 밤이 되자 돌아가더니 다시 길가로 되돌아와 서 있다. 그러다가 우리 가마의 곁에 와서는 손으로 눈물을 씻고 목메어 우니, 그 모습이 "참혹하고 기특하니 마음이 좋지 아니해. 뉘라서 穢놈들이 간사하고 괴팍하다던고. 이 거동 보아하니 마음이 軟하도다."(3월 12일)

귀로의 오사카로 다시 들르게 되자, 수십명의 詩客들이 와서 보고, 에도에서도 두 사람이 글을 보내 문안하니 "그 情이 懇惻하고 信義도 있다 하네."(4월 5일)

귀국하기 위해 오사카를 출발하는데 일본 詩客 두 명이 길가에 와 기다리고 있다가 그 중 한 명이 소매를 잡고 슬피 운다. 결국 손목을 잡고 이별을 고하려니 울적하고 서운한 마음이 "피차에 일반이다."(5월 6일조).

2. 원중거의 경우

원중거는 일본인들을 직접 접하고 나서 주자학자로서의 기본적인 對日 화이관이 지니는 폐쇄성과 비현실성을 자각하면서 일본 夷狄觀을 부정하고자 하였다. 즉 그는 "일본에는 총명하고 英秀한 사람들이 많으며 진정을 토로하고 心襟을 명백히 하며 詩文과 筆語도 모두 귀히 여길 만

해서 버릴 수 없다. 그런데 우리나라 사람들은 오랑캐라고 무시하며 언
뜻 보고 나무라며 헐뜯기를 좋아한다."고 하면서 단순한 이적관에서 탈
피하여 그 실질을 보아야 한다고 주장하였다.

또 그는 "어떤 사람은 혹 말하기를 그들과 더불어 어찌 仁義를 족히
말할 수 있겠는가 라고 한다. 그러나 이는 크게 틀린 말이다. 둥근 머리
와 모난 발을 하고 있어도 우리와 똑같이 눈으로 보고 귀로 듣는다. 어
찌 우리만이 독특한 五氣와 五性을 가져서 그들과 다르겠는가? 하물며
그들의 총명하고 專靜함과 義를 사모하고 善을 좋아하는 것, 자신의 일
과 직업에 근면하고 몰두하는 점 등에 있어서는 나는 오히려 우리나라
사람이 그들에게 힘 잡히지나 않을까 두렵다."라고 담백하게 표현하고
있다.

원중거의 『和國志』－「人物條」엔 일본에 대한 긍정적 시각이 주목된
다. 즉 "본업에 만족하며 자신의 분수를 기꺼이 지킨다. 한번 정해진 규
칙을 지키되 감히 한 치도 더 나가거나 물러서지 않는다. 자기의 노력으
로 먹되 티끌 하나라도 주거나 받지 않는다. (중략) 부지런히 일하며 나
태하지 않다. 오로지 하고 어수선함이 없어 종일 똑바로 앉아서도 게으
름을 탐하거나 하품하는 기색이 없다. 사고가 나면 혹 밤이 되도록 자지
않고 항상 스스로 경계한다. 일을 만나면 힘을 하나로 합쳐 각자 극진히
하면서 절대로 남에게 책임을 전가하거나 시기 질투하는 습관이 없다."
고 긍정적인 시각을 멈추지 않는다.

그는 또 일본인들의 衣食생활에서의 검소함과 근면성을 지적하면서 이
점에서는 천하에서 일본만한 곳이 없을 것이라고 하고, 목욕 등의 청결함,
정리 정돈하는 습성, 체질과 품성의 맑음을 담백하게 소개하고 있다.

하우봉은 130년 전의 원중거의 일본인관을 이와 같이 소개하면서,
"오늘날에 적용해도 별 틀림이 없을 정도로 타당성을 지니고 있는 논의
라 생각된다. 조선시대의 일본인론으로서는 가장 자세하고 구체적이며,

그리고 객관적이다. 이른바 일본이적관을 청산한 위에 일본인의 장점을 높이 평가하였고, 동시에 한계성을 지적하였다.” 고 적극평가하고 있다.

원중거는, “대마도인이 아닌 내국인은 稟氣가 유약하고 습속이 畏謹하여 그 풍속으로 말한다면 오히려 順善하다고 할 수 있다.”고 보았다. 또 그는 일본인의 기질로 기존의 ‘至毒至狼說’을 부정하면서, 이는 대마도인이 조선을 위협하기 위해 과장해서 퍼뜨린 것이라고 지적하였다. 이러한 견해는 전통적인 조선인의 일본인관 즉, ‘狡詐’ ‘용맹’ ‘輕生好殺’ 등의 이미지와는 크게 다르다. 원중거는 이에 대해 기존의 일본인관은 임진왜란 당시에 형성된 것이며 그것도 대부분 대마도인에 대한 관념으로서 도쿠가와막부의 출범 이래 160여 년이 지난 지금의 일본인들은 크게 달라졌다고 설명하였다.

원중거는 사행 중 일본문사들과 계속 대화하면서 일본풍속에 대해 점차 객관적으로 인식하게 되었던 것 같다. 자신들과 교류하기를 열망하는 일본인들을 보면서 원중거는, “비록 그 복장이 해괴하고 예의범절에 밝지 못하나 풍속으로 말하자면 순하고 선량하다고 할 수 있다.”고 평하였다. 또한 관혼상제에서 삭발하거나 칼을 차는 것, 치아를 물들인다거나 火葬의 장례 등을 조선과 다른 ‘異國的’인 일본의 풍속에 대해 담담하고 객관적인 자세로 자세히 서술하였다. 이런 그를 하우봉은 “대체로 문화상대주의적 입장에서 이해를 하였으며 日本夷狄觀이나 우월의식은 별로 나타내지 않았다.”고 적극 평가하고 있다.

3. 성대중의 경우

성대중은 귀로의 오사카에서 상인 木弘恭에게 청하여 蒹葭堂雅集圖를 만들게 했다. 겸가당아집도는 목홍공이 손수 그림을 그렸고 일본의 여러 문사들이 시축에다 시를 썼으며 竺常은 서문을 지었다. 목홍공이란 인물은 강가에 겸가당을 짓고 서적 5만권을 사들여 놓았으며, 날마다 쓰常 등의 문인을 초대해서 作詩하는 등 자주 모임을 가졌다고 한다. 성대중은 이런 목홍공의 덕과 풍모에 감동을 받아 먼저 겸가당아집도를 요청한 것이다. 성대중은 목홍숙뿐만 아니라 축상의 학문과 지식도 높게 평가하고 있었다. 손혜리는, 성대중이 만난 겸가당의 모임이 풍류적 아취를 흠씬 풍기게 하는 교우였다고 평가하고 이에 비하여 구정로와 나파사승과의 교류는 또 다른 모습을 보였다고 진단한다.

성대중은, "龜井魯는 이른바 東海의 대학자로 내가 일인자로 지목하는 자이다. 詩文이 뛰어남에도 신분이 천하여 스스로 드러낼 수가 없었다. 처음에 우리를 만나고는 마음을 기울여 친밀히 따르며 원컨대 함께 돌아가서 예의의 나라를 한 번 본다면 죽어도 한이 없겠다고 하였다."고 평하고 있다. 그리고 那波師曾에 대해서는 읽지 않은 책이 없을 정도로 박학하나 "집이 가난하고 외모가 보잘 것 없어 세상으로부터 경멸을 받았다. 우리를 흠모하여선지 계속 우리를 따라다니면서 古今의 인물의 장단점과 문장의 잘잘못을 논하였다."고 회상하고 있다.

조선의 文士들이 이 두 사람의 학문과 재주를 높이 평가하자 남다른 감동을 느끼고 사행의 旅程을 오랫동안 같이했으며, 특히 구정로의 文才에 대해 누차 높이 평가하자 그의 명성이 일본 전국에 퍼졌다고 한다. 그런 상황을 관찰하여선지 성대준은 "내가 혼자서 가만히 그 두 사람을 생각해 보니, 뜻밖의 화를 당하지 않으면 반드시 뜻밖의 일 때문에 곤액을 겪게 될 것이다." 고 걱정하고, 또한 뛰어나 재주를 가지고 있음에도 세상에서 인정받지 못하는 그들을 안타까워하였다.

Ⅲ. 일본 文物에 대한 관심

김인겸은 일본의 文物에 대해 관심이 많았다. 오사카에서 강물에 담겨 물의 힘으로 돌아가는 물레방아와 마주치곤 상세하게 그 운용 방법과 사용의 편리함을 기술하더니, 하코네(箱根)에서 다시 물레방아를 발견하고는 자세히 그 모양을 그려내고 있고, 배를 줄지어 엮어 만든 배다리(舟橋)를 보고는 섬세하게 그 모습을 서술하고 있다.

식물이나 음식에 관하여도 그는 마치 實學者처럼 객관적이고 적극적인 관찰을 하고 있다. 대마도에서 고구마를 처음으로 발견하곤 쌀과 바꾸어 사다가 쪄 먹으며 그 맛을 평하고 救荒식물로서 조선에서 재배해야 할 것을 강조하고 있다. 시모노세키에선 竹栢을, 淸見寺에서는 선인장을 가까이 가서 관찰하고 있다. 일본의 엿을 맛보고는 조선의 엿보다 더 맛있다고 하고, 杉木으로 만든 3층의 찬합에 갖가지 과일과 떡 및 음식을 담은 이른바 '杉重'을 보내오자 일일이 맛을 보고 칭찬하고 있다. 또한 日供으로 나온 음식의 종류를 상세히 열거하고는 "무는 더욱 좋아 길고 크고 물도 많고 우리나라의 무에서 百倍가 나은지라 저무도록 먹어보니 매운 맛이 전혀 없네. 그 밖의 나물들도 연하고 살지니," 토산품의 튼실하기를 이로 말미암아 알만하다고 적극평가하고 있다. 또한 닭의 알로 만든 떡이 있었는데 매우 달고 맛도 좋아 일본 떡 중에서 으뜸이라고 평가하고 있다.

원중거도 당시의 일본경제의 발전상에 대해 감탄하면서 그 장점에 대해 허심탄회하게 살피려고 하고 있다. 대도시의 발전상을 지적하고, 일본 국내 상업의 활발함과 함께 南蠻 여러 나라와의 교역에 의해 경제력이 풍부하다고 소개하고 있다. 일본의 토지사용과 농사방식의 효율성, 그리고 생산성을 높이 평가하고, 조선과 비교하여 일본의 농업방식이 아주 정밀하여 생산성과 효율성이 많다고 평하고 있다. 또한 토지를 효율

적으로 사용한 결과 목재가 아주 풍부하다고 관찰하고 있다. 선박의 제
조 및 구조와 성능 등을 조선의 그것과 비교하여 관찰하고, 舟楫의 정교
함은 천하에 일본만한 데가 없다고 평하면서 그 이유는 지형이 가늘고
길며 사면이 바다라는 지형적 조건과 일본인들의 섬세하고 정밀한 성격
때문이라고 진단하고 있다.

Ⅵ. 일본 여성에 대한 관찰

김인겸은 나고야에서의 美色을 다음처럼 극찬하고 있었다. 인물이
밝고 아름다운 것이 이곳이 으뜸으로 특히 "계집들이 다 몰속 一色이
라." 샛별 같은 눈매에 朱沙처럼 빨간 입술, 白玉같은 잇속과 나비 같은
눈썹, 뻘기처럼 보드라운 손에 매미 같은 이마, "얼음으로 새겼으며 눈
으로 무어낸 듯 사람의 혈육으로 저리 곱게 생겼는고." 漢나라 成帝의
황후였던 趙飛燕이나 양귀비를 萬古에 미색이라 일컫지만 여기에 데려
다 놓으면 응당 무색할 것이니, 越나라 미녀가 천하제일이라 함이 진실
로 옳을시고. 우리나라 옷에다가 七寶 넣어 꾸며 입히면 神仙인지 귀신
인지 눈부시어 분간 못할 것이다."

오다와라(小田原)에 와서는 인물이 준수하고 美色도 많을시고."라 하
더니, 에도에 이르러서는 '女色의 美麗'하기가 나고야와 같다고 평하고
있다. 往路의 나고야에서 그처럼 극찬하여 마지않던 美色에 대하여 歸
路의 나고야에서는 어떻게 표현하고 있을까? "女色의 거룩하기는 (나고
야가) 倭國中 제일이라. 젊은 名武들이 좌우에 앉은 絶色 다 주어 보려
하고 여기 보고 저기 보니, 체머리 흔들듯이 저물도록 길을 오며 도리질
하는구나." 라고 묘사하고 있다. 나고야의 여인들이 얼마나 아름다운지
사행에 편성된 軍官들인 名武들이 좌우에 앉아 있는 미녀들을 다 보며

가려고 좌보고 우보며 체머리 흔들 듯 도리질하며 지나가고 있더라는 것이다.

땅거미가 지는 시각에 효고(兵庫)로 들어올 때엔 그 경치에 반하여 "천하에 壯한 구경 이에서 또 없으리. 사나이 좋은 줄을 오늘이야 알리로다. 부녀처럼 들었으면 이런 것을 어이하리." 라고, 사내라서 사행으로 올 수 있었기 때문에 이런 귀한 구경을 할 수 있게 되었다고 기뻐하고, 효고의 夜景을 '天地間 奇觀'이라고 평하고 있다.

성대중은『일본록』에서 녹운선 이야길 하고 있다. 옛날 녹운선이란 이름난 娼妓가 이키(壹岐)의 풍본포에 살고 있었는데, 중국 상인이 그의 미모와 재주에 빠져 3년 동안 그곳에 체류하며 노모의 인편을 통한 재촉에 세 번씩이나 돌아가려다 그만두곤 했다는 것이다. 이에 녹운선이 그 노모를 위해 바다에 빠져 죽어 상인을 귀국하게 했다는 이야기이다. 중국상인을 사랑하지만 아들의 귀국을 애태우는 그 늙은 어미를 더 생각하는 녹운선의 깊은 마음을 성대중은 기록하고 싶었던 것이다. 그는 이 이야기를 기록하면서 이키에는 중국상선이 정박할만한 포구가 없으므로 아마도 나가사키에서의 일일 것이라고 추정하고 있다.

V. 맺음말

통신사행 書記들의 자신들과 교류한 일본 文士들에 대한 시선이 따사롭기 그지없다. 김인겸은 그 情을 가눌 수 없어한다. 원중거도 그들과의 교류 덕분인지 일본인과 일본 풍속에 대해 전통적 華夷 잣대를 들이대지 않고, 오히려 문화상대주의로 이해하고 있다. 성대중은 자신들과의 詩文唱和로 명성이 높아진 그들이 낮은 사회적 지위 때문에 지배층의 시기로 다치기라도 할까 걱정까지 하고 있다.

그런데 그들 일본 文士들은 에도에서 헤어졌는데, 왜 品川에 다시 오고, 왜 藤澤까지 쫓아와 書記들과의 이별을 슬퍼했을까? 書記들은 또 왜 이들을 반겼을까? 아마도 문사들과 서기들은 양국에서 모두 신분적으로 소외된 자신들의 처지를 상호 공감해서가 아니었을까?

또한 일본 문물에 대한 적극적인 관심, 일본 여성에 대한 담백한 칭찬 등은 以前의 사행 기록에선 별로 찾아볼 수 없다. 그렇다면 18세기 후반 조선의 지식층은 일본을 객관적이고 긍정적으로 바라볼 여유를 가진 것이 아닐까? 그것은 통신사행을 통한 지속적인 문화교류의 결과가 아니었을까 여겨진다.

〈참고문헌〉

민덕기, 「김인겸의 『日東壯遊歌』로 보는 對日인식 – 조엄의 『海槎日記』와의
　　　　비교를 통해 – 」『한일관계사연구』 23, 2005.
하우봉, 『조선시대 한국인의 일본인식』의 「조선후기 통신사행원의 일본인식」
　　　　(혜안, 2006)
손혜리, 「成大中의 사행체험과 『日本錄』」『漢文學報』 22, 2010.

〈토론문〉

「조선후기 일한간 문화교류」에 대한 코멘트

森平雅彦
(九州大学)

먼저 토론자는 일조관계사의 전공자가 아니며, 조선사연구로서의 대상도 중세기에 중점을 두고 있기 때문에, 본 보고에 전공적인 관점에서 코멘트하는 입장이 아니라는 사실을 미리 얘기해두고자 한다. 덧붙여서 구체적인 사료 검토를 한 것은 아니지만, 이하와 같은 소박하거나 초보적인 의문에 대해서 발표자의 소견을 삼가 들을 수 있다면 감사하겠다.

일반론으로서 타자인식을 논할 때의 함정의 하나로,「호의적·긍정적」평가와「객관적」평가의 혼동을 들 수 있다. 호의적·긍정적이라는 것은 본래, 관찰자의 주관인 측면이 나타난 것에 지나지 않은 것일 것이다. 거꾸로 말하면, 어느 관찰자의 관찰이「객관적」이라는 것은 어떻게 해서 보증되는 것일까. 본 보고에서 관련된 언급에 맞게 보충해 주실 수 있다면 좋겠다.

부정기적이며 진행간격도 긴「통신사행」은 당시의 일조교류의 국면으로서는, 반드시「지속적」체험이라고는 말할 수 없는 것처럼 생각된다. 오히려「특이한」일시적 사건이라고까지 말할 수 있을까. 그것은 많은 일본인에게도 마찬가지이며, 그러한「비일상성」때문에, 조선인에 대한 혹은 조선인의 눈앞에서 그들의 언동이 보통 이상으로 신경 쓰이게 되어, 그것이 조선의 人士에게 호인상을 남기고 있는 면은 없을까. 그 의미에서는 대상이 對馬藩에 한정된다는 점에 한계성도 있지만, 부산 왜관에서 「일상적」으로 일본인과 관계되는 조선인들의 관점과의 대비가 유효할 것이라고 생각된다.

일본이나 그 문물에 대한 긍정적 인식은 대일관계 그 자체의 흐름에서 뿐만 아니라, 이른바 「실학」으로 대표되는 당시 조선의 새로운 思潮 전개 가운데에서, 물질문화·기술문화·중화 이외의 외국문화 등, 예로부터 내려왔던 조선의 知的 세계에서 소외 경향이 있었던 분야에 대한 관심과 이해가 깊어지는 것과 밀접하게 관계하는 것처럼 생각된다. 그것은 본 보고에서 등장하는 일본 관찰자가 새로운 사회·문화동향의 가운데서 중요한 위치를 점하는 서자 출신자라는 것과 관계될지도 모른다. 또한 본 보고가 시사하는 관찰자의 사회적 입장에 의해 인식의 차이가 나타난다는 시점은 조선측의 대일인식에 대해서도 中人 이하의 여러 계층들도 포함해서, 이후 새로이 정교화·치밀화 시켜가고 싶은 부분이다.

당시의 조선 人士들이 단순히 외부에서 일본의 문물을 관찰하는 것뿐만 아니라, 그것을 조선 국내에 가지고 들어와, 그것이 사회에서 일정한 보급을 보였던 측면·케이스는 없을까. 발표자가 알고 계신다면 꼭 가르쳐주시길 바란다.

선종에서 본 일본과 고려·조선의 교류

伊藤幸司

(山口縣立大)

I. 동아시아 세계에 넓어지는 선종 세계

남송시대의 중국 강남 지역에서 동아시아 세계에 전해진 종교문화에는 선종이 있다. 선종은 당시 최신 중국문화를 표현하는 것으로서 동아시아 세계에 받아들여졌다. 동아시아 선종 세계의 연원을 여기서는 특히 강남 선종계라고 부르기로 한다. 그리고 이 강남 선종계에서 일본과 고려도 선종 문화를 수용했지만 그 유입의 방법은 각각 달랐다.

12세기 후반 이후에 일본으로의 선종의 유입은 당시의 남송 사회가 놓여 있었던 국제정세와 일본 사회의 형태가 깊게 영향을 주고 있었다. 당시의 남송은 북방민족(처음에는 금, 후에는 몽골)의 진출에 의해 국토의 북방의 반(화북)을 완전히 잃었다. 이 상황에서는 강남 선종계가 敎線을 북으로 전개하는 것은 불가능했다. 그러나 강남 선종계의 안정적인 발전을 생각한다면, 남송 사회만에만 의존하는 것이 아닌, 敎線을 더욱더 획득해야하는 것은 필수였다고 말할 수 있다. 그리고 이 정세에서 강남 선종계가 주목했던 것은 강남지역에서 「大洋路」라고 하는 항로에 의해 밀접한 관계를 구축하고 있던 일본이었다. 당시의 일본과 강남지역은

宋海商에 의해 日宋 무역이 전개되었는데, 양자는 경제적·문화적으로 이어져 있었기 때문이다. 강남 선종계는 아직 선종을 보급하지 않은 일본을 새로운 「종교시장」으로 보고, 적극적으로 일본에 선종을 선전했다.

그것은, 日宋 무역을 짊어진 宋海商이나 송에 들어왔던 일본 승려를 통해 이루어졌다. 특히, 송에 들어온 일본 승려는 강남 선종계에서 후하게 대접받는 대상이 되었다.

한편, 12세기 후반 이후의 일본 사회에서는 대륙 불교에 대한 선망이 높아져 그것을 배우기 위해 도해하고, 일본에 도입하려고 하는 승려들의 움직임이 활발한 것을 볼 수 있었다. 그 움직임은 예로부터 내려온 불교계의 가운데서 솟아났던 새로운 대륙 불교의 도입 운동이라고 하는 것이었다. 이러한 움직임을 기준으로 하여 중앙정권도 소극외교에서 적극외교로 방침 전환을 했고, 승려의 도해를 지원한다고 하는 정황이 있었다. 그리고 이 양자를 이어준 것이 日宋 무역에 종사하고 있었던 博多의 宋商人들이다. 博多에 살면서 日宋 무역을 하고 있었던 그들은 고국 남송에서 번영하고 있던 선종에게 교역의 보장을 요구하며 일본에서의 선종 移入을 실현하는 것에서 자신의 신앙 공간을 정비하려고 했던 것이다.

이리하여 일본에서 본격적으로 널리 퍼지게 된 선종은 13세기 중엽부터 종래의 불교세력에 더해 선종을 중요시하는 武家 정권(가마쿠라막부)에 의해 적극적으로 도입되어 온다. 특히 13세기 후반에서 약 100년간은 일본 승려가 바다를 건너 강남 선종계에 가는 것 뿐만 아니라 매우 많은 중국의 승려도 일본에 찾아오는 상호교류의 시대였다. 일본에 도착한 중국 승려는 「살아있는 唐物」로서 귀하게 여겨져, 유력자는 모두 빠짐없이 그들을 초빙하려고 했던 것이다[伊藤幸司 2010].

고려에서 선종은 12세기 후반에 나와서 朝鮮禪을 형성한다. 그러나 知訥은 송에 들어온 경험도 없어, 그것은 독특한 선종을 제창하는 것이었다. 물론 강남 지역과 해상무역의 길에서 이어져 있었던 것은 일본 뿐만은 아니었다. 강남 지역과 고려와의 사이에도 「海道舟舡路」라고 하는 항로가 있어서 교류도 번성했다고 생각된다. 그러나 고려와 강남 선종계와의 교류는 반드시 그 실태가 상세한 것은 아닌데, 武家 정권이 적극적으로 중국 승려를 초빙하는 것과 같은 전개를 보인 일본과 강남 선종계와의 관계만큼은 아니었던 것으로 생각된다. 그러나 고려에서 강남 선종계에 향한 승려가 적지는 않았다. 예를 들어 고려 승려 了然法明은 入宋하여 徑山의 無準師範에게 배운 후, 1247년에 來日하여 出羽의 羽黑山을 參詣하고, 玉泉寺를 열었다고 한다[廣瀬良弘 1988]. 또한 元朝의 絶學世誠 곁에는 「西域·高麗·雲南·日本의 諸師」가 모여 있었기 때문에 (『增集續伝灯錄』 卷六), 강남 선종계에서 일본 승려와 고려 승려가 어깨를 나란히 하고 배우고 있었던 것은 확실하다. 1304년에는 雪巖祖欽(無準師範의 제자) 의 제자라고 하는 자가 고려를 방문한다. 충렬왕은 군신을 데리고 예복을 입고 그를 壽寧宮에 초빙하고 說禪을 들었다고 한다[李能和 1918], [忽滑谷快天 1969], [鎌田茂雄 1987]. 鐵山紹瓊에 의해 강남 선종계의 臨濟禪이 고려에 유입했다고 말할 수 있다. 또한 충렬왕의 아들로 元朝의 궁정에서 자랐던 忠宣王은 中峰明本에게 歸依하여 그에게 勝光이라는 법명과 眞際라는 호를 수여받았다. 中峰이 있었던 幻住庵에 있는 강남의 天目山에는 충선왕이 건립한 眞際亭이 있고, 그 뒤의 산은 충선왕의 이름에서 연유되어 瀋王峯이라고 불리고 있다(「仏慈円照廣慧禪師中峰和尙行錄」·「西天目山志」 卷一). 그러나 宋元禪이 고려에 유입된 상태는 일본 정도는 아니었다고 생각할 수 있다. 그러나 14세기 중반 무렵 太古普愚와 懶翁慧勤이 강남 선종계에 가서 선종을 본격적으로 조선 반도에 들여오게 된다. 太古普愚는 1346년에 元에 들어가 湖州 霞霧山의 天湖庵에 있던 石屋淸珙에게 배웠다. 石屋은 中峰明本의 法從 형제이다. 懶翁慧勤도 1347년 元에 들어가 大都(북경)의 法源寺에서 인도의 指空大師에게 배워, 杭州淨慈寺의 平山處林에게 참선했다.

平山은 石屋의 형제 제자이다. 懶翁은 平山과 指空으로부터 印可(스승이 제자에게 법을 하사하여 깨달음 얻은 것을 증명·인가하는 것)을 받았다고 한다. 太古도 懶翁도 몽골 황제의 知遇를 얻는 것만이 아니라 恭愍王에게 사사 받은 귀국 후는 상담역인 王師를 역임했다[李能和 1918], [忽滑谷快天 1969]. 그들이 元에서 접촉했던 石屋과 指空에게는 직후에 원에 들어왔던 白雲景閑도 참선했으며(『白雲和尙語錄』), 그 후의 고려 승려의 강남행을 재촉했다고 말할 수 있다.

　그것을 이야기하는 것과 같이 太古普愚나 懶翁慧勤의 어록에는 고려에서 강남에 여행할 때에 추증했던 송별시가 여기저기서 보인다 (「送珦禪和子之江南」『太古和尙語錄』, 「送蘭禪者之江南」「送呆山昇首座之江南」『懶翁和尙語錄』). 이와 같이 고려에 유입됐던 선종은 강남 선종계 중에서도 특히 破庵祖先에 이어지는 세력(破庵派)이었던 것에는 주목해야할 것이다.

　한편, 강남에서 고려에 도해하는 자도 있었다고 하는데, 太古普愚가 강남인의 無極和尙에 시를 부치거나(『太古和尙語錄』), 懶翁慧勤이 강남에 돌아가려고 하는 通禪人에게 주는 송별시를 기록하고 있다.(『懶翁和尙語錄』). 이 사실들은 고려와 강남 선종계의 왕래가 결코 일방적이지 않았다는 것을 가리키고 있지만, 그 실태는 어디까지나 개인적인 순례 정도였으며, 원에 들어온 많은 승려가 출현하고, 「도래승의 세기」라고 표현될 정도로 대륙의 高僧을 정책적으로 초빙했던 일본의 상황과는 다르다.

　14세기 중반 이후의 고려-강남 루트에는 대륙 경유의 육로 외에 발해를 경유하여 산동반도에서 대륙 연안을 따라 남하하는 해로도 있었다. 당시는 고려에서 전기 왜구의 활동이 활발화 되고, 강남 지역에서도 方國珍의 亂이나 張士誠의 亂이 발발한 것으로 해로도 불안정화 되어 있었지만, 元에 들어간 일본 승려 龍山德見이나 중국 승려 東陵永璵가 강

남에서 고려에 향하는 商船에 승선해서 博多에 이르거나[榎本渉 2007],
고려 승려 千熙가 해로에서 직접 항주에 도해하여 蘇州의 万峰時蔚에게
배우고 있기 때문에(「韓國佛敎史略」『現代仏學大系』一七), 그 나름의
왕래가 있었던 것이다. 한편 曹溪寺의 自休上人이 강남으로 求法 여행
에 나가기 위해 일본에 향하여 가려고 하고 있는 사실은(『牧隱藁』卷
九·『円齋稿』卷中·『圃隱集』卷二)[米谷均 1998], 고려와 강남 선종계의
왕래가 九州에서의 商船을 사이에 두고 행해졌었다고 생각된다. 이와
같이 고려와 강남 선종계의 왕래에는 적잖이 일본의 존재도 관계되어있
었던 것이다.

II. 선종에서 본 일본과 고려의 교류

강남 선종계와의 밀접함만이 주목되는 일본이지만 고려와의 교류도
그 나름대로 있었다. 예를 들어, 太古普愚나 懶翁慧勤의 곁에는 일본 승
려도 출입하고 있었던 것이다[李能和 1918]. 太古와 접촉하는 일본 승
려에게는 志性禪人, 雄禪人, 中庵壽允, 石翁長老 일행의 이름이 확인된
다. 이 때 雄禪人은 강남에 순례하기 위해서 送別詩를 받고 있는 禪僧으
로, 中庵 고려 개경에 도착한 李穡과 교류했던 인물로(『牧隱集藁』卷一
三), 龍山德見의 제자일 것이다. 石翁은 太古와 知遇를 얻을 뿐만 아니
라, 1344년에는 揚州의 檜嚴寺에서 강남에 향하는 이전의 懶翁과 만났
으며, 고려에서는 저명한 일본 승려였다. 이 石翁은 일본의 東福寺 聖一
派의 禪僧으로, 平山處林의 제자가 된 石翁曇球이 아닐까하고 생각할
수 있다[上田純一 2011]. 그렇다고 한다면, 石翁과 懶翁慧勤과는 형제
제자가 된다.

또한, 永茂와 같이 1390년의 단계에서 開京 근교의 松岳山에 있었던

石房寺에 2년간 체재하고, 五台山(강원도)의 參詣를 목표로 하는 자도 있으며(『三峯集』卷二, 『圃隱集』卷二)[米谷均 1998], 일본 승려의 고려 도해가 조선 반도에 있는 불교 성지의 순례라고 하는 종교적 동기에서 행해졌다는 경우도 있었다.

1368년 무렵, 宗経茂의 使僧이라고 생각되는 慶菊侍者가 日本使로서 도해했다. 그는 고려국왕 恭愍王에게 稱號를 요청하고, 특히 禪師號을 하사받았다(『陶隱集』卷二). 慶菊의 행동은 일본 승려의 고려 지향이라고 말할 수 있을지도 모른다. 1388년 10월에는 일본 승려 玄教가 僧道本들 40여명을 파견하여 土物을 헌상하고 있다. 이 사절의 목적은 확실히 알 수 없지만, 臣이라 칭하고 表를 바치고 고려 국왕 전하의 덕은 전세계에 널리 알려져 있는 것으로 공자나 맹자를 초월하여 四夷万國의 모든 것이 은혜를 입고 있다고 고려 측을 치켜세우는 한편, 스스로는 「日下夷地」에 있다고 비하했다. 道本은 일본은 중국에 대해서도 臣이라고 칭하지 않았지만, 현재는 大國인 고려의 모의로 臣이라고 칭했다고 까지 주장했다(『高麗史』卷四六). 慶菊의 사례와 같이 일본 승려의 고려 지향을 이야기하는 사례일지도 모른다. 그러나 조선왕조의 성립 후, 일본에서의 통교자의 많은 수가 조선국의 대국의식을 노골적으로 표명하는 것으로 경제적 이익을 끌어내려고 하는 외교술을 사용했다는 것은 주지의 사실이며[橋本雄 2005][伊藤幸司 2005], 여기에서 보는 玄教나 道本의 행위는 그 시초가 되었다고 평가해야 할 것이다.

이러했던 상황 아래에서 1367년에 고려와 무로마치 정권의 통교가 시작된다. 양자의 통교관계는 그 때까지 하고 있던 일본과 고려 禪宗界의 교류를 전제로 하는 일본측과 고려측의

禪僧에 의한 表裏의 협력에 의해 실현되었다[村井章介 1988], [橋本雄 1998], [藤田明良 2008], [伊藤幸司 2009]. 특히 일본측에서 막부 외교를 春屋妙葩의 주변에는 고려 출신의 禪僧도 존재하였으며[村井章介

1988], 使僧에는 고려에 도해 경험이 있는 中庵壽允와 같은 禪僧이 발탁되었다. 그는 막부의 사절로서 도해했을 때, 太古普愚를 방문하여 道号偈를 획득하고 있다[藤田明良 2008].

Ⅲ. 선종에서 본 일본과 조선의 교류

1392년 李成桂는 고려 국왕에게 禪讓이라는 형태로 새로운 국가 조선왕조를 탄생시켜 1399년에는 足利義滿이 大內義弘의 중개로 조선과의 사이에 정식 외교관계를 수립시켰다[田中健夫 1975], [橋本雄 1998]. 양자의 통교는 일본과 고려 통교의 연장으로 평가되는 것이었다. 또한 조선이 왜구 대책으로 왜인을 회유하기 위해, 다양한 일본측 통교자를 받아들인 결과, 일조간의 왕래는 활발하게 드러났다. 특히 조선 초기에는 博多나 壹岐의 禪寺 住持가 적극적으로 조선 통교를 전개해가는 것이 특징적이었다[伊藤幸司 2002]. 예를 들어 博多에는 慈雲庵의 天眞融適[上田純一 2000]이나 承天寺의 闇公이 대장경의 청구나 왜구에 의한 피로인을 송환하거나(『定宗實錄』元年九月是月條·二年八月是月條·『太宗實錄』元年四月丁亥條·九月乙卯條), 壹岐에서는 建哲이 피로인을 송환하고, 壹岐 安國寺 笑嚴顯悅이 예물을 헌상하고 있다(『太祖實錄』四年四月戊子條·『定宗實錄』元年九月是月條). 모두 조선과의 무역 활동을 배경으로 하는 것으로, 玄界灘 지역의 禪寺·禪僧의 지향성을 입증하는 것이었다. 이와 같은 독자적인 활동은 제 4대 국왕인 세종기 이후에 조선국이 도입하는 통교제도책에 의해 종식되어 간다. 그러나 그 후는 大內氏나 일본 국왕 등 유력자의 외교 활동과 연계하는 것으로 자신의 욕구를 실현하고, 상황에 따라서는 그들의 외교 활동을 받쳐주는 인적 기반으로서 존재했다[伊藤幸司 2002].

적극적으로 조선 통교를 지향했던 周防大內氏는 자신의 조상을 백제 왕계라고 주장하는 조상신화를 주장하거나, 자신의 菩提寺를 조선풍으로 장식하는 등 조선과의 연결을 항상 의식했던 행동을 취하고 있었다 [伊藤幸司 2008], [須田牧子 2011]. 그리고 이 경향은 禪僧의 기용에도 이르렀다. 大內義弘은 왜구 토벌을 행하고 14세기 말기에 적극적인 조선 통교를 전개했던 인물이다. 그는 후에 자신의 菩提寺인 山口香積寺의 開山에서 원에 들어간 일본 승려인 石屛子介를 초빙했다. 石屛은 일본 귀국 후, 肥後高瀨津에 永德寺를 열고 日元 교류와 밀접한 접점을 계속 가졌던 인물이었다(『仏宗眞悟禪師語』). 大內義弘의 石屛子介 초빙은 동아시아의 전개를 확인했던 大內氏의 전략이라고 보는 것이 가능하다. 특히 大內義弘이 石屛子介에게 주목했던 것은 그가 소속되어 있는 破庵派(특히 雪巖系統)가 고려와 조선에서 많이 수용되었던 점이라고 생각된다. 즉, 石屛子介가 가진 禪宗 네트워크를 大內氏의 고려·조선통교에 이용하려고 했던 초빙은 아니었나라고 추측되는 것이다.

石屛子介는 大內氏 이외에도 무로마치 정권측으로부터 京都 天龍寺 住持에 초빙되고 있었다[伊藤幸司 2011]. 결과적으로 그는 天龍寺에 향하는 일은 없었지만, 무로마치 정권에 의한 石屛子介 초빙 활동은 고려 통교를 확인한 움직임이었다는 가능성이 있다. 大內義弘의 후계자가 된 大內盛見도, 石屛子介 계통의 禪僧을 중요시했다. 이후, 스스로 菩提寺가 되는 國淸寺의 開山에 石屛子介의 제자인 透關慶穎을 기용하고 있기 때문이다. 또한 1410년 大內盛見은 周鼎·昌傳을 파견하여 조선에 대장경을 요청했을 때, 菩提樹葉書一葉, 螺鉢·鐘磬各一事와 같이 懶翁慧勤의 초상화를 희망하여 하사받았다(『太宗實錄』 九年閏四月戊辰條). 또한 大內盛見은 이 전년에도 조선에서 懶翁의 초상화를 하사받고 있다(『太宗實錄』 八年八月丙子條). 역대 大內氏 가운데에서도 특히 佛教에 조예가 깊었던 盛見에게 고려 말기의 高僧 懶翁慧勤은 존경할 만한 대상이었을지도 모른다. 확실히 말할 수 있는 것은 大内盛見이 일본에서도 조선에서도 破庵派 雪巖系統의 禪僧에 주목하고 있었다는 것이다.

日麗禪宗界에서 활발히 이루어진 상호의 禪僧 왕래는 조선시대가 되면 그 성질이 서서히 바뀌고, 일본측 통교자가 파견하는 使僧의 형태가 많아진다. 그러나 그 중에는 조선 선종계에 들어오는 일본 승려나 使僧이라는 사명 이외에도 조선의 불교 성지의 순례를 希求하는 자도 있었다. 1423년 倭僧 法勤이 조선에 도해하여 여름옷 한 벌·삿갓·신발을 하사받고, 한성의 興天寺에 들어갔다(『世宗實錄』 五年三月癸未條). 興天寺는 李成桂가 漢城에 창건했던 修禪道場이다. 같은 해에는 日本僧 源才도 여름옷 한 벌을 하사받아, 檜嚴寺에서 死去하고 있다.(『世宗實錄』 五年五月辛巳條·一〇月己巳條). 또한 1419년에 九州探題 澁川義俊의 使僧으로 도해했던 文溪正祐는 「義를 우러러 멈추지 않길 바람」이라고 세종의 허가를 바라고 있으며[村井章介 1995], 1485년에 대마도 主宗貞國의 使僧으로 도해했던 仰之梵高는 金剛山에서의 參詣를 희망했다. 이와 같이, 使僧 중에서는 조선으로의 귀화나 순례를 희망하는 자가 있었지만, 그 대부분은 却下되고 있다. 한편 漢城內의 사원의 參詣는 허가되었던 것 같으며, 일본국 사신은 오면 반드시 興天寺와 円覺寺의 見學을 희망했기 때문에, 조선측도 적극적으로 보여주었던 것 같다.(『成宗實錄』 二五年五月甲午條).

일본인에 의한 조선의 성지 순례의 사례에서는 다음과 같은 것도 있다. 對馬의 沙浦 出身인 信玉은 使送客人이 된 아버지를 따라 薺浦에 건너오지만 아버지가 병사했기 때문에, 근처에서 乞食을 한 후, 朝鮮의 명산을 19년에 걸쳐 널리 다니고, 최후는 漢城에서 度牒의 하사를 희망했는데, 무사히 禪宗의 度牒을 받고 近京의 절에서 살았다고 한다[村井章介 1993]. 또한 博多 출신인 雪明은 對馬島人의 유혹에 넘어가 薺浦에 갔는데, 종으로 팔리게 되었기 때문에, 삭발하여 승려가 되어, 조선의 여러 산들을 둘러봤지만, 국법으로 불교 억압이 강해지고 있었기 때문에, 다시 세속으로 돌아갔다고 한다[村井章介 1993]. 제일 특이한사례이지만, 日朝禪宗界의 교류는 형태를 뛰어넘으면서도, 적지 않게 계속되고 있었던 것은 확실할 것이다.

【臨濟宗破庵派法系略図】

破庵祖先 ＿ 無準師範 ＿ 雪巖祖欽 ＿ 高峰原妙 ＿ 中峰明本 ＿ 無隱元晦 ＿ 笑巖顯悅

及庵宗信 ＿ 石屋清洪 ＿ 太古普愚

白雲景閑

平山處林 ＿ 石翁曇球

懶翁慧勤 ＿ 無學自超

靈山道隱 ＿ 石屏子介 ＿ 透關慶穎

鐵牛特定 ＿ 絶學世誠

鐵山紹瓊

無學祖元 ＿ 高峰顯日 ＿ 夢窓疎石 ＿ 春屋妙葩

兀庵普寧　　　　　　　　　絶海中津

円爾 ＿ 無爲昭元 ＿ 鐵牛景印 ＿ 石翁曇球

了然法明

【인용문헌일람】　五十音順

伊藤幸司, 2002,『中世日本の外交と禪宗』, 吉川弘文館

伊藤幸司, 2005,「日朝關係における僞使の時代」『日韓歷史共同硏究報告書』第二分科篇

伊藤幸司, 2008,「中世西國諸氏の系譜認識」九州史學硏究會編,『境界のアイデンティティ』, 岩田書院

伊藤幸司, 2009,「外交と禪僧—東アジア通交圈における禪僧の役割—」『中國—社會と文化』第二四号

伊藤幸司, 2010,「東アジアをまたぐ禪宗世界」荒野泰典ほか編,『日本の對外關係4－倭寇と「日本國王」』, 吉川弘文館

伊藤幸司, 2011,「東アジア禪宗世界の変容と擴大」川岡勉ほか編,『日本中世の西國社會3－西國の文化と外交』, 清文堂

上田純一, 2000,『九州中世禪宗史の研究』, 文獻出版

上田純一, 2011,『足利義滿と禪宗』, 法藏館

榎本　涉, 2007,『東アジア海域と日中交流—九～一四世紀—』, 吉川弘文館

鎌田茂雄, 1987,『朝鮮仏教史』, 東京大學出版會

聖　　嚴, 1982,『韓國仏教史略』, 弥勒出版社(台北)

須田牧子, 2011,『中世日朝關係と大內氏』, 東京大學出版會

田中健夫, 1975,『中世對外關係史』, 東京大學出版會

1969,『朝鮮禪教史』, 名著刊行會

橋本 雄, 1998,「室町幕府外交の成立と中世王權」『歷史評論』第五八三号

橋本 雄, 2005,『中世日本の國際關係—東アジア通交圈と僞使問題—』, 吉川弘文館

廣瀬良弘, 1988,『禪宗地方展開史の研究』吉川弘文館

藤田明良, 2008,「東アジア世界のなかの太平記」市澤哲編,『太平記を讀む』, 吉川弘文館

村井章介, 1988,『アジアのなかの中世日本』, 校倉書房

村井章介, 1993,『中世倭人伝』, 岩波書店

村井章介, 1995,『東アジア往還—漢詩と外交—』, 朝日新聞社

米谷　均, 1998,「史料紹介·東大史料編纂所架藏『日本關係朝鮮史料』」『古文書研究』第四八号

李　能和, 1918,『朝鮮仏教通史』上卷·下卷, 新文館[京城]

〈토론문〉

「선종에서 본 일본과 고려·조선의 교류」에 대한 토론문

小幡倫裕

(평택대학교)

　이 발표문은 12세기 후반에서 15세기 사이에 중국의 강남·일본·고려/조선의 세 지역이 선종을 매개로 어떤 교류 양상을 나타냈는지를 논한 것이다. 주목할 만한 것은 그 당시 선종 중에서 臨濟宗 破庵派의 인맥을 바탕으로 한 네트워크가 있었다는 것. 특히 일본의 통교자들이 이 네트워크를 활용해서 자신의 대외활동을 유리하게 전개시키려는 의도가 있었다는 것을 지적하고 있는 점이다. 공식적인 국교가 없는 가운데 민간의 교역관계가 그것을 대신하고 그 위에서 문화교류가 이루어진 당시 동아시아 상황을 생각하는 데 있어서 선종 인맥의 네트워크가 어떻게 되어 있었는지를 고찰한 것은 아주 흥미롭고 의의가 있다고 생각된다.

　한편, 토론자의 관심과 관련해서 질문하고 싶은 것은 이와 같은 선종을 바탕으로 한 문화교류가 당시 사람들의 상호인식 혹은 대외인식과 어떤 관련성을 가지고 있었던 것인가에 대한 점이다. 이번 학술대회는 따로 "상호인식"의 부문도 있으나 "문화교류"라는 말에는 그 결과로서 서로의 우호관계(상호인식의 호전)라는 뉘앙스가 포함된다고 생각하기 때문에 이 점에 대해 발표자의 생각을 알고 싶다.

발표문에서 제시되어 있듯이 고려시대에서 조선시대 초기에 걸쳐서 선종을 통한 활발한 교류가 있었는데도 불구하고 불교문화를 바탕으로 한 일본의 대외적인 세계관은 한반도 문화를 중국의 일부로 보는 인식이 있었다. 『善隣國寶記』서문에서 瑞溪周鳳가 쓴 "우리나라(일본)의 佛法은 백제에서 처음으로 전해졌는데 지금에 와서 震旦(중국)에서 전해졌다고 하는 이유는 무엇인가. 생각건대 백제는 震旦의 영역이며 널리 이렇게 말하는 것이다. 이 기술에서 신라와 고구려에 관해서 많이 기재한 것도 이 나라들이 震旦의 영역이기 때문이다"라는 글은 그러한 인식을 나타낸 것으로 주지한 것이다.

민간의 교역이 아주 활발했던 당시 동아시아 국제사회에서 선종 승려들은 국가의 속박에서 비교적 자유로운 형태로 교류를 했다. 그 과정에서 선종 승려 개개인은 국제성이 풍부한 인간관계를 구축했다고 생각된다. 명나라가 수립되고 나서는 그러한 자유로운 분위기는 해금정책 아래 서서히 약해져갔으나 그 이전의 활발한 교류 속에서 만들어진 선종 승려들의 네트워크가 그 후의 상호인식 호전에 반드시 큰 영향을 주지 못한 이유가 무엇인가라는 점이 토론자가 관심을 가지는 부분이다. 한반도의 경우 고려에서 조선으로의 왕조교체로 인해주자학이 체제교학으로서 철저히 보급되고 억불정책이 행해짐에 따라, 고려시대에 비하면 불교 및 승려의 주위가 현격하게 낮아진 것이 큰 이유라 생각된다. 그런데 일본의 경우 발표자께서 지적한 것과 같은 선종 승려의 네트워크를 활용한 통교관계를 구축하는데도 상호인식이 반드시 열린 것이 되지 못한 이유가 어디에 있었는가에 대해 발표자의 의견을 듣고 싶다.

공식적인 국교 속에서 행해지는 국가를 짊어진 관계와 달리 선종 승려나 표류민을 통한 접척에는 국가의 틀에서 비교적 자유로운 교류가 있었고 거기에는 우호적인 분위기가 있었던 것이 많이 지적되어 왔다.

전종을 바탕으로 한 교류가 이후 한일 상호인식과 어떤 연광성이 있는
지, 발표자의 교지를 받고 싶다.

地域間의 교류

조선인 표류민의 나가사키(長崎) 체류와 교류
이훈 / 松尾弘毅

지역간 교류－중세 일조관계에서의 지역의 시점
佐伯弘次 / 허자은

조선인 표류민의 나가사키(長崎) 체류와 교류

이 훈

(동북아역사재단)

「 머 리 말

근대 이전에는 동서양을 막론하고 바람의 힘을 이용한 무동력선에 의한 항해가 많았다. 배에 동력장치를 붙인 증기선이 일본에 처음으로 등장하는 것도 1855년이다.[1] 표류란 이러한 무동력선으로 항해하다가 돌풍 등의 불가항력에 의해 그들의 의사와는 상관없이 목적지가 아닌 다른 곳에 표착한 해난사고를 일컫는다.

조선시대 해안가에 살았던 사람들은 어로·상매·여행 등 여러 가지 이유로 바다를 항해하다가 중국·일본·베트남 등지에 표착하였다. 조선인이 가장 많이 표착하였던 곳은 일본의 대마도를 비롯하여 큐슈(九州) 및 혼슈(本州)의 남쪽 해안가 지방이었으며, 연중 대륙에서 동쪽으로 불어오는 바람 때문이었다. 근대 이전 일본에 표착한 조선인들은 대부분 본국으로 무사히 귀국할 수 있었는데, 임진왜란 이후부터 19세기 중엽까지의 송환 사례는 1,000건을 웃돌며, 사고 당사자인 조선인 표류민의

---

1) 정성일, 「漂流記錄을 통해서 본 朝鮮後期 漁民과 商人의 海上活動」(『국사관 논총』 99, 2002) 25쪽.

숫자는 1만명에 가까웠다.[2] 조선인의 경우 1년 평균 4건에 가까운 사고를 당한 셈으로 비록 개인이 겪은 사고이기는 하지만 일본 땅을 밟은 횟수로만 본다면 외교사절인 통신사(通信使)가 에도(江戶)시대를 통틀어 일본을 방문한 12회와는 비교도 되지 않을 만큼 많은 숫자이다. 뿐만 아니라 1640년대 중반 이후부터는 조선인이 일본의 어디에 표착하건 일단 나가사키(長崎)를 거쳐 조선으로 송환되는 토쿠가와 바쿠후(德川幕府)의 송환시스템이 정비됨에 따라, 표착지에서 나가사키에 도착할 때까지 일본에 체류하면서 일본인들과 접촉할 기회도 적지 않았다. 물론 1682년의 '표류겸대제' 이후에는 대마도를 제외한 지역에 표착한 조선인만이 나가사키를 경유하게 되므로 일본에 표착한 모든 조선인이 나가사키 체류를 경험한 것은 아니다. 그러나 표류란 정해진 목적을 가지고 일본에 갔던 통신사행과 달리, 평소 국경이나 국가를 의식하지 않고 살았던 보통 조선인들이 일본인들과의 상호 접촉을 통해 비로소 상대와 자신들에 대해서 생각해보는 계기가 되기도 하였다.

　일본에 표착한 조선인들은 본국으로 송환될 때까지의 기간은 평균 5개월, 길면 1년을 넘어가기도 하였다. 이 중 나가사키 체재가 길어지는 경우가 많았는데, 이는 표착지에서 나가사키로 옮겨져 봉행소(長崎奉行所, 막부)에서 조사를 받은 후라 하더라도 대마도에서 호송사자가 결정되어 표류민들을 맞으러 올 때까지는 상당기간이 소요되었기 때문이며, 항해하기 좋은 순풍을 기다리는 등의 문제도 있었기 때문이다. 조선인 표류민들은 나가사키에 체류하는 동안에는 일본인들과 비교적 자유로운 왕래도 가능하였던 것 같다. 이때에는 의사소통 수단이 있느냐 없느냐, 또는 어떤 정보를 가지고 있느냐에 따라 우호적인 교류에서부터 마찰에 이르기까지 접촉 양태도 다양하였다. 뿐만 아니라 조선인 표류민들을 통

---

2) 이 훈, 『朝鮮後期 漂流民과 韓日關係』(국학자료원, 2000) 63~68쪽.
　참고로, 일본인으로 조선에 표착한 사고는 이의 1/10 정도에 해당하였다.

해서 들어온 나가사키 정보들은 조선으로 들어와 일종의 나가사키에 관한 환상을 만들어 내기도 했던 것 같다.

여기에서는 대마도 이외의 지역에 표착한 조선인이라면 누구라도 체류가 가능했던 나가사키에서 일본인들과는 어떻게 접촉했는지 몇 가지 사례를 소개한 후, 표류가 조일간 교류에서 갖는 의미에 대해서 생각해 보기로 한다.

Ⅰ. 의사소통과 접촉

일본에 표착한 조선인들을 직업적으로 보면, 어부 내지는 어부와 농업을 겸한 사람, 상인이 대부분이었으며, 신분적으로는 양인이나 노비가 많았다. 지적 수준이 별로 높지 않아 필담 등에 의한 의사소통이 제대로 되지 않았을 것이며, 나가사키에서는 대마번의 나가사키 출장소(對馬藩邸), 대마도에서는 표류민 전용 시설(漂民宿)에 격리 수용되었기 때문에 일본인들과 접촉은 별로 기대할 수 없었다는 것이 지금까지의 일반적인 추측이었다.

그러나 표류민 가운데 많지 않은 예이기는 하지만 조선의 관리, 또는 승려와 같이 한문적 교양을 갖춘 경우에는 필담을 통해 어느 정도 의사소통을 할 수 있었다. 따라서 그들 자신이 보고 경험한 것을 토대로 직접 「표류기」를 작성한 경우도 있어서 귀국할 때까지의 접촉 양상을 어느 정도 엿볼 수 있다. 일본의 北海道에 표착한 이지항이 작성한 『漂舟錄』(1696), 五島에 표착했던 제주도 정의현감이 남긴 『漂海錄』(1815), 筑前州에 표착했던 전라도 대둔사(大芚寺) 승려 풍계(楓溪) 대사의 『日本漂海錄』(1817) 등이 그것이다.[3]

---

3) 일본측에도 조선인 표류민과 관련된 기록은 물론, 1817년 鳥取藩의 안의기 일

여기에서는 우선 이 가운데 나가사키(長崎)라는 지역에 한정하여
1817년 일본 筑前州에 표착한 전라도 승려 일행의 예를 소개해 보기로
한다. 1817년 11월 18일 축전주 대도포(大島浦)에 표착한 풍계(楓溪) 대
사는 해남 대둔사(大芚寺)의 승려로 일행은 같은 배에 동승했던 함경도
홍원인과 경상도 사람을 합해 27명이었다. 이들은 1818년 8월 15일 귀
국할 때 까지 일본에 무려 9개월을 체류하게 되는데, 풍계대사는 귀국
해서 3년이 지난 후 자신의 경험을 토대로 『日本漂海錄』을 작성하였
다. 『日本漂海錄』에는 표착지인 大島浦에서 현지관리의 조사를 받은
후 宗像郡 津屋崎浦-藍島浦-唐白浦-栢島-呼子浦-三栗島-西島를 거쳐
1818년 1월 2일 肥前州 長崎鎭에 도착하여 '朝鮮館'(대마번의 나가사키
출장소)에 3개월을 머문 후 대마도 사자의 호송하에 귀국한 것으로 되어
있다.

이 기간 동안 일본인들과의 접촉을 보면, 대도포에서는 표류민의 육
지 상륙을 허용한 전례가 없다 하여 배에서 숙박하도록 했기 때문에 나
가사키에 도착할 때 까지는 표선에서 내린 적이 없다. 풍계대사 일행은
그들이 타고 온 배에서 5일을 보낸 후 조선인의 표착사실을 보고받은
宗像郡 津屋崎浦에서 비선(飛船) 40척과 호송선 1척, 예인선 1척을 보내
오자 이들 선박의 호위를 받으며 나가사키까지 해로로 갔다. 『日本漂海
錄』에는 대도포와 津屋崎浦에서 조사받을 때의 대화내용과 구경꾼들이
모여든 상황, 나가사키에 도착할 때까지 각 경유지간의 거리, 각 포의
기후, 가옥, 인구, 채소에 관한 사항이 묘사되어 있지만, 거의가 관찰에
의한 것이었다고 생각된다. 呼子浦에서는 순풍을 기다리느라 5일을 머
물렀지만 여기에서도 선상체류였다.[4] 呼子 체류시 명일날 제사지낼 떡
을 만들기 위해 호송역인에게 쌀을 요청한 것을 빼놓고는 표착지나 경

행을 그린 「漂流朝鮮人之圖」, 1817년의 풍계(楓溪)대사 일행에 대한 「朝鮮
漂客圖」 등, 다양한 형태의 기록이 존재한다.
4) 楓溪 『日本漂海錄』.

유지의 주민들, 호송하는 일본인들과 이렇다 할 접촉이 없었던 것은 물론 의사소통이라 할 것도 없었다.

풍계대사 일행은 나가사키에 도착한 후 비로소 배에서 내려 '조선관'에서 3개월을 머물게 되는데, 이때에는 일본인들과 의사소통을 전제로 한 접촉이 있었던 것 같다. 물론 나가사키에서도 기본적으로는 관찰에 의한 소개가 많다. 나가사키에서는 '조선관'을 벗어나 거리에까지 나가 돌아다닐 수 있었던 것 같으며, 『日本漂海錄』에는 그들이 보고 들은 것을 바탕으로 나가사키에 대해서 아주 자세하게 기록해 놓았다.5) 나가사키의 인구와 건물, 풍부한 물화, 사치스런 옷차림 등, 나가사키의 풍요로움, 나가사키 봉행소의 경관, 네덜란드(오란다) 상관과 중국 상관(唐人館), 각 선박의 규모 등 국제도시로서의 나가사키, 네덜란드와 일본의 관계 및 네덜란드인의 외모에 대한 묘사가 아주 자세하다. 이러한 정보는 주로 관찰에 의한 것이었다고 생각된다.

『日本漂海錄』에는 이밖에도 일본인의 의·식·주와 관련된 일상생활이나 풍습에 대한 소개가 많은데, 이런 것들은 일본인들과의 친밀한 접촉이나 의사소통이 있었기에 가능했다고 생각된다. 예를 들면, 일본인들은 남녀귀천을 불문하고 모두 목욕을 즐기며 심지어는 돈을 주고 목욕을 하는 습관(錢湯)을 비롯하여, 음식물을 조리할 때 침이 튀는 것을 방지하기 위해 마스크 비슷한 것을 사용하는 모습이 기록되어 있다. 또 음식을 먹을 때는 부부 사이라 하더라도 상 위의 큰 접시에서 개인 접시를 사용하여 덜어먹음으로써 먹는 음식과 먹지 않는 음식을 구분하는 등, 식습관과 위생에 관한 내용 등이 소개되어 있다. 뿐만 아니라 남녀 문제에 대해서도 소개되어 있다. 남자와 여자, 일본인과 외국인이 아무런 구

---

5) 나가사키의 네덜란드 상관 의사였던 시볼트가 지은 『日本』의 조선편에도 "나가사키의 조선인 표류민들은 시내를 자유롭게 통행하면서 일본인의 집도 방문하였다"라는 기록이 있어서 나가사키에서는 일본인들과 비교적 자유로운 접촉이 가능했던 것 같다.

분없이 섞여 앉아 보기가 민망할 지경이며 그 때문에 간통(和奸)하는 일
이 적지 않다고 하였다. 실제로 풍계 대사 일행이 나가사키 체류하는 동
안에는 조선인 표류민에게 접근한 일본 여성도 있었던 것 같으며, 연애
가 이루어질 경우 조선인 남성이 귀국 후에 조선측 조사에서 문제가 될
소지가 있기 때문에 주변에서 만류했음을 지적하고 있다.6) 또 나가사키
에 체류한 조선인 표류민에게 일본 여성과 결혼하여 정착을 권유한 사
례도 있었던 것 같다.7)

　'조선관' 주변의 나가사키 사람들은 서로 경쟁적으로 조선인 표류민
을 자신들의 집으로 불러 酒食을 권하며 접대를 했던 것 같으며, 이때
필담, 또는 손짓 발짓을 동원한 의사소통이 있었을 것이라는 것은 추측
하기가 어렵지 않다. 위에서 언급한 일본인의 생활습관이나 인식과 관련
된 정보들이 나가사키에 한정된 것인지, 일본 전역에 걸친 것이었는지는
조사 부족으로 잘 모르겠다. 그러나 나가사키 사람들과의 의사소통을 전
제로 한 직접적 접촉이 있었기 때문에 관찰 가능한 것이었다고 생각되
며, 조선사회의 일상생활과 비교했을 때 습관상의 차이, 전통적인 윤리
의식의 유무, 도덕적 가치 등에서 차이를 보이는 점들이 일본사회를 묘
사하는 기준이 되었을 것으로 보인다.

　한편, 『日本漂海錄』에는 그 기록이 없지만 나가사키의 대마번 출장소
에 풍계일행이 머물고 있다는 소문을 들은 일본인 가운데 이들을 찾아와
필담을 나눈 사람도 있다. 화가로 알려진 우키다 잇케이(浮田一蕙)가 대
마번의 나가사키 출장소에서 풍계 일행과 필담을 나눈 후 그린 그림은
「朝鮮漂客圖」로 알려져 있다. 그림의 오른쪽에는 천불상을 모시고 있는
승려 3명과 선원 2명의 모습이 그려져 있으며, 그 밑에 一蕙의 글이, 왼
쪽에는 조선인 표객이 보낸 서찰이 합쳐져 있다.8)

---

6) 楓溪, 『日本漂海錄』.
7) 朴趾源, 『燕巖集』제6권 別集 「書李邦翼事」.
8) '朝鮮漂客圖'(李元植 소장).

조선인 표류민이 표착지 주민의 요청에 따라 詩文을 지어준 예나 표착지 인사들과 필담을 나누며 시문을 교환한 예는 이밖에도 있는데, 漢文이라는 의사소통 수단이 있을 경우에는 통신사들이 일본을 방문했을 때와 유사한 수준의 문화교류도 있었음을 지적할 수 있다. 뿐만 아니라 나가사키에서는 네덜란드 상관 사람들과도 필담과 통역을 통한 접촉이 있었음이 검토된 바 있다.[9]

Ⅱ. 정보와 트러블

그러나 의사소통이 되었다고 해서 반드시 우호적인 접촉이나 교류로 일관했던 것은 아니다. 나가사키에서의 장기체류는 언제 귀국할지 모른

---

9) 일례로 조선인 표류민들이 나가사키에 체류하는 동안에는 일본인 뿐만 아니라 나가사키의 네덜란드 상관 사람들과도 접촉이 있었다. 1827년에는 나가사키의 대마번저에 전라도 강진 출신의 표류민 36명이 귀국을 기다리고 있었다. 이들은 큐슈와 고토(五島)열도에 각각 표착했던 사람들이 나가사키로 이송되어 온 것으로 나가사키에 몇 달을 체류하는 가운데 소문을 들은 네덜란드 상관의 시볼트와도 접촉이 있었다. 시볼트는 독일 출신 의사로서 일본의 蘭學 발전에 공헌한 학자로 1823년 나가사키에 도착하여 6년을 머무르는 동안 막부의 허가를 얻어 대마번 역인의 입회하에 화가와 통역을 데리고 대마번저로 와 몇 차례나 조선인 표류민들과 면담을 하였다. 면담에서는 조선의 언어·문자·학문·예술 등에 대한 대화를 나누었으며, 시볼트가 조선인 표류민을 찾아올 때 포도주 등의 선물을 가지고와서 대접하면 조선인들도 종이나 족자 등을 선물했다고 한다. 표류민 가운데 유학자(金致潤)와 상인(許士瞻)은 헤어질 때 漢詩를 지어주기도 하여 네덜란드인과도 통신사 체류시의 필담이나 한시 교류와 같은 접촉이 있었음을 알 수 있다. 시볼트는 그다지 지적 수준이 높지 않은 조선인이라 하더라도 그 자리에서 한시(칠언절구 4행 28자)로 자신의 마음을 표현할 수 있는 조선인의 한문적 교양에 대해 호감을 느꼈다고 하며, 시볼트가 조선인 표류민들과의 면담에서 얻은 각종 정보와 인상은 귀국 후 작성한 『日本』의 조선편에 수록됨으로써 유럽인의 조선 이해를 돕는 계기가 되었다(河宇鳳, 「19세기 초 조선과 유럽의 만남 – 시볼트와 조선 표류민의 교류를 중심으로 – 」(『사학연구』90, 2008).

다는 불안감 때문인지 트러블도 적지 않았다. 조선인 표류민 가운데 필담 등의 의사소통 수단을 가지고 있을 경우 막부에 직접 호소하는 등의 집단행동까지도 있었다.

필자의 조사에 따르면 조선인 표류민의 일본 체류 기간 동안 일본인들과 일으킨 트러블은 약 20여건으로, 이유는 귀국을 재촉하거나 넉넉지 않은 접응, 표선의 수리 또는 해체(解船)의 요구 등으로 다양하였다. 그런데 이러한 트러블은 나가사키에 관한 정보가 조선 주민들에게 어느 정도는 알려져 있었기 때문에 일어났다고 보이는 사례가 종종 있다.[10]

먼저 1653년 제주도에 표착했던 네덜란드의 하멜 일행이 조선체류 13년째인 1669년 9월 유배지인 순천에서 일본으로 탈출을 시도했을 때, 나가사키까지의 항로에 대해서는 나가사키를 경유해서 조선으로 송환되어 왔던 표류민들에게 그 길을 물었다. 또 일본의 각지에 표착한 조선인은 표착지 주민에게 '조선' 또는 '나가사키'라는 이 두 단어만 외치면 구조될 수 있었다고 한다. 하여간 나가사키에 관한 정보는 토쿠가와 막부의 송환 시스템이 정비된 이래 조선인 표류민들의 입소문을 통해서 해안가 주민에게는 널리 퍼져 있었다고 추측된다.

조선 정부측의 기록이나 통신사들의 『사행록』, 『문집』류에는 의외로 나가사키와 관련된 내용이 많다. 나가사키는 대부분 훌륭한 경관에 물산도 풍부하고 중국 등과의 무역으로 네덜란드인도 있어 다채롭고 풍요롭고 신기한 곳으로 그려져 있다. 「허생전」이라는 소설에는 나가사키가 곡물과 과실이 절로 자라는 이상향이나 큰 돈을 벌 수 있는 곳으로 그려져 있어서 조선사회에 나가사키에 대한 일종의 환상이 존재했던 것으로도 생각된다.[11]

나가사키에 대한 이러한 기술은 앞서 풍계대사의 『日本漂海錄』에서

---

10) 이훈, 『조선후기 표류민과 한일관계』(국학자료원 2000).
11) 朴趾源, 『熱河日記』「玉匣夜話」의 「許生傳」.

도 보았듯이, 조선인 표류민들이 그들의 눈으로 관찰한 것이 무엇보다 중요한 정보가 되었으리라 생각된다. 그러나 조선인 표류민이 나가사키에 체류하는 동안 표류민 한사람 한사람이 일본측으로부터 직접 받게 되는 '접대'도 하나의 요인이었다고 생각된다.

『일성록』등에는 1793년 五島에 표착한 조선인이 나가사키로 이송되자마자 의복 등 봉행소에서 받은 물건들이 열거되어 있다.[12] 그리고 1717년 일본에 표착한 경상도 김해(金海) 및 전라도 강진(康津) 표류민의 사례를 보면, 70여명 쯤 되는 조선인들은 표착지 및 나가사키에서 지급하는 음식이 전례에 미치지 못한다는 이유를 들어 대마번의 나가사키 출장소를 무단으로 나가 나가사키 봉행소에 집단 항의하기도 하였다. 이때 조선인 표류민이 봉행소에 제출한 진정서에는,

> "나가사키에서 자신들에게 지급해야 하는 음식은 1인당 1일 米 7슴5勺, 酒 2슴5勺이라는 기준이 있다. 그렇지만 실제로는 이의 2/1도 안되는 米 3슴과 멸어(이와시 종류)3首만 지급될 뿐으로 추위와 공복에 떨고 있기 때문에 표민 1인당 米 1합씩만 더 지급해 달라"[13]

는 내용이 있다. 진정서에는 나가사키에서의 접대 기준을 구체적으로 제시하면서 항의를 하고 있는데, 이는 나가사키에 대한 정보의 축적이 있었기 때문에 가능한 일이었다.

더욱이 이들이 막부에 제출했다는 진정서는 김해의 표류민이 나름대로의 사전지식(정보)을 토대로 직접 작성했던 것으로 보인다. 대마번에서는 아메노모리 호슈(雨森芳洲) 등, 내부적으로 나가사키에서의 접대가 형편없었다는 것은 인정하고 있었지만, 대마번이라는 공적인 의사소통 경로를 무시한 채 막부에 직접 항의한 사실을 문제삼아 이들의 처벌을

---

12) 『日省錄』 정조 17년 5월 12일 계묘.
13) 『分類紀事大綱』 23(국편 소장 대마도종가문서 기록류 No.4508).

조선정부에 요청하기도 하였다.14) 어쨌든 이 사례로 짐작할 수 있는 것
은, 조선인 표류민들이 나가사키에 대해서 가지고 있는 정보란 나카사키
봉행소에서 조선인 표류민 한사람 한사람이 받아내야 할 접대의 숫자까
지 제시할 정도로 구체적인 것이었다는 것이다. 표류민 자신들이 필담이
라는 의사소통 수단을 가지고 있을 경우에는 이러한 정보력을 바탕으로
대마번 출장소를 허락없이 뛰쳐나가 막부에 직접 항의(直訴)하는 등 집
단행동 까지도 일으킬 수 있었다는 것이다.15)

앞서 우호적인 교류의 예로 들었던 1817년 풍계 대사 일행의 경우에
도 나가사키에서 집단행동을 일으킨 바 있다. 풍계 대사 일행의 일부는
그들이 타고 온 표선의 해체를 대마번에 요청하였다. 전례가 없음을 이
유로 대마번이 거절하자 몇몇 사람이 나가사키 봉행소에 가서 이를 직
접 항의하려한 소동이 있었다. 대마번은 이 소동을 당시 대마도를 방문
중이던 역관 일행에게 알리는 한편, 왜관 관수(平田帶刀)에게도 '제멋대
로 방종한(不埒)' 행위에 해당하는 항목을 자세히 적어 해안가 주민에
대해 단속을 해주도록 요청한 바 있다. 풍계 대사 일행은 이에 그치지
않고 대마번 출장소의 시설에 손상을 입히는 한편, 대마번의 역인(役人)
으로부터 받은 약을 의사의 눈앞에 던져버리고, 대마번 출장소를 허락없
이 무단으로 뛰쳐나와 나가사키에서 물건을 팔고 돌아다니며 싸움을 하
는 등, 난폭한 행동을 했던 것으로 기록되어 있다. 이들이 왜 표선 해체
를 요구하고 난폭한 행동을 했는지는 이유가 분명치 않다. 그런데『日本
漂海錄』에는 다음과 같은 기록이 있다.

조선관에 도착한 후에는 支供이 풍부하여 매일 1인당 4升 5合씩을

---

14)『分類紀事大綱』23(국편 소장 대마도종가문서 기록류 No.4508).
雨森東五郎의「覺」(국편 소장 대마도종가문서 고문서 No.8760).
『漂人領來謄錄』권5.
15) 이훈,『조선후기 표류민과 한일관계』(국학자료원 2000).

받고 반찬값도 돈으로 쳐서 받았지만 대마도인들이 나가사키에서 지급 받은 물품을 속여서 빼앗아버려 찬거리는 모두 훔쳐 먹게 하였다. (대마 도 사람들의) 아주 교묘하게 속이는 것이 보통 일본인과는 달라 나가사 키 사람들이 대마도 사람들을 도둑이나 다름없다고 말하고 있다.16)

이것을 보면 나가사키에서는 결과적으로 식량 부족으로 곤란에 처해 있었던 것 같다. 일부이기는 하지만 1818년 풍계 대사 일행이 배의 해체 를 요구하고 매각행위를 했던 것은 船具나 소지품의 일부를 팔아 부족 했던 식량 등을 마련하려 했던 것은 아닐까라는 생각도 든다. 풍계 대사 일행 가운데는 일본의 화가와 필담과 시문의 화답이 가능할 정도로 지 적능력을 소유하고 있었던 것은 이미 지적한 바이다. 그러나 그럼에도 불구하고 항의 등의 집단행동 내지 마찰을 일으키고 있는 것은 그들이 나가사키에 대해서 가지고 있는 정보, 또는 의사소통의 질과도 관련이 있었다고 생각된다.

맺음말

지금까지 조선인 표류민이 나가사키에 체류했었던 몇 가지 사례를 중심으로 접촉 양상과 정보의 문제에 대해서 생각해 보았다. 한문이라는 의사소통수단이 있을 경우, 거의 통신사 수준의 우호적인 교류가 있었는 가 하면, 접대가 전례에 못 미친다 하여 막부(나가사키 봉행소)에 집단항 의를 하는 등의 트러블을 일으킨 경우도 있었다. 후자의 경우, 나가사키 에 대해 어떤 경로를 통해서든 조선인 표류민들이 사전에 가지고 있던 정보가 배경이 되었으며, 항의 주체는 필담이긴 하지만 일본측과 의사소

---

16) 楓溪, 『日本漂海錄』.

통도 가능한 경우였다. 따라서 여기에서 지적할 수 있는 것은 어느 지역에 대한 정보의 축적이나 의사소통 수단을 가지고 있다는 것이 반드시 우호적인 접촉의 필요조건은 아니라는 것이며, 조선사회에 존재하는 나가사키에 대한 소문이나 환상 등, 표류를 통한 상호인식의 경로에 대해서도 더 다양한 측면에서의 검토가 필요하다는 생각이다.

　단, 일본에 표착한 조선인들의 대부분은 그들을 구호해서 무사히 송환을 해준 일본인들에게 감사하는 마음을 느끼고 있었다고 생각된다. 그리고 마찰을 일으킨 경우라 하더라도 대마번의 노력으로 메이지(明治)정부 초기까지도 무사히 송환되었다. 조일간에는 1811년 대마도역지빙례(對馬島易地聘禮)를 마지막으로 통신사 파견을 통한 정부차원에서의 교류가 단절되었다. 그러나 그럼에도 불구하고 1876년까지 조일간에 갑작스런 외교단절이나 긴장이 발생하지 않았던 것은 비록 우발적인 트러블은 있었지만 표류민을 통한 상호 접촉이나 교류가 끊이지 않았기 때문일 것이다.

〈토론문〉

「朝鮮人漂流民의 長崎 체류와 교류」 토론문

松尾弘毅
(福岡工業大)

이훈씨는 이화여자대학교 사학과를 졸업한 후, 筑波大學 대학원 역사인류학 연구과에 유학하여 박사학위를 취득하고, 그 후에는 대한민국 국사편찬위원회 史科研究委員을 거쳐, 현직인 동북아역사재단 제1 연구실장을 맡고 계신다. 이전 저는 이훈씨의 몇 가지 연구 발표 외에, 국사편찬위원회 史科研究委員 때에 九州大學에서 개강되었던 한일관계사의 집중강의를 청강하게 될 기회가 있었다. 부드러운 태도의 말투 가운데서 엄밀한 사료 읽기와 해석, 그것에 기초했던 정교하고 치밀한 분석이 포함되어 있었으며, 큰 감명 받았던 것을 지금도 선명하게 기억하고 있다.

자, 이번에는 그러한 이훈씨의 연구 주제의 하나로서, 17~19세기의 한일관계의 연구 가운데서 일본에 표류했던 조선왕조의 人民이 표착지에서 長崎에 이송될 때의 일본 관찰이나 長崎에서의 교류를 통한 의사소통과 트러블에 대해서 여러 개의 「漂流記」로부터 확실하게 했던 것이다. 그리고 이러한 표류민의 송환을 통한 교류가 계속적으로 이루어졌던 것에 의해 1876년까지 조일간에 급속한 외교 단절이나 긴장이 생겨나지 않았다고 평가한다.

　게다가 본 보고에서는 조선에서 일종의 長崎에 대한 이상적인 환상이 있었던 것을 지적하고, 예외적이긴 하지만 이 환상의 존재가 요인이된 조일간에서 야기되었던 트러블에 대해서 언급되고 있다. 이 점에 더하여, 이훈씨가 이전 명확하게 했던 「漂流兼帶制」의 관점 등에서 여러개의 질문을 드리는 것으로, 토론의 一端에 곁들이고 싶다고 생각한다.

　먼저 長崎에 대한 환상과 그 기초가 되었던 표류민이 받는 접대에 대해서 어느정도까지 인지되고 있었는가, 다음으로 그러한 정보가 故漂에이어지고 있었는가 어떤가. 또한 가장 사례가 많은 대마도의 표류민은보통 順付 送還에 의해 직접 조선에 송환되었지만, 이른바 「동경의 땅」인 長崎에 가기 위하여, 특히 故漂 등에서 대마도 표착을 기피하는 것과같은 상황이 있었는가.

　표류인 송환체제와 그 시행에 대해서는 연구가 반복되어 오고 있지만 본 보고는 그곳에 얽힌 사람들의 교류에 스포트라이트를 맞춘 것이다. 사료상의 제약도 있지만, 더욱이 그곳에 숨은 조일 쌍방의 정부나표류민 본인의 의도를 뚜렷이 하는 것이 가능하다면, 보다 유기적·다면적으로 조일간 교류를 파악하는 것이 가능하지 않을까. 蛇足의 감을 부정할 수는 없지만, 愚見을 드리는 것으로서, 당 분야에서 연구의 심화에의 기대를 드러내는 것이다.

지역간 교류
-중세 일조관계에서의 지역의 시점-

佐伯弘次
(九州大)

시작하며

중세 일조관계사(한일관계사)에서 지역의 시점을 투입하면 어떠한 분석시각이 있을까. 국가 대 국가의 관계였던 日明관계와 달리, 중세 일조관계는 국가 대 국가의 관계도 있었지만, 그보다도 오히려 일본의 개별 大名・國人・商人・民衆 대 국가(조선)의 개별적인 관계가 큰 부분을 차지하고 있었다. 이러한 관계에서 지역 문제에 대해 구체적으로 고찰해 보고자 한다.

근년 중세 일조관계사에 관한 연구사 정리[1]에서는 통교제도, 室町幕府・지역권력 등의 외교(室町幕府・外交文書・使節・大內氏 등), 조선왕조의 대일외교, 對馬宗氏, 삼포, 제주도, 僞使, 왜구라는 테마가 거론되고 있다.[2] 특히 근년 일본에서의 중세 일조관계사 분야에 대한 관심있는

---

1) 桃木至朗編, 『海域アジア史研究入門』 岩波書店, 2008年.
2) 關周一, 「日朝多元關係の展開」(桃木編, 2008), 橋本雄・米谷均 「倭寇論の ゆくえ」(同前).

모습을 확인할 수 있다. 또한 개개의 조선통교자에 관해서는 大內氏를 비롯한 對馬島, 壹岐·松浦지방, 南九州지방, 北九州지역, 畿內지역이라는 田村洋幸씨의 지역설정을 소개하고 있다.[3]

근년, '日本國王' 足利氏를 제외한 개개의 통교자로써는 宗氏[4]·大內氏[5] 외에 王城大臣(畿內 有力守護大名)[6], 왜구세력, 松浦党諸氏[7], 博多商人[8], 九州探題澁川氏[9], 菊池氏[10], 島津氏, 大友氏, 周布氏[11] 등등의 영주·민중들의 조선통교가 연구되고 있다. 이들 대부분은 지역사적 관점보다도 大名·國人·商人·倭寇 등 통교자의 성격에 의해 분류되는 것이 많다. 우선, 중세의 일조관계사에 있어 지역의 관점으로 총체적인 분석을 가한 연구를 소개하고 오늘날의 일조관계사 시각에서 그에 대해 평가할 수 있는 점과 문제점을 지적하고자 한다.

1. 日朝 지역론의 연구시각과 성과

田村洋幸의 『中世日朝貿易의 研究』[12]는 지역의 시점에서 총체적으로 중세 일조관계를 분석한 선구적인 연구이다. 여기에서는 시기를 조선

---

3) 關,「日朝多元關係の展開」.
4) 荒木和憲, 『中世對馬宗氏領國と朝鮮』山川出版社, 2007年, 佐伯弘次, 『對馬と海峽の中世史』山川出版社, 2008年.
5) 須田牧子, 『中世日朝關係と大內氏』東京大學出版會, 2011年.
6) 橋本雄, 『中世日本の國際關係—東アジア通交圈と僞使問題—』, 吉川弘文館, 2005年.
7) 松尾弘毅「中世後期における田平·平戶松浦氏の朝鮮通交と僞使問題」 (『古文書研究』61, 2006年) 등.
8) 佐伯弘次,「室町期の博多商人宗金と東アジア」(『史淵』136, 1999年) 등.
9) 川添昭二, 『對外關係の史的展開』文獻出版, 1996年.
10) 靑木勝士,「肥後國菊池氏の對朝交易」(『戰國史研究』26, 1993年).
11) 藤川誠,「石見國周布氏の朝鮮通交と僞使問題」(『史學研究』226, 1999年).
12) 田村洋幸, 『中世日朝貿易の研究』三和書房, 1967年.

의 태조부터 세종기로 한정한 뒤 ①對馬島, ②壹岐·松浦 지방, ③南九
州 지방, ④北九州 지역, ⑤畿內 지역 각각의 '對鮮貿易'에 대해서 각
왕의 시기에 따라 검토한 것이다. 시기는 조선초기에 한정되어 있지만,
이 정도로 광범위한 지역에 걸친 일본인의 조선통교·무역을 망라하고,
총체적으로 분석한 연구는 종래에 없었기에 이 점에 관해서는 연구사적
으로 주목된다. 특히 중세 일조무역사 연구는 근년에는 그다지 이루어지
지 않았기 때문에 이 분야에서의 연구는 오늘날에 아직 살아있다고 할
수 있겠다.

이하, 각각의 조선통교·무역에 관한 검증결과를 개관하겠다.

① 對馬島에 관해서는 태조기부터 성종기까지의 對馬島 관계자의 조
   선통교·무역에 관해 다섯 시기로 시기구분을 하고 있다. 왜구의
   종언부터 早田씨의 대두와 쇠퇴, 그것과 상반되는 對馬島主 宗氏
   (惣領家)의 조선무역권 파악이라는 과정을 나타내고 있다. 또한
   對馬島의 무역품으로써는 수출품의 8할이 남해무역품이며, 對馬
   島가 琉球를 경유한 남해무역의 중계지적 성격을 띠고 있어 국내
   생산력을 배경으로 하는 畿內 지역의 무역과는 현저하게 다르다
   고 한다. 특히 對馬의 무역을 생산력이 저조한 후진 지역적 중개
   무역으로 규정한다.

② 壹岐·松浦 지방의 조선통교·무역에 대해서는 정종·태종기에 왜
   구에서 통교무역자로써 조선통교를 하게 되고, 세종기에 이르면
   세종 8년경까지는 새로운 통교자로 교체되며, 세종 21년 이후에
   는 소수의 통교자로 한정된다고 한다. 수출품으로는 남해무역품
   이 대부분을 차지하며 소량의 국내공예품이 혼입하고 있는 점이
   對馬와는 다른 것으로 파악된다.

③ 南九州 지방의 조선통교·무역에 관해서는 島津氏나 그 일족의 통
   교는 태종기부터 급증하고, 세종기 전반에 본격적으로 전개되지

만, 세종기 후반의 宗氏에 의한 통제무역의 강화와 함께 무역종언
기를 맞이하게 된다고 한다. 南九州 지방은 화폐경제가 늦어지고
있어 그 조선무역은 남해무역을 축으로 전개하는 조짐을 보이면
서도 단순한 중개무역으로 끝났다고 지적한다.

④ 北九州 지역에 대해서는 초기의 九州探題 今川了俊이나 大內氏
의 통교에서 태종기에 大內氏・九州探題 澁川氏・少貳氏・宗像氏
등의 유력자의 통교가 이루어지고, 세종기에 이르면 澁川氏가 대
두하지만, 조선측 무역통제에 의해 大內氏・少貳氏・宗金 등으로
한정된다고 한다. 그 무역의 형태는 서일본 무역항으써의 국내생
산력에 의한 것과 해외중개무역과의 이중적 성격을 지니는 것이
지적되고 있다. 周防 大內氏를 北九州 지역의 통교자로 규정하는
것이 이색적이다.

⑤ 畿內지역의 조선통교・무역에 대해서는 將軍 足利氏에 대해 고려
시대부터 통교하고 있지만, 足利義持 시대가 되면 조선통교는 급
감하고 正長 元年(1428)경부터 足利氏 명의의 무역권이 博多商人
의 수중에 들어가 足利氏의 통교는 모두 명의만 남아있게 된다고
한다. 조선무역의 특징은 수출품에 국내공예품이 많은데, 이것은
同氏가 畿內 생산력을 배경으로 가지고 있었던 점, 수입품으로는
경전 그 밖에 문화적 요소를 가져온 것이 많은데, 이는 무역이라
기보다 정치적 문화교류의 느낌이 짙다는 점, 足利氏의 독단적 조
선통교권의 실추와 함께 세종말기 이후, 斯波氏・山名氏・細川氏・
京極氏 등등의 조선통교가 활발해지고 畿內의 대조선 수출력은
확대되어 간다고 한다.

이상이 田村씨의 지역론에 관한 지적의 개요이다. 세종기 말까지로
한정한다고는 해도 일본인의 조선통교를 망라적으로 추출하고 그 성격

을 규명하는 방법은 평가할 만하다. 그러나 오늘날의 연구에서는 幕府
政治史·地域政治史나 對外關係史에 관한 연구가 크게 진전되고 있어
많은 부분에서 수정이 필요하다. 통교자의 인명 비정이나 성격 규정 등
에서도 수정해야할 점이 있고 특히 對馬의 중세사료 등 국내사료와의
대조가 필요하다.

무역의 성격 분석에 대해서는 당시 주요한 관점이었던 생산력의 고저
를 기준으로 하여 선진지역·중간지역·후진지역으로 지역구분하고 있었
던 것을 전제로 한 의논이 이루어지고 있어 지역성이라는 관점에서 재
검토해야 할 것이다. 壹岐와 松浦지방에 관해서는 지역의 동질성과 이
질성이라는 문제도 있다.

무역품도 종류만 분석하면 남해산 물자의 양이 눈에 띄지만 양적인
것을 감안하면 남해산물자의 양은 그 정도로 많지 않은 것이 일반적이
며 오히려 동이나 유황 등의 광산물이 양적으로는 많이 검출되었다. 그
렇다면 무역에 대한 평가도 바뀌지 않을 수 없다.

또한 중세 일조무역사 연구에서는 『世宗實錄』의 기사를 중심으로 일
본인통교자로부터의 헌상품과 그것에 대한 회사품의 분석이 잘 이루어
지고 있지만, 그 이외의 公貿易·私貿易·私進上 등에 관해서는 사료가
없어 교역의 전체상을 파악하는 것이 어렵다는 문제가 있다. 또한 興利
倭船이라 불리는 보다 저변의 교역활동에 대해서도 연구가 적어 使送倭
人의 연구만으로는 전체적인 무역의 파악이 힘들다.

2. 『海東諸国紀』의 일본인 통교자의 총체적 분석

중세 일조관계사연구의 주요사료는 『朝鮮王朝實錄』이지만 『海東諸
國紀』[13]도 시기는 한정되나 15세기 중엽부터 제3, 4분기에 걸쳐 일본의

조선통교자를 광범위하게 기록하고 있어 중요한 사료이다.

　有光友學씨는 이『海東諸國紀』의 분석으로 중세 일조관계를 총체적으로 파악하고자 하였다.[14] 동씨는 대표적인 해외무역가의 '배경에 있어 실제 통교무역에 종사하던 중에 성장해 간 수많은 묻혀진 무역상인까지도 명확히 하여, 구조적으로 파악할 필요가 시급해 지고 있다'고 하여 '일조통교무역에 등장하는 무역상인을 구체적으로 조선 사료를 통해 실증화하고, 일본의 대외관계 전체 중에서 평가하는 것을 목적으로' 하여『海東諸國紀』를 분석하였다. 구체적으로는 174명의 통교자를 巨酋使·歲遣船定約者·受職人의 '계속통교자'와 그 밖에 '임시통교자'로 나누고 지역별 분류와 계층별 분류를 하고 있다. 지역분류로써는 畿內·瀬戸內·山陰道·北九州·西九州·對馬·南九州 등 7개 지역으로 구분하였다. 계층별 분류로써는 ①守護클래스, ②僧侶·神官, ③豪族層, ④代官클래스, ⑤受職人 등 5가지로 구분하고 있다.

　다음으로 그 분석결과를 소개하겠다. 지역별 분포를 나타낼 경우, 그 7할에 가까운 것이 西九州·對馬 등 두 개의 지역에 집중하고 있으며, 뒤이어 北九州·畿內가 많고, 南九州·瀬戸內·山陰道 순으로 되는 점, 통교명목별로는 歲遣船定約者가 반 이상이며 수직인도 3할 가까이를 차지하고 있고, 세견선정약자 27명을 헤아릴 정도인 西九州가 일조통교무역관계의 중심을 이루고 있었다는 점, 그러나 세견선 수를 보면 그 과반을 對馬가 차지하고 있어, 실제적인 통교의 비중으로 본다면 역시 對馬가 일조통교무역의 중심에 위치하고 있었다는 것을 지적하고 있다. 나아가 일본의 대조선통교무역의 지역적 관계는 對馬를 중심으로 壹岐·松浦지방을 포함한 西九州와 博多를 포함한 北九州가 뒤를 잇고, 남쪽에는 南九州·沖縄, 동쪽에는 瀬戸內·山陰道로 나누어 畿內에 연결되는 방사선

13) 申叔舟著, 田中健夫譯注『海東諸國紀』岩波文庫, 岩波書店, 1991年.
14) 有光友學,「中世後期における貿易商人の動向」(『人文論集』21, 靜岡大學
　　人文學部, 1971年).

상의 확대를 나타내고 있다고 하였다. 이것은 지리적 조건과 함께 전대의 왜구 근거지가 對馬·壹岐·松浦지방인 '三島'였다는 역사적 조건의 반영으로 파악하여, 무역이 일조간의 교류범위를 새롭게 편성하는데에 이르지 않았다는 점을 나타내는, 말하자면 지방적 무역의 단계였다고 한다.

이 시기의 일조통교무역을 구조적으로 개관하면 '지리적·역사적으로 밀접한 관계에 있었던 九州북부 지역과 조선왕조와의 사이에 세견선정약을 중심으로 하는 계승적인 통교무역관계를 축으로, 한편에서는 南九州를 경유하여 沖縄와 연결되는 남해물산을 도입하고, 다른 지역에서는 瀬戸内·山陰道를 경유하여 畿内의 고급공예품과 그 지역 권력하에 있던 광산물과 연결하여 조선에서의 종교적 의식용품이나 직물·특산물의 판로를 형성하고 있었다'고 한다.

본 논문에서는 有光씨의 문제의식이 선명하고 오늘날에도 계승해야 할 시각을 많이 내포하고 있다. 또한 『海東諸國紀』의 일본인통교자 각각을 『朝鮮王朝實錄』의 개별통교기사에서 검증하는 대단히 전통적인 수법을 취하고 있어 이 작업은 매우 의의가 깊은 것이다.

그러나 현재에는 당연시 되고 있는 위사에 대한 배려없이, 위사문제를 지역론으로 부가하면 또 다른 검토결과에 이르게 될 것이다. 『朝鮮王朝實錄』에서의 보정은 귀중한 성과이지만, 국내사료와의 대조가 필요하다. 게다가 조선통교자의 계층성에 관해서는 분류법에 큰 문제가 있다. '守護클래스' '僧侶·神官'은 명확하지만, '豪族層'과 '代官層'을 어디에서 구별하는가, 그 기준이 명료하지 않다. 또한 다섯 번째에 '受職人'은 계층을 설정하는 점도 다른 기준과 맞지 않다. 수직인은 조선측이 일본통교자에게 관직을 부여한 것인데, 조선초기의 向化倭 = 조선으로의 귀화인에게 부여된 것이 15세기 중반에 이르면 일본인통교자에게도 부여되고 있어[15] 계층성을 나타내는 것은 아니다. 또한 『海東諸國紀』에 기

---

15) 松尾弘毅, 「中世日朝關係における後期受職人の性格」(『日本歷史』663, 2003年).

재된 수직인은 對馬·壹岐·博多의 3개소의 통교자로 한정되는데, 對馬·壹岐의 수직인이 구왜구세력인 점에 비해 博多의 수직인은 모두 상인이다. 이 시기의 수직인을 하나의 계층으로 파악하는 것은 옳지 않다. 무田씨와 같이 구왜구세력은 有光씨의 계층별 분류에서는 호족층이나 대관 클래스에 해당된다고 생각되며, '수직인'을 계층화 하면 이중 기준이 되어버린다. 이것은 수직인을 중세 일조관계 속에서 어떻게 평가할 것인가 하는 일조관계의 기본적 인식에 관한 것이다.

지금의 연구 상황으로 보면 이러한 문제점을 안고 있지만 또 한편으로 오늘날의 연구에 연결되는 듯한 지적도 이루어지고 있다. 예를 들면, 『海東諸國紀』의 개개의 통교자에 관해서 그 존재를 명확히 할 기본사료가 풍족하지 않다는 지적과 통교자의 호칭이 실제 이상으로 자신의 지배영역이나 신분을 과시하고 있어 그 신빙성에 대해서는 금후의 검토과제라는 지적이 있다. 확실히 지적한 대로 이러한 지적은 결과적으로 오늘날의 위사론에 연결되는 것이다.

일찍이 『海東諸國紀』의 각 일본인통교자에 관해 공동연구를 수행한 적이 있다.16) 그것은 長節子씨의 『海東諸國紀』통교자에 관한 위사연구17)와 橋本雄씨의 王城大臣使에 관한 연구18)를 근거로 한 것이었지만, 위사인가 아닌가하는 것 보다도 각 통교자가 일본국내 사료에 어떻게 나타나는가 혹은 나타나지 않는가를 망라하여 검증한 것이다. 무엇보다 일본측 사료에 나타나지 않는다고 바로 위사로 판정할 수 있는 것도 아니고, 또 역으로 일본측사료에 명확히 등장하는 인물이 바로 진사가 되

---

16) 佐伯弘次·水野哲雄·三村講介·荒木和憲·岡松仁·岩成俊策·大塚俊司·松尾弘毅·八木直樹, 「『海東諸國紀』日本人通交者の個別的檢討」(『東アジアと日本―交流と変容―』3, 九州大學21世紀COEプログラム, 2006年).

17) 長節子, 「朝鮮前期朝日關係の虛像と實像―世祖王代瑞祥祝賀使を中心として―」(『年報朝鮮學』8, 2002年).

18) 橋本, 『中世日本の國際關係―東アジア通交圈と僞使問題―』.

는 것도 아니라는 점을 확인해 두고 싶다.

『海東諸國紀』에는 모두 26개 국(對馬島·壹岐島를 포함)의 170명 가까운 통교자가 기록되어 있다. 구체적으로는 畿內(山城·攝津), 東山道(信濃), 山陽道(播磨·備前·備後·安芸·周防·長門), 南海道(阿波·伊予), 北陸道(若狹), 山陰道(丹後·但馬·伯耆·出雲·石見·隱岐), 西海道(筑前·豊前·豊後·肥前·肥後·薩摩·對馬島·壹岐島)이다. 지역적으로는 畿內를 포함한 西國에 집중되어 있다. 그러나 통교자 중에는 이미 위사로 지적된 '瑞祥祝賀使', '宗貞國請'의 통교자 및 王城大臣使를 제외하면 상당히 지역이 제한되었고 게다가 일본측 사료에서 검출되지 않는 인물을 제외하면 조선통교자는 對馬·壹岐·肥前·筑前 등 북부 九州지역에 집중하는 것을 지적할 수 있다. 이것은 위사의 대량창출을 한 세력이 이들 지역 인물이라는 점도 추측할 수 있는 것이다. 이처럼 15세기 후반의 일조관계는 언뜻 보기에 서일본 전체에 광범위하게 확산되어 있었던 것으로 보이지만 대량 위사의 존재를 고려하면 지역적으로 매우 한정되어 있었던 것이 된다. 게다가 이것은 16세기의 삼포의 난 이후에 진행되는 對馬에 의한 조선통교권의 독점화의 전제가 되는 것이다.

3.물건으로 본 중세의 일조관계와 지역

조선에서 일본으로 들어 온 물품이 어떻게 일본국내로 유통되고, 수용되었는가를 문헌사료에서 찾아내는 것은 매우 어렵다. 여기에서는 문헌이 아닌 물건에 주목하여 일본의 항만과 정치적 중심에 어떻게 수용되었는가, 시론적으로 고찰해 보고자 한다. 그 물건이라는 것은 무역도자이다. 중세에 있어 조선에서의 수입품의 대다수는 오늘날 전해지고 있지 않지만, 도자기는 가령 땅 속에 있어도 썩지 않고 존재한다. 일본에서의 무역도자의 대표적인 존재는 중국도자이며 일본국내의 유적에서 출토되는 도자기의 대부분은 중국도자이다. 중국에서는 대량으로 도자기가 생산되어 일본에도 대량으로 수입되었기 때문이다. 이것에 비하면 고려도자나 조선도자는 일본국내 유적에서는 많이는 출토되지 않는다.

『일본에서 출토된 무역도자』[19]라는 전5책의 자료집이 있다. 1990년대 초두까지의 일본에서 간행된 발굴보고서에서 무역도자에 관한 데이터를 작성한 것이다. 『일본에서 출토된 무역도자』西日本3은 九州·沖繩의 데이터가 수록되어 있다. 그중 福岡縣 부분에서 고려도자·조선도자에 관한 데이터를 추출해 보았다.

1990년대 초두까지는 무역도자가 출토된 福岡縣 내의 438개 유적이 일람표로 작성되어 있다. 그 대부분의 유적에서 중국도자가 출토되고 있다. 한편 고려도자는 56곳의 유적에서 조선도자는 59곳의 유적에서 출토되고 있다. 전 유적 중 고려도자·조선도자를 출토한 유적의 비율은 각각 12.8%, 13.5%지만, 수량적으로 중국도자가 압도적으로 많기 때문에 중국도자에 비해 고려도자·조선도자의 비율은 매우 적다.

고려도자와 조선도자를 비교하면, 출토유적 수는 그다지 변함없지만, 한 유적에서 출토된 양은 조선도자 쪽이 많고 또 기종도 풍부하다. 특히 博多 유적군에서 그런 경향이 두드러진다. 고려도자의 출토가 많은 곳은 大宰府로, 大宰府史跡·大宰府條坊 및 太宰府 시내유적을 합계하면 21개 유적이다. 이 다음은 博多로, 14개 유적이다. 博多 주변의 福岡 시내 유적은 11개 유적이다. 이 외에도 출토 유적수는 적지만, 春日市·那珂川町·前原町·粕屋町·宗像市 등, 大宰府―博多 주변 지역이 많다. 먼 지역으로는 北九州市에 2개 유적, 久留米市에 1개 유적이 있지만, 현내에 광범위하게 분포되어 있지 않고 출토점수도 적다. 고려도자는 大宰

---

19) 『日本出土の貿易陶磁』西日本編1~3, 東日本編1~2, 國立歷史民俗博物館, 1993年~94年.

府—博多와 그 주변 지역에 매우 제한적으로 들어왔다고 할 수 있다.

　이에 비해 조선도자는 博多 15개 유적, 大宰府 9개 유적과 전대에 비해 그 수가 역전되었다. 한반도 도자기의 수용에 관해서 大宰府와 博多의 지위가 역전된 것이 판명된다. 博多 주변의 福岡 시내 유적은 18개 유적으로 항만에서 주변 지역에 널리 유통되었던 모습을 알 수 있다. 또한 博多—大宰府에서 먼 北九州(7개 유적), 小郡市(1개 유적), 夜須町(1개 유적), 豊前市(1개 유적) 등 광범위하게 출토유적이 분포하고 있다. 특히 北九州市域의 출토수가 고려도자에 비해 증가하고 있어 博多—大宰府와는 다른 수입경로도 상정할 수 있을 지도 모른다.

　이상에서와 같이 大宰府에서 博多로 수용의 중심 변화, 수량·기종의 증가, 분포의 광범위화라는 흐름을 간파할 수 있다.

4. 対馬와 三浦 －近世로의 展望－

　근세에 이르면 일조관계는 對馬의 왜관을 거점으로 외교·무역이 이루어졌다. 對馬—釜山이라는 관계이다. 중세에서는 조선과 가장 관계가 깊은 對馬와 무역항 삼포의 관계가 여기에 대응하고 있다.

　對馬에서는 15세기 후반에 守護所가 佐賀에서 府中(嚴原)로 옮겨진 후에도 조선무역의 거점은 佐賀였고, 佐賀를 중심으로 佐賀 경제권이라는 것이 형성되어 있었다는 것이 명확해 지고 있다.[20] 분명 이전 직후의 府中(古于浦＝國府浦)의 호수는 100여 호인데 비해, 佐賀浦는 500여 호로, 佐賀에는 문인을 발행하는 秦盛幸과 壹岐 해적 두목의 아들, 조선으로부터 관직을 받은 수직인, 守護代의 아들 등, 다양한 조선통교자가 거주하고 있었다.[21] 이 佐賀경제권을 형성한 주체는 地侍들이며 그들은

---

20) 荒木, 『中世對馬宗氏領國と朝鮮』.

한반도—對馬—九州—本州를 연결하는 광역적 유통네트워크 속에서 활동하고 있었다.[22] 이처럼 한반도—對馬—北部九州를 연결하는 廻船商人들은 對馬 중부의 淺茅湾 주변에도 있어 일상적으로 '고려(조선)'과 '육지(九州)'를 왕래하고 있었다.[23] 이러한 廻船 활동은 조선에서 물고기·소금을 가지고 곡물과 교환하는 對馬島民의 생활유지를 위해 교역도 겸하고 있었던 것으로 사료된다. 使船만이 아니라 이러한 興利倭船의 활동의 실태규명이 기대된다.

使船이든 興利倭船이든 對馬에서 조선으로 도항할 때에는 무역항 삼포에 도항하였다. 삼포에는 恒居倭라 불리는 사람들이 거주하고, 어업이나 상업에 종사하였다.[24] 항거왜는 對馬島의 거주민이 주체였다. 즉 對馬—三浦라고 하는 긴밀하게 연결된 교역망이 형성되어 있었다. 삼포에서는 일본으로부터 使船이 가져온 물품의 일부가 교역되었고, 삼포나 그 주변에서는 항거왜와 조선상인간에 빈번하게 밀무역이 행해져 문제도 많이 발생하였다.

1510년의 삼포의 난에 의해 조선과 對馬 간의 외교관계는 단절되었다. 그 2년 후에 체결된 壬申約條에서 외교관계는 회복하였지만, 對馬는 종래의 많은 권익을 잃었다. 삼포에서의 거주권도 그 중 하나이다. 임신약조에 의해 제포 1항 만이 일본의 무역항으로 지정되어 삼포제는 붕괴되었다. 그 후, 1521년에는 무역항이 제포·부산포 두 항이 되었지만, 1547년 정미약조에 의해 무역항이 부산포 1항이 되어, 對馬—釜山이라는 루트가 정해졌다. 이것이 근세의 부산왜관으로 연결되는 것이다.

삼포의 난에 의해 對馬는 조선의 孤草島 해역에서의 어업권도 잃었

21) 『海東諸國紀』日本國紀對馬島.
22) 荒木, 『中世對馬宗氏領國과 朝鮮』267頁.
23) 佐伯, 『對馬와 海峽의 中世史』.
24) 이하 삼포에 관해서는 주로 村井章介, 『中世倭人伝』岩波書店, 1993年에 의한다.

다. 이 고초도에서의 釣魚는 對馬에서는 'おうせん' 'おふせん'으로 표현
되었다. 對馬의 중세문서에서는 임진왜란 직전까지의 'おうせん'관계 문
서가 많이 남아있다.[25) 이것은 공적으로는 상실했을 고초도 어업권이
對馬에서는 계속해서 유지되고 있었기 때문일 것이다.

---

25) 長節子, 『中世國境海域の倭と朝鮮』, 吉川弘文館, 2002年.

〈토론문〉

「地域間交流 －中世日朝關係における地域の視点－」

허 지 은
(서강대)

본 논문은 중세 조일관계사를 지역적 관점에서 개괄적으로 분석한 연구를 소개하고 현재의 조일관계사의 시각에서 평가함과 동시에 문제점을 지적하고 있다.

우선 1장에서는 종래의 지역론의 연구시각과 성과에 대해 언급하고 첫재, 현재 축적되어 있는 막부정치사·지역정치사-대외관계사에 관한 연구성과의 반영과 한국-일본 사료의 비교 분석이 이루어져야 한다는 점, 둘째, 무역의 성격에 대한 분석에서는 지역성이라는 관점이 충분히 반영되어야 한다는 점, 셋째, 무역품에 대해서도 남해산물자 뿐만 아니라 광산물에도 주목할 필요가 있다는 점 등을 지적하였다.

2장에서는 『海東諸國紀』를 바탕으로 日本人通交者를 분석한 연구성과에 대해 언급하면서 위사문제를 지역론에 부가할 필요가 있다고 지적하였다.

3장에서는 일본에서의 고고학적 성과를 바탕으로 고려-조선산 도자기가 수입되었던 지역에 주목하여 그 수입의 주요 지역이 다자이후와 하카다라는 점과 수량, 기종의 증가 등에 대해 언급하였다.

4장에서는 중세시기 조선과 관계가 깊었던 쓰시마와 무역항 삼포의 관계에 대해 언급하고 삼포의 난에 의해 쓰시마가 고초도해역에서의 어업권을 잃었지만 임진왜란 전후까지의 고초도어업권 유지가 쓰시마의 중세문서를 통해 확인된다고 지적하였다.

이러한 지적들은 중세 조일관계사를 지역적 관점에서 볼 때 충분히 고려해야할 점들로서 의미가 있다고 생각된다. 토론자로서 몇 가지 질문을 드리고자 한다.

첫째, 일본 내에서 중세시기 조일관계사에서 중심이 되었던 지역이 갖는 특징이 무엇이며, 이 지역에 대한 일본 중앙 정부의 인식은 어떠했었는가 하는 점이다.

둘째, 중세시기 조일교류에서 통교자 중 위사가 차지하는 비중은 어느 정도였으며, 위사에 대한 조선과 일본 중앙 정부의 인식과 대응은 어떠했는지 궁금하다.

셋째, 고려-조선도자기가 다자이후와 하카다에서 집중적으로 발굴된 배경과 중세시기 조일간의 통교지역과의 관련성은?

넷째, 쓰시마와 삼포를 다루면서 "조일관계가 쓰시마의 왜관을 거점으로 하여 외교 무역이 행해졌다"고 했는데, 왜관은 조선 정부가 조선에 내항하는 일본인들을 규제·관리하기 위한 목적으로 설치했던 것으로 "쓰시마의 왜관"이라는 표현은 적당하지 않다고 생각된다. 이 점에 대해 선생님은 어떻게 생각하시는지 궁금하다.

종합토론

1세션 - 사회 손승철

손승철 : 시작하겠습니다. 저는 아까도 1부 행사에서 소개를 했기 때문에 따로 소개는 안하겠습니다. 우선 종합토론에 들어가기 전에 오늘 이 심포지엄이 계획되는 단계를 조금 설명을 드리겠습니다. 사실은 저희가 이제 한일양국에서 합동으로 이런 심포지엄을 한 것이 이번이 세 번째입니다. 처음에 10년전에 한림대학교에서 한 번했고, 5년 전에 큐슈의 국립박물관에서 한 번 했습니다. 그리고 이번 5년만에 다시 저희 강원대학교에서 하게 되었고, 앞으로 5년 뒤에는 어떻게 될지 모르겠습니다만 아마 일본측에서 준비할 것으로 기대를 해봅니다. 제가 2년전에 구주대학에 연구교수로 가 있을 때, 사에키 선생님과 의논을 해서 오늘 주제를 선정했습니다. 처음에는 고대부터 근현대에 이르기까지 전시대를 망라해서 심포지엄을 할까 했습니다만, 시기적으로도 길어지고 또 인원도 많아지고 그리고 무엇보다 예산이 방대해지기 때문에 간단하게 하기로 했습니다. 그래서 조선시대를 중심으로 집중적으로 해보자라고 해서 조선시대로 한정을 했구요, 그럼 무엇을 할것이냐라고 했을 때 우선 같은 시대에 한국과 일본이 어떻게 같고 어떻게 다른가, 먼저 같은 점과 다른 점을 해보자라고 했고, 그런 가운데서 양국간의 교류가 어떻게 이루어졌고 또 어떠한 갈등이 있었는가라는 측면에서 세션을 2개로 정했습니다. 그래서 1세션에서는 국가권력, 체제, 이념 이런 것들을 다루었고, 지배층과 피지배층이 어떻게 다른지, 그리고 양국인의 정신세계를 결정하는 종교관이 어떻게 다른지, 같은지 또 상호 인식면에서 어떻게 같고 어떻게 다른지, 이런 것들을 한 번 전체적으로 검토해보자 그런 가운데에서 양국사에서

어떤 교류와 갈등이 있었는가 이렇게 접근해보자 그래서 2세선은 교류와 갈등, 첫 번째 외교적인 관계에서 우리는 조선시대가 쭉 가지만 일본은 무로마치, 도쿠가와, 에도 막부로 나누어지기 때문에 외교 관계는 둘로 나누었구요, 그 다음에 무역관계, 문화교류, 그리고 어떠한 지역사람들이 어떤 이유로 교류를 했을까라고 해서 지역간의 교류라고 해서 두 세선으로 나누었습니다. 그리고 발표자는 한 세선에 한일 양국에 10명씩, 그래서 20명이 되었고 그에 대한 약정토론자가 20명이 되었습니다. 사실 규모상으로 보면 하루에 소화하기에는 너무 많은 주제들이고 그래서 상당히 고민을 많이 했습니다. 또한 심포지엄의 수준은 어느 정도로 할 것이냐로 고민했습니다. 그래도 우리가 새로운 연구테마를 가지고 깊이 있게 하는 것도 중요하지만 이제까지 우리가 연구해 온 것을 정리하면서 전반적으로 어떠한 것이 문제고 어떠한 것이 앞으로 연구가 되어야 하는지 이런 것을 좀 성실하게 연구사적인 차원에서 다뤄보자, 이런 생각도 했고 또 어떻게 하면 우리의 연구 성과를 일반 대중들에게 알릴 것인가 이런 차원에서 생각해서 너무 전문적이고 깊이 있는 것보다는 일반적이고 교양적인 것들로 하자, 그리고 5년 만에 이런 자리를 마련하니까 양국 학자들간의 교류도 중시하자 그래서 프로그램을 다양하게 꾸며보자 라고 해서 기획하게 됐습니다. 사에키 선생님과 기획을 하고 그것을 바탕으로 해서 큐슈쪽에서는 사에키 선생님이, 동경쪽에서는 키타지마 선생님하고 무라이 선생님이 주관을 했고, 한국쪽에서는 현재 학회 회장이신 한문종 선생님, 장순순 선생님, 그리고 제가 기획을 했습니다. 그리고 장소가 춘천이니만큼 실무적인 것은 저희 학교에서 해야 되지 않겠냐라고 해서 그러한 전반적인 그러한 과정을 거쳐서 사실은 오늘 자리가 마련이 되었습니다. 이러한 과정들을 이해해주시길 바라고, 또 그러한 면에 있어서 조금 문제점이 있으면 다음 기회에는 그러한 것들을 보완해 가도록 노력하겠습니다. 토론 방식을 말씀드리겠습니다. 발표자와 토론자가 숫자가 20명씩 40명이 됩니다. 일반적으로 보면 발표자, 토론자의 단상을 이렇게 만들 때 같은 위치에서 하게 되지만, 지금 1세션이 20명이기 때문에 도저히 같이 앉을 수가 없어서 서로 마주보기로 했습니다. 그랬더니 아까부터 누군가는 적대관계를 만들려고 하는데 그렇지는 않을 것이라고 생각되구요. 발표자가 위에 가있고 토론자가 한 단계 밑이라서 조선통신사가 일본 왔을 때에 그것 때문에 많이 싸우지 않았습니까. 근데 그런 일은 없을 것이며, 이러한 사정을 이해해주시길 바랍니다. 그래서 지금부터 토론을 시작하는데, 저희가 대략 6시 30분까지는 꼭 끝내야합니다. 그러다보니 지금 결국 20명이 20개의 주제를 토론을 해야하니까 한 주제당 10분입니다. 나눠보면 질의 5분에 답변 5분, 무조건 5분이 되면 종을 치겠습니다. 꼭 10분 이내에 해주시고, 그리고 플로어에서도 아마 질문이 있을 것 같은데, 꼭 하실 질문만 먼저 하시고 오늘 이 자리가 끝나고 나면 2세션도 있고, 또 내일부터 1박 2일 같이 버스를 타고 이동하는 시간이 있기 때문에 그 시간을 이용하시고, 가급적이면 꼭 필요한 질문만 받도록 하겠습니다. 그럼 이제 토론을 시작하겠습니다. 그래서 먼저 제 1세션에 가장 먼저 국가사의 비교, 권력과 통치이념의 구조에 대해서 제가 발표했고, 기타지마 선생님이 발표해주셨습니다. 거기에 대해서 동경대학의 고미야 선생님, 동북아역사재단의 연민수 선생님이 질의를 해주시고 거기에 대한 답변을 하도록 하겠습니다. 순서는 하나하나 짚어가도록 하겠습니다. 고미야 선생님 부탁드립니다.

小宮 : 동경대학 사료편찬소의 고미야라고 합니다. 잘 부탁드립니다. 조선 왕조 국가의 체제와 특징에 대해서 정확하게 정리해주신 손승철 선생님께 감사의 말씀을 올립니다. 공부가 부족한 저에게는 대단히 감사할 만한 보고였다고 생각합니다. 저는 일본의 에도시대 초기의 정치사 관계 사료를 주로 다루고 있으며, 그것과의 관계에서 조선왕조실록의 일본관

계부분을 공부하고 있지만, 조선 왕조사 전체를 제대로 공부했던 적이 없습니다. 이번에 이러한 기회를 주신 것에 감사의 말씀을 드립니다. 먼저 저에게는 충분히 이해하기 힘들었던 부분에 대해서 질문하겠습니다. 이 질문은 한국사 연구자들에게는 아주 기본적인 것들뿐일지도 모릅니다만, 제가 잘 모르기 때문에 넓은 마음으로 이해하주시고, 가르쳐주신다면 감사하겠습니다. 다음과 같은 두 가지 점인데요, 국가 통치 이념에서 설명하고 계시는 '민본적' '민본주의', 또는 정치에서 나온 말인데요, '민본위민의 왕도 정치를 실현한다'라고 표현을 하셨는데, 그 때의 그 '민본'이라는 것이 어떠한 구체적 내용을 가진 역사용어인 것입니까. 또 그것을 어떠한 의미로 사용되고 있었던 것인지 여쭤보고 싶구요. 두 번째로는 결론부분에서 '조선은 성리학의 나라라고 할 수 있을 정도로 우직했다라고 말할 수밖에 없다'라고 말했는데, 이것은 번역의 문제일 수도 있겠는데 그 부분에서 일본의 무로마치 막부나 에도 막부 체제와의 비교의 필요성을 나타내고 있습니다. 이 경우에 '우직'이라는 표현은 그 때 당시의 일본과의 비교에 있어서 어떠한 측면에 주목해서 '우직'이라는 말을 쓰신건지. 혹은 우직이라는 것은 무엇에 대한 '우직'을 말하는 것일까요. 또 한 가지 여쭙고 싶은데, 제 자신이 말을 잘 몰라서 그러는 것일 수도 있는데 이 '誇功'을 논하다 라는 말인데 이는 결론 부분에 나와 있습니다. 이것에 대한 의미도 가르쳐주시길 바랍니다. 제가 잘 알아보지 못한 부분도 있습니다만, 가르쳐주신다면 제가 이해하는데에 많은 도움이 될 것 같습니다. 이상 질문 2가지입니다. 이러한 질문과도 관련해서 제 자신이 동시대의 일본, 특히 에도시기와의 비교에서 주의하고 싶다고 생각하는 논점은 다음과 같이 말씀드려보고 싶습니다. 제가 어느 자리에선가 말씀드린 기억이 있는데요, 조선왕조실록 기록에서 '議事錄'적인 존재에 보이는 것과 같은 것이 존재하는데. 이 존재에 보이는 것과 같은 세부적인 기술, 이것은 제가 정치사 사료를 사용하는 경우가 있는데, ‘德川實記 의례’, 人事記事 중심의 정식적인 기술의 인상과는 대단히 대조적이라는 느낌을 받았습니다. 이것이 각각 작성의 기본 사료가 된 왕조실록 같은 경우에는 사초와 ‘德川實記’ 같은 경우에는 右筆所日記가 되는데, 그 두 가지의 작성 형태나 체제가 다르기 때문에 그렇기도 하겠지만, 더 나아가서 기록 작성의 그 자체에의 양자 인식의 차이에 이르는 문제라고 생각하고 있습니다. 이 기록 작성 행위 자체에 대한 인식은 더 나아가서 사관에 대한 중국의 국가체제에서 전통적인 당위로서 ‘不虛美, 不隱惡, 直書其事’의 수용방법이 한국과 일본에서 어느 정도 달랐는가를 생각하는 실마리가 될 것이라고 생각합니다. 이상입니다. 이것에 대해서 답변을 부탁드립니다.

손승철 : 너무 큰 문제들을 5분 안에 도저히 답변이 어렵겠습니다만, 우선 첫 번째 민본주의에 대한 질문입니다만 조선 왕조는 아까 발표에서도 말씀드렸지만 조선 왕조를 세움과 동시에 정도전이라는 인물이 조선경국전이라고 하는 책을 썼습니다. 그런데 그 조선 경국전이라고 하는 책에 조선의 기본적인 틀이 만들어졌고, 그 후에 성종 때에 가서 경국대전으로 완성이 되면서 조선시대 전체를 통괄하는 법전으로서의 유효성을 가지게 되었는데, 거기에 기본적으로 민본 또는 위민사상이 반영이 되었다고 생각이 됩니다. 그런데 찾아보니까 민본이라는 말은 서경에서 처음 나오는 말인데 서경의 하서 중에 ‘민유당본’ 다시 말해서 민이 오직 나라의 근본이다라는 용어가 있는데, 그것이 맹자대에 와서 민본위민사상으로 완전히 하나의 정치사상으로 정리되었던 것이 역사적인 어원이 가지고 있다고 저도 알고 있습니다. 그래서 결국 그것을 쉽게 얘기하면 일반적으로 우리가 얘기할 때 ‘민심은 천심이다’라고 하는데, 그 민심이 결국 천심을 결정하고 천심에 의해서 천명이 만들어지면 그 천명에 의해서 통치권자가 결정이 되고 그 통치권자가 인정이라든지 덕치를 하게 되

면 그것이 민심을 좌우하게 되고 이런 식으로 하나의 서클을 가지면서 하나의 정치논리를 가지는 것이 아닌가 이렇게 얘기를 하고 싶습니다. 그래서 이제 보면 역성혁명도 그래서 가능했고, 유덕자 집권설이라는 덕이 있는 사람이 권력을 잡을 수 있다 라고 명분화. 합리화 한 것이 아닌가 저는 그렇게 생각했습니다. 그래서 결국 민본과 위민의 정치는 그렇게 이해할 수 있지 않을까 생각했구요. 그리고 두 번째 '우직'이라는 용어를 썼는데 사실 우직이라는 말이 학술용어로서는 부적합하다고 생각이 됩니다. 그대로 표현하면 어리석고 고지식하다 그런 것인데, 이 예가 합당한지는 모르겠습니다만 한말에 위정척사 사상이 있습니다. 위정할 때의 정은 성리학이고 척사할 때 사는 결국 서학이나 사학을 의미하는데, 끝까지 고집스럽게 성리학을 고수해간다 그런 의미에서 그런 표현을 썼습니다만은, 역시 학술적인 표현은 아닙니다. 그러나 충분히 감성적으로는 이렇게 이해할 수 있지 않겠나 생각했습니다. 그리고 마지막 세 번째 말씀입니다만, 저는 일본의 덕천실기는 어떻게 쓰여졌는지 잘 모르겠습니다. 그런데 선생님의 질문지를 보니까 조선왕조실록과는 다르게 쓰여졌던 것 같은데요, 조선왕조실록은 잘 아시겠습니다만 예를 들어 조정에서 회의를 한다고 하면 누가 어떻게 했다 하는 것이 그대로 사실적으로 말 그대로 실록에 수록이 되어있는데 아마 일본의 덕천실기는 그걸 사관이 자기 생각대로 정리해서 쓴 거 아닌가하는 생각을 했는데 제가 제대로 이해했을지는 모르겠습니다만 예를 들어 왕조실록의 1414년 2월달에 그 최초 통신사 박분이 통신사행을 출발을 합니다. 그런데 이제 경상도 대구에 이르러서 병을 핑계로 통신사행을 못하겠다고 했을 때 조선왕조실록에 보면 그대로 이렇게 서술이 되어 있습니다. 박분이 이미 병을 핑계대고 행하지 않습니다. 이제 의논하는 자가 말하기를 그 예문을 종사관으로 하여금 가지고 가게 하는 것이 맞다라는 것과 같이 이렇게 누가 무슨 말을 했다 라는 식으로 되어있는데, 그러니까 이제 거기에 대

해서 당시의 영의정이었던 자가 역시 안 가는게 좋겠다 라고 얘기를 하
니까 그 다음에는 당시의 왕이 영의정이 옳다 이렇게 서술을 한다는 것
입니다. 그래서 이제 있는 그대로의 사실을 더 과장하지도 않고 더 아름
답게 꾸미지도 않고 더 나쁘게 표현하지도 않고 있는 그대로 사실을 쓴
다 보통 그런 의미에서 조선왕조실록은 하나의 지침이나 사서로서의 차
별성을 가지지 않았나 하고 저는 이해하고 있습니다.

　小宮 : 첫 번째 두 가지에 대해서는 너무 커다란 주제였다고 할까요,
저 자신도 여쭙기는 했는데 전체 토론과도 관련이 있는 것 같아서 여쭤
보았고 감사합니다. 그리고 또 하나 제 연구와 마지막 부분의 연계에 대
한 부분인데, 덕천실기에서는 조선왕조실록에서도 사관이 현장에 있는
사람들이 메모를 하는 것이죠. 그러니까 덕천실기는 에도막부 같은 경우
에 의사록적인 것은 거의 남아있지 않습니다. 제가 조선왕조실록을 읽으
면서 왜 이런 것까지 남아있는지라고 생각 할 정도였습니다. 이런 경우
사관의 생각이 아마 국왕의 권력에 대한 국권 혹은 그 현장에 있었던 사
람들이 이렇게 말했다는 것들에 대한 책임은 국왕이 없어지고 나서 실
록이 편찬되는 것이기 때문에 후세에 있어서 반드시 책임을 물을 것이다
라는 뜻에서 아마 국왕 이하에 대한 그러한 기록이 된 것 같은데요, 그러
한 것이 일본의 경우에는 없다는 것입니다. 그래서 사관적인 개념은 원
래 중국은 중국적인 것이라고 생각이 됩니다. 하지만 조선 같은 경우에
는 아까 우직이라는 표현이 나왔었습니다만, 대단히 진지하게 성실하게
이러한 대화에 대해서 써놓았는데, 일본 같은 경우에는 일본에서도 최근
의사록이 없다 라는 얘기를 하기 시작했는데 이것은 아마 계속 그랬던
것이라고 생각됩니다. 감사합니다.

　손승철 : 감사합니다. 시간이 많이 되어서 죄송합니다만, 두 번째는 기

타지마 선생님이신데 토론시간을 모범적으로 해보시도록 부탁드리겠습니다. 두 번째 기타지마 선생님에 대해서 토론해주시기 바랍니다.

연민수 : 네, 동북아역사재단의 연민수입니다. 제가 고대사 전공자라 이 분야는 잘 모릅니다만 기타지마 선생님의 발표가 간단명료해서 조금 이해할 수 있었습니다. 답변시간을 좀 많이 드리기 위해서 질문 4가지 중 2번째 것은 생략하고 간단하게 제가 궁금한 것, 논점이라고 하는 것을 질문하겠습니다. 쇼군과 다이묘의 관계에서 무가제도가 중요한 기능을 가졌다고 생각되는데 언급이 없어서, 이에 대해 한 말씀 해주셨으면 좋겠고, 또 하나는 포르투갈로부터 생사 수입 관련 중요한 무역의 이익을 얻었다고 말씀해 주셨는데, 그것의 규모는 얼마나 되는지 그리고 당시에 일본에 생사 생산의 규모가 어느정도 되었는지, 그리고 참고로 일본에서 고대의 신라, 발해와의 교역에서 일본에서 결제수단으로 쓴 것이 면직물이었는데, 상당히 양질의 면직물을 생산했는데 근세에 와서 경제구조의 변화 때문인가라는 생각이 들었습니다. 마지막으로 쇄국이 서양 사람의 글을 번역해서 일본 사람이 쇄국이라고 얘기했는데, 쇄국은 사실 나라의 빗장을 걸어 잠근다라고하는 의미인데, 당시에는 조선과의 교류가 중국이나 나가사키의 교류가 있었습니다. 쇄국에 대한 개념을 간단하게 정리해주셨으면 감사하겠습니다. 이상입니다.

北島 : 예, 그러면 답변 드리겠습니다. 첫 번째의 무가제법도 이것은 의식적으로 제가 쓰지 않은 것은 아니지만, 오히려 병농분리라는 것이 전제에 있고 석고제라는 것이 있었는데, 이것이 사회경제의 기초가 됩니다. 이것이 기초가 되어서 막번 체제라는 정치조직이 있는 것이죠. 그러다보니 그 위에 막부와 다이묘의 관계를 그리고 신하관계를 제대로 하기 위해서 약속으로서 무가제법도가 생긴 것입니다. 무가제법도라는 말을

썼어도 괜찮았겠지만 오히려 그러한 전제가 되는 것이 병농분리의 석고
제였기 때문에 그러한 것에 대해 말씀 드린 것입니다. 그리고 두 번째
질문은 무역의 이익에 대해서 무역사 연구를 하고 계신 분들의 말씀을
들어보면 네덜란드 무역은 그 무역장부가 제대로 남아있다고 합니다. 하
지만 포르투갈과 같은 경우에는 대략적으로 기록이 되어있기 때문에 무
엇이 얼마다 라는 식으로는 남아있지 않다는 것입니다. 중요한 것이 무
엇이냐면 이 때 당시의 선박이 계절풍으로 닻을 달고 있는데, 남풍이 불
었을 때 그것을 타고 올라왔고, 북풍이 불면 내려오는 것입니다. 1년에
한번밖에 왕복을 못합니다. 가장 중요한 것은 배의 크기가 문제가 됩니
다. 일본의 선박들은 가볍기 때문에 포르투갈 선박에 집니다. 그래서 그
경쟁에 저버리고 마는 것인데, 문제는 무엇이냐면 막부가 포르투갈이 가
지고 온 실이 쌌기 때문에 다시 다 가져갈까봐 이에야스가 다 사버렸습
니다. 그것을 다음에 가져왔을 때는 싸게 가져왔는데, 그런데 전에 비싸
게 산 것 밖에 팔지 못하게 하는, 그러니까 사는 건 우리만 할 수 있다고
정해버린 것입니다. 그런데 그것에 의해서 포르투갈에서 얻었던 이익을
일본 상인이 얻을 수 있게 되어서 광장히 큰 이익을 받게 된 것이 포르투
갈의 생사 무역이었던 것입니다. 또한 조선과의 관계에서 무역이 여러
가지 있었지만, 쇄국시대의 조선과의 관계, 막부는 네덜란드와 중국은
通商 국가이고 조선과 유구는 通信 국가다 라고 나누고 있었습니다. 조
선은 통신 대상국이라고 인식했습니다. 조선과의 관계는 통신사의 왕래
가 주된 것이었고, 무역은 거기에 부수되는 형태, 쓰시마가 인삼무역을
하는 형태로 되어있습니다. 다른 전문가 선생님이 계시기 때문에 이에
대해서는 나중에 말씀을 들으면 좋을 것 같구요. 그 다음에 쇄국론에 대
해서 질문 주셨는데요. 이는 켐페르라는 사람이 쇄국론이라는 말을 썼
고 일본의 실태를 썼고, 시츠키 타다오라는 분이 번역할 때 쇄국론이라
고 쓴 것입니다. 이것은 그 나라의 문을 닫는다는 뜻이고, 이것은 서양

적인 발상은 아닙니다. 쇄국의 개념은 아까 기독교 금지, 해외 왕래 금지, 막부의 통상무역독점이 그 실태입니다. 이것을 쇄국이라고 말할 것인지 해금이라고 말해야 할지 하는 것은 논저에 따라 다를 것입니다. 이상입니다.

손승철 : 네, 감사합니다. 아주 모범적으로 질문 2분에 답변 4분 20초, 이것을 모델로 하면 저녁을 일찍 먹을 수 있을 것 같습니다. 자, 이제 그러면 두 번째 주제, 지배층의 비교, 양반과 무사입니다. 양반과 무사에 대해서 신명호 선생님 발표에 대해서 이나다 선생님께서 토론을 해주시겠습니다.

稻田 : 안녕하세요, 동경대학의 이나다입니다. 잘 부탁드립니다. 신명호 선생님의 보고는 三學士傳과 忠臣藏 이라는, 각각 이상의 충의를 그린 작품을 채택하면서 양반과 무사의 사회적 가치관의 차이를 부상시킨다는 매우 흥미 깊은 내용이었습니다. 양 작품에서 갈등의 구조, 충의의 대상과 목표, 충의의 방법과 죽음에 대해서 비교가 이루어져 결론으로서, 三學士傳에서 상징되는 조선 양반의 이상인 충의라는 것은 「하늘에서 내려주신 인륜과 명분을 수호하는 것」을 궁극적인 목표로 삼는 것이며, 부모·조선국왕·명 황제에 대한 복종은 이것에 이어지는 것이라 되었습니다. 그 때문에 인륜이나 명분에 반하는 것이라면 군주에 대해서도 끊임없이 충고하고, 권모술수와 같은 비열한 수단이 숨어들을 여지가 없었으며 그 음모 없는 언동을 증명하는 수단으로서 순절이 선택되었다고 논해지고 있습니다. 한편, 忠臣藏으로 상징되는 일본의 무사는 계약 관계인 주군에게 절대 복종하고, 주군을 위해서라면 인륜이나 명분에 위배되는 권모술수도 서슴치 않지만 그러한 비열한 행위는 본의는 아니었습니다. 충의를 구현화하기 위한 수단에 지나지 않았다고 정당화하기 위한

최후의 방법으로서, 할복이 선택되었다고 전해집니다. 忠臣藏에게 볼 수 있는 복수나 할복이라고 하는 무사의 사고와 행동 양식은 일본에서는 대부분 무사도의 문제로서 다뤄져왔다. 그곳에서는 부모에게의 효보다도 주군에게의 충이 우선되어, 무인 계급의 신분에 따른 의무(noblesse oblige)로서 깔끔하게 목숨을 버리는 것이 명예가 되었고, 그러한 사회적 가치관이 존재했다고 여겨집니다. 따라서 忠臣藏이라도 죽음을 두려워하여 적진에 쳐들어가는 것에 참가하지 않았던 무사는 세간의 誹謗中傷의 대상이 되었던 것이다. 그런데 권모술수는 誹謗中傷의 대상이 되었던 것일까요. 山本幸司씨는 최근에 책에서 일본의 고대·중세의 영웅이라고 여겨지는 인물의 武勇傳의 가운데서, 현대적인 감각에서 매우 정정당당이라고 할 수 없는 책략이 구사되고 있는 것에 주목하고 있습니다. 이러한 책략에도 불구하고 그들은 비겁하다고 비난되는 것은 아니며, 오히려 실천적인 지성의 소유자로서 긍정적으로 받아들여지고 있습니다. 조선과 같이 유교적 가치관이 넓어졌다고 여겨지는 근세 일본에서도 이러했던 狡智를 긍정적으로 파악하는 토양이 존재했던 것은, 보고에서도 다뤄졌던 무사들의 권모술수가 결코 비난의 대상이 되지 않았던 것으로부터도 확인됩니다. 이들 무사에게 권모술수는 죽음을 가지고 정당화할 필요도 없고 당연한 기지였다고 생각되는 것입니다. 이러했던 양반과 무사와의 충의관념의 차이가 무엇에 기인하는 것인가는 커다란 과제이지만, 양반이 기본적으로는 과거에 합격했던 지식인이라는 것을 가지고 지배 계급으로서의 정당성을 획득하는 것에 반해, 무사는 生得의 사회적 신분을 정당화하기 위해 무인으로서 본래의 역할, 그러니까 죽음을 건 일을 끊임없이 사회에 나타낼 필요가 있었던 점에 해결의 실마리가 발견되는 것은 아닐까요. 이에 대한 신명호 선생님의 생각을 여쭙고자 합니다.

신명호 : 네, 감사합니다. 말씀 잘 들었구요. 제가 깊이 생각하지 못했

던 양반과 사무라이의 죽음과 관련해서 왜 그렇게 살고 그렇게 죽을까 그 이유가 뭘까. 양반들은 과거시험의 합격자 그리고 기본적으로 공부를 한 지식이라는 내용이 강할 것이고, 사무라이는 세습되고 무술이 중시되는 것 이러한 것이 중요한 요인이 된 것이 아닌가 저도 그렇게 생각합니다. 경험적으로 예를 들어 회사에 공채로 들어간 사람하고 특채로 들어간 사람이 사장님에게 하는 방식이 다를 거라고 생각되는데요, 지금으로 말할 것 같으면 양반은 공채 비슷하고 사무라이는 특채 비슷한데요, 근데 조선시대의 사무라이와 양반들이 죽는 방식들이 취직하는 방식의 차이일까. 양반들은 목표가 정당하다면 그 목표를 이루는 수단과 방법도 목표에 못지않게 정당해야했다고 생각합니다. 이것은 성리학의 영향이 아닐까 생각합니다. 수단과 방법을 가리지 않고 목표를 이루는 것을 정당하지 않다고 생각하지 않았다고 생각하는데, 사무라이들은 조금 달랐던 것 같고 죽음의 방식에서도 양반들도 부득이하게 죽을 때가 있는데, 사무라이들이 자살할 때 할복을 한다 혹은 다른 방식으로 죽는다는 것은 저는 그것도 인간의 몸, 자기의 몸에 대한 성리학적 관점이 다르다고 생각합니다. 우리는 '신체발부수지부모'라는 아주 기본적인 내 몸은 내 몸이 아니다 성리학 양반들은 내 몸은 부모에게서 받았기 때문에 망가뜨리지 않고 온전히 보존하고 있다가 온전히 죽는 것이 효도의 시작이라고 하기 때문에 무슨 일이 있어서 죽게 된다고 할 때 자기 몸에 자기 스스로 칼을 대서 죽는 것은 아마 효도와 안 맞는다고 생각합니다. 이것은 아마 성리학의 기본적인 사고방식인데, 사무라이들은 그렇지 않았던 것 같습니다. 자기 몸을 어디서 왔다고 생각하는지는 모르지만, 인간 몸에 대한 생각 또는 그 목표를 추진해나가는 방식에서 조선 양반들이 성리학적 원칙이나 가르침에 충실했다 그거에 비해서 사무라이들은 비교적 충실하지 않았다 그것이 좋다 나쁘다가 아니라 일본 자체의 특징이나 문화의 영향에서 나온 것이 아닐까 그렇게 생각합니다. 아무튼 세습 또는 과거

시험과 관련한 이런 차이점이 중요한 것이 아닐까 생각합니다. 이것은 매우 중요한 지적이었다고 생각합니다. 감사합니다.

손승철 : 더 모범적으로 대답해주셨습니다. 질문 2분에 답변 3분입니다. 그래서 이제 제 페이스를 찾은 것 같습니다. 다음은 토요시마 선생님의 발표에 대한 토론을 해주시겠습니다.

유재춘 : 안녕하세요, 저는 유재춘입니다. 강원대학교에서 재직하고 있습니다. 토요시마씨의 발표문을 보면서 저도 예전에 혼인이나 상속제도에 관한 간단한 글을 쓴 적이 있습니다만, 이번에 발표를 보고 일본도 왜 한국과 유사한 혼인과 상속제도에 변화를 가지게 되었는가에 대해 흥미를 느끼게 되었구요. 물론 당시에 양국의 사회구조나 정치체제 같은 것들에 기본적인 차이점이 존재하지만, 그러한 차이점 속에서도 이런 유사한 역사전개과정을 거쳐왔다고 하는 것을 비교해 주셔서 여러 가지로 새로운 공부가 되었습니다. 그런데 혼인이나 상속제 변화에 대한 요인을 말씀하실 때, 양국의 사회경제적인 부분을 조금 더 구체적으로 들어서 설명을 해주셨다면 조금 더 이해가 쉽지 않았을까하는 아쉬움을 가지기도 했습니다. 제가 선생님의 발표문을 보고서 몇 가지 궁금한 점이 있었고, 이것이 사실 일본사연구에 있어서 제대로 되어있는지 아닌지 잘 모르겠습니다. 하지만 제가 조금 우리나라 한국의 역사와 관련해서 조금 다른 점들이 있는데, 이런 점들을 몇 가지 여쭤보도록 하겠습니다. 기본적으로 중세시대에 혼인상속제도의 변화가 유사하게 전개가 되었는데, 한단계 더 들어가서 생각해보면 일본에서도 남자 중심 적자 중심의 상속제도의 변화를 행하고 한국에서도 사실 마찬가지입니다. 그런데 한국에서는 성씨에 대한 불변성이라든지 18세기 이후가 되면 적장자를 우대하는 현상이 두드러지게 나타납니다. 그런데 일본에서의 경험을 찾아보면

일본에서는 장자 우대에 대한 것이 거의 나타나지 않고 있다, 이러한 것들은 같은 남자 중심의 상속제도가 변화해가면서도 한국과 일본의 큰 차이점이 아닌가 생각이 드는데, 그런 차이점이 어떤 점에서 연유하고 있는지 조금 선생님께서 아시는 게 있으시면 말씀해주시면 좋겠습니다. 또하나는 토요시마 선생님께서 일본에서 남자 중심의 상속 관행이 이루어지게 된 요인으로 일본 막부 체제 속에서 관직을 세습하는 사회구조, 이것이 남자 중심의 상속구조, 그리고 가부장적인 사례로 변모해가는 중요한 요인으로 제시를 하셨는데, 근데 한국에서의 경우를 보면 조선 후기 사회에서 많은 사대부 가문 집단에서 적자 중심, 적장자 중심의 상속제도가 변화해가면서 가부장적인 사회 구조가 더 공고해지는 그런 체제로 가는 속에서는 여러 가지 사회 경제적인 당시의 변화상 균분상속을 하게 되면 제사조차 어려워지게 되는 사회적인 현실, 이것은 곧 유생들이 관직을 여러 대 동안 얻지 못하게 됨으로서 균분상속을 하게 되고, 이로 인해 재산이 나눠지게 되고 그러한 사회적인 현실이 분명히 한국에서는 있습니다. 그런데 일본사에서는 그러한 관직 세습 이외에 남자 중심의 사회적인 구조, 또 상속 관행이 확립되게 되는 다른 요인들이 있는지 여쭤보고 싶구요. 중세 사회에서 혼인 상속과 비교해서 사족이라고 통틀어서 얘기하지만, 조선 전기에 있었던 유교, 관품을 가진 사대부 집단, 조선 후기에 일반 사대부와는 격차가 있고, 대등하게 이야기하기에는 어려운 부분들이 있습니다. 오히려 한국사회에 있었던 군인, 군반가족이라던가, 이직 이런 것들도 조금 일본 중세사에서 지방 사무라이 가문과 오히려 더 대등한 측면이 있지 않나 이런 생각이 들었습니다. 이상입니다.

豊島 : 감사합니다. 유재춘 교수님 토론에 대해서 몇 가지 솔직히 말씀드리면 이 자리에서 답변드릴 수 없는 내용도 있지만, 제가 생각한 부분에 대해서 몇 가지 말씀드리고자 합니다. 첫 번째 인데요. 일본에서 적

장자에 대해서 우대가 없었다고 하셨는데, 아예 없는 것은 아니고, 조금은 있었다고 생각이 됩니다. 그 부분에 대해서 한반도의 사례, 한반도에서는 조금 더 적장자에 대한 우대가 보였는데, 그 차이가 어디서 왔는가 생각해봤을 때 첫 번째는요, 중세 일본 같은 경우는 역시 무가 상속에서 그러한 예를 먼저 볼 수 있습니다. 조선 왕조 때의 적장자 우대가 선생님도 말씀하신 바와 같이 제사를 승계하기 위한 사람과 재산을 확보해야하는 측면이 성리학적으로 대단히 중요하다고 본다면 여기서는 통솔로서 거의 이해가 된다고 봅니다. 일본 같은 경우에는 일본의 무가 같은 경우에는 무력이라고 할까요 그 기량, 그 힘을 가지고 지방을 다스리고 군주를 위해 일하기 위해서는 힘이 있어야 했습니다. 그렇게 되면 단순히 사람과 제사 뿐만 아니라 그 사람 본인의 기량과 힘이 필요합니다. 그러한 측면에서 장남이 만약 그것에 걸맞지 않다라고 판단된다면 다른 남자가 선택을 받는 경우도 있습니다. 그런 점에서 장자라는 이유만으로 기량, 실력 그런 것들이 많이 따져지지 않을 것 같은데, 그러한 면을 본다면 조선왕조보다 일본의 적장자에 우대가 적지 않을까라는 생각을 했습니다. 그리고 두 번째의 질문에서 관직 세습외의 일본사적으로 남자 중심의 세습된 것이 무언가 있지 않을까라는 것인데요. 관직 세습과 관련되어있긴 합니다만 남자 중심의 상속 관행으로 이행해 온 이유 중에 하나로서 애시당초 며느리를 받아들이는 결혼 방식이 무가의 관습으로서 점점 더 정착이 되었다면 무사. 무가가 일본 사회에서 무가관습이 지배적이고 일반적이 되었다는 것에 그 이유를 찾아볼 수 있을 것 같습니다. 그리고 또 같은 시기에 여자의 경제활동이라는 것이 점점 더 축소되었습니다. 거기에 대한 지적도 있기 때문에 그러한 것과 연결되어 있는 것이 아닌가 생각되었습니다. 그리고 세 번째 질문인데요, 질문이라기보다는 의견에 대해서는 저도 이 발표를 준비하면서 향리, 군관 그런 것에 대해서는 세습이랄까 신분으로서 이어지는 부분이 있기 때문에 비교 대상이 되는 것이 아닐까 생각했습니다. 하지만 이 시점에서는 향리, 군반의 세습 형태에 대해서 어떤 형태로 관직을 이어 가고 있는지, 그것이 사회적으로 어떤 영향을 미쳤는지에 대해서 제가 충분히 연구를 못한 부분이 있습니다. 그래서 이 부분에 대해서는 앞으로 더 연구를 해나가야한다고 생각합니다. 처음에 여러 가지 비교를 하고 싶다는 말씀을 드렸는데, 이렇게 한일간의 비교를 통해서 오히려 일본사에서는 이러한 혼인형태, 상속, 집과 관련된 연구가 어느정도 있는 것 같은데, 조선 왕조와 한반도와의 비교를 통해서 지금까지 알 수 없었던 시점, 관점이라는 것이 지적 가능하지 않을까라는 부분에 기대하고 있습니다. 감사합니다.

손승철 : 네, 감사합니다. 다른 말씀을 기회가 되면 또 하기로 하구요, 그러면 이제 세 번째 주제인 민중과 생활상의 비교에 대해서 이상배 선생님이 발표하셨는데, 에노모토 선생님께서 질의를 해주시겠습니다.

榎本 : 아 감사합니다. 일본문화연구센터의 에노모토라고 합니다. 이번에 이상배 선생님의 발표에 대해서 제가 코멘트를 하게 되었는데요, 저는 민중연구에 대해서 지금까지 한 번도 하지 못했기 때문에, 정말로 문외한이 읽고 감상을 말씀드리는 정도일 것이라고 생각합니다. 간단히 말씀드리고 끝내겠습니다. 제 코멘트는 이 책자에 있습니다만, 그 중에서 첫 번째 질문은 시간이 없어서 건너뛰구요, 2단락부터 읽겠습니다. 이상배 선생님의 발표에서는, 조선왕조의 민중은 국가의 지배에 복종하는 한계까지 수탈되는 존재였고, 그 저항도 농민 반란이라고 하는 절망적인 형태에 귀착한다 한편, 고전적인 일본사 이해에서는 豊臣 정권기에서 에도시기를 경계로, 무사 신분과 농민 신분이 확실히 분리되어, 촌락에 일원적인 지배가 관철되는데, 특히 18세기 이후는 수탈에 저항했던 농민 반란 (百姓一揆)이 빈발했다고 생각됩니다. 에도시대사 연구도 제가 잘

모르지만, 현상면에서 본다면 조선왕조의 민중은 에도시대 일본의 농민과 가까운 경우에 있었던 것처럼 보여집니다. 그러나 이것에 선행되는 중세 일본의 경우, 민중의 대표로서 농업 촌락을 조정한다면, 그것은 반드시 일방적인 지배·수탈의 대상은 아니었다고 할 수 있습니다. 예를 들면 중세 촌락은 자주 領主의 非法을 거절하고, 그 경질이나 연공 감면을 요구했습니다. 그곳에서부터는 촌락이 非法에 괴로워했던 측면 뿐만 아니라, 납득이 되지 않는 領主의 행동에는 과감히 저항했던 측면도 읽어내야 할 것입니다. 領主의 요구에 불만이 있는 경우, 住人이 단결하여 도망가고 경작을 포기하고 나서 공납을 정지시키고 나서 領主와 교섭을 행하는 것도, 중세 촌락의 상투적 수단이었습니다. 또한 중세 촌락은 외부로부터 평화를 위협하는 타지 사람에게 대비한 마을의 무력도 보존·유지하고 있었습니다. 중세 촌락은 領主에게 시키는대로 따르는 가엾고 순종적인 존재 등인 것은 절대 아니었습니다. 이것과 싸울 실력도 실행력도 어느 정도 가지고 있었던 것입니다. 이 점에서 에도 시대의 百姓一揆도, 특히 17세기에 많은 代表越訴型一揆(촌락 상층부가 領主의 위인 번주나 막부에 直訴)는, 중세의 역사적 전통을 밟은 것이 아니었나 라고 생각됩니다. 조선 민중 문제로 되돌아가서, 그들은 시종일관으로 지배당하고, 수탈될 뿐인 객체적 존재였던 것으로 보여지는데요, 중세 일본의 민중 모습을 보면, 억울하지만 참고 넘어가는 것도, 절망적인 반란도 아닌 실효성 있는 행동을 취한 만만하지 않은 「민중」은 조선에는 없었던 것일까요. 만약 없었다고 한다면, 그것은 일조 민중의 커다란 차이점 일지도 모른다고 생각합니다만, 저는 어느 정도 있었다고 생각이 듭니다. 이상입니다.

이상배 : 예, 감사합니다. 자세히 봐주셔서 감사드리구요, 선생님께서 말씀하신 일본에서는 실효성 있는 행동을 취했다 그런데 조선에서는 과

연 실효성 있는 행동을 취한 것이 없었을까. 그것은 있었습니다. 제가 지금 여기서 이야기 하는 것은 조선의 민중이라고 하는 소위 농민, 노비라고 하는 존재가 조선 500년동안 계속 수탈과 억압을 받았던 것은 아닙니다. 평소의 일반적인 농민이 내야할 세금이라는 것은 반드시 내야하는 것이며, 정상적인 조세제도 구분 하에서는 농민들도 저항이 없습니다. 그러나 부당한 방법으로 농민을 수탈할 경우에 그에 대해서는 저항을 할 수 밖에 없는 구조이죠. 그것은 일본이나 한국이나 같을 것입니다. 다만 제가 여기서 빼놓은 것은 합법적으로, 이른바 법에서 어긋나지 않는 선에서 내가 나의 정당성을 주장하는 방법도 굉장히 많았는데, 그것은 제가 여기서 생략을 한 것입니다. 왜냐하면 일단 저항이라고 하는 것이라는 것 자체가 부정한, 비합법적 방법으로 한 것에 한해서 제가 말씀을 드리는 것이고, 그것이 한계에 봉착했을 때 저항이 봉기로 나타나는 현상일 것입니다. 예를 들면 조선시대에 일본에서 마치 직소한다고 얘기를 했는데, 조선에서는 왕에게 직소하는 경우가 있습니다. 조선의 국왕은 궁궐에서 행차를 해서 자기 아버지의 왕릉이나 이런 곳을 행차를 합니다. 거리에서 행차를 할 때 주민들이 자기가 억울한 일을 당한 사람이 있으면 왕이 지나갈 때 기다리고 있다가 큰 북을 두드리거나 아니면 꽹과리를 칩니다. 이런 것을 전문용어로 격고격쟁이라고 얘기합니다. 치다라는 의미와 북과 꽹과리라는 의미가 있죠. 그러면 이 왕이 가다가 길을 멈추고 그 장본인을 부릅니다. 그럼 그 일반 백성이 오는데, 그 사람이 글을 알 경우에는 전부 글로 써서 왕에게 올립니다. 그것을 上言이라고 합니다. 그 다음에 글을 모르는 백성들이 더 많은데, 그 경우에는 그 사람이 직접 임금님에게 억울한 것을 말로써 얘기를 합니다. 그래서 그것을 상언격쟁이라고 하는데, 조선 시대에 이러한 행동들이 굉장히 많이 나타납니다. 특히 가장 많이 나타나는 왕이 정조 대왕입니다. 정조 대왕은 아버지의 무덤이 수원에 있었기 때문에 수원에 자주 행차를 하는데,

이 사실이 일반 백성들에게 널리 알려져 있고 또 정조 임금 자체가 그런 말을 들을 자세가 되어 있었기 때문에, 상언이 수천 건에 이르는 것입니다. 그런 정도로 백성들의 이야기를 들을 수 있었다는 것은 백성이 정상적인 단계에서 왕에게 직접 호소를 할 수 있었다라고 하는 것이죠. 그러한 제도는 기본적으로 있는 것이고, 그럼에도 불구하고 내가 억울한 일을 당했는데 해결이 안됐다라고 하면 더 이상 참지 못하고 일어나게 되는 거겠죠. 그러니까 일본이나 조선이나 제가 판단하기에는 소위 말하는 민중, 피지배계층이 당하는 억울한 일이 있었을 경우에 나타나는 현상은 방법론에서는 달랐을 것입니다. 세부적인 형태나 구체적인 방법을 달랐지만 목적은 하나였을 것입니다. 그러니까 피지배 계층의 목적은 자신의 권리를 확보하는 것이겠죠. 그것을 확보하고 편하게 살려고 하는 목적은 민중은 같았을 것이라고 하는 것이죠. 그 목적을 추구하기 위한 방법론은 약간 가치관에 따라서 나라마다 다르지 않았을까 보고 있습니다.

손승철 : 네, 감사합니다. 이어서 아라키 선생님의 발표에 대해서 김문자 선생님이 질의해주시겠습니다. 발표집에는 아라키 선생님이 일본문화청으로 되어있는데, 현재는 큐슈국립박물관에 근무하고 계십니다.

김문자 : 아라키 선생님의 토론을 맡은 상명대의 김문자입니다. 선생님의 논문은 민중의 생활상의 비교라고 하는 부분에서 중세 쓰시마와 마츠우라 지역의 해민을 비교하셨습니다. 저는 이쪽 부분에 있어서 대단히 문외한이었기 때문에 선생님의 논문을 읽으면서 질문이라기 보다는 제가 확인해보고 싶은 부분, 마츠우라 지역과 대마도 지역에서의 해민 비교가 조선에서 활동했던 왜구의 주역이 누굴까라는 것에 대해 새롭게 고찰할 수 있는 계기가 되었습니다. 질문에 대한 것을 먼저 들어가겠습니다. 논문에 대한 의의는 빼고 질문에 들어가겠습니다. 첫 번째로 아라키

선생님은 중세 쓰시마 지역과 마츠우라 지역의 해민을 어업을 중심으로 해서 비교를 하셨는데요, 특히 해민을 網人이라든가, 海夫, 海士 등 다양하게 표현하셨습니다. 특히 망인 같은 경우는 대마도 영주층의 '網漁'에 나타나는 '職人的 海民'으로 보셨고, 해부는 영주층에게 소유되면서 讓與, 賣買의 대상일 때, '下人, 所從的海民'으로서 독립성을 유지해서 집단을 형성했다고 보셨습니다. 해사같은 경우에는 사실은 대마도의 수군으로서의 역할, 즉 군사적인 봉공을 하면서 浪人的海民'이라기 보다는 직인적인 해민으로서 파악하셨습니다. 제가 이렇게 논문을 읽으면서 각각 이 해민이라는 명칭이 지역에 따라서 조금씩 다르게 나타나고 있는데, 실질적으로 사료에서 나타나는 차이인 것인지 보충을 해주셨으면 좋겠구요. 특히 제가 논문을 읽으면서 해부하고 해사, 해민에 대해서 재미를 조금 느꼈는데 그렇게 표현한 해부와 해사에 대해서 이들을 조선영역에서 활동했던 왜구의 주역으로 파악해도 문제가 없는지, 그 부분에 대해서 말씀해 주시기 바랍니다. 두 번째 질문은 사실 조금 너무 큰 주제이긴 하지만, 중세의 쓰시마와 마츠우라의 해민 비교와 같이 그 부분만 보게 되니 너무 좁은 주제인 것 같아서 실질적으로 중세의 한일 어업문화에 있어서 어장의 소유 형태라든가 어업 방식 또는 설치 장소 같은 것들에 대해서 서로 어떤 차이가 있는지 조금 넓은 주제이긴 하지만 간략하게 말씀해 주셨으면 좋겠습니다. 고려에서는 국가권력이 어업권을 장악하는 경우가 대부분이었는데, 일본에서는 각 지역의 어업권을 사유화하고 있었기 때문에 어장은 소유자의 의지에 따라 자유롭게 매매된 것 같습니다. 이러한 점 때문에 어업권을 둘러싼 분쟁이 일본에서는 끊이지 않았는데, 바로 이러한 점이 중세 대마도 지역과 마츠우라 지역에 다양한 해민이 발생하게 되었고, 또 왜구 발생과 연결되는 것이 아닌가라고 봐도 좋은지 이 부분에 대해 질문 드리겠습니다. 이상입니다.

荒木 : 질문 주서서 감사드립니다. 일단 첫 번째 질문에 대해서 답변을 드리자면 제 발표에서 쓰시마의 망인, 해부, 해사가 나타난다고 했는데, 이것은 다 사료에 나와 있는 표현입니다. 그래서 여러 가지 지역적인 것에 차이가 있는데, 읽는 법에도 차이가 있습니다. 하지만 기본적으로는 같은 성격을 갖는 해민이었다 저는 그렇게 생각합니다. 마츠우라의 해부는 사료를 보면 잠수를 했었다라고 되어 있는데, 그 외의 어떤 일을 했는가에 대한 것은 나와 있지 않습니다. 그런데 마츠우라 지역은 그물 어업이 발달했기 때문에 아마도 그 해부들이 그물 어업에도 동원이 되었을 것이라고 생각합니다. 그러한 마츠우라 지역의 해부들이 쓰시마에 가서 현지에서 망인이라고 불렸던 것이 아니냐 저는 그렇게 생각합니다. 그래서 기본적으로 지역에 따라서 부르는 방법은 달랐지만, 같은 생활양식을 가진 사람들, 그다음에 그런 어업 방식을 했었던 어민들이라고 저는 생각합니다. 그리고 그런 해민과 그 왜구와의 관계인데요, 그 왜구의 구성원들이 어떤 사람들이었는지 이러한 것이 큰 주제이기 때문에 이것에 대해서는 신중한 태도를 가져야 할 것이라고 생각합니다. 근데 왜구가 기본적으로 쓰시마라든지 이키, 마츠우라 지역, 하카타 지역의 사람들이었다 라는 것은 이론이 없을 것으로 생각되므로, 마츠우라 지역의 해부라든지 해사 같은 사람들이 관여했다고 하는 가능성은 생각해볼 만하다고 할 수 있으며, 생각해봐야하는 문제입니다. 두 번째 질문은 금방 발표에서는 일본의 쓰시마, 마츠우라에 대단히 한정된 어업에 대해서밖에 발표를 할 수가 없었습니다. 그렇지만 지금 선생님이 지적해 주신대로 조선 한반도에 있어서의 어업과 비교도 당연히 앞으로 연구를 해야 될 것으로 생각이 되구요, 특히 조선에서 전복을 따는 관직, 제주도에 있어서의 해녀 이런 사람들과의 비교도 앞으로의 연구대상이 될 것이라고 생각합니다. 그리고 토지 소유권이라든지 소유권에 대해서도 언급을 해 주셨습니다만, 바다가 소유의 대상이 된다고 하는 것이 중세 이후였습니

다. 그것은 토지 소유권의 연장선상에서 해면의 소유를 할 수 있게 되었
다는 것이고, 해면 소유를 한 뒤에, 그곳에서 어권이 발생했다는 것입니
다. 그런데 어업권을 둘러싼 분쟁 중에서 가장 큰 문제가 무엇인가 하면
어업의 대상은 생선인데, 그것이 한군데만 모여 있는 것이 아니고 계절
에 따라 여기저기 있는데, 한군데의 어장에서 어업권을 가지고 있는 사
람이 독점적으로 전부 다 그것을 잡아버리면 다른 곳의 어업권을 가지고
있는 사람은 생선을 잡을 수가 없습니다. 물고기를 잡을 수가 없기 때문
에, 그곳에서 어업권에 대한 분쟁이 발생하는 것입니다. 그러나 그러한
것들이 어업권을 둘러싼 분쟁이 왜구와 관련이 있겠는가, 직접적인 관련
은 저는 없다고 생각합니다. 이상입니다.

   손승철 : 네, 감사합니다. 다음으로는 종교부분으로 들어가겠습니다
만, 유성선 선생님의 발표에 대해서 오시카와 선생님의 질의입니다. 그
런데 사실은 유 선생님이 오전에 발표를 하시고 조금 전에 급한 일로 자
리를 비우게 됐습니다. 그래서 이 자리에서는 죄송스럽지만 오시카와 선
생님의 질문만 듣고 나중에 서면으로라도 오시카와 선생님의 질문에 답
변하도록 하겠구요, 그리고 한국에서는 오늘 심포지엄에 대해서 다시 정
리하여 종합토론까지 해서 가을 쯤 단행본으로 만들 생각입니다. 그래서
그 때는 답변이 포함될 수 있게끔 하겠습니다. 오시키와 선생님 부탁드
립니다.

   押川 : 안녕하세요, 방금 소개받은 오시카와입니다. 잘 부탁드립니다.
이번에 제가 맡게 된 유 선생님의 보고에 대해서인데, 한국 유교에서 종
교성의 인식에 관한 문제에 대해서 주로 생사관이나 조선 숭배의 관점에
서 고찰을 더한 것이다. 유교에서는 죽음을 氣의 집산과 혼백의 분리에
의해 설명하고 있다고 합니다. 또한 효를 중요시하는 유교에서는 죽음을

祖先의 혼이 자손과 연결되는 것이라고 하여, 선조 숭배와 함께 死者를 위해 제사를 행하는 관습이 대두했다고 지적하고 있습니다. 유교의 종교성에 대해서는 일본에서도 이전보다 활발한 논의가 이루어지고 있지만, 이를 감안한 보고의 내용은 한국에서 논의의 현장을 미루어 짐작할 수 있는 일조가 될 것입니다. 그리고 위의 내용에 입각하여, 감히 토론자로서의 소감을 말하고 싶습니다. 첫 번째로, 보고에서 유교에서는 죽음을 氣의 집산과 혼백의 분리에 의해 설명한다고 말하고 있습니다. 이 견해에는 토론자도 이론은 없습니다. 하지만 죽음에 대한 논의에서는 '죽음'이라고 하는 현상을 설명하는 장면과, 죽음의 공포를 어떻게 극복하는 것인지에 대해 대답하는 장면이 상정됩니다. 본고의 내용은 전자에 대한 회답으로서는 적절하지만, 후자에 대한 설명의 여지가 남겨져있다고 생각됩니다. 또한 유교에서는 천국이나 지옥을 시작으로 사후의 세계에 대해서 이야기하는 점이 없다고 생각되고 있는데요, 유교의 이러한 측면은 유교의 종교성을 생각한다면 부정적인 요소가 될 수 있다고 예상됩니다. 두 번째로, 유교의 제사에 대해서 개인에 관한 경우, 일반적으로 자신의 父祖가 제사의 대상이 되고 있습니다. 개인이 개인으로서가 아니라, 어디까지나 가족을 매개로 해서 하늘이나 신에게 마주보는 것이 되어 개인의 영혼 구제를 기대하는 것은 어렵다고 생각됩니다. 이러한 점도 유교의 종교성을 논하는 데에는 유의할 필요가 있을 것입니다. 세 번째로, 유교의 종교성을 둘러싼 논의에 대해서 일본과 한국에서 비교한 경우, 어떠한 차이를 볼 수 있는 것인가인데요, 여러분이 알고 계시는 것처럼, 일본에서는 에도시대에 조선 주자학, 특히 이퇴계의 저서가 많이 읽히고는 있었지만, 조선과는 전혀 다른 형태로 일본은 유교를 수용해 왔습니다. 따라서 유교의 종교성에 관해서도 논의의 전제나 초점, 그리고 그 논의와 추이에 대해서 일본과 한국의 사이에서 차이를 볼 수 있는 것은 쉽게 추측할 수 있습니다. 이 세 가지에 대해서 유선생님의 답변을 나중에라도 듣고 싶습니다. 이상입니다.

손승철 : 예, 감사합니다. 방금 말씀드린 것처럼 굉장히 재미있는 질의
입니다. 아까도 죽음의 방식에 대해서 토론이 있었습니다만, 그것에 대
한 굉장히 흥미 있는 질문이었기 때문에 답변이 기대가 되는데 아쉽게도
자리에 안계시기 때문에 답변을 들을 수 없습니다. 나중에 반드시 확인
을 해서 답변을 할 수 있게끔 하겠습니다. 자 그러면 이제 마지막 주제입
니다. 상호인식의 부분이 되겠습니다. 허남린 선생님에 대해서 로빈슨
선생님이 질의를 해주시겠습니다.

로빈슨 : 안녕하세요, 동북아역사재단의 로빈슨이라고 합니다. 이름이
영어로 쓰여져 있기 때문에 영어로 말하고 싶지만 그렇게 하지 않고, 이
상한 한국어이지만 한국어로 하겠습니다. 저는 종교학 전공이 아니기 때
문에 재미있는 질문은 준비 못했습니다. 허남린 선생님께 죄송합니다만,
질문은 두 개입니다. 그 중 하나는 왜 유교가 종교였습니까? 보고에서
종교라는 개념을 정의하지 않으셨습니다만, 정의하실 수 있으시면 감사
하겠습니다. 유교가 종교라는 이유, 왜 철학이 아닌가라는 이유를 설명
해주시면 감사드리겠습니다. 조선시대에 조선의 유교학자들은 유교라고
생각했습니까, 철학이라고 생각했습니까? 당시의 해석과 현재의 해석은
어떻게 다릅니까? 또 하나의 종류는 17세기부터의 한일관계사와 관련합
니다만, 간단하게 말씀 드리겠습니다. 조선 왕조가 파견한 통신사에 참
여한 관료들은 일본의 종교에 대해서 어떻게 묘사했습니까? 예를 들면
신도, 불교, 민속종교를 어떻게 이해하고 오해하였습니까? 그리고 메이
지유신 이후에 파견된 조선 관료들은 신도, 불교, 유교와 민속종교를 묘
사했습니까? 20세기 전반에 일본에 유학한 유학생들은 이러한 종교들을
어떻게 묘사했습니까? 이상입니다.

허남린 : 감사합니다. 유교가 종교냐 철학이냐 하는 질문은 유교에 관한 논의가 있는 곳에서 언제나 나오는 단골손님입니다. 근세에 일본종교를 논하는 그 시기에 한정해서 말한다면, 종교, 철학이라는 개념, 단어 자체가 근세에 창출된 말입니다. 다시 말하면 근세 당시에 살았던 사람들의 머릿속에는 철학이다 종교다라고 하는 개념 자체가 없었습니다. 시대를 거슬러 올라가서 그 사람들에게 어떻게 생각했느냐고 묻는다면 대답할 자신 없습니다. 거기에 관련지어 제 경험을 말씀드리면 유교든 유학이든 전근대사에 있어서의 현상을 연구하는 이상은 철학이니 종교니 하는 우리의 현대에서 만들어진 개념을 가지고 생각하는 것은 바람직하지 않다고 생각합니다. 가장 좋은 것은 자유롭게 자기가 하고 싶은 것을 마음껏 하는 것입니다. 사상서이든, 철학서이든 이탈에 갇혀서 하는 연구는 이제는 그 기간이 지났다고 생각합니다. 그래서 그러한 관념 자체를 그만두자고 말하고 싶습니다. 두 번째는 조선통신사의 수행원들이 일본에 가서 일본정부를 관찰했다면 어떻게 이해하고 발견했느냐는 질문이신데, 묘사라는 것은 관찰이 전제가 되지 않으면 나올 수가 없는 것입니다. 그러면 어떠한 조건에서 관찰을 했느냐를 알아야 한다고 생각합니다. 여기에서 두 가지를 언급하고 싶은데, 첫째로 당시 조선의 지식인들은 유교 내지는 유학이라는 유교적 세계관이라는 큰 악령을 쓰고 있었습니다. 그래서 그 악령을 통해서 보이는 것은 전부 유교적으로 해석이 되고 이해가 되었던 것이라고 생각합니다. 그것을 염두에 두고 두 번째는 아무리 관찰을 잘하려고 해도 사실은 관찰자가 지식이 없으면 아무리 봐도 그것이 무엇인지 알 수 없습니다. 결국은 아는 것만큼 보이게 되어있습니다. 이 두 가지의 전제가 여실히 드러나는 것이 당시 통신사로 갔던 수행원들이 일본에 가서 관찰하고 조정에 전하는 보고서에 그대로 나타나있다고 생각합니다. 다음은 단편적으로 수행원들이 자신들이 보고 들은 것을 묘사한 것 가운데 재미있는 것을 추려본다면 지금과 같은 호텔

시설이 없었기 때문에 대체로 큰 절에 머물렀는데 사람들이 절에 머물면서 주변에서 봤던 일상적인 관찰, 단편적인 소득이 주가 되어 있구요, 당시에 일본의 종교, 신도인가 불교인가 하는 그런 지식이 있었어도, 피상적인 수준에 머물렀을 것이라고 생각합니다. 두 번째는 통신사들의 코스가 이미 정해져있습니다. 통신사 수행원들만 여행한 것이 아니라 통신사들은 전부 일본의 해당구역에 있는 사람들에게 완전히 둘러쌓여서 일정한 코스를 가게 되어있습니다. 그렇기 때문에 일본의 종교에 대한 관찰은 있어봐야 피상적이고, 다만 이 사람들이 유교적인 면을 확인해보려고 하는 욕망은 여기저기서 편협적으로 나타나는데, 그것은 역시 조선이 유교적으로 볼 때 우월한 문화의 나라다라고 하는 것을 확인하고 싶었던 욕구가 처음부터 끝까지 나타납니다. 일본에 머무르는데 마다 이루어진 외래적인 측면에 유교적인 요소가 없다할지, 이러한 유교적인 것들을 확인하는 반증자료로서, 사용하는 현상이 많이 보입니다. 그렇기 때문에 일본 종교를 객관적으로 관찰했다기보다는 자신들의 입장을 확인하는 하나의 기록이었다는 측면이 더 크다라고 말씀드릴 수 있겠습니다.

손승철 : 네, 감사합니다. 마지막 발표인 상호인식에 대한 하우봉 선생님의 발표에 대한 무라이 쇼스케 선생님의 질의가 있겠습니다.

村井 : 안녕하세요, 무라이입니다. 제가 제출한 토론문의 전반부는 하우봉 선생님의 발표에 저 나름의 요약입니다. 지금 시간 절약을 하기 위해서 요약 부분은 생략하도록 하겠습니다. 그렇게 된다면 처음부터 비판을 하는 것이 아닌가 생각하실 수도 있겠지만, 발표내용은 제가 높이 평가하고 난 다음에 비판을 하는 것이니 그렇게 이해해 주셨으면 좋겠습니다. 하우봉 선생님의 발표는 500년 이상에 이르는 근세의 전시기를 다루면서, 솜씨 좋게 상호인식의 기본적 구도를 파악하셨습니다. 그리고 그

것을 자민족 중심주의 일색으로 감추지 않고 자민족 중심주의를 극복하는 계기나 상호인식의 시기·장소·계층에 의한 편차에도 눈을 돌리는 것으로 보다 종합적인 상호인식론을 제출하셨다고 생각합니다. 그래서 발표에 대한 전체적인 문제로서 2가지, 개별적인 문제로서 2가지 질문을 좀 드리도록 하겠습니다. 일단 첫 번째는 선린우호에 대한 지향은 기본적 구도 안에서 부분적·예외적인 것으로서 처리되어있고, 왜 그렇게 다른 경향이 출현하는지에 대한 역사적 근거는 논하고 있지 않는 것처럼 보여집니다. 그 결과, 대립과 갈등을 어떻게 풀어나가야 좋은 것인가라는 전망이 열려지지 않은 것처럼 보여집니다. 물론, 우호적 사상만을 집어내어 손쉽게 낙관적 전망을 개진하는 듯한 풍조보다는 훨씬 나을 것 같습니다. 두 번째로 보시면, 이것은 발표가 조선의 근세에 한정된 범위였기 때문에 수비범위 외 일지도 모르지만, 서론 부분에서, 일조간에 국교가 없었던 780-1400년을 일본의 「長年의 쇄국 상태」라고 파악하고 계시고, 중국 중심의 국제 질서라는 관계에 포커스를 맞춰서 「상호인식」을 논한다고 言明되어 있는 것은 신경 쓰이는 부분입니다. 15세기 일본열도에서의 다양한 도항자가 쇄도합니다. 이것은 조선왕조의 정책 전환에 의한 것이라고는 말할 수는 있지만, 그 이전의 왜구시대로부터의 연속성이 없이는 이해할 수 없을 것입니다. 상호인식을 논하는 때의 최우선 지표로서 국교의 유무에 관한 것을 기준을 꺼내는 것은, 중국의 연구자들에게서도 공통적으로 보이는 시각이지만, 상호인식을 전체적으로 이해하기 위해서는 이렇게 하는 것이 오히려 장해가 되는 것이 아닐까 생각합니다.

다음은 개별적인 논점의 첫 번째인데요, 2장 1절에서 15세기 초두의 혼일강리역대국도지도를 <中華(小中華)−夷狄−禽獸>이라고 하는 동심원적 세계관(그림 1)에 적용하여 해석하고 계시는데, 제가 볼 때는 이 지도에 그와 같은 구분이 명료하게 그려져 있는 것 같지 않습니다. 오히려 이것은 다른 기준을 하우봉 교수님이 가지고 오셔서 이렇게 지도를 해석을 하고 계신 것과 같은 느낌이 듭니다. 가장 훌륭한 세계지도의 하나라는 보고자 자신의 평가와도 모순되는 것은 아닌가요. 한편 해동제국기의 日本図와 대비를 하고, 특징을 잡고 계신데요, 이 그림에도 일본열도 주변을 異界로 취급하는 의식이 명료하게 있습니다. 이 두 개 지도의 거리는 발표내용처럼 멀지 않다고 생각합니다. 두 번째는 조금 디테일한 문제이기 때문에 여기서는 생략하겠습니다. 감사합니다.

　하우봉 : 예, 지적 감사합니다. 일단 세 개를 말씀해주셨는데 시간이 가능할 때까지 답변을 하겠습니다. 먼저 그 첫 번째로 선린우호의 지향에 대한 것인데 기본적으로 논문이 지면이 제한되어 있기 때문에 자세하게 쓸 수 없었던 측면이 있구요, 실은 제가 맨 처음 연구를 시작할 때 실학적 일본관들이 기존에 보통의 일반적인 일본관보다는 더 예외적이고 객관적이고 우호적인 것이기 때문에, 그런 것들을 봤을 때 논할 가치가 있다고 생각을 했구요. 기본적으로 선린우호의 지향이랄까 이러한 관점 자체를 기본적으로 가지고 있고 연구 대상도 그런 쪽에 대상을 많이 보고 있는 현실입니다. 전망에 관해서도 제가 2005년에 『한국과 일본』, 부제로 상호인식의 역사와 미래라고 하는 문고본 크기의 책을 낸 것이 있는데, 그곳에 전망에 대해 서술해놓은 부분이 있습니다. 시간이 없으니 참고하셨으면 좋겠구요. 두 번째로는 기본적으로 중국 중심의 국제질서라든지, 국교가 맺어진 것 자체를 전제로 삼거나 하지는 않은 것 같습니다. 기본적인 제 생각도 책봉 체제가 한국과 일본의 관계에서 가지는 규정성을 결정적인 것이라고 저도 보지 않습니다. 그 규정성에 제약이 있지만, 그 속에 조선과 일본 사이에 독자적인 부분들이 굉장히 많이 있다고 하는 그 독자성을 인정하는 입장입니다. 그런데 서문에 밝혔듯이 혹시라도 오해를 하셨다면, 제가 다루는 시기가 조선시대 출발부터라고

했고, 마침 그 때가 국교가 재개되었기 때문에 그 배경을 설명한 것이지, 제가 그것을 상호인식을 보는 전제로 한 것은 아니었습니다. 세 번째로 혼일강리역대국도지도하고 그것을 해석해서 조선시대의 소중화 의식을 표현한 것이라고 도표로 옮겨봤습니다만, 일단 이 그림 자체가 그 당시의 화이관과 자아의식으로서의 소중화 의식을 그대로 잘 표현한 것이 아닌가하는 생각은 지금도 여전히 가지고 있구요, 제가 이 지도를 굉장히 그 당시에 있어서 세계사 지도 중에 뛰어난 지도 중에 하나라고 하는 것은 이 지도가 가장 많은 국가를 수록하고 있고 가장 많은 정보량을 수록하고 있다는 점에서 세계적으로 인정받고 있는 것인데요, 보시다시피 중국이나 조선이 실체보다 훨씬 과장되게 크게 그려져 있고, 나머지 현재의 세계지도와는 많이 틀린 부분이 있기 때문에 무라이 선생님께서는 오히려 명료하게 얘기되지 않는다. 모순되지 않느냐고 말씀하셨지만, 실은 소중화인식이 객관적인 사실하고 동떨어지는데요. 그걸 오히려 표시한 것 자체가 이 지도가 가지고 있는 객관성면에서 가지고 있는 한계성이라고 말할 수도 있을 것 같구요. 그것에 비해서는 해동제국기에 나오는 해동제국총도와 일본지도 같은 경우에는 상대적으로 크기라든지 상대적인 면에서 실제와 훨씬 가깝다라고 평가할 수 있습니다. 그것은 선명하게 구분할 수 있다고 생각했구요, 그 다음에 물론 이제 같은 시기에 큰 시차가 없고 같은 주도세력, 사림파가 생기기 전에 조선을 건국했던 주체세력들, 신숙주까지도 그 세력들에 포함이 될 수 있으니까 그 세력들의 세계관이나 자아인식의 문제이기 때문에 1402년의 지도하고 1471년의 해동제국기 사이에 물론 유사성도 있다고 생각됩니다. 그러나 말씀드린 것처럼 차이점도 있는데, 이 차이가 상당히 의미가 있다고 생각됩니다. 그것은 왕조가 개국해서 70년에서 80년 동안 조선과 일본이 적극적으로 교류를 한 결과, 형성된 객관적인 인식이기 때문에 상당히 의미가 있는 차이점이 아닐까라고 생각이 됩니다. 이상입니다.

손승철 : 예, 감사합니다. 시간 관계상 더 진행하기가 어렵겠네요. 일단 그러면 1세션의 마지막 발표 세키 슈이치 선생님에 대해서 동아대학교의 신동규 선생님께서 질의를 해주시겠습니다.

신동규 : 네, 방금 소개받은 동아대학교의 신동규입니다. 선생님의 발표 매우 흥미롭게 들었고 저로서는 많은 공부가 되었습니다. 다만 아직 공부가 부족한 저로서는 세 가지 정도의 점에서 선생님의 설명을 듣고 싶습니다. 첫 번째는 선생님도 오늘 발표에서 말씀하셨습니다만, "15세기 중기 이후는 주변과의 외교관계도 안정되고 조선의 관리는 바깥 세계에 대한 관심을 차츰 저하시키고 있었다. 그것이 일본 사절의 관찰에도 나타난 것이 아닐까. 이것은 삼포의 난의 하나의 원인이 되었으며, 삼포 항거왜인에 대한 관리들의 강경자세에도 연결되는 것으로 생각된다" 라는 내용이 있습니다. 그런데 조선 관인의 바깥 세계에 대한 관심 저하와 일본 사절의 관찰과의 관계, 또 이러한 것들이 삼포의 난의 하나의 원인인 삼포 항거왜인에 대한 관리들의 강경자세와 어떻게 연결되어가는지, 이에 대해 조금 의아하게 생각하게 됐는데, 이 부분에 대한 설명을 부탁드리고 싶고, 나머지 부분은 삼포왜란의 동기는 선생님이 여기서 하나를 제시해주셨지만, 일반적으로 우리나라에서는 여기에 있는 것으로 인식을 하고 있는데, 이 부분에 대해서도 시간이 있으면 답변해주셨으면 좋겠습니다. 두 번째는 첫 번째의 문제를 조금 더 확대해석 한 것이지만 조선에는 전통적으로 왜구=일본인이라는 조선 군관민의 일본인식이 강하게 작용하여 삼포에서의 통제로 전이되었고, 이것이 15세기 당시 조선의 일본에 대한 이른바 '일본관'의 기본적인 토대가 되었던 것은 아닌가라고 생각하고 있습니다. 선생님의 발표 3장에서 『老松堂日本行錄』을 예로 들어 漁舟를 읊은 한시에서 이 배를 물고기를 잡고 도둑질을 하는 배"라고 표현하고 있다라고 한 부분에서도 '왜구=일본인'이라는 인식이 내포

되어 있다고 생각되는데, '왜구＝일본인'이라는 측면에서 선생님의 견해를 듣고 싶습니다. 세 번째로, 본 발표문에서 '무로마치 막부와 조선왕조 쌍방은 사절을 맞이하는 외교 의례의 장에서, 상대국을 낮게 보는 자세를 볼 수 있었다'라고 하는 것은 당시 조일 양국의 상호인식이라는 점에서 적합한 결론이라고 생각됩니다. 다만 본고에서도 언급이 되었지만 오우치씨의 사례에 보이는 바와 같이 당시 일본인들은 한반도계 도래인의 후손이라는 것, 선생님에 원고에서 말씀하셨던 '선조관'을 자기 권력의 정통화에 이용한 반면, 조선에서는 이러한 사례는 거의 찾아볼 수 없습니다. 물론, 일본인의 한반도로의 귀화 내지는 도래에 대한 사례를 명확히 규명하는 것이 전제되어야만 한다고 생각합니다. 그러나 당시는 물론이지만 일반적으로도 역사적으로도 일본인과의 관련성을 금기시하는 조선의 대 일본인식을 어떻게 평가해야하는지, 조일상호인식의 특징이라는 측면에서 선생님의 의견을 들려주시면 감사하겠습니다. 이상입니다.

関： 네, 감사합니다. 그러면 세 가지에 대해서 답변 드리겠습니다. 먼저 첫 번째에 대해서는 조선관인의 외부 세계에 대한 관심의 저하, 일본 사절이 적합한 관찰을 충분히 할 수가 없었고, 따라서 일본에 대한 충분한 정보가 손에 들어오지 않았고 만약 삼포 항거왜인에 대해서도 일본측의 정세에 맞춰서 삼포 항거왜인에 대해 대우해야 하는데, 그러한 것도 보이지 않습니다. 결국 충분한 항거왜인과 일본측에 대한 정보를 모르는 채였으며, 또한 15세기 말 정도가 되면 왜구에 대한 경험이 거의 없는 세대이기 때문에 왜구에 대한 경계심도 거의 없습니다. 그렇기 때문에 오히려 조선 관료들의 조선 왕조 지배에 보복한다고 하는 이념이라고 할까 그러한 이상에 맞는 대응을 하는 것입니다. 그것이 결국은 관인들의 강경자세에 연결이 될 것입니다. 삼포왜란의 원인에 대한 기본적인 생각은 선생님의 의견에 동의합니다. 그리고 두 번째입니다. 지적하신 것처럼 조선 왕조 관료들은 전통적으로 왜구＝일본인이라는 인식을 가지고 있다고 생각합니다. 구체적으로 제가 들었던 예를 보자면, 이『老松堂日本行錄』은 물고기를 잡는 배라고 보고 있는데 그것을 도둑질하는 배는 본 적이 없습니다. 그러나 아라키 선생님의 발표에서도 있었지만, 다른 곳을 보더라도 당시 기사는 왜구가 약탈한 것으로서 인신매매 루트로 구매했다는 것을 알 수 있습니다. 그러니까 타고 있는 뱃사람들이 실제로 해적질을 했다는 것이라고 직접 연결할 수는 없습니다. 그러니까 사실이 아닌 것, 실제로 보지도 않고 그것은 도둑질을 하는 배라는 인식이라는 것에 전제를 두고 왜구＝일본이라고 보고 있는 것이죠. 그리고 특히 쓰시마에 대해 그런 의식을 가지고 보고 있었다고 생각합니다. 그리고 세 번째는요, 여기에 대해서는 여러 가지 각도의 검토를 할 필요가 있겠지만, 한 가지 말씀드리면 무사 같은 경우에는 선조를 거슬러 올라가는 계통이라는 것이 있는데 그리고 한국은 그 양반층에 족보가 있습니다. 족보 같은 경우에는 그 작성 방법이라든지, 여러 가지의 공개성까지 포함을 해서 상당히 신뢰도가 높은 것을 만들어야된다고 생각이 되는데요. 오히려 무사의 계보, 특히 조선에서 선조로 올라가는 그 때 당시 때의 필요에 따라서 간단하게 제작하거나 했는데, 그래서 이러한 것들이 좀 작위적인 부분이라는 것이 있습니다. 그래서 조선과 일본의 계도 이런 것에 차이가 있습니다. 오우치씨 같은 경우를 보더라도 백제왕의 자손이다라는 선조관이 당시 국내에서 유효하다는 판단 하에서 그런 주장을 한 것 이구요, 그것은 국내에서 뿐만 아니라 조선 왕조에 대해서도 주장을 했었다라고 볼 수가 있겠습니다. 감사합니다.

손승철 : 네, 감사합니다. 이렇게 해서 제1세선에 대한 발표와 토론이 끝났습니다. 그런데 우리가 제1세선은 비교사의 관점에서 다섯 가지 주제에 접근해보자라는 것이었습니다. 그래서 그 주제에 따라서 그것이 가

능한 것이 있었고, 전혀 불가능한 것이 있었는데, 여러 가지 상황이 굉장히 복잡해서 사회자로서도 일목요연하게 정리가 힘듭니다. 그리고 시간도 부족하기 때문에 저의 코멘트는 생략하도록 하겠습니다. 물론 플로어에도 시간을 드려야겠지만 아직 제2세션이 남아있기 때문에 그 질문들은 나중에 만찬 자리에서 자유롭게 대화하는 방향으로 부탁드리겠습니다. 지금 시간이 4시 47분입니다. 원래는 40분에 끝내고 50분부터 다시 시작하려고 했는데 7-8분정도 지연되었기 때문에, 제2세션은 10분 뒤에 5시부터 다시 시작을 하겠습니다. 제2세션의 사회는 큐슈대학의 사에키 선생님께서 해주시겠습니다. 그러면 잠시의 휴식시간을 가지도록 하겠습니다. 감사합니다.

2세션 – 사회 佐伯弘次

佐伯 : 양국의 외교 정책과 사절이 조선전기와 조선후기 이렇게 이루어졌고요. 그 다음에 무역관계 테마가 하나 있었고, 문화교류, 마지막에 지역 간 교류 이렇게 해서 다섯 개의 장르를 가지고 저희가 이야기를 나누었습니다. 순차적으로 토론을 진행하겠습니다. 아까 손교수님께서 말씀하신 것에 의하면 코멘트가 5분 이내라고 하셨죠? 답변이 5분 이내. 이렇게 해서 굉장히 지키기 어려운 엄격한 지시를 받았습니다. 여러분들의 협조를 부탁드리겠습니다. 이 순서대로 하려고 했는데요. 한 분 선생님께서 빨리 가셔야 한다고 하셔서 순서를 바꾸겠습니다. 문화교류 세션부터 하면 어떨까 싶습니다. 문화교류를 한 다음에 양국의 외교정책으로 넘어가겠습니다. 그 다음은 순서대로 가도록 하겠습니다. 우선 첫 번째는 민덕기 교수님의 발표에 대해서 모리히라 마사히코 선생님께서 해 주시겠습니다. 부탁드리겠습니다.

森平 : 규슈대학의 모리히라입니다. 제가 일조관계사의 전문가는 아닙니다. 조선사 연구로써도 대상이 주로 중세기였습니다. 그렇기 때문에 이번에 민덕기 교수님의 발표에 대해서 제가 전문적인 관점에서 코멘트를 하지 못했습니다. 이 점을 미리 좀 양해를 부탁드리면서 초보적인 질문이 있어서 말씀을 드리겠습니다. 민교수님께서 의견을 말씀해 주시면 좋겠습니다. 우선 첫 번째 문제로써 일반론으로써 타자인식을 논할 때 우리가 빠지기 쉬운 함정 중에 하나가 있는데, 이렇게 호의적·긍정적 평가라는 것과 객관적 평가 이것을 혼동해서 쓸 수가 있습니다. 그런데 이것은 호의적·긍정적이라는 것은 원래 관찰자의 주관인데 거꾸로 말하자

면 어떤 관찰자의 관찰이 객관적이다 라는 것은 어떻게 해서 이것이 보증이 되는 것일까요? 그런 개념적인 문제에 대해서 말씀을 주셨으면 좋겠습니다. 두 번째로 통신사는 실질적으로는 비정기적으로 진행 간격도 굉장히 길게 이루어지는 경우가 있었기 때문에 당시의 일조교류의 국면으로써는 반드시 지속적인 체험이라고 말할 수 없는 것으로 생각이 되고요. 오히려 특이한 일시적인 사건이라고 말할 수 있지 않을까 싶습니다. 그것은 받아들이는 일본측에서도 마찬가지였고 그러한 비일상성이 있기 때문에 조선인에 대한 혹은 조선인의 눈앞에서 그들의 언동이 보통 이상으로 신경이 쓰이게 되었고 그것이 조선의 人士들에게 좋은 인상을 남기는 것은 아닐까, 그런 측면이 있는 것은 아닐까 싶고요. 그런 의미에서는 대상이 쓰시마번에 한정된다는 한계도 물론 있지만 부산 왜관에서 일상적으로 일본인과 관계되는 조선인들의 관점의 시대적인 변화가 어떻게 보여지는가를 알게 되면 아마 재미있는 연구가 되지 않을까 싶습니다. 다음은 세 번째인데요. 일본인의 문물에 대한 긍정적인 인식이 대일관계 그 자체의 흐름 뿐만 아니라 이른바 실학으로 대표되는 당시 조선의 새로운 사조의 전개 가운데서 물질문화, 기술문화 그리고 외국 유래문화라고 하는 것이 좋을 것 같은데요. 이런 것도 조선의 지적 세계에서 소외 경향에 있었던 분야에 대한 새로운 관심과 이해와 지식이 깊어지는 것과 밀접한 관계가 있는 것처럼 생각이 됩니다. 이 점은 하우봉 교수님의 연구에서도 이미 지적을 하신 바가 있는 것으로 생각이 됩니다. 이러한 관점에서 말씀을 드리자면, 이번에 발표를 해 주신 사례가 모두 당시에 있어서의 새로운 사회 동향 가운데서 중요한 위치를 차지하는 서자출신자라는 것도 어떤 깊은 관계가 있는 것 같은 생각이 들거든요. 어찌되었든 간에 이번에 민덕기 교수님께서 지적하신 관찰자의 사회적 입장에 따라서 상호인식의 차이가 나타난다는 관점 이것은 조선측의 대일인식에 있어서도 중인 이하의 여러 계층을 포함해서 앞으로 더욱 더 정교하고 치밀하게 연구해 가고 싶은 부분이라고 생각합니다. 마지막 네 번째는 상당히 디테일한 부분이기 때문에 여기서는 생략을 하도록 하겠습니다. 이상입니다.

佐伯 : 민덕기 선생님?

민덕기 : 네. 문화교류라는 것은 정확한 전공은 아니지만, 제 나름대로 임진왜란 직후에 양국관계를 공부하는 그 시기의 인식과 비교해서 한번 발표를 해 봤습니다. 첫 번째 질문, 객관적·긍정적·호의적 이것이 갖는 문제점 충분히 이해가 됩니다. 그런데 1763년의 기록에만 특히 그것이 보인다는 것이 제 글의 특징이라고 볼 수 있겠습니다. 긍정적의 반대는 부정적이겠지요. 일본에는 호전적이라든가, 일본 가서 돌싸움을 하는 것 자체를 보고서도, 서로 동군·서군으로 싸우는 것을 보고 일본인들은 살생을 좋아한다 라는 결론까지 이끌어가는 것을 봤는데요. 조선에서도 그런 돌싸움이 있다고 그러거든요. 아무튼 부정적인 시각 이런 것들이 다른 시기에 비해 특히 임란 이후에는 아주 독보적이기 때문에 그것과 비교할 때 그런 면에서는 긍정적인 면이 보인다는 것이죠. 주관적인, 객관의 반대는 주관인데, 상투를 틀지 않고 머리를 깎았다 그것을 보고서 느끼는 어떠한 화의인식, 또는 맨발로 돌아다닌다 그것을 비판하는 상하 인식을 가지게 되는 것이 그 시각을 극복하지 못하는 것이 주관적이라면 이 시기에 객관적인, 네가 이런 모습을 하고 있는 것은 어떤 까닭이 있어서일 것이라는 뭐 이러한, 프랑스 어떤 학자가 그랬죠. 야만이라는 것은 나와 상대가 다르다 거기서 출발하지 못하고 그냥 바라볼 때 야만이라고 했을 때 이전까지 보는 것이 야만이라면, 이제는 화의인식에서 떠나서 바라본다고 하는 것이고. 인간적인 것의 반대는 동물적이겠죠. 특히 일본을 바라보는 임진왜란 직후에 긴 시간 그런 측면에서 바라봤다면, 이

상하게 1763년 사절에서는 그러한 긍정적이고 객관적이고 인간적인 면이 많이 돋보였습니다. 그래서 평가를 비교측면에서 해봤습니다. 두 번째 질문인데요. 일상성이 아니다. 그런데 1607년부터 1763년까지 사절이 몇 주기로 갔는가 봤더니, 10년 정도에 한 번씩 가는 것 같아요. 보니까. 당 시대에 있어서의 이걸 갖다가 일상상 뭐 이런 걸 지금으로 말하면 일정한 기간이 필요하지 않을까. 지금이야 뭐 카카오톡, 문자 메시지로 바로바로 하지만. 그런데 또 사절이 일본에 가기 전에, 대마도를 통해서 일본에 가는 사절은 정사가 몇 품이고, 부사가 벼슬이고 몇 품이고 이런 것도 전달이 되지요. 그리고 사절이 조선을 떠나서도 거기에 관한 기록이 또 사람들에게 전해지고. 그런 경우 텀이 좀 있겠지만, 그렇게 뭐 일생에 한 번 볼 수 있다던가 정말 비일상적인 것은 아니라고 생각합니다. 그러나 선생님이 말씀하셨듯이 왜관에서의 이러한 일상적인 일반적인 관과의 비교는 분명 좋은 시각으로 앞으로 누군가가 연구해 봐야 하지 않을까 생각이 듭니다만. 아무튼 비일상적임에도 불구하고 그렇지만 그렇게 큰 텀은 지지 않는 이런 상황에서 일본에 대한 관찰 대상으로 취급했다는 것이 그 이전과는 많이 다르다는 것을 이러한 것을 강조하고 싶고요. 그리고 세 번째에서 말씀하셨듯이 전통적인 조선의 지적세계에서 소외된 분야에 대한 관심과 이해, 참 좋은 표현을 하셨습니다. 그런데 선생님도 지적하시듯이 세 사람의 시각을 분명히 그들이 조선사회에서 서자, 서얼 출신으로써 어떤 한계를 갖고 있는 그들이 바라보는 대일관 그런 점에서는 그때 당시의 정사, 조엄하고는 다를 것 같아요. 조엄이 갖는 대일관하고는 기본적으로 조금 차이가 있는데요. 그럼에도 불구하고 이 시절에 있었던 역관들의 기록이라던가 이런 것 하고는 다른 것 같습니다. 그리고 하나 좀 이쯤에서 알고 싶은 건 수차거든요. 조선에서 일본의 것을 받아들이려고 했던 것 중의 하나인 수차. 이미 세종 때 일본에 갔던 사절이 배워야 되겠다. 좋은 것 같다 라고 조선에서 일본의 수차를 거론

했는데, 그래서 그런지 몰라도 1763년에도 김인문이 수차를 보고서 관찰하고 일본 수차에 대한 관심, 평가 참 재밌는 것 같아요. 죄송합니다. 제가 아는 것이 이 정도 밖에 없습니다.

佐伯 : 예. 모리히라 선생님 괜찮으신가요? 네. 감사합니다. 그러면 이어서 이토우 코지 교수님 말씀에 대해서 오바타 미치히로 선생님 코멘트 부탁드리겠습니다.

小幡 : 네. 평택대학의 오바타라고 합니다. 항상 한국에 살다보니까 한국어로 하는데요. 오늘은 편하게 일본어로 하겠습니다. 오늘 이토우 교수님의 발표는 토론문에도 제가 써 놓은 것처럼 선종을 중심으로 한 네트워크 특히 臨濟宗의 破庵派의 인맥을 바탕으로 한 네트워크가 있었다는 것 이것이 중요한 요소였다는 점. 특히 일본의 통교자들이 이 네트워크를 활용을 해서 중국 혹은 고려, 조선과의 교류를 의도적으로 연결시켜가려고 했다 라는 지적에 대해서 대단히 의미가 있는 발표였다고 생각합니다. 앞으로 선종에 있어서의 네트워크를 활용한 교류 이런 것을 우리가 어떻게 생각될지 생각할 수 있는 계기로써 대단히 재미있는 말씀을 주셨다고 생각합니다. 제 개인적인 관심과 관련지어서 질문을 드리고 싶은 것이 일단 문화교류라는 파트에서 발표를 하셨기 때문에 교류라는 말이 일반적으로 사용되는 내용으로써 이것이 교류된 결과로써 뭔가 호전적인 상호인식의 호전, 나쁘게 변한다기보다는 좋게 변한다는 의미로 교류라는 말을 많이 사용한다고 생각을 합니다. 그래서 이번에 지적을 해주신 선종에 있어서의 네트워크 안에서 일본 혹은 고려 혹은 조선 상호의 인식 이런 것들이 어떤 형태로 바뀌어 갔는가 라는 것을 답변해 주셨으면 좋겠습니다. 왜 이런 질문을 제가 드리는가 하면요. 잘 아시다시피 예를 들어 『선린국보기』에서 불교적인 세계관 이것을 통해서 한반도의

문화를 중국의 일부로써 받아들이고자 하는 관점이 있습니다. 실제로 그러한 선종에 있어서의 네트워크가 있는데도 불구하고 일본 안에서는 한반도의 문화를 중국의 일부로써 받아들이고자 하는 관점이 있었습니다. 그러면 왜 활발하게, 국가라는 것에 속박되었던 일이 별로 없었던 고려후반에서부터 조선전기에 있어서의 선종 네트워크 안에서 왜, 뭐라 그래야 될까요. 조선 혹은 고려에 대해서 한반도에 대해서 더 자유롭게 인식을 할 수가 없었는가 하는 것이 제 개인적인 질문입니다. 물론 한반도 같은 경우에는 고려에서 조선으로의 왕조교체가 있어서 그것으로 인해서 체제교학으로써 주자학이 보급이 되었고 불교를 억압하는 억불정책이 행해짐에 따라서 당연히 불교에 대한 평가가 낮아졌다는 것이 커다란이유라고 생각이 됩니다. 그러나 일본 같은 경우에는 이토우 교수님께서발표하신 것과 같이 선종의 네트워크를 활용해서 통교관계를 구축하는것이 굉장히 크게 이루어졌는데 그럼에도 불구하고 상호인식이 이렇게열려있지 못했다고 한다면 그런 것이 왜 그런가 하는 것이 제 관심입니다. 그 이유에 대해서 선생님의 말씀을 듣고 싶고요. 죄송합니다. 토론문에는 쓰여 있지 않은데 말씀드리면 이번 세션 발표를 통해서 예를 들어상호인식 등등 중에서요. 이토우 교수님께서 언급하고 있는 대국의식, 일본의 대국의식, 이런 것들이 불교 선종 네트워크 안에서는 어느 정도통교관계를 사용하기 위한 하나의 방편이라는 형태로도 받아들일 수 있다는 지적을 하셨거든요. 제가 느끼는 것은 한국측의 연구에 있어서는대국의식이 솔직히 그렇게 받아들여지는 부분이 있는 것 같습니다. 일본에서는 한반도의 불교를 굉장히 높이 평가하고 있다 그래서 불교를 적극적으로 받아들였다는 것을 굉장히 솔직하게 언급을 하고 있는데 이번 발표에서는 그런 것도 하나의 어떤 방편으로 이해할 수 있지 않느냐 라는형태로 지적을 해 주셨습니다. 그래서 그런 것까지 포함을 해서 일본의선종 네트워크 이런 것이 상호인식 안에서 어떤 역할을 했는지에 대해서 말씀을 해 주시면 감사하겠습니다. 이상입니다.

佐伯 : 네. 그러면 이토우 교수님 말씀 부탁드립니다.

伊藤 : 질문 주셔서 감사합니다. 대단히 어려운 문제이기 때문에 간단하게 대답을 하는 것이 불가능할 것 같은데요. 일단 선종 네트워크가 유기적으로 있었다 이렇게 말씀을 드렸습니다만, 조선왕조 초기까지는 일본과 한반도의 선종계의 교류는 계속적으로 있었다고 여겨집니다. 하지만 그 후에 전쟁기, 조선측이 대외통교를 통제하기 때문에 선종의 승려들의 교류가 점차적으로 저하되었고 줄어들었다고 생각됩니다. 이런 관계는 일본과 조선 간 뿐만 아니라 일본과 중국 사이에서도 그렇게 되었습니다. 15세기 전반에는 강남 쪽 선종계와의 유기적인 연계가 일본에서는 점차적으로 없어졌고, 그러한 실태적인 국제성의 상실, 이런 것들이 일본 선종계에 있어서의 의식, 선종의 승려들의 인식 형성에 관여되었다고 생각합니다. 그러니까 선종 승려들이 그런 의식에서 활동을 했었던 것입니다. 그런데 교토, 하카타의 선종에서 의식을 공유하고 있었느냐, 그 두 군데가. 그렇지는 않다고 생각합니다. 그런 것은 아마 케이스 바이 케이스로 분석을 할 필요가 있을 것 같습니다. 일본의 선종이 조선 쪽을 굉장히 높이는 그런 표현을 많이 하고 있는데, 그 말 자체를 그대로 받아들이는 것도 사실 어렵지 않은가 하는 생각이 듭니다. 왜냐하면 기본적으로 무로마치 시대의 일본의 선종이 가지고 있었던 의식은 기본적으로 중국과의 연계가 우선 첫 번째입니다. 강남에 대한 동경이라고 할까요. 그것이 굉장히 강했고, 그래서 어떻게 하면 자기가 강남 선종과 관여가 되겠느냐 라는 것이 가장 첫 번째 의식입니다. 제가 본문에서도 말한 것처럼 하카다라던지 북부 구주, 큐슈의 승려들 중에서는 조선 불교 쪽에 가 보고 싶다고 말하는 사람도 물론 있었기 때문에 일률적으로 파

악하기는 어렵다. 그렇게 해서는 안된다는 생각이 들고요. 그리고 대장
경을 받아들이기도 했는데 특히 고려판이 아니고 원판이어도 되었기 때
문에 대장경이어서 좋은 것이다. 그래서 빨리 입수할 수 있는 게 조선이
었다. 이런 게 아닌가 저는 그렇게 생각합니다. 그리고 중국에 대한 동경
이 굉장히 강한 사정도 있어서 일본의 승려이기는 하지만 일본에 대해서
자기들이 외국이라고 하던지, 자기들이 먹는 술을 외주라고 하던지, 자
기 출신지임에도 불구하고 외라고 하는 표현을 쓰는 사람이 있거든요.
그러니까 중화 쪽에 굉장히 경도되어 있는 사람이 있었기 때문에 그런
것들이 앞으로 그런 의식들을 분석하는 것이 우리들의 과제가 아닌가 생
각을 합니다. 제가 그런 것을 하고 싶다는 생각도 있고요. 감사합니다.

佐伯 : 네. 이것으로 답변이 되었나요? 네. 그럼 다음으로 넘어가겠습
니다. 앞으로 돌아와서 양국의 외교정책과 사절. 조선전기 일본에서 말
하자면 무로마치 시대에 해당하는데요. 한문종 교수님의 발표에 대해서
기무라 타쿠 선생님 코멘트를 부탁드립니다.

木村 : 네. 도쿄대학의 기무라 타쿠입니다. 한문종 교수님의 발표에 대
한 코멘트인데요. 먼저 내용을 요약하고 질문 사항 두 가지를 드리도록
하겠습니다. 먼저 한문종 교수님의 발표는 조선 전기의 대일 외교 체제
를 대마도정벌·문인제도·계해약조의 조일관계에서의 역사적 의의를 되
짚으면서, 그 변천을 조사하고 확인하려고 했던 것입니다. 종래, 조선 전
기의 대일 외교 체제는 다원적인 것으로 평가되었고, 그 다원적인 외교
체제는 막부 장군과의 대등관계인 교린과 막부 장군 이외의 세력과의 기
미관계인 교린으로 이분화되어 이해되어 왔습니다. 여기에 대해서 한 교
수님의 발표문에는 이해를 더욱 더 증진시켜서 계해약조를 계기로 그때
까지의 다원적인 외교 체제가 막부 장군과 대마도를 중심으로 한 이원적

인 외교 체제로 전환했다라고 하는 이해를 말씀해 주셨습니다. 이상, 한 교수님의 발표 내용에 대해서 요약을 해 보았습니다. 그럼 질문 두 가지를 드리겠습니다. 첫 번째는 위사에 대해서 입니다. 그리고 두 번째는 이원적인 외교체제 여기에 대한 질문이 되겠습니다. 먼저 첫 번째 질문인데요. 조선전기에 일본에서 조선에 파견된 사절에 대해 막부 장군에 의한 사절 파견이 70회 있었고, 막부 장군 이외의 지방 호족에 의한 사절 파견이 4,800회에 달합니다. 그 중 약 절반이 대마도 세력에 의한 사절 파견이었다는 것을 지적하고 계시지만, 이들 사절 중에서는 상당한 비율로 정확한 숫자를 내는 것은 대단히 어렵지만요. 무시할 수 없는 비율로 대마도가 꾸민 僞使가 포함되어 있었다고 생각됩니다. 조선이 지향했던 외교 체제·이념을 논하는 경우에는, 僞使의 존재를 어느 정도 도외시하는 것도 가능하다고 생각합니다. 그런데 발표문에서 말씀하셨던 '(막부 장군에 의한 사절 파견은) 조선 국왕이 막부 장군에게 파견했던 18회보다 더 많았다'라고 하는 비교, 또는 '조·일간의 외교 관계에서 대마도가 매우 중시되었던 것을 의미한다'라는 해석은, 역시 이러한 위사의 존재를 무시해서는 의미있는 평가가 안되지 않을까 라는 것을 느꼈습니다. 다만 선생님 발표에서 나와 있듯이 이것이 20년 전에 박사논문의 내용이라고 들었습니다. 그래서 그런 부분도 이유 중에 하나겠지만, 토론문에는 나와있지 않지만요. 표현을 좀 달리해서 질문을 하자면 대일외교 정책을 분석할 때 위사 문제라는 것을 어떻게 자리매김시킬 것인지에 대해서 교수님의 생각이 있으시면 그 부분에 대해서도 의견을 또 생각을 말씀해 주시면 감사하겠습니다. 두 번째 질문인데요. 한 교수님 발표에서 계해약조 이후, 조선의 대일 외교 체제가 다원적인 것에서 이원적인 것으로 변화했다고 여겨지는 근거는 조선의 대일 외교 사절의 파견 대상 그러니까 외교 교섭의 상대가 계해약조 이후에 막부 장군과 대마도주에 한정되게 된 것이라고 하셨습니다. 사절의 파견 대상이 막부 장군과 대마도주에 한정되었다는 사실은 중요하지만, 계해약조 이후도, 조선에는 여러 가지 명의의 사절단이 일본에서 조선을 찾아왔던 것입니다. 이러한 점을 생각하면, 외교 사절의 파견 대상이 막부 장군과 대마도주에 한정 되게 된 것을 갖고 조선의 대일 외교 체제가 이원적이 되었다고 해석하 는 것이 가능할까요? 이 부분이 궁금했습니다. 이상 두 가지입니다. 잘 부탁드립니다.

佐伯 : 네. 감사합니다. 그러면 한문종 교수님 부탁드립니다.

한문종 : 네. 질문 감사합니다. 대일관계에서 대마도의 역할이 중시되 었다고 하는 것은 대체적으로 다 아는 사실입니다. 그래서 제가 여기에 들었던 사절의 왕래 회수 뿐만 아니라 조선전기의 조선과 일본 간에 맺 어졌던 외교조약, 약조들 예를 들면 계해약조, 임신약조 등도 대마도주 와 맺은 것입니다. 또 왜인통교체제의 일환이었던 문인제도에서 문인 발 행권을 대마도주에게 주었다는 사실 또한 조선에서 대마도를 굉장히 외 교적으로 중요시했다 라고 생각이 듭니다. 문제는 그것뿐만 아니라 외교 체제를 논의할 때 위사문제도 고려해야 하지 않느냐 라는 질문입니다. 설령 조선전기에 위사가 존재했다고 하더라도 조선전기 한일관계에서 대마도의 역할이 변화되지 않았다고 생각합니다. 그런 면에서는 대마도 의 역할을 굉장히 중요시 되었다고 생각을 하고요. 문제는 위사문제를 어떻게 이해할 것인가 이게 커다란 논점 중에 하나입니다. 여기에서 제 가 문제를 제기하는 것 중에 하나는 도대체 위사라고 하는 것은 무엇이 냐. 조선전기를 전공하지 않는 사람들은 도대체 위사가 무엇이냐 라는 것을 잘 모를 겁니다. 위사라고 하는 것이 나타나게 된 배경을 보면 조선 전기의 대일외교 정책이 왜구문제와 왜인에 대한 통제책이 주류라고 하 였습니다. 왜인통제책의 일환으로 여러 가지 왜인들에 대한 통제가 실시

가 되자 무역에 제한을 받은 왜인들이 조선에서 제시한 여러 가지 왜인 통제책, 서계나 도서나 문인이나 이와 같은 것을 여러 가지 방법으로 위조해서 조선으로 도항하는 사람을 위사라고 칭합니다. 저는 위사라는 표현보다 어떤 표현을 쓰고 싶냐면, 통교위반자라는 표현을 쓰고 싶습니다. 조선에 통교 통제책을 위반하고 조선에 도항한 사람. 그런데 조선에서는 통교위반자에 대해서 커다란 의미를 부여하지 않았습니다. 왜냐하면 적어도 조선에서는 이들 통교자들에게 요구하는 외교 의례가 있었습니다. 서계와 도서를 가지고 오고 문인을 소지해야 되고 더불어서 조선의 국왕을 알현하고 또 회사품을 받는 진상, 회사의 조공무역을 행하는 이와 같은 외교의례를 할 경우에 이들이 설령 통교위반자라 하더라도 이들에 대한 특별한 조치나 처벌을 취하지 않았습니다. 그런 점에서 볼 때, 위사 문제가 조선전기의 한일관계에서 특히 조선측에서 생각하는 측면에서는 그렇게 중요한 문제는 아니었다 라는 생각을 합니다. 두 번째 질문인데요. 제가 여기에서 다원적인 외교체제에서 일원적인 외교체제로 변화했다고 말씀을 드렸는데요. 제가 이렇게 이야기 한 배경은 다원적이라고 할 때는 외교의 교섭 대상이 막부 장군 뿐만 아니라 대마도주, 일기도주, 큐슈절도사, 대내전 이와 같은 여러 지방 호족들에게까지 다원적으로 외교 교섭을 했다는 이야기입니다. 그런데 이와 같은 외교의 교섭 대상이 1443년 계해약조를 계기로 해서는 막부장군과 대마도주로 이원화되었다 라고 하는 표현입니다. 그래서 그런 의미에서 제가 아까 이원적이라는 표현을 썼던 것이고요. 그 다음에 일본 각지에서 사절이 파견이 되었는데 그걸 어떻게 설명을 할 거냐 그랬을 때 조선의 외교사절하고 일본에서 조선에 오는 통교자는 분명히 구분을 해야 한다고 생각을 합니다. 그래서 일본에서 조선에 온 왜인은 통교자 내지 통교무역자지 외교사절이 아니라는 겁니다. 그런 의미에서 제가 조선의 외교 교섭대상이 막부장군과 대마도주였다 라고 하는 의미에서 이원적인 체제였다 라고 하는 의미로 썼습니다. 이상입니다.

佐伯 : 감사합니다. 약간 시간이 오버되었습니다. 나머지 부분은 만찬회에서 토론을 이어서 해 주기 바랍니다. 그럼 이어서 하시모토 유우 교수님 발표에 대해서 김보한 교수님께서 코멘트 해 주시기 바랍니다.

김보한 : 단국대학교의 김보한입니다. 잘 부탁드리겠습니다. 토론문을 읽으면서 간단하게 질문 드리고자 합니다. 본고는 14세기부터 15세기까지 무로마치 막부의 대조선 외교관계에서 나타나는 조선에 보내는 국서의 기초와 준비과정을 통해서 국서의 개작 및 위작의 문제와 그 원인을 고찰하고 있습니다. 조선에 보내는 국서는 무로마치 장군 또는 그 면전에서 행해지는 명에 보내는 표문의 날인과는 커다란 대조를 보이고 있다는 점, 또 조선에 보내는 국서는 매우 허술하게 관리되고 있었다는 점 등을 통해서 본고에서는 국서의 개작과 사선의 공작과 같은 부정행위가 허용될 수밖에 없었다는 사실을 강조하고 있습니다. 원래 이 분야에 대해서는 오늘 학회에서 발표하시는 한문종 교수님하고 민덕기 교수님이 전공자이십니다만, 제가 토론자로써 몇 가지 소박한 질문을 드리고자 합니다. 첫 번째 질문입니다. 역사 해석의 차이는 역사 인식의 문제에서 출발하는 것이라고 생각합니다. 예를 들어서 발표하신 본문에서는 조선에 대한 아첨, 조선에 대한 저자세, 조선에 보내는 사절에 대한 경시 등의 표현을 사용하고 계신데, 본래 원 논문 또는 책의 전체 문맥을 자세히 알 수 없지만 예컨대 이러한 단어들은 일본 중심적 역사인식의 바탕에서 사용된 표현이 아닌가 라고 생각을 합니다. 당시 조선과 명, 일본과 명의 책봉, 조공이라고 하는 대내외적 관계가 동아시아 국제질서의 유지에 커다란 역할을 했다는 것이 통설입니다. 본문에서 조선에 대해서 막부가 아첨했다, 저자세가 생겼다, 조선사절을 어느 정도 경시했다고 하는 의

미의 표현은 명-일본의 책봉관계에 대해서 명에 대한 조선의 상대적 위치를 의식해서 사용하신 용어인지 다른 내면적인 이유가 있는지 궁금합니다. 두 번째 질문입니다. 명과의 책봉관계, 조선국왕과의 일조 또는 조일입니다. 일조 牙符制 성립과 관련해서 '대왕 인덕이 넓고 깊은 것'이라고 하는 국서의 답변을 아첨으로 묘사하고 있습니다. 그런데 당시 국서의 내용은 아첨이라기보다는 국서교류의 관례에서 국서의 앞에 붙이는 예의상의 어떤 문구, 수식문구로 볼 수 있는 것은 아닌가 질문을 드립니다. 세 번째입니다. 본문에서 내용을 보게 되면, '대조선 외교의 物權化이다'라는 표현이 있습니다. 여기에서 물권화가 의미하는 것이 동아시아 안에서의 조공관계의 한 부분으로 볼 수 있는 건 아닌지 궁금합니다. 마지막 질문이 되겠습니다. 본문에서는 1404년도 요시미츠가 명 황제로부터 일본국왕이라는 책봉을 받은 것으로 서술하고 있습니다. 그런데 1402년의 일본국왕 책봉설은 오류라고 분명히 밝히고 계신데, 동아시아 국제 관계에서 1402년도에 막부가 명의 건문제로부터 책봉을 받고 있는 것으로 얘기하고 있습니다만, 1402년과 1404년의 책봉의 차이에 대한 설명을 부탁드리면서 이상 마치겠습니다.

佐伯 : 감사합니다. 그러면 하시모토 교수님 부탁드리겠습니다.

橋本 : 네. 첫 번째 질문입니다. 지적하신바와 같이 저자세, 경시 이것은 막부의 인식에 뿌리내린 것입니다. 그것을 발췌해서 그것을 대상화시켜서 극복해 나가야 한다는 의미로 저는 여기에 주목을 하고 있는 것입니다. 즉 막부의 인식을 분석을 하는데 있어서 이 단어를 인용한 것 뿐입니다. 그리고 첫 번째 질문 후반인데요. 이 질문에 대해서 제가 충분히 이해를 못하고 있는데요. 저 자신의 관심사부터 말씀드리자면 아까 한 교수님 토론에서도 스스로에 대한 말씀을 하셨는데, 동아시아의 책봉관

계라던지, 중화국제질서 이런 것이 대단히 중요하다라는 것은 물론 맞습니다. 한 교수님이 말씀하신 바와 같이 그것만으로 이것이 각국, 각 지역과 연결되는 것만은 아닙니다. 특히 한국과 조선사 쪽에서 조선 외교가 논해지는 것처럼 무로마치 시대의 일본에서도 무로마치 일본 나름대로의 외교관, 외교이념, 논리 이런 것을 분석하지 않으면 안된다고 생각합니다. 이를 위해서는 굳이 일본과 한국과의 관계, 그러니까 조선과 일본 관계 뿐만 아니라 일본과 명나라, 이번에는 지면상 쓰지 않았는데요. 류큐쪽과의 관계. 그러니까 여러 요소를 함께 생각해서 무로마치 일본의 대외관을 분명히 드러내야 합니다. 안그러면 일본의 대조선관계 이념이라는 것이 부각되지 않을 것이라고 보고 있습니다. 이것이 제 관심사고요. 여기에 따라서 본 발표도 썼습니다. 그러니까 무로마치 시대의 일본은 조선왕조에서는 생각을 못할 정도로 중국을 자신들과 동등하게 봤었습니다. 조선왕조는 물론 명을 존중하고 공경했다고 볼 수 있는데요. 그것과는 전혀 다른 외교이념을 무로마치 일본은 갖고 있었습니다. 책봉의 의미도 조선에서 쓰고 있는 책봉, 류큐에서의 책봉과는 전혀 다릅니다. 그 부분은 분명히 해야 될 것 같습니다. 구체적인 자세한 내용은 여기서 설명드릴 수 없어서 생략하도록 하겠습니다. 두 번째 질문은 본문에도 나와 있는데요. 요시마사 이전에 조선에 보내는 국서에는 이러한 대왕이라던지, 인화 이런 것은 나오지 않습니다. 갑자기 요시마사 때 변화가 일어납니다. 이걸 어떻게 이해할 것인지 해서 가설을 세운 것입니다. 세 번째인데요. 이것도 이 부분의 일본어가 이해가 안되는데요. 말하자면 아까 무로마치 일본의 독자적인 이념을 생각해야 하는데 대조선 외교관을 둘러싼 일본 내에서의 위상 이런 문제의 관심사에서 물권화라는 단어를 선택한 것입니다. 일본 국내에서 매매되는 그러니까 주식처럼요. 그런 식으로 다루어졌다고 볼 수 있습니다. 그리고 네 번째는 작년에 분명해진 사실입니다. 일본의 교토 여자대학의 단조 히로시 선생님이 논문을 썼습니다. 지금까지 애매했던 책봉이라는 개념이 확실하게 정의가 내려 졌습니다. 여러 가지 자세한 내용은 생략하지만, 책봉의 요건은 고명, 국왕에 대한 임명서 그 다음에 금인, 적어도 이 두 가지가 주어져야 된다고 하고 있습니다. 국가에 따라서 이외에도 플러스 알파가 있습니다. 1402년 일본 국왕을 책왕했다고 하는데 사실은 일본 국왕을 책봉한 것은 달리 있다. 1404년의 황무제가 했다. 이렇게만 간단히 답변드리도록 하겠습니다. 이상입니다. 감사합니다.

佐伯 : 네. 여러 가지 말씀 나눌 부분이 있겠지만, 다음 부분 넘어가도록 하겠습니다. 조선후기입니다. 홍성덕 선생님의 발표에 대해 기무라 나오야 선생님께서 토론해 주시겠습니다.

木村 : 네. 기무라 나오야라고 합니다. 잘 부탁드리겠습니다. 홍석덕 교수님의 발표는 조선후기 에도시대의 한일관계의 성립과정과 한일간의 사행을 중심으로 한 양국관계의 성격에 대해서 적확하게 논하고 계십니다. 한일 최첨단 연구 성과가 대단히 잘 정리가 되어 있다고 생각이 되고요. 굉장히 경의를 표하고 싶습니다. 홍미로운 결론 부분의 논지, 그리고 결론 부분에 있는 그림 이것에 대해서 제가 여기서는 일본 열도상의 국가 권력과 조일관계의 관련에 대해서 제 나름대로의 생각의 확인을 하도록 하겠습니다. 구체적인 질문형태를 취하지는 않았습니다. 하지만 제 이해에 대한 홍교수님의 의견을 주시면 될 것 같습니다. 일본 중세, 조선 전기인데요. 에서는 일본의 중앙 권력이 상대적으로 취약했습니다. 지배 권력은 분산되어 있었고요. 따라서 무로마치 장군에 의한 國王使 뿐만 아니라, 다양한 세력이 조선 왕조에 통교하는 다원적 통교관계가 현실적으로 나타났습니다. 중세 말기 즉 전국 시대가 되면 장군 권력은 점점 상실되어 가고, 조일통교가 대마도 종씨의 관리 하에 들어갑니다. 오다

노부나가-토요토미 히데요시 정권에 이어서 근세 국가, 막번제 국가지요. 로서 성립했던 도쿠가와 정권은 중세에 비하면 훨씬 강한 지배 권력을 가졌고, 더 나아가서는 2세기 반을 넘는 에도시대 간의 영역 내의 경제 발전을 동반하면서 다양한 면에서 국가 기능을 점차적으로 강화시켜 갔습니다. 그런데 이 에도시대 단계에서는 중앙권력이라는 도쿠가와 정권에는 異國·異民族과의 관계를 직접적으로 장악·관리할 수 있는 능력도 없었고 의사도 없었다 이렇게 생각됩니다. 여기가 중요한 점이라고 생각이 됩니다. 에도시대의 대외관계에는 4개의 창구가 있었다고 알려져 있는데요. 그 중에서 나가사키는 막부의 직할지였고, 대외관계를 총괄적으로 관리하는 나가사키 奉行이 있었습니다. 그런데 무역 실무라던지 그곳의 정치는 주민들에게 일임되어 있었습니다. 조선과의 관계는 對馬藩에, 유구 왕국과의 관계는 薩摩藩에, 아이누와의 관계는 松前藩에 위임되어 있었던 것입니다. 대마번 종씨는 조선과의 안정된 관계를 유지하는 것을 家役으로서, 종씨의 집안의 임무로 짊어지고 그리고 무역 이익을 독점적으로 누리는 것을 허락받았습니다. 그것은 일반의 다이묘가 여러 가지의 軍役을 부담하면서, 所領의 지배권·연공 수입 즉 知行이라고 불리는 것을 얻고 있는 것과 같은 논리입니다. 에도시대의 도쿠가와 정권과 조선 왕조와의 관계는 조선과의 사이에 유사한 조공적 관계를 취하는 대마번이 매개하고 있었고, 통교 실무를 담당하는 그러니까 대마번이 통교 실무를 맡게 되는 것이죠. 그 상세한 내용을 막부가 관여하고 있지 않고 또 알지도 못하고 있습니다. 그렇게 되었기 때문에 유지되고 있었던 것입니다. 그것은 홍교수님께서 말씀하신 중앙통제형 외교 체제를 취했던 조선 왕조와의 크게 다른 형태로 볼 수 있는 것입니다. 그런데 막부 말기에 구미열강이 동아시아에 진출함에 따라서, 일본 열도 상에서는 근대 국가, 즉 국토·국민을 중앙권력이 직접 장악·관리하는 체제로의 지향이 아주 분명하게 나타납니다. 러시아와의 관계가 문제가 되었던 17세기 말부터 에조치[蝦夷地], 北海道지요. 홋카이도는 막부가 직할하는 방향으로 진행됩니다. 무역 부진에 의해 재정 궁핍에 고민했던 대마번은 막부의 재정 원조를 요구하면서, 1860년대에는 과거의 조일통교 시스템의 변혁과 조선 진출론을 제기합니다. 대마번은 스스로의 힘으로는 조선과의 관계를 유리하게 변혁하지 못하기 때문에, '食을 異邦에 요구하다' 그러니까 식량을 외국에 요구한다 라는 식의 과거의 대마·조선관계를 굴욕적인 것이다 라고 하소연을 하면서 쓰시마 一藩에 의한 私交를 다시 한 번 바꾸어서 막부나 메이지 新정부의 조일관계에 직접 관여를 요청하게 되는 것입니다. 그것과 대마번의 조일관계에 관련된 기득권 유지와는, 대마번의 주관으로서는 물론 모순되지 않았지만, 메이지 정부의 근대 외교 확립의 움직임과 함께 모순이 겉으로 드러나게 되었고, 폐번치현에 의해 조일관계의 일원화가 실현되어 가는 것입니다. 제 생각은 이런데 홍교수님 생각은 어떠신지 좀 여쭙고 싶습니다.

佐伯 : 네. 그럼 홍교수님 부탁드리겠습니다.

홍성덕 : 네. 고맙습니다. 일본측의 대외관계에 대한 간단한 정리를 해 주셨습니다. 조선이 일본을 어떻게 생각했는지와 관련해서 굉장히 중요한 시발점이라고 생각합니다. 구체적인 질문을 해 주시지는 않았기 때문에 이 부분에 대해서는 제가 가지고 있는 고민들을 설명해 드리려고 합니다. 먼저 도쿠가와 정권에 있어서 다른 나라, 다른 민족에 대해서 직접적으로 장악 또는 관여하지 않았다고 하는 지적에는 보편적인, 전체적인 에도시대를 볼 때에는 타당한 이야기라고 생각을 합니다. 다만, 조선과의 문제로 국한시켜 볼 때에는 도쿠가와 정권 같은 경우에 특히 종전문제를 어떻게 해결할 거냐 라는 문제가 현실적으로 당면해 있는 외교적인 문제였습니다. 그렇기 때문에 1598년부터 국교재개가 되는 1609년까지

적어도 1차 회답겸쇄환사가 파견되는 그 과정까지는 적어도 대마도의 독자적인 행동으로 조선과의 교섭을 판단하기는 어렵다. 그것은 철병문제 뿐만이 아니고 그것이 비록 대마도에 의해서 위사 또는 위조의 문제들이 발생되기는 했지만 적어도 막부의 지시가 있었음은 분명한 사실입니다. 다만 그 막부의 지시를 대마도가 조선의 요구와 막부의 요구를 중간에서 어떻게 해결할 것이냐 라고 하는 문제가 1600년대 초에 나타난 외교적인 문제의 해결방식이었다고 생각을 합니다. 조선후기의 관계들을 보면서 역시 쯔루다 선생님도 지적을 하셨습니다만, 1600년대 적어도 1640년 이전까지의 동아시아의 정세가 각각의 외교문제를 해결하는 방식을 지극히 자국중심으로 해석했다 라고 생각을 합니다. 이것은 역사적 사실이 위사가 있었느냐, 위조가 있었느냐 라는 팩트를 규명하는 게 아니고 그러한 팩트를 바라보는 자국, 조선의 입장이나 막부의 입장이 지극히 자국 중심으로 해석되고 있었다 라는 점입니다. 이 점에 대해서 좀 더 주의 깊게 분석해야 되지 않을까 라는 생각입니다. 그리고 막부의 의견을 반영 또는 알지 못했다 라는 것은 사실은 통신사의 파견의 경우에 파견의 지시는 분명히 막부장군이 합니다. 모든 일들에 대해서는 대마번이 실질적으로 업무를 담당하지만 통신사를 요청하라는 지시 자체는 이미 막부의 의견을 반영하고 있었고 그 이유는 막부장군 명의의 국서가 발행되고 있었기 때문에 막부장군의 국서가 발행되고 있는데 막부에서는 전혀 몰랐다 라고 하는 식의 평가들은 사실은 납득하기 어려운 부분이다. 다만, 이러한 문제를 해결하는데 있어서 통교무역권과 외교의 부분은 분명하게 구별이 된다고 생각을 합니다. 대마도와 조선과 이루어지는 통교무역 체계에 대한 입장과 외교에 대한 입장은 구별되어야 되지 않을까 라는 생각이 들고요. 어쨌든 이정암, 실제로 대마도에 승려를 파견해서 외교문서를 관할하게 하는 것도 막부의 지시에 의해서 이루어진 것이기 때문에. 그리고 대마도는 자신들의 통교무역을 확장하기 위해서

꾸준히 이유로 들고 있는 것이 막부의 명령입니다. 막부의 명령이고 막부 집안의 애경사와 관련된 일이다 라고 하는 것들을 끊임없이 요구를 합니다. 물론 이러한 요구가 막부의 지시나 묵인 하에 이루어졌는지, 또는 일정 정도 보고되었는지에 대해서는 저는 분명하게 검토가 되어야 하지 않은가. 그것은 1636년 통신사로 파견되기 이전과 이후는 분명히 구별된다고 생각합니다. 개인적인 소견이긴 합니다만, 36년 이전까지 특히 통신사행이 통신사행이라는 명칭으로 파견되고 문위행이 파견되는 그 이전까지는 적어도 막부는 인지하고 있었다 라고 하는 게 제 개인적인 소견이고요. 그 이후가 되게 되면 사실은 두 나라의 외교적인 문제가 구체적으로 발생되지 않습니다. 대체로 일어나는 것들은 대부분이 무역과 관련된 것이고 왜관의 운영과 관련된 문제들이고, 외교적인 사안으로 발생된 것은 안용복의 일본 도일사건, 납치사건입니다. 그때는 분명하게 막부에서는 외교적인 문제로 접근하는데 말씀하셨듯이 막부가 조선과의 외교에 구체적인 실무에 관여하고 있지 않았기 때문에 첫 번째 안용복을 송환하는 문제에 대해서는 실수를 하게 됩니다. 저는 그건 분명히 막부의 실수라고 보고요. 그게 쓰시마를 중심으로 하는 조일외교 시스템들이 붕괴될 수 있다 라고 하는 가능성이 열렸기 때문에 2차 도일때는 쓰시마를 통한, 나가사키를 통한 송환체제를 취한 것입니다. 그러한 측면에서 보면 여전히 막부가 조선과의 문제에 대해서 무지했다 라고만 극단적으로 평가하는 건 좀 어렵지 않은가, 조금은 재고해 봐야 되지 않을까 라고 생각을 합니다. 이상입니다.

佐伯 : 감사합니다. 시간을 잘 맞춰주셨습니다. 그러면 다음 발표에 대해서 말씀해 주시지요. 쯔루다 선생님에 대해서 장순순 선생님 코멘트 부탁드리겠습니다.

장순순 : 선생님께서는 17세기 전반에 있어서 에도막부의 외교를 중국, 조선, 유구를 중심으로 설명하셨고요. 통신사와 유구사절의 정례화 과정에 대해서 정리를 해주셨습니다. 아울러서 에도막부가 조선과 유구는 물론이고 기타 다른 지역에 사신을 파견하지 않았던 것은 바로 1620년부터 40년대까지의 불안정했던 아시아의 정세와 막부의 군사적인 성격에 기인한 것이었다는 설명을 하셨습니다. 또한 에도시대 일본의 외국이나 주변 지역과의 관계를 분석하면서 일본 근세에 있어서 '쇄국'이라고 하는 용어 사용의 적절성에 대해서도 정리를 해 주셨습니다. 짧은 내용임에도 불구하고 선행연구에 대한 깔끔한 정리와 함께 에도시대 일본의 외교와 주변 지역과의 관계를 명료하게 정리해 주셨고, 근세 용어로서의 쇄국에 대해 다시 한 번 문제제기를 해주셨습니다. 저로써는 대단히 많은 공부가 되었습니다. 다만 제가 토론자인만큼 과제를 수행한다는 의미에서 두 가지만 질문을 드리겠습니다. 첫째 선생님께서는 에도막부가 1599년부터 명과의 교섭루트를 만들기 위해서 조선, 유구의 교섭을 鹿兒島의 島津씨와 對馬의 宗씨에게 명했지만, 1603년부터는 대조선, 대유구와의 교섭목표가 장군에게 사절을 파견하도록 하는 것으로 변화했다. 그래서 도쿠가와 이에야스는 히데요시 시대에 조선과 유구 두 나라로부터 온 사절파견을 모방을 했고, 외국에 사절을 파견해서 자신의 지위를 명확하게 하려고 하였다 라고 말씀하셨습니다. 그런데 도쿠가와 이에야스의 대조선, 유구사절 파견요청에 대해서 그 무대를 히데요시 시대로 보고 계시는데요. 혹시 이러한 것이 조선전기 즉 무로마치 막부의 중세적 시스템에 근거한 것은 아닐까 하는 의견을 조심스럽게 말씀을 드려봅니다. 다만 도쿠가와 이에야스의 이러한 사절 요청이 히데요시의 경험에 한정되는 것 보다는 조선전기 5차례에 걸쳐서 있었던 통신사 파견의 경험에 근거해서 사절파견을 요청한 것으로 볼 수는 없을까 하는 의견입니다. 참고로 에도막부는 조선과 임진왜란 이후에 국교재개를 시도하면

서 계속 자신의 정권이 히데요시 정권과는 다르다 라고 차별성을 강조하고 있는데요. 그런 것을 봤을 때 선생님의 의견을 좀 듣고 싶습니다. 두 번째로는 에도막부가 사절을 근대에 와서 파견하지 않았는데 왜 안했는가. 그 부분은 1620년대에서 40년에 있어서 당시 동아시아의 정세에 기인한 것이라고 말씀을 하셨습니다. 그리고 막부로써는 해외에서의 분쟁에 말려들어가는 것을 피하고자 하는 의식이 있었기 때문이다. 그리고 만약에 해외에서 분쟁이 발생한다면 막부로써는 그것을 피할 수 없었기 때문이었다고 하셨습니다. 물론 선생님께서는 에도막부의 입장에서 에도막부의 대외정책이라고 설명을 하고 계신데요. 그런데 임진왜란이 끝난 이후에 조선정부는 일본 사자의 한양의 상경을 금지조치를 했습니다. 잘 아시다시피 상경이라고 하는 것이 임진왜란 당시에 일본군의 침략로로써 이용이 되었던 전력이 있었기 때문이었죠. 혹시 이러한 조선의 일본 사절 상경금지와 같은 것이 대일본교섭 자세가 에도막부의 직접적인 사절의 해외 파견에 끼친 영향이 없었을까 하는 점을 교수님께 말씀드려봅니다.

佐伯 : 감사합니다. 그러면 쯔루다 선생님 부탁드립니다.

鶴田 : 장교수님 감사합니다. 일단 첫 번째 질문에 대해서 말씀드리겠습니다. 조선전기의 통신사 파견의 경험, 이것이 뭔가 반영이 된 것이 아닌가 질문을 주셨습니다. 네. 이것은 제 생각에는 에도막부 초기에는 어디까지나 국내적으로 스스로의 입장, 에도막부의 입장을 제시하는 것이 주안점을 둔 일이었다고 생각합니다. 즉 도쿠가와 이에야스는 스스로의 힘으로 국내를 통일한 것이 아니고 그렇기 때문에 히데요시와는 다른 부분이 있었던 것입니다. 그래서 반대로 보자면 히데요시와 똑같은 업적을 자기가 제시를 함으로써 국내의 여러 세력에 대해서 자신의 입장을 명백

하게 굳건히 하고자 하는 것을 지향한 것이 아닌가 생각이 됩니다. 단, 당시 외교문서 작성을 담당했었던 사람들, 선종 승려들이 대부분이었지만 그분들은 당연히 무로마치 시대의 전래에 따라서 다 알고 있죠. 그런 지식이 에도시대 초기의 외교정책 안에 어느 정도 반영이 되어 가는가 하는 점에 대해서는 지금까지 충분한 연구가 이루어지지 않았기 때문에 앞으로의 연구과제가 될 것으로 생각이 됩니다. 두 번째 조선의 정책으로 일본인 상경금지를 했고, 그 정책이 막부의 해외사절 파견을 하지 않았던 것에 영향을 주지 않았는가 하는 질문을 주셨습니다. 그렇게 지적을 해 주셨는데요. 막부는 언제부터인지는 명확하지 않지만 조선이 일본인을 상경시키지 않는다는 것에 대해서 알고 있었습니다. 이것은 쓰시마와의 교섭을 시키면서, 보고가 오면서 그런 것들을 알고 있었던 것으로 생각이 됩니다. 그런데 1620년대에는 그런 정세를 조사하도록 쓰시마 번에 명령을 했고 그때에만 쓰시마에서는 열심히 교섭을 해서 서울까지 사절들이 왕복을 할 수 있도록 해서 그런 것들이 실현되기도 했습니다. 그러나 막부는 일본인을 상경시키지 않는다 라는 것을 알고 있다고 생각이 되는데 그때 당시에 에도시대 초반에 그것을 크게 문제 삼았다는 형적은 보이지 않습니다. 그러니까 히데요시의 해외출병이 실패를 했다라는 것에 대한 반성 이런 것들이 있기도 해서 해외에 사절을 파견하는 것에는 조금 소극적이라고 할까요. 쓰시마 쪽에서 역할을 다 해주면 그걸로 충분하다는 생각을 가지고 있었던 것으로 생각이 됩니다. 그러나 그보다 훨씬 후에 조선에서 사절이 오기만 하고 일본의 사절들이 조선 국내에 가지 않고 있다 라는 것을 의례문제로써 거론하는 학자라던지, 정치가분들이 나타나게 되는데요. 그것은 훨씬 그 뒤의 문제입니다. 네. 이상입니다.

佐伯 : 감사합니다. 장순순 교수님 시간 좀 남았는데 말씀 안하셔도 되겠습니까? 네. 말씀하시겠습니까?

鶴田 : 죄송합니다. 지금 질문과는 조금 다른 말씀인데요. 아까 제1세션 토론에서 연민수 교수님께서 질문의 네 번째에서 쇄국에 대해서 말씀을 하셨습니다. 질문을 하셨는데 제 발표에 1절에서 쇄국이라는 용어에 대해서 설명을 했거든요. 그래서 좀 참고를 해 주시면 좋겠다고 생각이 됩니다. 이 논문의 176페이지입니다. 거기에 보시면 제가 써 놓았습니다. 네 이상입니다.

佐伯 : 감사합니다. 그럼 다음입니다. 무역관계에 대해서입니다. 정성일 교수님의 발표에 대해서 부탁드립니다.

Olah : 오라차바입니다. 정성일 교수님은 본 보고에서 일조교류의 대략 500년간의 역사를 일본과 조선의 사이에 거래되었던 물품, 양국의 무역 관계라고 하는 관점에서, 3개의 시기로 나눠서 고찰을 하셨습니다. 정 교수님의 발표는 대단히 자세하고, 다루고 있는 시기도 길지만, 시간의 제약과 제 자신의 공부 부족으로 인해서, 여기서 주목하고 싶은 것은 정 교수님이 제1기라고 부르고 계시는 시기 1392년부터 1608년까지의 시기에 초점을 맞추겠습니다. 이 시기는 제가 공부하고 있는 무로마치 막부와 중국 명나라의 사이에 이루어졌던 조공무역의 시기와 겹치기 때문에, 비교적인 측면에서 약간 고찰을 더해 보고자 합니다. 일본과 조선의 관계 그리고 일본과 명나라의 관계의 유사점과 차이점으로써 확인할 수 있는 부분에 대해서 약간 말씀 드리고자 합니다. 세 번째 단락으로 가겠습니다. 먼저, 조선과 일본 무역의 경우는 정치적인 배경이 중요하며, 조선 측이 일본측에게 무역의 조건으로서 왜구의 근절을 요구했다고 하는 점에 관해서는 중국의 경우도 같은 정치적 배경이 보입니다. 중국측도 무로마치 막부에 왜구의 근절을 요구하였으며, 막부는 그 요구에 응하려고 하였지만, 중국의 경우는 명 황제를 군주로서 인정하고, 황제에게 조공한다는 정치적 조건이 가장 중요했습니다. 조공이 없다면, 중국에서의 무역은 허락되지 않았다는 것입니다. 또한 정교수님의 발표에서는 이 시기의 일본 對馬가 적극적으로 무역을 하고 있었지만, 이 적극적인 태도는 조선측에게 있어서 동시에 부담이 되었다는 것을 확실하게 해 주셨습니다. 일본인이 지참했던 무역품이 너무 많아서 이것을 운반하는 작업도 조선측에게 부담이 되었다 이렇게 볼 수 있습니다. 게다가 일본인이 무역 거래를 위해서 장기간 서울에 체재하고 있었기 때문에, 접대비가 예상을 상회했다고 합니다. 일본과 명나라의 관계도 똑같은 현상을 볼 수 있습니다. 견명사절의 체재비는 모든 이국 사절은 다 그렇지만 원칙으로 중국측이 부담하고 있었습니다. 그래서 중국의 입장에서는 북경이나 영파에서의 장기 체재는 큰 부담이 되고 있었습니다. 특히, 무역상의 마찰 주로 브로커에게 속았다는 경우가 많은데요. 이러한 마찰이 일어났을 때 이국 사절이 북경에 머물고 마는 사태가 자주 있었습니다. 그래서 중국은 조선과 같이 경제적으로 어려웠습니다. 견명사절단도 무역 이윤을 늘리기 위해서 장기간 중국에 체재하고 있었던 적이 있는데요. 무역상의 마찰과 또 이에 의한 체제의 연기가 확인 가능했습니다. 게다가 정교수님의 발표에 있었던 것처럼 일본의 무역품의 수가 워낙 많았기 때문에, 목면으로 환산하는 것이 서서히 바뀌었습니다. 조선은 양이 너무 늘어난 일본의 물품을 사들이기 위해서 그 가격을 서서히 내렸습니다. 그래서 일본의 물품이 점점 저렴해졌습니다. 그런 이유에서 마찰이 일어난 적도 있습니다. 견명사절이 지참했던 무역품의 경우도 같은 현상이었습니다. 그 하나의 좋은 사례가 일본도, 일본 칼입니다. 일본도는 중국이 공적으로 사들인다는 제도가 있었는데 그래서 사무역은 허락되지 않았습니다. 그런데 수요와 공급의 격차가 심해서 중국에서는 일본도의 가격이 서서히 내려갔습니다. 한 다발 가량의 가격은 15세기 전반의 10貫에 비해, 15세기 말 무렵이 되면 300~600文까지 내려가고 말았습니다. 이는 물론 일본도의 대량 생산에 의한 품절 악화도 관계되어 있었습니다. 이상 이들의 몇 가지 사례를 보면 일본과 조선관계, 일본과 명나라 관계의 경우도 일본측은 적극적으로 무역을 했고, 상대측의 제도가 허락하는 한 물품을 입수하려 했습니다. 그래서 이익을 최대한으로 늘리려 했습니다. 그러나 수요와 공급의 문제가 있었기 때문에, 상대측의 부담이 커지고 또 그것이 품질 문제도 있었기 때문에 이들의 무역품 물품의 가격은 변동을 했고, 또 무역품 구입에 대한 거부, 중국측이 구입을 거부하는 경우가 있었습니다. 혹은 무역상의 마찰로 이어지는 경우도 적지 않았습니다. 그래서 17세기가 되면 동아시아의 무역체제가 서서히 변화하여 조공무역체제가 없어지고, 나가사키 무역이 발전하여 질적으로 다른 무역의 시대로 들어가게 됩니다. 이상입니다. 감사합니다.

佐伯 : 정성일 교수님 어떻습니까?

정성일 : 네. 감사합니다. 여러 가지로 자세하게 평가해 주시고 의미를 다시 정리를 해 주셨습니다. 저는 크게 조선시대 일본과 무역을 세 시기로 나누어서 봤습니다만, 첫 번째 시기에 해당하는 일본과의 무역의 시작부분입니다. 조선시대 일본과의 무역은 역시 왜구 문제를 빼 놓고 이야기하기 어려운 것 같습니다. 왜구대책의 하나로 일본에게 무역을 허용했다 이런 이야기인데요. 지적하신 것처럼 왜구문제는 조선만의 문제가 아니었기 때문에 중국도 역시 그러했고, 특히 왜구문제는 바다로 연결되는 해상에서 일어나는 일이기 때문에 조선만 해결해서 되는 문제가 아니고 중국, 조선, 일본 함께 공동으로 해야만 하는 것이기 때문에 왜구대책은 조선의 독창적인 대책으로 나온 것은 아니라는 말씀을 드리겠습니다. 제가 중국과의 관계를 비교하면서 자세하게 설명을 했어야 했는데 부족한 점을 선생님께서 잘 말씀을 해 주신 것 같습니다. 마찬가지로 1876년

조선의 개항을 계기로 해서 외국관계가 다시 한 번 일변합니다만 아침에 기조강연에서도 동북아역사재단 이사장님이 말씀하신 것처럼 역시 조선과 해외의 무역은 1876년 개항 당시에 시작이 되었다고 말할 수 있겠습니다. 다만 시작은 그랬지만 조선과 일본이 무역을 진행하는 관행에서는 즉 새로운 제도를 도입하고 진행했지만 그것을 운용해 나가는 과정에 있어서는 조선과 일본 사이의 독특한 인상적인 부분이 나타난다 이렇게 말할 수 있겠습니다. 마지막으로 조선과 일본의 무역을 넓은 시야에서 중국, 동아시아를 포함한 넓은 시야에서 다시 한 번 봐야한다는 지적을 해주신 데에 대해서 감사드리면서 이상 제 답변을 마치겠습니다.

佐伯 : 감사합니다. 그러면 수다 마키코 교수님의 발표에 대해서 김강일 교수님 코멘트를 부탁드립니다.

김강일 : 안녕하십니까. 강원대학교 김강일입니다. 수다 선생님의 연구는 조선전기 한일간의 외교관계를 통해서 이루어진 여러 가지 문화교류 중에서 특히 대장경 구청을 중심으로 고찰한 것입니다. 대장경으로 대표되는 조선의 불교문화가 한일 양국간의 우호적인 외교관계를 형성하는데 중요한 역할을 했을 뿐만 아니라 일본의 불교문화는 물론 출판문화의 발전에도 크게 기여했음을 알 수 있습니다. 이러한 점에서 볼 때 조선전기 한일관계에서 대장경을 비롯한 불교문화의 일본 전래는 외교사적으로나 문화사적으로 매우 중요한 의미를 가지고 있다고 말할 수 있습니다. 수다 마키코 선생님은 중세일본은 대장경판이 존재하지 않았으며, 따라서 간본대장경을 만들 수 없었기 때문에 대장경을 입수하는 방법으로 조선에서 수입한 대장경에 대해서 언급하셨습니다. 먼저 대장경 수입의 주체로서 일본국왕－무로마치 도노, 오오우치씨, 소우씨를 언급하시고, 이에 대한 조선 정부의 대응으로써 일본국왕, 오오우치씨, 소우

씨 등 일조관계사 또는 연해방비상 중시해야 할 상대에 대해서는 기본적
으로 요청에 따라 증여했지만 대장경의 수에 한계가 있기 때문에 그 이
하의 세력에게는 초기를 제외하고는 사급하지 않았다고 하셨습니다. 즉
기본적으로 유교국가였던 조선왕조의 대장경에 대한 인식은 불필요한
것이기는 하지만 대일외교에 이용할 수 있으므로 보존해 두겠다는 발상
이 짙다고 하셨습니다. 이어서 수입 후 대장경의 행방과 현재 소재에 대
해서 자세히 설명하셔서 많은 공부가 되었고, 매우 감사하게 생각합니다.
중세 한일관계에서 일본측의 대장경 구청에 대해서는 국내에도 연구업
적이 축적되어 있습니다. 대표적인 연구업적으로는 한문종 선생님의 조
선전기 일본의 대장경구청과 한일간의 문화교류가 있는데요. 이 연구에
따르면 조선정부는 대장경을 일본과의 교린관계를 유지하는 수단으로
이용하려던 것으로 보고 있습니다. 이하에는 두 가지만 질문을 드리겠습
니다. 첫째는 조선정부가 대장경을 사급하던 기준은 일본에서의 세력의
강약, 왜구 금압 및 피로, 표류인의 쇄환 등 통교상의 유공자, 그리고 조
선에 대한 충성도 등으로 알고 있는데, 대장경 구청의 문화적인 배경에
는 어떤 것이 있는지 알고 싶습니다. 수다 마키코 선생님께서는 논고 말
미에 자세한 사항은 본인의 저서『中世日朝關係와 大內氏』제3장을 참고
하라고 하셨는데 죄송하지만 이 책이 최근에 발간된 책이라 아직 읽어보
지 못했습니다. 책에 대한 소개를 겸해서 대장경 구청의 문화적인 배경
에 대해서 간단한 코멘트를 부탁드리겠습니다. 두 번째는 본인은 쓰시마
를 몇 차례 방문하는 도중에 고려불상과 범종을 본 적이 있습니다. 이런
불구들 역시 대장경 구청과 관련이 있을 것으로 추측하고 있는데 이 문
제와 관련해서 수다 마키코 선생님의 견해를 듣고 싶습니다. 물론 선생
님이 이번에 취급하신 논고의 범위를 벗어나는 문제이기는 하지만 중세
한일 문화교류에서 빼놓을 수 없는 항목이라고 생각하기 때문입니다. 이
상입니다.

佐伯 : 감사합니다. 그러면 수다 교수님 답변 부탁드립니다.

須田 : 네. 김교수님 감사합니다. 대장경 구청의 문화적인 배경에 대해서 말씀을 드리는 것은 쉽지 않습니다. 대장경 수요에 대해서 생각해 보면 수요층, 지배자층, 그리고 대장경을 구체적으로 사용하는 사원 그리고 그것을 둘러싼 민중들 이런 식으로 해서 간단히만 설명드려도 세 개, 네 개, 몇 단계의 계층이 있다고 볼 수 있습니다. 수입 대장경이 일본 사회에서 어떻게 수요가 되었고 기능이 되었는지 여기에 대해서는 이러한 계층들도 주의를 하면서 구체적인 실적을 수집하고 있는 단계라고 생각할 수 있습니다. 그래서 본 발표에서는 정치적인 권력, 대장경을 구체적으로 수입해서 사원측에게 주는 권력에 의한 정치적인 이용 여기에 대해서 고찰을 했습니다. 제 저서에도 그러한 부분을 중심으로 말씀을 드렸습니다. 그리고 일본에서의 대장경이라는 것에 대한 문화적인 상황을 간단히 말씀드리겠습니다. 일본에서 대장경은 고대부터 필요성이 있었고, 일본과 조선, 일본-원, 일본-송나라에서 활발하게 중국으로부터 많은 대장경이 일본에 왔습니다. 조선왕조로부터 들어온 대장경 수입, 조선에 대한 대장경 구청도 이런 중국으로부터의 대장경 수입의 흐름 중에 기본적으로 포함되어 있다 라고 볼 수 있습니다. 다만 이 시대 그러니까 15세기, 16세기는 일본과 명나라 관계가 그 전에 비해서 대단히 한정적인 관계였습니다. 그래서 중국으로부터 대장경을 수입한다는 것이 좀처럼 쉽지 않게 되었습니다. 이에 대해 조선왕조에서는 고려왕조 시대에 대량의 대장경이 한반도 각지에 축적됨에도 불구하고 조선왕조에서는 대장경이 그다지 중요시되지 않았습니다. 그래서 일본에서 구청을 했더니 초기에는 간단히 주었습니다. 그런 상황에서 조선에 가면 대장경을 받아올 수 있다 라는 발상으로 대장경을 구청했던 것이 15세기 조선왕조에 대한 일본인들의 대량 대장경 구청의 배경이 되겠습니다. 그게 실태였습니다.

15세기 후반에 교토 부근의 사찰에서 화재로 인해 대장경을 소실한 사원이 있었습니다. 거기서는 대장경을 구청을 하려고 해서 맨 처음에 일본 국왕인 무로마치 도노에게 조선에 사절을 보내서 대장경을 받아달라 이런 협상을 합니다. 이것이 성공하지 않자 무로마치 도노가 오케이를 안 했기 때문에 다음에는 관을 통해서 돈을 모아서 사려고 합니다. 그런데 돈이 모아지지 않아서 이것도 성공하지 않자 다음에는 대장경을 가지고 있던 오오우치씨에게 이것을 달라고 부탁합니다. 이렇게 생각해 보면 대장경을 입수하려고 생각을 했을 때 가장 쉬운 입수처로써 15세기에서는 한반도를 생각할 수 있었다는 것이 일본측의 기본적인 발상이었습니다. 그 말씀하신 불구의 구청에 대해서도 같은 맥락으로 생각해 볼 수 있지 않을까 라고 생각합니다. 조선왕조실록에 기재되어 있는 불구의 구청 여기에는 불상 외에 여러 가지가 있어서 다양한 불구가 일본측으로부터 구청이 되었고 또 조선왕조로부터 하사되었습니다. 이들도 확실히 쓰여있지 않지만 달라고 했더니 주었다 해서 계속 그 기세를 몰아서 이런 표현을 쓰면 안좋겠죠. 제가 표현을 잘못 했지만 아무튼 구청해서 아주 단순한 발상으로 달라라고 한 것이 아닐까 라고 해석하고 있습니다. 다만 달라고 이야기 한 것에는 이토우 교수님의 발표도 있었듯이 그 전대의 고려 불교계와의 교류가 있었기 때문에 그게 전제가 되어서 고려에는 한반도에는 여러 가지 불교관련 문물들이 있을 것이라는 이미지를 가졌을 겁니다. 그게 구청의 배경이 되었다고 볼 수 있습니다. 감사합니다.

佐伯 : 감사합니다. 네 그럼 마지막입니다. 지역간 교류에 대해서 먼저 이훈 교수님 발표에 대해서 마츠오 히로키 교수님 코멘트를 부탁드립니다.

松尾 : 네. 마츠오입니다. 제가 이훈 교수님의 말씀에 대해서 코멘트

하는 것이 외람되지만요, 바로 시작하겠습니다. 이번의 교수님의 발표는 교수님 연구 주제의 하나로서, 17~19세기의 한일관계의 연구에서 일본에 표착한 조선왕조 인민들이 표착지에서 長崎로 이송될 때의 일본 관찰이나 長崎에서의 교류를 통한 의사소통과 트러블에 대해서 몇 가지 「漂流記」로부터 확실하게 했던 것입니다. 그리고 이러한 표류민의 송환을 통한 교류가 지속적으로 이루어짐에 따라서 1876년까지 일본과 조선 간에 급속한 외교 단절 그리고 긴장이 생기지 않았을 것이라고 평가하고 계십니다. 여기에서 질문을 드리겠는데요. 표류가 많았던 대마도는 교수님이 이전에 지적하신 漂流兼帶制가 있습니다. 제가 공부를 잘 못하고 있어서 잘못 이해하고 있을 수 있는데요. 대마도는 표류의 여행할 때 특별한 사자를 두고 표류민을 송환했다. 그리고 그 뒤에는 이를 함으로써 접대비를 받는다 이러한 의도가 있었던 것인데 조선측은 여기에 대한 거액의 출액을 줄이기 위해서 대마도의 順付 송환, 거기다가 명에 보내는 사람에게 붙여서 보낸다거나 거기에 대한 사례 이런 것도 아주 단순한 형식으로 사례를 주고받고 하는 것을 요구해서 불충분한 형식이긴 하지만 이것을 실현하는 체제로 갖추게 됩니다. 그렇게 되면 표류민으로써는 나가사키에 가고 싶어도 마츠시마에 표착이 되면 나가사키까지 갈 수가 없습니다. 이것이 제도적으로 결정되어 있습니다. 그래서 애시당초 나가사키의 환상을 만든 표류민들이 받는 접대 여기에 대한 정보가 한반도에서 어느 정도 확산되었는지 그리고 또 그것이 어떻게 연결이 되었는지입니다. 다음으로 두 번째 질문인데요. 故漂로 어떻게 연결되었는지 입니다. 고표에서 대마도의 표착을 회피할 만한 사태까지 이어졌는지 여기에 대해서 말씀을 여쭈어 보고자 합니다. 부탁드립니다.

　　佐伯 : 네. 감사합니다. 부탁드립니다.

이훈 : 제가 미처 생각하지 못했던 부분에 대해서 지적을 해 주셔서 감사하게 생각합니다. 질문은 두 가지였다고 생각되는데요. 우선 일본에 표착한 조선사람들이 일본에서 받는 접대에 대해서 당시 조선 사람들이 어느 정도까지 인지를 하고 있었나. 그 문제인데. 거기에 대해서는 조선의 표류민들이 귀국 후에 조선 정부쪽으로부터도 조사를 받는 과정에서 일본에 있었을 때 어느 정도의 접대를 받았다. 또 그리고 고향에 돌아가서는 구사일생으로 살아 온 귀국담을 얘기하는 과정에서 접대에 대해 입소문을 타고 알려졌다고 생각하거든요. 그런 과정에서 어느 정도 과장된 부분은 있다고 생각이 듭니다. 과장된 부분은 있는데 인지의 수준이 어느 정도였는지에 대해서는 조선 정부 측 기록이나 또는 표류기에 남아있는 기록과 당시에 실제로 받았던 부분들을 비교해 보면 어느 정도 과장 정도를 알 수 있을 것 같습니다. 이런 부분은 저도 앞으로 유념해서 찾아보고자 합니다. 이런 접대에 관한 소문이 고표로 이어졌는지. 고표에 대해서는 생소한 단어일 텐데요. 이것은 고의적으로 표류한 것을 줄여서 고표라고 하는데, 저는 고표라고 할 때 어떤 것이 기준이 되어야 한다고 생각하냐면 동일인이 두 번 이상 일본이나 중국에 표류한 기록이 남아있을 경우에 습관적으로 상습적으로 표류한 기록이 있을 때 이것을 고표라고 할 수 있지 않을까 하고 기준을 세워 봤는데, 그런 기준을 세운다면 조선하고 일본 사이에서 발생한 표류에 대해서는 고표는 기록상으로는 나타나지 않습니다. 조선에서 일본으로 표착한 사례가 천 건 정도 되고 표류민이 한 만 명정도 되는데 전부 한 사람이 한 번 표류한 것으로 되어 있어서 일회성에 그치고 있어요. 그래서 기록으로는 그런 고표라고 하는 것을 조선하고 일본 사이에서는 확인할 수가 없는데, 예를 들어서 대마도의 문서 중에 대마도에 기근이 들면 대마도 쪽에서 조선쪽으로 표류해 오는 사례가 많이 늘어난다는 기록이 있거든요. 경제적인 이유에서 의도적으로 표류해 왔던 것이 그 당시의 실태였을 수 있다고 생각이 됩니

다. 그런데 이런 고표 사례는 조선하고 중국 간에서는 확인이 되요. 선행 연구에 따르면 19세기 중반에 해남 사람인데 고한록이라는 사람이 10년 동안에 4번 정도 중국에 표착한 사례가 있습니다. 이 사람의 표착지는 4번 다 틀렸지만 표착지에서 매번 자기 실명을 써서 표류를 했는데도 송환과정에서 그게 아무런 문제가 되지 않고 돌아오는 사례가 있거든요. 그래서 조선과 일본 간의 경우에도 이런 사례를 생각을 해 볼 때 실태로써는 고의적으로 표류해 간 고표가 있었을 가능성이 있다고 생각이 되는데 조선에서 일본에 표착해 간 사람들을 의도적인 표류로 볼 것이냐 아니면 바람이나 태풍이나 이런 돌발적인 요인에 의한 사고로 볼 것이냐 하는 것은 표류문제를 이해하는데 있어서 굉장히 중요한 판단 근거가 된다고 생각하는데. 지적하신대로 대마도 표류를 기피하고 나가사키로 갔는지 이런 사료가 만약에 기록상으로 확인이 된다면 표류문제의 전환점이 될 것이라고 생각합니다. 그런 점에 논문을 쓰고 사료를 더 찾아보도록 하겠습니다. 지적 감사합니다.

佐伯 : 네. 감사합니다. 그럼 마지막 남았습니다. 마지막의 토론은 저의 발표에 대한 토론인데요. 허지은 교수님 부탁드립니다.

허지은 : 사에키 선생님의 토론을 맡은 허지은입니다. 선생님의 논문은 중세 조일관계사를 지역적 관점에서 개괄적으로 분석한 연구를 소개하고 현재의 조일관계사의 시각에서 평가함과 동시에 문제점을 지적하고 있습니다. 이러한 지적들은 중세 조일관계사를 지역적 관점에서 볼 때 충분히 고려해야 할 점들로써 의의가 있다고 생각합니다. 토론자로써 몇 가지 질문을 드리고자 합니다. 첫 번째는 일본 내에서 중세시기 조일관계사에서 중심이 되었던 지역이 갖는 특징이 무엇이고, 이 지역에 대한 일본 중앙 정부의 인식은 어떠했었는가 하는 점에 대해 질문을 드리

고 싶습니다. 두 번째는 중세시기 조일교류에서 통교자 중에 위사가 차지하는 비중은 어느 정도였으며, 위사에 대한 조선과 일본 중앙 정부의 인식과 대응은 각각 어떠했었는지 질문 드리고 싶습니다. 세 번째는 고려, 조선도자기가 다자이후와 하카다에서 집중적으로 발굴된 배경과 중세시기 조일관계의 통교지역과의 관련성에 대해서 질문을 드리고 싶습니다. 네 번째는 쓰시마와 삼포를 다루면서 조일관계가 쓰시마의 왜관을 거점으로 하여 외교 무역이 행해졌다고 하셨는데 왜관은 조선 정부가 조선에 내항하는 일본인들을 규제하고 관리하기 위한 목적으로 설치했던 것으로 쓰시마의 왜관이라는 표현은 적당하지 않다고 생각이 되는데 이 점에 대해서 선생님은 어떻게 생각하시는지, 왜관의 성격에 대해서 어떻게 생각하시는지 선생님의 견해를 듣고 싶습니다. 이상입니다.

佐伯 : 네. 감사합니다. 아주 짧게 해 주셔서 감사합니다. 저도 가급적 짧게 답변을 드리도록 하겠습니다. 가장 먼저 대답하기 쉬운 마지막 부분부터 답변 드리겠습니다. 이건 말씀하신대로 적절하지 않았습니다. 부산의 왜관이라고 표현을 해야 합니다. 쓰시마의 사람들이 항상적으로 거주하면서 무역을 한 곳이 왜관인데 그것을 짧게 줄이다 보니까 이렇게 되었습니다. 첫 번째 질문부터 답변 드리겠습니다. 일본 내에서 중세 조일관계에서의 중심이 된 특징, 그리고 정부의 인식인데요. 중심이 된 지역은 발표에서 말씀드렸듯이 북부 구주, 이키, 쓰시마, 마츠우라 지방 그리고 하카다 주변 이런 지역입니다. 이들 지역은 여러 가지 지역으로써 바라보는 견해가 각각 있겠지만, 14세기부터 15세기 무로마치 막부에서 본 견해, 관점에서 본다면 첫 번째로 왜구의 활동지역, 그러니까 중심적인 활동지역이었습니다. 또 하나 일본과 명나라의 무역이 활발해지면 견명선의 출발과 도착에 있어서 대단히 중요한 지역입니다. 정리해서 말씀드리자면 동아시아의 교류에서 대단히 중요한 지역이었다 이러한 인식

을 갖고 있습니다. 두 번째 질문에 대해서 답변 드리겠습니다. 위사의 역할과 무로마치 막부가 그것을 어떻게 인식했는지 전체적으로 15세기부터 16세기 약 200년 동안 어느 정도의 위사가 있었는지 이것은 참 어려운 부분입니다. 현재 연구가 진행 중에 있는『해동제국기』170명 정도의 일본인 통교자 중에서 위사가 몇 명 정도 있는지 이러한 것에 착안해서 답변 드리겠습니다. 오사 세츠코 선생님 그리고 오늘 참석하신 하시모토 선생님 이 두 분의 연구에 의한 것인데요. 오사 선생님의 생각에 의하면 적어도 80명 정도는 쓰시마 소우씨 정도가 배출한 위사가 아니냐 이렇게 보고 있습니다. 그리고 또 하시모토 선생님은 85~6명 정도. 그러면 한 절반 정도는 확실하게 16세기 중반, 후반의 위사를 확인할 수 있었습니다. 그 외에도 약간 수상한 사람이 많이 있습니다. 그래서 플러스 알파로 봐서 한 50%는 위사가 아니었을까 이렇게 볼 수 있을 것 같습니다. 꽤 많았다고 볼 수 있습니다. 이것을 중앙 정부, 무로마치 막부가 어떻게 생각했는지인데요. 하시모토 선생님 발표에 있었지만 日本國王使와 王城大臣使에서는 어느 시기에 위사를 그만 두자는 노력을 합니다. 그런데 그 외의 시대, 그리고 그 외의 대상에 대해서는 거의 대부분 관심이 없었던 것 같습니다. 그다지 관심을 기울이지 않았던 것 같습니다. 이것은 아까 한문종 교수님의 말씀과 공통되는 부분입니다. 조선왕조에서 위사를 바라보는 자세와 똑같다고 볼 수 있습니다. 마지막 세 번째 질문에 대해서인데요. 도자기의 문제입니다. 발표에서는 꽤 많이 생략했기 때문에 좀 이해하기 힘들었을 것 같은데요. 제가 무슨 말씀을 드리고 싶었냐면 무역항구와 그 주변이 어떤 관계성을 가지고 있었느냐인데요. 무역항은 하카다구요, 그 주변의 중심은 다자이후라는 지역입니다. 구주 지역의 정치외교의 중심부였습니다. 그래서 이 가운데에서 고려시대와 조선시대에서 도자기에서 어떠한 변화가 일어났는지 다자이후 같은 경우는 정치의 중심지, 외교의 중심지였기 때문에 오랜 시기 그러니까 고려시대 때 대량으로 이용이 되었고요. 조선왕조 시대가 되면 다자이후의 정치적인 역할이 저하되고 무역항인 하카다에서 많이 나왔습니다. 이상입니다. 예. 약간 시간이 초과되었습니다. 이렇게 해서 이제 2세션 토론이 끝났습니다. 조일관계의 깊이에 비해 굉장히 한정된 시간이었습니다만 이런 것을 느낄 수 있었습니다. 앞으로 이러한 것들을 전제로 해서 연구가 진전되기를 기대합니다.

朝鮮時代의 韓國과 日本

초판 인쇄 2013년 4월 10일
초판 발행 2013년 4월 15일

편   자 한일관계사학회·한일문화교류기금 편
발 행 인 한정희
발 행 처 경인문화사
등록번호 제10-18호(1973년 11월 8일)
주   소 서울특별시 마포구 마포동 324-3
전   화 718-4831~2
팩   스 703-9711
홈페이지 www.kyunginp.co.kr
이 메 일 kyunginp@chol.com

ISBN 978-89-499-0934-9 93910
값 34,000원